T0274856

La transmisión del sabor

Bill Buford

La transmisión del sabor

Aventuras en Lyon como aprendiz de chef,
padre y sabueso en busca del secreto
de la cocina francesa

Traducción de Rubén Martín Giráldez

EDITORIAL ANAGRAMA

BARCELONA

Título de la edición original:
Dirt
Alfred A. Knopf
Nueva York, 2020

Ilustración: © Eva Mutter

Primera edición: enero 2024

Diseño de la colección: Julio Vivas y Estudio A
© De la traducción, Rubén Martín Giráldez, 2024
© Bill Buford, 2020
Todos los derechos reservados
© EDITORIAL ANAGRAMA, S. A., 2024
Pau Claris, 172
08037 Barcelona

ISBN: 978-84-339-2210-6
Depósito legal: B. 17616-2023

Printed in Spain

Romanyà Valls, S. A., Verdaguer, 1
08786 Capellades (Barcelona)

Para Jessica,
sans qui rien ne serait possible

I. No hablo francés

Dans la vie, on fait ce qu'on peut.
À table, on se force.

En la vida, hacemos lo que podemos.
En la mesa, ¡nos ponemos hasta las trancas!

Dicho lionés anónimo

Una tarde clara, fría y otoñal de 2007, conocí al chef Michel Richard, el hombre que cambiaría radicalmente mi vida –y las vidas de mi mujer, Jessica Green, y de nuestros gemelos de dos años– sin que yo supiese muy bien quién era, convencido de que, en cualquier caso, se trataba de alguien a quien no volvería a ver.

Mi mujer y yo acabábamos de celebrar nuestro quinto aniversario de bodas y estábamos al principio de una cola en la Union Station de Washington esperando para subir al tren de vuelta a Nueva York. En el último instante, el hombre que yo aún no sabía que era Michel Richard apareció a un lado. Estaba resollando y era de tamaño considerable, no en estatura sino en redondez. Imposible no verlo. Llevaba una discreta barba blanca y una holgada camisa negra por fuera de unos pantalones anchos del mismo color. (Pantalones anchos de chef, comprendo ahora.) Lo observé mientras me preguntaba: ¿Lo conozco?

¡Pues claro que lo conocía! ¿Por virtud de qué algoritmo de la memoria y la inteligencia no lo reconocí? Había escrito un libro, *Happy in the Kitchen*, del que tenía dos ejemplares, regalos repetidos casualmente por parte de amigos, y seis meses antes había ganado el «doblete» en los James Beard Foundation Awards en Nueva York por un Servicio de Vinos Excepcional y como Chef Excepcional de Estados Unidos... y yo me encontraba entre el público. De hecho, estaba pensando en chefs franceses (por motivos que me disponía a explicar con todo lujo de detalles a mi mujer en aquel preciso momento), y ahí tenía a uno, considerado por muchos como el talento más divinamente inventivo de los cocineros del hemisferio norte. Para ser sinceros, no tenía pinta ni de divino ni de inventivo, y olía inequívocamente a vino tinto, y también a sudor, y sospeché que la camisa negra disimulamanchas, examinada de cerca habría presentado un historial bacteriano impresionantemente condensado. De modo que, por estas y otras razones, llegué a la conclusión de que no, aquel hombre no podía ser la persona que era incapaz de recordar y de que, quienquiera que fuese, sin duda pretendía colarse por el hueco que quedaba justo delante de mi esposa. La puerta se abriría de un momento a otro. Esperé, preguntándome si debería sentirme ofendido. Cuanto más esperaba, más ofendido me iba sintiendo, hasta que al final la puerta se abrió y yo hice algo reprobable.

Cuando el hombre se adelantó, me puse en medio y, *plaf,* nos chocamos. Chocamos con tanta fuerza que perdí el equilibrio y me desplomé de mala manera sobre su barriga, lo que me impidió caer del todo, y, sin saber siquiera cómo, me vi entre sus brazos. Nos miramos el uno al otro. Estábamos lo suficientemente cerca como para besarnos. Paseó la mirada a toda prisa de mi nariz a mis labios. Entonces se echó a reír. Fue una risa natural, desacomplejada. Más una risita que una carcajada. Podría haber sido el sonido de un niño cuando le hacen cosquillas. Aprendería a reconocer esa risa –aguda y a veces fuera de control– y a amarla. La cola avanzó. El hombre había desaparecido. Lo divisé a lo lejos, triscando por un andén.

Mi mujer y yo continuamos despacio y, personalmente, me quedé un poco asombrado. En el último vagón encontramos asientos encarados y con una mesa en medio. Puse nuestras maletas en el altillo y me quedé quieto. La ventana, la luz, aquella atmósfera octubrina. Ya había estado allí anteriormente, en aquellas mismas fechas del calendario.

Cinco años antes, tras celebrar nuestra *reciencasadez* con una luna de miel improvisada de dos noches en Little Washington, un pueblo rural de Virginia, regresábamos a Nueva York y subimos a ese tren. Por entonces yo estaba a punto de proponerle a la que desde hacía cuarenta y ocho horas era mi esposa que celebrásemos nuestro matrimonio dimitiendo de nuestros puestos de trabajo. Los dos éramos editores en revistas. Yo en *The New Yorker*. Ella en *Harper's Bazaar*. Me había preparado un discurso sobre mudarnos a Italia, el primer paso en dirección al resto de nuestras vidas. Quería que los italianos me enseñasen a cocinar su comida y escribir sobre ello. ¿No podíamos ir juntos? En realidad, no era una pregunta. Jessica se pirraba por cualquier oportunidad de hacer el equipaje y tenía el don de mimetizar los idiomas, incluido, convenientemente, el que hablaban en Italia, que, por cierto, yo no conocía.

Nunca volvimos a ser editores.

Vivimos un año en la Toscana y, de alguna manera, entré en un modo cuasinativo y, para mi continuo asombro, cada vez que abría la boca y formulaba un pensamiento, lo enunciaba (más o menos) en italiano. Posteriormente, quise «hacer» Francia. No es que fuese lo siguiente de la lista («¡Y luego iremos a "hacer" Japón!»), es que era donde, en el fondo, había querido estar durante la mayor parte de mi vida adulta: en una cocina francesa, manteniéndome por mí mismo después de haber recibido una «formación francesa» (qué magia tan persistente, la de esa frase). Pero no se me ocurría cómo iba a darse el caso. Nuestra temporada en Italia me había demostrado que no hacía falta darle tantas vueltas: te plantabas allí y ya te las apañarías. Además, el don de Jessica para los idiomas incluía,

15

oportunamente, el que hablaban en Francia, que, otra coincidencia, yo tampoco conocía.

Jessica, que ya no tenía un empleo de oficina, también se había entregado a su pasión de toda la vida por el vino, su historia tan antigua como la de la comida, y por lo visto tenía una aptitud, comparable a su conocimiento de lenguas extranjeras, para traducir lo que encontraba en su copa. Le hice un regalo, una cata a ciegas presentada por Jean-Luc Le Dû, un celebrado sumiller y comerciante de vinos de Nueva York, consistente en doce grandes vinos de su bodega personal, a la que asistieron quince personas, incluido el mánager de Jean-Luc, que había ganado premios internacionales en competiciones de catas a ciegas. Jessica fue la única que identificó los doce vinos. Jean-Luc se confundió, y eso que eran sus caldos. («¿Dónde trabajas?», le preguntó.) Jessica puso en marcha un club de catas en casa, con diez mujeres escogidas por ella, profesionales cultas de Nueva York que afirmaban que «les gustaba, pero no sabían nada de vinos». Se matriculó en un curso del British Wine & Spirit Education Trust, o WSET, como lo llaman, con varios niveles que culminaban en un «Diploma» reputado por su exigencia. Para cuando le tocó la segunda clase, descubrió que estaba embarazada.

Fue un momento maravilloso. Nos prometimos que nuestras vidas no cambiarían.

Seríamos gitanos, dijo. Nos imaginábamos a un bebé cosmopolita colgando de una especie de cabestrillo.

Cuatro semanas después, Jessica descubrió que estaba embarazada de gemelos, chicos, los futuros George y Frederick. Este también fue un momento maravilloso, doblemente, pero dejamos de lado la idea de que nuestras vidas no cambiasen. De hecho, nos entró (un poco) el pánico.

El tren salió de la estación. Baltimore, la primera parada, estaba a media hora. Lo que pensábamos hablar, lo que Jessica pensaba plantear, era por qué, después de tres años, no se había llevado a cabo mi plan francés.

Tampoco era un misterio, ¿no? ¿No se llamaban George y Frederick? A la vez, tampoco era ningún secreto: necesitaba una cocina y todavía no la había encontrado. Una vez dentro de una cocina, adquiriría las habilidades necesarias.

Había conocido a Dorothy Hamilton en otro evento de James Beard, una gala de beneficencia con subasta. Hamilton dirigía lo que por entonces llamaban French Culinary Institute. Era rubia, delgada, una sesentona juvenil, infatigablemente positiva, la ejecutiva empresarial en la que confiaban todos los chefs estadounidenses. Cuando la James Beard Foundation se topó con un bochornoso problema en la contabilidad (es decir, cuando el director ejecutivo fue esquilmando de manera sistemática las becas otorgadas a jóvenes cocineros y acabó en la cárcel), entró en escena para restituirle a la institución su integridad. No le pagaban por ello. Puso en marcha las mejoras en su tiempo libre.

Le planteé mi idea: lo de aprender el oficio sobre la marcha, etcétera.

—Francia no es Italia. Deberías ir a una escuela de cocina —añadió.

Era tan diplomática que no hizo la propuesta obvia: que fuese a su escuela de cocina, aun cuando era la única dedicada a la *cuisine française* en Estados Unidos y a unos metros de casa.

Le conté lo que había hecho en Italia: es decir, llegar y apañármelas. Luego, para mayor énfasis intelectual, añadí:

—Las escuelas de cocina son un invento moderno, ¿no te parece? Históricamente, los chefs siempre han aprendido en el trabajo.

Mi planteamiento, le expliqué a la gerente del French Culinary Institute, era encontrar un sitio, cometer errores, motivar mofas y befas, y luego superarme o fracasar. Mi plan, profundicé, era comenzar en un buen restaurante francés en Estados Unidos («Pero ¿cuál?», cavilaba) y encadenarlo con tres meses en París.

–¿Tres meses? –me preguntó.

–Tres meses.

No dijo nada, como si fingiese reflexionar sobre mi plan. Me preguntó:

–¿Conoces a Daniel Boulud?

–Sí.

Boulud es el chef francés serio más exitoso de Estados Unidos. Dirige catorce restaurantes, la mayoría llamados Daniel, Boulud o alguna variación combinando sus iniciales.

–Se crió cerca de Lyon –dijo Hamilton.

–Sí, lo había oído.

Yo había estado una vez en Lyon, para coger un autobús a las seis de la mañana. No tenía ninguna noción del sitio, salvo que me pareció lejano.

–Hay quien dice que es la «capital gastronómica del mundo».

–Sí, eso también lo he oído.

Hamilton podría haber estado hablando con mis hijos pequeños.

–La formación, la disciplina, el *rigor*. –Hamilton alargó la última palabra lentamente, como remachando un clavo–. Daniel se pasó dos años cortando zanahorias.

Asentí.

–Las zanahorias son muy importantes.

Hamilton suspiró.

–Dices que quieres trabajar tres meses en Francia. –Ilustró el número con los dedos–. ¿Y qué te crees que vas a aprender?

No se me ocurrió ni contestar.

–Yo te digo lo que aprenderás. Nada.

La subasta se abrió y empezaron las pujas. Entre los lotes

había una enorme trufa blanca (es decir, una enorme trufa blanca italiana), solo un poco más pequeña que la cabeza extraordinariamente grande de Frederick, y que Hamilton se adjudicó mediante una ostentosa puja de diez mil dólares con un gesto de «oh, vamos a ponerle fin a este absurdo», tras lo cual todos los de nuestra mesa, más algunos amigos que nos encontramos camino de la salida, fuimos invitados a comer el domingo en su apartamento.

–He estado pensando en tu plan y tengo un regalo para ti –dijo Hamilton cuando llegué. Me dio un ejemplar de su manual de la escuela, *Las técnicas fundamentales de la cocina clásica*. Me busqué una silla en un rincón. El libro era tremendamente pesado, 496 páginas enormes a doble columna con fotografías explicativas. Lo abrí y me topé con «Teoría: Información general sobre la muselina de pescado». Pasé página. Había diez páginas dedicadas a hacer una salsa con un huevo. Para la filosofía de un fricasé, tres. ¿En qué clase de persona tendría que convertirme para dominar siquiera la mitad de todo aquello?

Hamilton me mandó a uno de sus invitados, Dan Barber. Barber dirigía dos restaurantes, ambos llamados Blue Hill, uno en Manhattan y el otro en una granja. Lo conocía y me gustaba su cocina. Era local a ultranza y estaba inflexiblemente consagrada al sabor. Una vez me comí una zanahoria en un restaurante Barber: sola, recién sacada de la tierra treinta minutos antes, lavada con cuidado pero sin pelar, suspendida en un pedestal de madera grabada y servida con varios granos de sal buena y una gota de perfecto aceite de oliva italiano. Barber es delgado, tiene el tórax inquieto de un corredor de larga distancia y es nervudo, como su pelo, además de leído y elocuente. Me preguntó por «mi proyecto francés», pero antes de que me diese tiempo a responder me interrumpió.

–Formación francesa –declaró–. Nada más importante.

La afirmación no dejaba lugar a dudas. También era refrescante. Por aquella época, el carisma de Francia estaba en horas bajas. La gente no iba allí a aprender a cocinar. Se iban a lugares remotos de la península Ibérica o a valles aislados en Suecia durante el invierno.

–Los estadounidenses se creen que pueden pasar sin formación francesa –dijo Barber–, pero no saben lo que se pierden. Su comida siempre se queda –vaciló buscando la palabra adecuada–, a ver, a medias. –Se calló para que valorase las implicaciones de lo dicho–. Deberías trabajar para Rostang. Michel Rostang –dijo. El tono era imperioso. Era una instrucción.

–¿Rostang?

Conocía el nombre. París, gente sofisticada: manteles blancos, cuadros en las paredes.

–Apréndete los clásicos. Rostang.

Asentí, saqué una libreta y escribí: «Rostang».

–Pero ¿por qué Rostang?

–Porque –Barber se me acercó– es con quien yo me formé.

–¡Trabajaste en París! –Sonó como un exabrupto. Barber miró hacia atrás como si se avergonzase. No era mi intención levantar la voz. Fue la sorpresa.

–Sí, trabajé en París. Y en la Provenza. Y... mi formación es francesa –lo dijo con tono de «pues claro».

Barber era particularmente alto, no me había fijado hasta ese momento, quizá porque es muy flaco y ocupa menos espacio que una persona alta normal. Tampoco me había dado cuenta de que llevaba boina.

–¿Hablas francés? –le pregunté. Blue Hill había sido el nombre de la granja de la abuela de Barber y era importante cómo se presentaba: la cocina de la abuela los sábados, pureza y sensatez norteamericanas. Barber participaba en comités en Washington y estaba al tanto de lo de la constitución cromosómica del germinado de ajo de Hudson Valley. El afrancesamiento confundía–. ¿Lo sabe la gente?

Se me acercó más.

–Esas habilidades no se aprenden en ningún otro sitio.

20

Llegamos al Chesapeake, su vasto mar salobre, el estuario más grande de Estados Unidos. En Francia serían seis horas más, tarde del sábado, el servicio de noche a punto de empezar. Intenté imaginarme un bistró en París, una barra con taburete, una sala de techo bajo con una chimenea, una ciudad, un pueblo. Y fui incapaz. Había vivido en Inglaterra veinte años. Allí había sido fácil imaginarse Francia. Estaba a tiro de ferry. Se podía ir en coche. A una hora en avión.

Nuestro tren iba apartando patos azules y naranjas cuando atisbé en el cristal de mi ventana el reflejo de una pantalla de ordenador, un movimiento brillante. Parecía un pase de diapositivas de comida francesa.

¿Por qué pensé que era francesa? ¿Porque los platos parecían pinturas? ¿Porque tenían salsa? Aparecían, uno tras otro, un fundido, una nueva imagen, muy Ken Burns.

Me giré para mirar más de cerca y vi a un tipo de unos treinta años. Lo observé: pelo corto, rapado militar, delgado, hombros estrechos. ¿Francés? No sabría decir. No hablaba. Gruñía. Parecía europeo. Parecía el hincha de un equipo de fútbol. La misma malicia.

Me dirigí a mi mujer:

—¿Y ese? —Le señalé con un gesto de la cabeza hacia el ordenador.

Se retorció en su asiento, miró y volvió a sentarse.

—Dios ha escuchado tus plegarias.

—Dios no ha escuchado mis plegarias.

Echó otro vistazo más largo, se recompuso, entrelazó los dedos y respiró hondo.

—Créeme.

Miré a hurtadillas. Otro individuo miraba la pantalla dándome la espalda. Era el que había querido colarse.

Le pregunté a mi mujer:

–¿Hablo con él?

–Tienes que hablar con él.

–Creo que lo conozco.

–Ve a hablar con él.

–Si no me equivoco.

–Ve a hablar con él.

Me levanté y fui hasta su mesa.

–Hola. Perdón por interrumpir.

El tipo que había intentado colarse llevaba dos jarras de vino tinto y estaba leyendo un libro de cocina francesa (*La cuisine du soleil*, con una cubierta antigua y desgastada). Levantó la mirada. Ah. Pues sí que conozco a este hombre. Esta cara: me había parecido familiar porque era familiar, la ceremonia de entrega de los premios James Beard, la foto de la solapa de los dos ejemplares que tenía del libro.

Pero ¿el nombre? Empezaba por M.

¿Michelin?

¿Mirepoix?

El presunto famoso del James Beard y su acólito me miraron.

Pensé: vaya. Es el tipo al que he placado antes.

Le dije:

–¿Es usted chef?

No me atreví a decir: ¿Es usted un chef francés cuyo nombre empieza por «M» pero no recuerdo cómo sigue porque no se me quedan los nombres franceses?

Añadí:

–¿No será usted, de hecho, un chef muy famoso... por casualidad?

El hombre no se movió. A lo mejor no hablaba inglés.

Respiró hondo.

–Sí, soy un chef famoso. ¡Sí! Soy muy famoso. –Era majestuoso... un poco ridículo, pero la gente majestuosa a menudo es ridícula–. Permita que me presente. –Alargó una mano como si debiera besarla (¡Pánico! ¿La beso?) y declaró–: Soy Paul Bocuse.

¡Paul Bocuse! ¡Me había equivocado! ¿Había placado a Paul Bocuse? ¡Bocuse es el chef francés más aclamado del mundo! ¿Estoy conociendo a Bocuse? Ahora estaba hecho un lío. Además, ¿Bocuse no tenía ciento quince años? ¿Y no vivía en Lyon?

–No, no, no, no –dijo el hombre–. Estoy de broma.

(Ah, una broma, vale, qué bueno.)

–No soy Paul Bocuse.

(¡Ostras!)

–Paul Bocuse está muerto.

(¿Cómo? ¿Se están quedando conmigo y además Paul Bocuse está muerto?)

–O igual no.

(No lo estaba.)

–En realidad, no lo sé. Soy Michel Richard. El chef y patrón del Citronelle, el restaurante más elegante de Washington. Repito. Michel –hizo una pausa para prestarle al apellido toda su potencia de voz– ¡Riiiiiiiiiiiiiiiiii-CHARD!

Me pasaría buena parte de los siguientes ocho meses en compañía de Richard, con intermitencias, no gran cosa al principio, y luego, hacia primavera, prácticamente a jornada completa cuando conseguí un puesto en la partida de pescados.[1] Nuestra siguiente reunión fue una cena en Citronelle, en la mesa del chef, en la cocina, con una panorámica de su funcionamiento, y los presentes éramos Jessica y yo, Richard y su mujer, Laurence, estadounidense de padres franceses a quien Richard había conocido cuando vivió en California. («Nunca come en el restaurante, no le gusta mi comida –dijo con un

---

1. Las cocinas profesionales se organizan en secciones (*partidas*), encargadas de las distintas elaboraciones. *(N. del T.)*

23

puntito de ironía optimista–, pero querrá conocer a Jessica y hablarán francés.» Y eso hicieron.) El primer plato fue huevos revueltos con salmón, algo que estaba claro que no iba a ser y que, en efecto, no era (eran vieiras crudas licuadas en una batidora con crema y azafrán, cocinadas como si fuesen huevos revueltos, al estilo francés, eso sí, o lo que es lo mismo: despacio; pero seguían siendo lo que eran: marisco). Lo siguiente fue un cappuccino. (Ídem.) En realidad, era sopa de setas, salvo que no lo era, en realidad, porque la habían hecho sin agua ni caldo ni ningún otro líquido. Tampoco tenía setas. (Las setas sudan cuando las calientas; la «sopa» –que requería cincuenta kilos de hongos diversos– no era otra cosa que sudor, en efecto. Era brillante, insólito y muy concentrado: luego lo acabaría intentando en casa y pasaría horas tratando de encontrarle un segundo uso a unas monstruosas plastas oscuras de restos babosos de setas hasta que me daba por vencido, empezaba a convertirse en una corteza negra, y, con un golpe seco, lo tiraba todo en el cubo de la basura.)

Richard hizo una ensalada inspirada en los nenúfares de Claude Monet.

Pensé: pero ¿qué me cuentas? Hay siglos de pintura inspirada en la comida. ¿Cuántos platos hay que se inspiren en la pintura?

Deambulé por la cocina para ver cómo se organizaba. Alrededor de una bandeja blanca estaban colocando unos discos blandos de «comida tubular», los habían cortado bien finos con un cortafiambres; llevaban (me dijeron) atún, pez espada, pimientos rojos y amarillos, ternera, ciervo y anguila. La bandeja estaba aliñada –unas hierbas que por su forma recordaban a un helecho, un aceite de oliva infusionada con albahaca exageradamente verde– y convertida en una cenagosa y musgosa obra maestra. Observarla te ponía muy zen, aunque representaba todo un desafío –os prometo que lo primero que se me pasó por la cabeza al comerme un fino disco blanco no fue «¡Ah, es anguila!»– que te hacía darte cuenta de hasta qué punto reconocer la comida, algo que hacemos continuamente, es una condición previa para poder saborearla. (Y todavía sigo intentando averiguar a qué me refiero.)

Aquella noche, antes de meterme en la cama, me descubrí recordando con inesperado cariño las *Técnicas fundamentales de la cocina clásica* de Dorothy Hamilton. En enero empecé a aprender las elaboraciones de Richard a fondo, comenzando pertinentemente con uno de los tubos que había usado en la ensalada Monet: el de pimiento negro, en concreto.

–Los tubos son muy importantes en la cocina de Michel –me dijo David Deshaies. David era el acompañante del tren. Era el jefe de cocina.

A esas alturas, sabía lo suficiente como para comprender que los «tubos» probablemente no figuraban entre las técnicas clásicas.

Asamos cinco docenas de pimientos rojos, los pelamos y los extendimos, aún calientes, sobre largas hojas de film transparente que David bombardeó con enérgicas nubes de gelatina Knox justo antes de que los pimientos se enfriasen. Así dispuestos parecían una compacta alfombra roja ondulante que acto seguido intentó enrollar, los pimientos se escaparon hacia los lados del film y quedaron como burritos estrujados de noventa centímetros de largo. Obviamente, no había una manera más ordenada de hacerlo. Fue empujando la masa de pimientos hacia dentro hasta que al final logró atar uno de los extremos con una cuerda. Después de atar la otra punta, cogió su enorme creación tubular y la hizo girar sobre su cabeza como si fuese un lazo: la estampa, en realidad más bien inquietante, era la de un vaquero haciendo revolotear un salchichón larguísimo. Pero cuando estuvo listo quedó precioso: muy rojo, muy simétrico, muy brillante, como una salchicha de color primario rellena casi hasta reventar.

–Vale –dijo–. Te toca.

Hicimos diez, David hizo nueve y yo uno (cuesta un poco cimbrear el lazo con seguridad), tras lo cual me dijeron que los colgase en la «cámara de los tubos».

Era un congelador. Allí colgaban tubos de ganchos en el techo como en una carnicería, salvo que eran color verde pastel, amarillo pollo, blanco, rosa, un puñado de rojos consistentes y morados. Podrían haber sido globos de fiesta congelados. El más largo medía un metro y medio. El blanco, de noventa centímetros, era la anguila. No habéis visto nunca nada parecido. Nadie ha visto nada parecido, porque no lo encontraréis en ningún otro sitio que en las cocinas de Richard. Había tubos para mezcla de blinis, beicon crudo, coco, remolacha, diversos pescados y una masa para los sándwiches club. La verdad es que había un montón de tubos.

Curiosamente, nunca se me ocurrió que lo de Richard fuese absurdo, que yo tuviese que hacer otra cosa. Él estaba en Washington. Yo en Nueva York, padre sin experiencia de bebés gemelos. ¿Qué hago? ¿Dejo a mi familia? Además, aspiraba a unos fundamentos básicos. Richard era «antibásico», por descontado. También era antiobvio y subversivo en todo lo imaginable. Su planteamiento (definido con más precisión como «antiplanteamiento») era sorprender al comensal a cada instante. Era un *entertainer*. Su promesa: dejarte maravillado y satisfecho. No, aquello no era lo que tenía en mente, pero no me podía resistir a Richard.

Se había educado con los clásicos, y muchas mañanas me lo encontraba en la mesa del chef leyendo alguno, sobre todo *Gastronomie Pratique*, de Ali Bab, una obra muy desconocida en el mundo angloparlante pero una biblia para muchos chefs franceses de principios del siglo XX, publicada en 1907; 637 páginas de explicaciones detalladas, prácticas, de los platos del recetario francés. Pero Richard nunca hizo nada de ahí. Nada.

—¿Por qué lo lees? —le pregunté.

—Para que me estimule. La gente se piensa que tengo unas ideas originalísimas, pero qué va, empiezan con algo que he leído.

No, Richard no era el chef más obvio para enseñar a un novato en cocina francesa. Pero ¿dejarlo pasar? Ni de broma. Además, conocía a todo el mundo: me encontraría un sitio en Francia.

Citronelle estaba en el sótano de un viejo hotel, el Latham, una sala con un aforo de ciento cuarenta comensales, una propiedad de Georgetown no demasiado cara que, pese a su estado (tenía una alarmante tendencia a inclinarse), no estaba en su peor momento. (Los aficionados al cine lo reconocerán como el escondite zarrapastroso en el que se refugia la joven Julia Roberts en *El informe Pelícano*.) Una vez Mel Davis, el relaciones públicas y mano derecha de Richard, negoció un precio de amigo por una habitación, me decidí: bajaría a Washington, siempre que las urgencias domésticas lo permitiesen, los domingos por la tarde y volvería los viernes. (Aquellas urgencias domésticas no siempre lo permitían, porque cualquier arreglo que supusiera dejar a Jessica tirada sola con los gemelos no sería bien recibido.)

Ratatouille. Fue la siguiente preparación que aprendí, y me encantaba hacerla. Se servía fría, con cangrejo recién frito, a la temperatura justa. Parecía tan radicalmente básico... y el caso es que no lo era en absoluto.

Según David, mi instructor, es el sabor de un verano francés, porque está hecho con ingredientes que todo francés cultiva en su huerto: berenjenas, pimientos, calabacines, cebollas y tomates (más ajo), en cantidades más o menos iguales (salvo el ajo). Cada ingrediente se corta a trozos desiguales.

–Una vez hicimos una versión *nouvelle-cuisine*, con daditos perfectos –dijo Richard desde la mesa del chef–, pero era demasiado sofisticado. Es un plato rústico y eso es lo que debe seguir siendo.

La lección más importante: que cada ingrediente debe cocinarse por separado. Las cebollas se saltean en aceite de oliva. Luego el calabacín (un poco); y para acabar, las berenjenas, pero con rapidez y en una sartén antiadherente (sin aceite, porque la berenjena es una esponja para el aceite de oliva). Los pimientos se asan en el horno; luego los tomates, pero siguiendo la insistencia particularmente francesa de quitarles antes la piel. («Los franceses no se la comen, porque la piel sale en la caca», me dijo Richard en privado. «¿En serio?», le pregunté con escepticismo. «En serio», dijo.)

Se le quita la piel echando cada tomate en un cuenco con agua hirviendo, lo pasas rápidamente a otro con agua helada y lo pelas mientras sigue en estado de shock. Luego cortas los tomates desnudos en cuartos, le quitas el líquido y las semillas húmedas y gelatinosas y los echas en un colador sobre otro cuenco. (Eso será para después, para agua de tomate.) Al final de la sesión, debes tener una formidable pila pringosa goteando en un estanque rojo brillante. A continuación, colocas los cuartos –parecen pétalos de flor– en una bandeja de hornear, los pintas con aceite de oliva, espolvoreas sal y azúcar y los cocinas a baja temperatura durante noventa minutos hasta que estén ahuecados e hinchados. Son el ingrediente más *mermeladoso* de los ingredientes *mermeladosos*.

Solo entonces mezcla Richard los ingredientes –en una cacerola, con chorros de vinagre de vino tinto (un añadido atípico, un fresco toque de leve acidez picante para equilibrar la dulzura veraniega del plato)– y los calienta a fuego suave unos minutos. Se dice que esta práctica –cocinar cada hortaliza por separado– produce una mezcolanza de sabores más viva que si los echásemos todos al mismo tiempo. No pensé mucho más en ello, salvo para reconocer que hacía mucho que no preparaba *ratatouille* y que esta me gustaba tanto que a partir de entonces la haría cada verano sin fallar ni uno. («Mermelada de hortalizas» es como describía David la *ratatouille*: «Mi madre la hacía los domingos, la servía con pollo asado y la comíamos fría el resto de la semana».) Hasta que no le puse el plato a los amigos (que se emocionaron con el resultado) no supe que la mayoría de la gente no se molesta en cocinar los ingredientes por separado, y que muchos no sabían que fuese siquiera una posibilidad. Incluso la más reciente y en general bastante impresionante edición de *Joy of Cooking* te dice que amontones las hortalizas en una cazuela, las remuevas, tapes y las dejes cocerse, lo que me hace venir a la cabeza aquella última *ratatouille* que había hecho diez años atrás, inspirada por la lánguida prosa empingorotada y morosa de M. F. K. Fisher, que había aprendido la elaboración en Francia de «una mujerona muy grande» proveniente de «una isla de España». Aquello también era un mejunje a base de amontonar y remover que luego se estofaba de cinco a seis horas. Sabía a musgo. (La *ratatouille* de Julia Child sigue y respeta a medias la elaboración básica –«cada ingrediente se cocina por separado»–, pero luego, curiosamente, cocina algunos ingredientes juntos.)

El planteamiento «cocinar por separado» fue mi primera lección genuinamente francesa. Los vinicultores, cuando embotellan un vino que contiene diferentes variedades de uva, hacen algo similar y, o bien echan todo en una cuba y lo dejan fermentar (como un «field blend»), o las vinifican por separado y las mezclan al final: una opción más controlada en la que a menudo puedes saborear cada uva. Y resulta que muchos famosos estofados franceses, por lo menos en sus recetas tradicionales, se estofan de manera mínima. Como un *navarin d'agneau*, el plato de cordero pascual con hortalizas que toma su nombre del *navet*, el nabo, acompañamiento tradicional hasta el advenimiento y la aceptación de la patata (circa 1789): las hortalizas se cocinan mientras se asa la carne –nabos (si eres un tradicionalista), patatas (si no lo eres), o nabos y patatas (si eres las dos cosas), zanahorias baby, cebollitas y guisantes– y no se combinan hasta el final.

Por lo visto, esta elaboración no tiene nombre, algo curioso en una cultura que, como estaba a punto de descubrir, tiene un nombre para cada minúscula elaboración o utensilio, o si lo tiene, yo no me lo he encontrado aún, aunque debo de haberme topado con la primera vez que se describió: en *La Cuisinière bourgeoise* de Menon (*La cocinera casera*: el *bourgeoise* del título tiene el significado del siglo XVIII, «de casa»). Hay muchos libros de *cuisine bourgeoise* en Francia –casi todos los chefs reputados han escrito para el lego–, pero Menon fue el primero. (Menon, probablemente un pseudónimo, también escribió la primera *nouvelle cuisine*: también hay muchas *nouvelles cuisines*.) *La Cuisinière bourgeoise* de Menon explica dos maneras de hacer pato con nabos: la profesional, con nabos y otros ingredientes cocinados por separado mientras se asa el pato, y la otra más informal que consiste, de nuevo, en echarlo todo a la cazuela, tapar y dejar hasta que esté hecho. «*Voilà la façon de faire le canard aux navets à la Bourgeoise.*» (La receta no aparece en la primera edición del libro, publicada en 1746, sino en la segunda, de 1759.)

Spoiler: para nuestro asombro, si bien con gran dificultad, acabaría aprendiendo a leer en francés e incluso a hablarlo.

Hice pan rallado a la manera de Richard, que no era ni uniforme ni excesivamente fino (lo pasaba por el colador para eliminar el exceso de polvo), sino roto, irregular, tosco a primera vista, y luego tostado en el horno hasta que quedara deliciosamente ruidoso. Con una pizca de *mousse*, se adherían a los «*nuggets* de pollo» de Richard y luego, al freírlos a fuego alto, emergían con una gran textura exterior (crujían al morderlos), suave en el centro, con un punto de crema de pollo intermedia y muy sorprendentes en boca. (Probé a ponerles *nuggets* a mis niños. Les gustaron. También les gustaban los congelados del supermercado. No eran gente refinada. Lo que de verdad les gustaba era el kétchup.) Hice hamburguesas de atún al estilo Richard (¿hamburguesas de atún en un restaurante de postín? ¿Por qué no? Estaban exquisitas). Empiezas con una buena pieza roja del pescado, la cortas a dados y los aplastas enérgicamente con el reverso de un cucharón de madera contra los lados del cuenco. Mientras los dados se rompen, los vas chafando. Añades un chorrito de aceite de oliva. Sigues machacando. Llegados a este punto, probablemente estás empezando a sudar (a no ser que seas yo y estés ya chorreando por la nariz). A mitad de la elaboración, incorporas una cucharada de una salsa vagamente japonesa que has hecho antes (jengibre, chalotas y cebolletas emulsionadas en una batidora con salsa de soja) y sigues machacando. El objetivo es romper el tejido de tal manera que, en la trituración, obtengas las grasas naturales del pescado. Son la ligazón, lo que mantendrá la forma de la hamburguesa. Luego se dejan poco hechas y tienen una frescura picante, con una crudeza desacomplejada rayana en el toque ajengibrado del sushi, y se sirve en un bollo hecho con aceite de oliva y masa madre, algo así como una versión mediterránea del *brioche*.

Gozaba tanto con las hamburguesas que siempre me hacía una de más justo antes de cerrar cocina y la dejaba encima de la plancha para que no se enfriase y poder comérmela en el bar de arriba con mi acostumbrada copa de Pinot Noir.

Me enseñaron a hacer un suflé Richard que nunca falla (lleva tres merengues distintos: italiano, suizo y francés). Preparé sabrosas tejas de patata con tanta textura y solidez como las Pringles pero sin grasa (las insertábamos en las hamburguesas de Richard para darles un punto crujiente). Ambas cosas eran secretos de la casa, guardados en una biblia de recetas a buen recaudo, y el hecho de que Richard se sintiera dispuesto a compartirlas conmigo demostraba que, a sus ojos, yo era absolutamente inofensivo. Durante mi estancia, la cocina no estaba haciendo el mosaico de salmón, considerado por muchos como el plato más logrado de Richard, una obra maestra que desafiaba las leyes de la gravedad apuntalada disimuladamente con transglutaminasa (es decir: pegamento para carne) y que yo conocía por la importancia que tenía para un antiguo segundo de cocina, Arnaud Vantourout, un belga que me confesó que, después de dejar Citronelle por un puesto rimbombante en un famoso restaurante de Bruselas que me pidió que no nombrase, se dio cuenta de que lo habían contratado únicamente por las recetas de Richard. «Me hicieron contarles todo», la Tecnología de Tubos, el suflé, la hamburguesa de atún, las manzanas peladas con perfección de Richard y el mosaico de salmón. («Se morían por el mosaico de salmón.») Luego, una vez el famoso restaurante de Bruselas que Arnaud me pidió que no mencionase hubo agotado todas las buenas ideas aprendidas de Michel, ya no les servía. «Me pusieron de patitas en la calle.» (Francamente, no entiendo por qué el bienintencionado Arnaud protegía con tanto celo un establecimiento de auténticos gilipollas, y aunque el crítico gastronómico de los últimos tiempos del *New York Times* R. W. Apple, Jr. lo escogiese entre las diez mejores experiencias culinarias del mundo, yo, por mi parte, he jurado no ir allí jamás.)

Un martes, justo antes del servicio de noche, me enteré de que nada menos que Michel Rostang y su *brigade* habían llegado de Francia y se pasarían a visitar la cocina a la mañana siguiente. Tomarían los mandos del Citronelle durante un fin de semana de elaborados platos, un acontecimiento anual, algo así como un festival «París en Washington». No había razones para que yo lo supiese de antemano... aún me estaba adaptando al sitio. Pero la noticia me dejó pasmado: Michel Rostang –Rostang, la misma persona para la que había trabajado Dan Barber y con quien me había exhortado a aprender– iba a estar allí, con su jefe de cocina, su segundo, sus cocineros, todos. Era mi oportunidad. Estaba emocionado. Estaba aterrado.

Necesitaba llamar a Jessica.

Por un lado, el momento era sumamente idóneo. Hasta hacía poco no había caído en la cuenta de que nuestros niños tendrían que entrar en algún tipo de guardería en otoño. Siendo sinceros, hasta entonces no me había planteado con ninguna concreción que necesitarían educación. Obviamente, sabía que en algún momento les tocaría, pero no había pensado en la logística. Era la primera semana de marzo. Acababa de empezar a bregar con la partida de pescados (siguiendo a un cocinero que la conoce para aprender la rutina). Además, ahora era cuando también me estaba empezando a dar cuenta del poco tiempo que tenía para buscar un restaurante en Francia. Entre marzo y septiembre pretendía adquirir todos los conocimientos básicos que pudiera ofrecerme la cocina de Richard (si es que los había), y trabajar una temporada en algún lugar, pendiente de concretar, de París: seis meses. Y ahora, de pronto, ahí estaba Rostang: mi oportunidad, mi billete de ida, mi futuro, mi sitio.

Sin embargo, por otro lado, el momento no era tan positivo. Según el acuerdo al que había llegado con Jessica, yo tenía que estar en casa los viernes por la tarde para encargarme de los niños: sin excusa. Los viernes por la tarde, Jessica estaba en uno de esos momentos de «no puedo más con mi vida». ¿La llamo y le digo, bueno, a ver, te importaría encargarte tú sola unos cuantos días más... pongamos el fin de semana, y, vaya, también el resto de la semana?

Richard estaba en su partida, trabajando en una receta. Dudé si debía interrumpirlo. Además, aún no le había pedido explícitamente si podía contar con su ayuda para encontrarme una cocina en París. Luego desapareció antes de que tuviese oportunidad de hablar con él y no volvió hasta la tarde. (Probablemente almorzó con su querido amigo Michel; los dos Michels a la mesa, a saber dónde.) El viernes por la mañana, David recibió un mensaje. «¡Vienen!» Además, ¿acaso estaba yo ni remotamente cualificado? Sabía agitar salchichas de pimiento por encima de mi cabeza. Podía hacer pan rallado y sándwiches de atún. No hablaba francés.

—¡Están aquí!

Los oí antes de que apareciesen: ¿coreaban algo? Irrumpieron por la puerta corriendo y fueron directos a sus puestos; tuve que quitarme de en medio. Parecían un ejército de ocupación. Fue la primera vez que presenciaba lo que acabaría identificando como «concentración de cocina». Cada miembro miraba al frente –nada de charlas, un apretón de manos indiferente por todo saludo– y se puso a preparar sus respectivas partidas. Era emocionante ver aquello. Era intimidante. Eran tan distintos de los estadounidenses de Citronelle. Nosotros parecíamos acomodados, poco serios, blandos. Ellos parecían matones callejeros. Eran terroríficos, no hay otra palabra.

Rostang tiene dos estrellas Michelin. Yo no había visto nunca una *brigade* de cocina Michelin.

No hablaban inglés, o si lo hablaban, nosotros no lo sabíamos. Daba igual, porque, de todas formas, tampoco iban a hablar con un estadounidense. Durante un descanso, formaron filas con los miembros franceses del Citronelle: David, Mark Courseille (el chef repostero), Cedric Maupillier (un antiguo segundo de cocina, ahora en el Central de Richard, su

34

bistró «americano»), más un chef de la embajada francesa, antiguo empleado de Richard.

Los estadounidenses se retiraron, continuaron con sus tareas sin apenas levantar la vista, y transmitieron la idea inequívoca de que eran débiles, frágiles y catastróficamente ineptos. Reflexioné: ¿en qué superaba yo a aquellos cocineros estadounidenses, todos educados y experimentados que ahora parecían vapuleados e intimidados? No me imaginaba siendo miembro del equipo Michelin. ¿Dos estrellas? Ni de broma. ¿Dónde estaba Richard? ¿También estaban almorzando los dos Michels? Por la noche tenía que coger un tren. Mi acuerdo con Jessica. Y tampoco es que me hiciese infeliz aquello. Pero sí que me preguntaba: ¿acabo de perder mi oportunidad de trabajar en París?

Tres semanas después tuve otra oportunidad. Estaba una noche en la partida de pescados, aprendiendo por fin el funcionamiento, cuando David me llamó desde el pase:

–Michel quiere que subas. Te quiere presentar a una gente.

No me moví.

–Michel es mi jefe. Tienes que salir de la partida.

A Richard le importaba un comino si yo cocinaba o no: ¿que yo quería cocinar?, pues me dejaba, y dado que estaba allí básicamente gracias a él, se sentía totalmente autorizado a hacerme llamar a su lado cuando le viniese en gana. Aquello era todo un placer, salvo por el hecho de que las interrupciones a menudo duraban más tiempo del que yo pasaba en la partida; y seguía creyendo que iba a aprender a ser un cocinero francés allí. (Segundo spoiler: no aprendería, aunque en la cocina de Richard aprendería a ser cocinero, que no era poca cosa.)

Los amigos eran Antoine Westermann, un aclamado chef alsaciano, y su mujer, Patricia. Estaban fuera, era una tarde calurosa (mesas y bancos de madera, como la terraza de una

35

cafetería). Me senté con ellos. Trajeron una fuente de ostras, una botella de Chablis. Richard estaba contando historias de su infancia, su madre y su horrenda cocina. Apareció más comida, charcutería en una corteza de árbol a modo de bandeja; me rellenaron la copa, pusieron otra botella en la cubitera. Me relajé. ¿Por qué no? No era para tanto no estar en la cocina. (Mientras tanto, pensé en mi mujer, lo admito, un instante, pero un instante contundente, y me pregunté qué versión del infierno estaría atravesando en aquel preciso momento con los gemelos.)

El primer restaurante de Westermann, cuando tenía veintitrés años, había sido un granero reformado en el corazón de Estrasburgo donde se combinaban tecnología punta y las recetas de su abuela, y a lo largo de veinticinco años había ganado tres estrellas Michelin. Luego lo dejó por amor («por la hermosa Patricia», aclaró Richard), abandonó a su antigua esposa y puso al frente de su restaurante a su hijo de treinta y dos años; Westermann y Patricia se mudaron a París, donde este compró el Drouant, fundado en 1880, uno de los establecimientos más respetables de la ciudad.

Westermann venía regularmente a Washington –hacía de consejero con el Sofitel Hotel– y siempre visitaba a Richard. Para muchos chefs franceses (como Westermann, Alain Ducasse o Joël Robuchon, es decir: para algunos de los mayores talentos de su generación), visitar a Richard en Estados Unidos era equivalente a descubrir un tesoro nacional no reconocido, ¿cómo podía ser desconocido alguien tan dotado? Enseguida lo «calaban», lo adoraban y se convertían en miembros vitalicios del club de fans de Michel Richard.

Westermann daba fe de su afecto por Richard. Los dos chefs tenían más o menos la misma edad. Westermann era alto y delgado –practicaba bici de montaña–, con una postura perfecta, sus gafas redondas de ratón de biblioteca y un porte de rectitud vigilante. Con la chaquetilla de cocinero, y siempre parecía ir con chaquetilla de cocinero, tenía la actitud de un científico, una actitud rígida, levemente formal que desaparecía cuando sonreía, y en compañía de Richard no le costaba sonreír. Hasta aquella tarde, las únicas personas que había conocido con Richard trabajaban para él.

–Mira, Michel, tienes que hacer ejercicio, de verdad.

–Sí, lo haré, Antoine, te lo prometo.

–No hace falta que sea mucho... un poco, pero a diario.

Le preocupaba la salud de Richard, y había ternura en aquella preocupación.

Richard había sido en su día un hombre bragado. En fotos de su época en Los Ángeles, transmite poder. Pero ahora esa percha había perdido su rotundidad, y el total de lo que quedaba parecía haberse quedado en la mitad. Seguía siendo una bellísima persona, se percibía en la alegría que exudaba siempre que uno tenía la suerte de estar con él, pero su cuerpo peligraba. Tres años antes había sufrido un infarto.

–Fue aquí en el restaurante –me contó–. No entendía nada. No sabía ni lo que decía.

–Es el peso, Michel. Tienes que perder peso, no te queda otra.

Westermann quería ayudar.

–Sí, Antoine, *ma petite* Laurence me dice lo mismo. Empezaré mañana.

Richard amaba los placeres de manera inmoderada, y solo era capaz de moderarlos evitándolos. Sus almuerzos dominicales en Los Ángeles eran extremadamente alcohólicos, y eso le había enseñado a no tener vino en casa. Con la comida costaba más. No se puede vivir sin comida. («Una vez, Laurence me dio queso fresco. ¿Lo has comido alguna vez? Lo probé en el almuerzo. Quería que Laurence estuviese contenta. Pero no pude. Es horrible.»)

–Mira estos quesos –dijo una noche, sentados en su mesa–. Cremosos, grasientos y suntuosos. –Los quesos eran para el servicio de la noche–. Laurence me ha dicho: «Basta de queso, por favor, Michel, prométemelo, se acabó». Se lo prometí. *Mais regarde!* –Se bebió un vaso de agua. Se bebió otro. Luego sucumbió, un plato enorme preparado para él, sin pan, solo queso, y con los ojos en blanco en un prolongadísimo *mmmmmmmmmmmm* de éxtasis. –Es mantequilla elevada a su máxima expresión.

Al final de la noche, volví a la cocina a ayudar a limpiar. Le pregunté a David:

–¿Y qué tal con Westermann? Tiene buen corazón, conocimiento y es famoso por sus habilidades.

David puso cara de circunstancias.

–¿Un alsaciano en París? Es una cocina desconectada de un lugar. París podría estar en cualquier parte. París podría ser Nueva York. Hablaré con Michel. Te encontraremos algo.

Michel Richard nació en Pabu, un pueblo rural de Bretaña, la parte abandonada más al noroeste de Francia, a media hora del mar. Sus padres –André, miembro de la Resistencia, y Muguette, una joven sirvienta en un castillo– se conocieron fugazmente a finales de la Segunda Guerra Mundial, cuando el ejército nazi se retiraba. Meses después, recién terminada la guerra, convertida la región en un empantanado batiburrillo de carros y vehículos de dos cilindros, Muguette, embarazadísima, puso rumbo al pueblo de donde recordaba que provenían los padres de su amante de la Resistencia. Llegó hasta Rennes, la capital de Bretaña, donde nació el hermano mayor de Richard, Alain, en mayo de 1945. Reanudó su excursión y en Pabu, llamando a varias puertas, encontró al padre del niño. Richard nació tres años después.

La joven familia vivió con los padres de André. Los recuerdos de Richard son imágenes, sobre todo de interior, sobre todo invernales, una oscuridad titilante de fuego en la chimenea. La electricidad se conservaba como el agua sacada del pozo: nada de luces después de las ocho de la tarde. Los abuelos no hablaban francés. Hablaban bretón, quemaban turba, tenían un suelo de tierra apisonada y no usaban platos, sino que se echaban la comida en unos huecos redondos, como cuencos, tallados en la mesa de madera maciza. El padre de Richard era el panadero del pueblo. Richard, que acabaría enseñándome a hacer unos panecillos perfectamente esféricos para las hamburguesas de atún (los amasas con el pulgar y haces bolas), recordaba lo rápido que los hacía su padre, dos a la vez, contra un mandil sucio contra el que aplastaba la cara del chaval en torpes abrazos antes del amanecer. Olía a cigarrillos sin filtros y a vino –el padre era alcohólico–, y se le veía adusto y sudado a la luz de un horno de leña encendido.

En las Ardenas había trabajo, en el este, cerca de Bélgica, donde estaban resucitando las fábricas. Cuando Richard tenía seis años y su madre estaba embarazada del cuarto, la familia se mudó y cambió uno de los lugares más atrasados de Francia por otro de los más subdesarrollados. El matrimonio se terminó un año más tarde, después de un acto de brutalidad producto de la borrachera perpetrado por el padre contra Muguette, embarazada, de nuevo, del quinto. Al día siguiente, ella y los niños se subieron a un autobús y se marcharon.

La madre es la influencia más importante y la menos previsible en la vocación culinaria de Richard, porque le prestó el estímulo para cocinar. La mujer estaba demasiado ocupada como para cocinar sin estrés, trabajaba en una fábrica, así que Richard, con nueve años, se arrogó esa tarea. También lo hizo porque cuando cocinaba ella, aquello era incomestible. Recordaba muchos platos, pero mi favorito es el conejo cocinado en una cazuela durante tanto tiempo y sin cuidado alguno que al llevarlo a la mesa y destaparlo, él y sus hermanos tuvieron que inclinarse para ver si había algo dentro: el conejo se había encogido en una masa negra endurecida del tamaño de un gorrión. Aquellos mismos hermanos saltaron de alegría cuando Richard tomó las riendas, una primera lección sobre el amor feliz de los comensales felices.

La madre también introdujo a Richard en la bollería, otra vez de manera indirecta pero tajante. Cuando cumplió los trece años, edad a la que la madre echaba a los niños de casa o los ponía a trabajar (ya había mandado al mayor a aprender contabilidad en una escuela de comercio a cambio de alojamiento y comida), su madre le consiguió a Richard un trabajo en una fundición de bronce. Se quemó, se le hincharon las manos y le fue imposible continuar. Habló con sus amigos, tenía que hacer algo, y se le ocurrió empezar de aprendiz de pastelero, con alojamiento y comida, más cincuenta francos al mes (alrededor de unos diez dólares estadounidenses), en Carignan, a un centenar de kilómetros de allí, sin trenes ni autobuses. Un proveedor de harina se llevó al chaval una madrugada de verano –una furgoneta Renault azul, un cielo rosa, el olor de las flores de agosto–. Richard no volvió ni una sola vez hasta tres años más tarde.

–Hace poco –me dijo Richard– me di cuenta de que no tengo el recuerdo de haber besado nunca a mi madre.

Le pregunté por su padre: ¿fue una influencia? Un chef de repostería no es un panadero, pero no son tan distintos.

–En absoluto. La repostería es una gran profesión. –Se quedó callado y pareció reflexionar–. Bueno, a lo mejor.

El padre que nunca tuvo, dijo, era Gaston Lenôtre, el repostero francés más famoso del siglo XX. Contrataron a Richard poco después de cumplir los veintitrés años, en 1971, y poco después de que la revista de crítica gastronómica *Gault & Millau* publicase su famoso número de octubre de 1973 donde proclamaba la llegada de la *nouvelle cuisine* y nombraba a Lenôtre entre los intrépidos representantes del movimiento.

Lenôtre, el famoso Lenôtre, consideraba a Richard el artista –esta consideración era alentadora y liberadora para Richard–, y llegaría a depender de él como de un arma secreta.

(Mucho después, David Bouley, el chef de Nueva York, se formó a las órdenes de Lenôtre. «La gente seguía contando cómo Michel había creado esto, lo otro y lo de más allá.» Hablamos de años después de que Richard se hubiese ido. «Tuvo que ser muy importante en el mundo de Lenôtre, para conservar aún aquella influencia.») Gracias a Lenôtre, Richard descubrió su propio genio. Gracias a Lenôtre acabó en Estados Unidos: lo acompañó a abrir la primera pastelería francesa Lenôtre en Nueva York. Gracias a Lenôtre (aunque fuese de manera indirecta), descubrió California, porque Richard fue allí después de que la operación neoyorquina de Lenôtre fracasase. En Los Ángeles, Richard abrió una pastelería incomprensiblemente exitosa en 1976 (el chef Wolfgang Puck recuerda su pasmo ante las colas que se formaban, «las más largas que he visto en mi vida») y luego Citrus, su primer restaurante.

¿Cuál fue el logro de Lenôtre? Yo había comprado el primer libro de Lenôtre, *Faites votre pâtisserie comme Lenôtre* (*Haga pasteles como Lenôtre*), un clásico de trescientas páginas, hoy descatalogado. Incluye recetas de tartas, *éclairs* y *babà*. ¿Cómo iba a ser *nouvelle cuisine* aquello?

–Lenôtre no inventó platos nuevos –decía Richard–. Inventó nuevas maneras de hacer platos antiguos. Tenía una norma muy sencilla. Solo puedes permitirte cambiar algo si el resultado es mejor que el original.

La norma, que constituye una de las explicaciones más sucintas de la *nouvelle cuisine* que he oído, gobernaba todo lo que Richard hacía, aun cuando sus aplicaciones fuesen más anárquicas que cualquiera de las de Lenôtre. Richard inventó un caviar falso. Lo hacíamos en la partida de pescados. Tenía aspecto y olor de caviar, y lo servíamos en una lata de caviar falsa con una etiqueta impresa en la tapa que decía «Begula» [sic]. Era pasta maravilla empapada en un sabroso caldo de pescado y teñida con tinta de calamar. Es obvio que no es un

41

sustituto del caviar, estrictamente, pero, teniendo en cuenta la precisión de la preparación y los pequeños tesoros que albergaba en su interior (un perfecto huevo poché cocido al vacío con la yema líquida, una pinza de langosta hervida en mantequilla), es «mejor» que el original si entendemos «mejor», en este caso, como «una experiencia culinaria más disfrutable». (Siempre tan travieso, Richard sirve caviar auténtico en un cuenco de atmósfera, como si flotase, un truco de presentación facilitado por una sala oscura, iluminada por velas, en la que el caviar reposa encima de un trozo de film tensado sobre un cuenco.)

Una noche, Jessica se despertó con las risitas de los niños. Los había metido en sus cunas dos horas antes. Se asomó desde la puerta del dormitorio y los vio en el salón, sacando libros de las estanterías. Habían aprendido a salirse de las cunas, un hito desconcertante. Me llamó a Washington. No oí la llamada.

Sin demostrar que la afectase (tal y como los expertos dicen que hay que hacer), cogió a cada niño sin aspavientos como si fuesen gatitos, sin hacer contacto visual, sin verbalizar nada, los volvió a meter en sus cunas, uf, y se fue de nuevo a la cama. Se salieron. Los volvió a meter. Se salieron. Después de repetir cincuenta veces la misma acción, me llamó.

No respondí.

Después de otros cincuenta episodios (cosa que parece improbable, pero ella me asegura que los devolvió a sus cunas más de un centenar de veces), me telefoneó de nuevo, desistió y se fue a dormir. Luego se encontró a los niños sentados con las piernas cruzadas, con la nevera y el congelador abiertos y huellas blancas de manos por todas partes. En el suelo había mantequilla, leche, zumo de naranja, huevos rotos y un helado que se estaban comiendo directamente del envase con las manos. Frederick tenía sirope de chocolate en el pelo.

Aparecí el viernes por la tarde. Jessica y yo hablamos por la mañana.

—Esto no funciona —me dijo.

—Entiendo —contesté, pero el lunes estaba de vuelta en Washington.

En la partida de pescados me dedicaba a las proteínas. A nadie en los fogones, y éramos todos estadounidenses, se le pasó jamás por la cabeza: eh, soy un cocinero francés. Cocinar raya requería más o menos la misma destreza que se necesita para hacer una taza de té, es decir: añadir agua caliente. La raya es como una minipastinaca con huesos extragrandes que en Francia se sirve con una salsa de mantequilla tostada y alcaparras: no es complicada de hacer, pero David tampoco confiaba en que ninguno de sus cocineros fuese capaz de conocer o reconocer su sabor. «El azúcar les ha estropeado el paladar.» Así que David era quien hacía la salsa: siempre. También desespinaba el pescado, luego lo pasaba a una bolsa, la llenaba con su salsa, la sellaba al vacío y la congelaba. Cuando llegaba el pedido, el pescado iba a un baño maría durante veinte minutos (a temperatura controlada, podíamos desentendernos) y, al «marcharla» lo sacaba de la bolsa. No era necesario que supieras lo que estabas haciendo. Ni siquiera necesitabas saber que era pescado.

La lubina rayada: en la parrilla por la parte de la piel hasta que quede crujiente, cinco minutos, y luego terminarla con un minuto por el otro lado. El exóticamente aceitoso pez espada: cuatro minutos en el horno a 260 ºC desespinado con unas pinzas para pescado, pintado con un glaseado de soja y sake y, posteriormente (al marcharlo), un toque de salamandra hasta que aparezcan unas burbujas negras.

Los cangrejos blandos eran la excepción; llegaban a diario en una caja, vivos, con aquellos ojos, alineados en hileras sobre un lecho de paja, del tamaño de un puño de bebé, empapados de agua de mar, meneándose levemente y con olor a percebes y anclas. Además, eran divertidos de comer, unos crustáceos que podías echarte a la boca y masticarlos en su totalidad, pinzas, caparazón, todo.

Son una especialidad de la bahía de Chesapeake, pero no una raza única. Lo que es único es cómo se reproducen. Los cangrejos dejan sus caparazones y les vuelven a crecer. Mudan. Los nativos americanos de Chesapeake descubrieron que si sacas del agua un cangrejo a medio mudar, el caparazón ya no se endurece. De ahí que quede crujiente y delicioso cuando lo salteas. Los de Richard eran especialmente crujientes, porque se freían bien, después de rellenarlos con una mezcla de mayonesa y carne de cangrejo, un toque poco convencional, rellenar a una cría con carne de adulto (básicamente, con aquello en lo que los cangrejos blandos se habrían convertido si su adolescencia no se hubiera visto truncada).

—La mayonesa es para la acidez —me contó David durante una clase sobre la preparación del cangrejo. Buscó un ejemplo que yo pudiera entender—. Piensa en el *fish and chips*. Los ingleses lo aliñan con vinagre. La grasa pide acidez.

(Me veo en la obligación de señalar con todo mi cariño que David tenía una manera indescriptiblemente encantadora y dulce de comunicarme el tremendo asombro que sentía ante mi estulticia culinaria.)

Para cocinar cangrejos, lo único que necesitas son un par de tijeras resistentes y un cuenco metálico. Con la mano izquierda, pillas al bichejo justo por detrás de las pinzas; con la derecha, le arrancas la cabeza por detrás de los ojos, y emitirá un leve «plonc» cuando caiga en el cuenco. Ahora la carcasa abierta aparece amplísima, sobre todo tras un leve estrujón, cosa que tiene toda la lógica del mundo, si te paras a pensarlo. El caparazón nuevo de un cangrejo es como comprarle un abrigo a un niño que está creciendo rápido: quieres algo que vaya usando durante el proceso. ¡Desde luego, Richard hacía uso de este espacio! El atractivo estaba tanto en la cualidad única del cangrejo blando en sí como en la extrema delgadez de su caparazón. ¿Un cangrejo relleno de mayonesa? Era como un sándwich de marisco frito. ¿Cómo es que no le robaron la idea en muchos más restaurantes?

Para freírlos, sumerges los cangrejos en una mezcla hecha con dos partes de harina de repostería (baja en proteína, esponjosa), una parte de harina de maíz (para la textura en boca), una botella de agua con gas (cuya efervescencia sobrevive misteriosamente a la freiduría) y un ingrediente impreciso que llamaban «tiento de curry». El término lo empleó un ayudante de cocina, Gervais Achstetter, que gritó:

—Chef, los cangrejos necesitan un tiento de curry.

—Gervais, ten cuidado, por favor —dijo David—. Tenemos aquí a un periodista.

El tiento de curry, una vez asumieron que el periodista no se iba a ir de allí a corto plazo, resultó ser colorante alimentario. Su empleo en platos sabrosos está prohibido universalmente, aunque por ningún motivo lógico, dado que se tolera en la cocina de repostería, cuya filosofía esencial Richard nunca abandonó. Muchos de los platos de Richard llevaban un tiento extra. ¿El verde brillante del «aceite de albahaca»? La *ratatouille*, ¿aquel rojo azafrán intenso? ¿El rojo rojísimo de la «salsa de vino» que acompañaba al filete?

Más adelante le pregunté directamente a Richard:

—¿Usas colorante alimentario?

Estábamos almorzando. Por mi parte, fue jugarle una mala pasada. Él no sabía que yo ya lo sabía. Se calló e intentó leerme la mente.

—No. Jamás. Zumo de remolacha, por supuesto. Pero colorante alimentario no.

Le conté el intercambio años después a Daniel Boulud, ¡ya me vale!, y este dijo:

—Ah.

Cuando más tarde me vi en la cocina de Boulud y estaba solo, abajo, entre los cocineros encargados de las preparaciones, me quedé admirado con los tortellini color yema intenso que estaba haciendo el tipo de la pasta, y tras preguntar si podía ver la receta descubrí, ¡ay, Dios!, que incluía colorante alimentario amarillo.

Tercer spoiler: acabaría cocinando con Daniel Boulud.

Un fin de semana, hojeando una revista, Richard se había topado con una foto de una planta con flores en un jarrón de cristal. El jarrón captó su atención. Cerró los ojos y visualizó la posibilidad de una ensalada que pareciese un regalo traído de la floristería, con «capas de tierra» en la base y hojas y flores comestibles encima. Para cuando llegó al restaurante el lunes por la mañana, no veía la hora de ponerse manos a la obra. Ya había cogido un folio y estaba dibujando el aspecto que tendría: abajo, la «tierra» (berenjena, salteada en aceite de oliva con chalotas y acabada en el horno hasta obtener una pasta suave); encima, agua de tomate gelificada; y en medio un yogur esponjoso —«No dulce, los estadounidenses siempre quieren dulce, sino salado, especiado con comino» (un toque grave de calidez, norteafricano, terroso)— batido con una técnica que había aprendido de Lenôtre.

—¿Cuál era?

Básicamente, yogur más gelatina, dijo Richard.

Me quedé perplejo. Hasta yo sabía que no se puede añadir gelatina a un yogur refrigerado y esperar que cuaje. Hay que disolverla en un líquido caliente y dejar que se enfríe, eso es de Primero de Gelatina.

—Ah, *mon ami*, no disolvemos la gelatina en el yogur. La disolvemos en un vaso de nata caliente y luego se la incorporamos.

¿Y para batirlo?

Pones el vaso de la batidora dentro de un cuenco más

grande con hielo. El efecto es caliente y frío al mismo tiempo, pero más frío que caliente. El resultado es más suntuoso que el yogur normal, gracias a la nata, y con un sabor antitéticamente salado, gracias al comino, y con una maravilla de textura, almohadillada y esponjosa, como lo que te ponen en las furgonetas de helado. También tiene la suficiente rigidez como para clavarle hojas de ensalada.

Pero había un problema con la tierra. «*Merde!*», dijo Richard. La berenjena parecía mierda. La comida nunca debe parecer *merde*.

Al día siguiente encontró una solución. Asaría la berenjena como antes, pero sustituiría la chalota por cebolla (roja) y añadiría remolachas (rojas), tomate (rojo) y vinagre (rojo)... y ajo, esta vez, para mayor intensidad. Lo metió todo en una batidora y lo pasó por un colador, lo que resultó en una pasta consistente, casi seca, como potitos para bebé. Tenía, además, una atractiva tonalidad marrón-rojiza oscura. (No pude evitar preguntármelo: ¿habría añadido colorante alimentario cuando yo no miraba?) Parecía un desierto a la hora de la puesta de sol. Era demasiado hermoso como para enterrarlo. Sería la cubierta de tierra. El tomate deforme y glutinoso iría debajo y sería una sorpresa estival al clavar la cuchara.

El tomate deforme y glutinoso, por cierto, era básicamente agua de tomates reforzada: lo que queda después de pelar los tomates tras echar las semillas y las pieles en un colador. A Richard le encantaba el agua de tomate. Yo no era la primera vez que la veía, aunque se me antojaba un añadido excesivo. Pero, arrastrado por el entusiasmo de Richard, ahora lo veo como un elemento raro y esencial del verano que merece su propia descripción molecular: H_2OT_4, pongamos. Si echas el H_2OT_4 en una olla, lo reduces lentamente y metes un dedo para probarlo, descubrirás un líquido de tal intensidad que, sin motivo comprensible, te verás pensando en las noches calurosas y apáticas de agosto. Enfríalo con gelatina y obtendrás más mejunje glutinoso. A Richard, el mejunje glutinoso le daba la vida.

Daba gloria mirar aquella ensalada, con aquella apetitosidad propia de un postre, pero en un salado. Era como una *ratatouille* convertida en flor. La rociábamos con vinagreta en espray.

Nos disponíamos a realizar la cata final Richard y yo en su mesa cuando apareció Tyler Florence sin reserva, esperando poder comer algo. Florence es restaurador y portavoz de Food Network. Nos comimos la ensalada juntos. Florence, con cuchara.

–Vaya, Michel. ¿Qué es esta natilla blanca? Está increíble.

–Yogur –dijo Richard.

Florence volvió a probarlo.

–Esto no es yogur. Michel. Sé a qué sabe el yogur.

–No, este es yogur bueno de verdad. –Richard alargó la palabra «bueno»–. Este es yogur de leche entera del bueeeeeeno.

Florence probó otro bocado y dio a entender, inequívocamente, que era consciente de que se estaban quedando con él y que Richard era un gilipollas.

Después le pregunté a Richard por qué no se lo había dicho.

–¿Y ver luego cómo se lleva el mérito en su programa de televisión, en su web y en su próximo libro? No.

Los cocineros no inventan un plato nuevo cada día. Jean Anthelme Brillat-Savarin, el autor de *Fisiología del gusto* (1825), la *conocida* meditación sobre comer, compara una nueva receta con descubrir una estrella. Pero aquí, en la cocina de Richard, prácticamente cada elemento del menú era una cosa nueva. Y aparecían cosas nuevas de forma rutinaria, una idea brillante un lunes por la mañana, un experimento prolongado (como su tentativa de reinventar el *pâté-en-croûte*: «¿No te parece que la corteza siempre queda empapada?») o alguna innovación espontánea en nombre del «¿por qué no?».

Una noche oí a Courseille, el jefe de repostería, mencionar a Marc Veyrat. Yo sabía quién era Veyrat, el «chef de las montañas» de los Alpes. Nunca había comido en su restaurante, aunque lo había intentado una vez cuando visité a un amigo de Ginebra, pero estaba cerrado.

Según la descripción de Courseille, Veyrat era de piel transparente, fantasmal, llevaba un sombrero de ala ancha incluso en interiores, una camisa holgadísima negra, gafas redondas tintadas, tenía actitudes de profeta y era tremenda y terriblemente horrendo trabajar para él.

–Grosero. Condescendiente. Trata a sus cocineros como esclavos –dijo Courseille–. El personal empieza al amanecer, les dan unas cestas de mimbre y unas tijeritas de podar, y les dicen qué caminos tienen que subir y qué buscar, y luego salen todos a las montañas (es decir, los Alpes, el Mont Blanc) y no vuelven hasta que tienen las cestas llenas. Limpian lo recolectado. Lo preparan. Y después se preparan para el servicio de mediodía.

Pensé: parece un tarado. Pensé: parece perfecto.

También pensé: esta es la ventaja de estar en la cocina de Richard. El cotilleo, las charlas y los visitantes. Así era como iba a encontrar dónde trabajar en Francia. De hecho, quizá ya lo había encontrado.

–Casi nadie lo conoce en Estados Unidos –prosiguió Courseille–, salvo Jean-Georges –Jean-Georges Vongerichten, afincado en Nueva York–. Veyrat vino una vez a verlo. Salieron a buscar comida por Central Park.

Llamé a Jean-Georges.

–Quiero mucho a Marc. Es mi primo espiritual –me dijo.

¿Podía ayudarme a llegar hasta él?

Me escribió una presentación y me dio una dirección de

correo y un número de teléfono. Me sorprendió lo fácil que me parecía ahora: oyes hablar de alguien, consigues que te lo presenten. Jessica, mi ventrílocua francesa, me escribió una carta genial (yo jamás habría sonado tan bien) donde expresaba respetuosamente mi deseo de trabajar con él, y la envió. Sin respuesta.

La mandó tres veces. Telefoneamos. Nada. Le pedí consejo a Jean-Georges.

–Marc es un hombre atípico.

Al día siguiente recibimos un correo de su ayudante. (¿Había intervenido Jean-Georges?) Marc Veyrat y su *brigade* estaban encantados de recibirme. *Nous vous accueillerons*. El verbo «*accueillir*», dijo Jessica, era importante. No se emplea a la ligera. Significa admitir en casa de uno. Observé la palabra fijamente. No traté de pronunciarla. ¿A esto se reducía mi plan?

Se lo comenté a David.

–Qué mala idea has tenido. –David optó una vez a un puesto allí y se pasó un fin de semana arrastrándose por la cocina–. Su jefe de cocina hace trampas en el fútbol.

Aquí, David hizo una pausa, para darme oportunidad de asumir la enormidad de la declaración.

–Guau –dije yo.

–Exacto. Ya pensaremos algo. Hablaré con Michel –dijo David.

No me opuse.

Enseguida llegó una propuesta.

Cedric (el chef del Central de Richard) y David eran la extraña pareja. Solían acabar las noches juntos en la cocina del Citronelle bebiéndose una botella de vino, a veces hasta las dos de la madrugada (a esas alturas yo era el tío que babea con la cabeza apoyada en la mesa del chef). Cedric era enérgico, fuerte, con un cuello de toro, corpulento, un jugador de rugby que contrastaba con David, fibrado como un hooligan. En sus relaciones con Richard, lo mismo: David se esforzaba por llevar a cabo la voluntad de Richard; Cedric luchaba contra ello. («¿Es que Cedric no entiende que soy el dueño del restaurante?», me preguntó Richard una vez. «¿Es que no entiende que estas son las recetas de mi abuela?», me preguntó Cedric.) Una noche, Cedric y David me estaban contando cómo se conocieron. Habían trabajado juntos en el norte de Borgoña, en La Côte Saint-Jacques, un restaurante con dos estrellas Michelin en el Yonne. Era, según su descripción, un establecimiento familiar, de segunda generación, situado en un famoso río lleno de peces y al borde de un bosque lleno de caza y viñedos casi legendarios.

No era capaz de imaginarme dónde estaba, así que intentaron ubicarlo, en el norte de Francia y no lejos de Lyon...

–A una hora –dijo Cedric.

–No, a una hora, no. A más de tres horas –dijo David. Dejaron de discutir. Se les había ocurrido lo mismo.

–Lyon –dijo David.

–Lyon –dijo Cedric–. Los estadounidenses no lo captan.

–Es la capital gastronómica. Voy a hablar con Michel. Seguro que tiene algún amigo, alguien, allí.

Lyon. No había estado nunca, salvo por aquel transbordo nocturno, pero durante muchísimo tiempo había querido saber más del sitio. En Chianti, cuando estaba en la carnicería, lo mencionaban muy a menudo. Había sido una ciudad que se apropiaron virtualmente los toscanos en el cenit del Renacimiento italiano y donde se establecieron, vendiendo artículos italianos en sus famosas ferias (*les foires*), creando bancos financiados por el rey de Francia, construyéndose mansiones. También era la ciudad donde los italianos, por lo menos según los italianos, enseñaron a cocinar a los franceses.

La primera vez que oí esto –que la cocina francesa se originó en las cocinas del Renacimiento italiano– estaba en la carnicería, y no fue una provocación de pasada, sino un coro de toscanos vociferante, declamatorio y teatral. Cometí el error de pedirles que lo repitieran... era demasiado ridículo. Lo repitieron, incluso más alto, con las mismas gesticulaciones, incluso.

En la práctica, la historia no dejaba de tener cierto sentido: es decir, en Italia (o en la península que hoy llamamos Italia), desde finales del siglo XIV hasta principios del XV, los grandes banquetes se consideraban obras de arte, producciones orquestadas, con montones de fuentes y un gran alarde de la cocina, una *festa*. Por entonces, los franceses no comían así. Pero contado por los toscanos, la idea resultaba bastante rocambolesca: que los cambios en lo que ahora pensábamos como *cuisine* francesa se debían a las decisiones de esa suerte de princesa que fue la hija de la famosa familia florentina de los Médici, Catalina, quien, en 1533, a la edad de catorce años, viajó desde la Toscana para casarse con un príncipe que acabaría convirtiéndose en el rey de Francia, con lo cual llevó los ingredientes y los secretos culinarios italianos a sus súbditos. Hoy en día, la gente se refiere a esto como «el mito de Catalina de Médici», y se alude a ello con gran hilaridad.

Investigué el asunto. No se había escrito gran cosa que apoyase la tesis. Sin embargo, sí había mucho escrito en contra. Pero no siempre era convincente. Algunos críticos no parecían leer italiano. Algunos raramente (o nunca) aludían al Renacimiento italiano. Mucho de aquello, en mi humilde opinión, sonaba más a chovinismo francés que a erudición. En cualquier caso, era curioso explorar las implicaciones: que, en un momento dado, la *cuisine* francesa no existía, o por lo menos no bajo una forma que reconoceríamos en la actualidad; y que luego, en otro momento dado, existió, y que los italianos quizá tuvieron algo que ver en su aparición.

Y, no sé, igual después de todo estaba un poco traído por los pelos y, además, no tenía claro que contase con la suficiente cultura –desde luego, carecía de la francesa–, así que abandoné mi investigación. Y luego, ahora, aquí estaba: planteándome Lyon.

Llamé a Jean-Georges.

–Lyon es una ciudad hermosa. Cociné allí. –Había sido *saucier*, el que hace las salsas, para Paul Bocuse–. Lyon es la Ville des Mères, la ciudad de las madres, la *mère* de los chefs. ¿No lo sabes? Ahí es donde todo empezó. Deberías ir a Lyon, la verdad.

La siguiente vez que vi a Richard, me esperaba en la mesa del chef.

–Lyon es perfecto –me dijo.

Richard iba a Lyon con frecuencia y tenía un buen amigo íntimo allí, Jean-Paul Lacombe, otro chef que había realizado su periplo por Estados Unidos y consideraba a Richard una deidad no reconocida.

–Jean-Paul dirige Léon de Lyon. Es una institución lionesa. Haré que Mel le escriba una carta. Has encontrado tu restaurante.

En medio de todo esto, Jessica, alma comprensiva que creía lo que le contaba su marido, había estado planeando el futuro de su familia basándose en dos asunciones: que pasaríamos el verano en París y que nuestros hijos volverían en otoño matriculados en algún tipo de institución educativa: es decir, preescolar.

Conseguir que tu prole neoyorquina entrara en un colegio resultó ser todo un deporte urbano de competición, y mi mujer era una gran competidora. Asistió a doce entrevistas de admisión. Una se celebró en un gimnasio donde las gradas no bastaban para todos los solicitantes, que acabaron sentados en el suelo de la cancha de baloncesto: le dijeron a la concurrencia, unas ochocientas personas, que había cincuenta y dos plazas. Consiguió sitio para nuestros niños no solo en ese colegio, sino en todos aquellos en los que echó solicitud (todo un desafío), y al final se decidió por un centro llamado Jack & Jill, su primera opción. Me mandó un mensaje: ¿podía continuar con el proceso y pagar la matrícula?

Sí, dije. Comprendía las consecuencias. Estaba decidido a tener acabada mi formación francesa en otoño.

A la mañana siguiente, Jessica telefoneó.

—Jack & Jill abre el 16 de septiembre. Pero los profesores quieren conocer antes a los chicos, en nuestra casa, a las nueve de la mañana el 10. ¿Habremos vuelto para entonces?

—Sí —dije.

Jessica había estado controlando los vuelos. Ya era junio. Los precios, que hasta entonces habían sido razonables, ahora eran muy altos.

—¿Compro los billetes?

Le dije que esperase. Tenía un nuevo plan.

Aquel fin de semana nos sentamos en un banco contra una pared.

Mi plan, dije, tenía que ver con irnos a Francia «como una familia» hasta septiembre y luego quedarme yo «solo».

Se hizo un largo silencio: me refiero a un silencio muy muy largo.

—¿Te quedas en París solo? —repitió finalmente.

—No.

—¿No?

—Yo no he dicho en París.

—Pues donde sea, vas a Francia...

—Lyon. Estaba pensando que debería ir a Lyon...

—Me da igual adónde quieras ir. No te vas a ir solo mientras yo me quedo y cargo sola con los niños durante su primer semestre de colegio.

—¿No? —Me contuve. Jessica las había pasado canutas con los niños.

–No. –Hizo una pausa–. Nos vamos todos.

–¿En serio?

–Nos mudamos a Francia.

–¿De verdad?

–Como una familia.

–Pero ¿cómo?

–Aún no lo sé. Vuelve al trabajo. Ya veré cómo.

Esta fue una de las conversaciones más profundas y relevantes de nuestro matrimonio.

Un problema inmediato era la duración. Un estadounidense puede «visitar» Francia en calidad de turista durante tres meses. Una estancia más prolongada requiere visado, y eso afectaba a Jessica.

Yo lo sabía, pero no me lo había tomado en serio. Habíamos estado en Italia más de tres meses y no nos habían dicho que necesitásemos visado. Dan Barber no lo tenía cuando hizo sus prácticas en Francia. («Ni siquiera sabía que lo necesitase.») Tampoco Thomas Keller. («Eran otros tiempos.») Los estadounidenses recibieron su formación francesa con discreción.

–No tenían hijos.

Es verdad, dije. También era verdad que dos personas de la cocina del Citronelle habían ido a Francia a trabajar, la policía los encontró y les dio veinticuatro horas para marcharse.

–Nuestros hijos –dijo Jessica– deberían poder acostarse por las noches sin miedo a que nos deporten.

–No podemos estar en Francia sin un visado como Dios manda. Vuelve al trabajo. Yo me encargo.

Entonces contactó con la embajada francesa; a mí, que tomase la iniciativa de contactar con alguien *oficial*, dentro de una *institución*, me puso de los nervios. Parecía tan público e irreversible...

A la mañana siguiente, me mandó los formularios por correo.

Me llamó por teléfono.

—¿Estás sentado?

—Demasiado tarde.

—Calma. Llámame mañana.

Era un documento abrumadoramente farragoso que confirmaba todos los temores y caricaturizaciones de la burocracia francesa. Repasé los requisitos: declaración tributaria, comprobante de ingresos, valor neto, cuenta corriente francesa (¿cuenta corriente *francesa*?), certificado de residencia francesa y una declaración de intenciones explicando (en francés) por qué necesitabas vivir en Francia.

Tres noches después, resultó que el embajador francés estaba en el comedor y pidió cangrejo. La cocina entera estaba al tanto de mis planes.

—No la cagues —me dijo David—. Se trata de tu futuro.

Al día siguiente escribí: «Querido embajador, soy escritor y estudiante de cocina francesa. El cangrejo que comió anoche en el Citronelle lo cociné yo para usted. Me preguntaba si tendría usted posibilidad de echarme una mano...».

Para asegurarme de que la carta llegaba a su destino, recurrí a Victor Obadia. Monsieur Obadia, representante de ventas de Silver Spoon, un proveedor gastronómico para restaurantes (cortezas, cuencos que parecían apartamentos de Gaudí e ininteligibles diseños posmodernos de esos por los que se pirran los ambiciosos abanderados de la gastronomía molecular), formaba parte de un grupo informal de aficionados al buen comer que podías encontrarte entre semana tomando algo por las noches en la terraza del Citronelle. El embajador de Francia era cliente de Obadia. Se sabía que el comedor de la embajada era una de las mejores mesas de Washington, y también una de las menos accesibles.

El embajador francés no me contestó.

Pero recibí una llamada de un alto funcionario, un personaje solemne con una impecable dicción de escuela pública inglesa, puro Oxbridge. No acababa de entender, me confesó, qué quería exactamente que hiciera por mí el embajador.

–Que nos dé un visado a mi familia y a mí para vivir en Francia –dije.

–Ya veo –respondió el acento–. El embajador no da visados –dijo el acento, pero lo que sí me dio fue un nombre, Marc Selosse, y un número de teléfono de Manhattan para el Consulado Francés en Nueva York en la Quinta Avenida.

Selosse era empático, culto, hablaba muchos idiomas y tenía intención de ayudarme solo si yo comprendía que no estaba dispuesto a hacer cualquier cosa.

–*D'accord?*

–*D'accord.*

Selosse había vivido en Nueva York, me contó, el tiempo suficiente como para ver que la mayoría de los neoyorquinos no tiene ni idea de que en Francia la gente cree de verdad en las normas, con honestidad, y que todo el mundo debe acatarlas por igual, así que no había mucho que hacer, porque no se hacían excepciones: jamás.

Pero Selosse estaba dispuesto a aleccionarme y ayudar a que mi solicitud se cursase con carácter de urgencia.

Era una noticia genial. Le di las gracias y le pregunté cuánto podía tardar.

–Si tiene suerte, tres meses.

Junio. Así que... los visados, si teníamos suerte, para septiembre.

–Pero solo si –añadió monsieur Selosse–, y subrayo el *si*, sus solicitudes están perfectas.

Selosse nos dio cita diez días después para presentar las solicitudes y los documentos anexos para la aprobación del consulado. Me quejé de la espera, teníamos prisa, pero él me aseguró que iba a necesitar ese tiempo.

—Y no se olvide de que los estados de cuenta deben aportarse por cuadriplicado, más uno para cada hijo.

—Claro —respondí. ¿Estados de cuenta para nuestros hijos, que no tienen ni tres años?

—Y sus hijos —añadió—, tráiganlos también.

—¿Porque los van a entrevistar?

—No, no, a ellos no. Solo necesitamos tomarles las huellas dactilares. A quienes entrevistaremos es a ustedes dos. En francés.

—Yo no hablo francés.

—Será una entrevista breve.

Me puse manos a la obra. Todo estaba perfectamente encaminado, incluso demasiado, salvo un requisito: teníamos que demostrar nuestra residencia en Francia. Había leído este requisito en la solicitud y lo había ignorado: ¿cómo podemos demostrar que ya somos residentes si estamos solicitando la residencia? Tenía amigos en París. ¿Quizá podía conseguir que alguien nos «prestase» su dirección?

Telefoneé a monsieur Selosse.

—El certificado de residencia es muy importante. Y debe hacerlo en la ciudad donde quiere residir realmente. —Mencionó un caso reciente, una mujer que había aportado el certificado de residencia en París pero pretendía vivir en Toulouse—. Cuando se presentó en la prefectura de Toulouse —uno de los requisitos es que te registres con la autoridad local a lo largo de los dos primeros meses desde tu llegada— nos lo notificaron de inmediato. «Así no funciona», le dijimos, y le ordenamos que saliera del país.

Volví a mirarme las instrucciones. Había que entregar un contrato de alquiler o una escritura de propiedad acompañada de facturas de suministros con nombre y dirección. No había mucho margen para la improvisación.

Era viernes. Había transcurrido una semana. Nuestra cita

era el lunes. Llamé a Selosse, pero no me lo cogió. Dejé un mensaje de voz y salí a pasear. Eran las cinco en punto cuando me devolvió la llamada. ¿Cómo me había metido en aquel embrollo?

–¿Es necesario que entregue esos documentos? No vivimos en Francia.

–Sí, basta con que nos dé una copia de la escritura de propiedad –dijo muy animado–. Pero asegúrese de traer también el documento original. ¿No me había oído?

–Pero no tengo ninguna escritura. No tengo ninguna propiedad en Francia.

–Ah. Bueno, entonces necesitaremos el contrato de alquiler. Pero asegúrese de traer el original.

–Pero es que no tengo ningún alquiler.

–Ah.

–No somos residentes.

–Ah.

Se hizo un largo silencio. Me pregunté: ¿significa esto que se acabó?

–Si una familia lionesa está dispuesta a acomodarlos en su seno –dijo Selosse–, asegúrese de que entregan toda la documentación habitual. También tienen que citar, por escrito, los nombres de todos y cada uno de los miembros de dicha familia, niños incluidos.

Yo no había dicho nada de ninguna familia lionesa.

–¿Los nombres de todos? –pregunté siguiéndole el rollo.

¿Acaso monsieur Selosse, de profesión diplomático, estaba sugiriéndome diplomáticamente una trampa?

Pero ¿a quién llamar? Era viernes noche, muy tarde. ¿Debía postergar la reunión del lunes? Selosse me había avisado de que no habría más reuniones hasta agosto, ya en vano, porque toda Francia estaría de vacaciones, de modo que a efectos prácticos no sabríamos nada hasta septiembre.

59

Me concentré: ¿conozco a alguien en Lyon?
No. Nunca he estado en Lyon.
¿Conozco a alguien de Lyon? A lo mejor conozco a alguien, aunque apenas. El chef francés Daniel Boulud. Se sabe que es de Lyon. Nos habíamos conocido. ¿Se acordaría de mí? Llamé al restaurante.
No, no estaba.
Insistí.
Estaba fuera del país.
Insistí.
Estaba en Shanghái.
(¿Shanghái? Mierda.)
Recordé un comunicado de prensa vía e-mail de la publicista de Daniel, Georgette Farkas. Valía la pena intentarlo. Llamé, sin respuesta (¿también estaba en Shanghái?), dejé un mensaje, luego escribí un correo desesperado contándole lo que necesitaba, los diversos «certificados» –residencia, propiedad, los nombres de nuestros hijos («y Frederick va con "ck", no al estilo francés con una sola "c", porque no puede haber faltas de ortografía») y le pedí: ¿tenía posibilidad de localizar a Daniel en Shanghái?

Por la mañana tenía esperándome en la bandeja del fax un documento de tres páginas, no desde Shanghái, sino desde Lyon.

Llamé a gritos a Jessica.

–Eh, lee esto.

El documento describía una casa antigua con muchas habitaciones, lo suficientemente grande como para alojarnos a George, Frederick, Jessica y a mí, en el distrito más majestuoso y antiguo de Lyon. Por desgracia, la propiedad llevaba tanto tiempo en la familia que nadie había sido capaz de localizar las escrituras originales. ¿Bastaría con esto? Lo firmaba Julien Boulud.

60

–¿Quién es Julien? –me preguntó Jessica.

–No tengo ni idea. ¿El padre de Daniel? Pero mira esta descripción. ¿Tú crees que vamos a vivir ahí?

–Claro que no. No existe. Es inventado. –Me echó una mirada de desconcierto en plan «¿cómo te las has arreglado para vivir en este planeta hasta ahora?»–. Esto no lo ha escrito el padre de Daniel. ¿Te crees que esta es su firma?

(Boulud me confirmó luego que su hermana y él redactaron el documento, pero yo sigo creyendo que en esa casa es donde deberíamos estar viviendo hoy.)

Nos presentamos a la cita arrastrando nuestras pilas de documentos, por cuadriplicado, en un carrito rojo que les habíamos regalado por Navidad a los niños y los entregamos.

Se hicieron fotos de pasaporte, se hizo un pago (noventa y nueve euros por cuatro: unos 575 dólares, por entonces), y monsieur Selosse examinó los documentos. Levantó la cabeza.

–Enhorabuena –dijo–. Están perfectos.

Había funcionado. En septiembre estaríamos en Francia. Probablemente. A lo mejor.

Tres semanas después, telefoneó Selosse. Un administrador había encontrado un error cometido por un empleado (que había escrito «Frédéric» en lugar «Frederick»)». Iban a devolver las solicitudes a Nueva York. ¿Podíamos volver al consulado el jueves?

–Y, por favor, traigan a sus niños. Tendremos que fotografiarlos.

¿Otra vez? ¿En serio?

–Son niños. A lo mejor han cambiado. Lo mismo que el estado reciente de la cuenta.

Rellenamos nuestro segundo juego de solicitudes. Obviamente, no íbamos a estar en Francia en septiembre. Pero entonces, con inesperada eficiencia (a mediados de las *vacances* de agosto), nos llegaron los visados. Saltamos de alegría y gratitud, cogimos el metro hasta el centro, subimos corriendo las

61

escaleras, recogimos nuestros pasaportes y contemplamos maravillados el folio ornado del visado francés con su sello. ¡Lo habíamos conseguido!

Y entonces, sin previo aviso, me entraron ganas de vomitar.

Había estado tan centrado en el frenesí de las solicitudes que no me había parado a pensar qué haríamos si lo lográbamos. Francamente, estaba tan convencido de que íbamos a tener que colarnos en el país y sortear a los funcionarios de inmigración que ahora me sentí intimidado por la absoluta ortodoxia de nuestro plan, nos mudábamos a Lyon con todas las de la ley.

Y menuda idea: ¡Lyon! Porque aún no había visto jamás la ciudad. No sabía mucho más que cuando David me la propuso, salvo que (ahora) había oído los vituperios de algún amigo inglés («una ciudad fea») o leído comentarios de rechazo por parte de escritores de posguerra (como Waverley Root, que la odiaba, o Roy Andries de Groot, que la odiaba aún más). Jessica, siempre optimista, me enseñó una foto aérea que ilustraba cómo la ciudad se había creado al juntarse dos grandes ríos, el Saona (que fluye hacia el sur desde Beaujolais) y el Ródano (que fluye hacia el este desde los Alpes), y cómo el corazón de la ciudad era prácticamente una isla, «y por eso la llaman Presqu'île, que significa "casi isla", y parece un poco una especie de mini-Manhattan, ¿no?».

La observé. No. No se parecía a Manhattan. Lo que parecía era lejísimos.

Jessica, resuelta, organizó un largo fin de semana de reconocimiento en lo que confiaba que terminase siendo nuestra nueva residencia, y les contó a los chicos en el último momento, tres semanas antes de sus cumpleaños y una semana antes de empezar el colegio, que sus padres se iban a Francia pero sin decirles por qué (la cándida perplejidad de los pequeños era tal que jamás habían preguntado por nuestras innúmeras visitas a aquel lugar que llamábamos «el Consulado»). La tarde del jueves antes de marcharnos me los llevé a un parque para que Jessica pudiera preparar el equipaje sin interrupciones y el pequeño Georges corrió a los columpios y Frederick se sentó solo en un banco; notaba la agitación y no pensaba moverse del sitio, me miraba la cara buscando pistas y estaba incómodo, dependiente y tierno; a mí me emocionó aquel *pathos* inexpresado y experimenté, de pronto, la responsabilidad, como si siempre cargase con una pesada mochila, de tener una familia y la mala suerte de que su destino estuviese tan a menudo controlado por el descontrol de mi errática personalidad. (El pequeño George, mientras, se tiraba boca abajo por un tobogán chillando histérico ajeno a todo.)

Jessica reservó una habitación en Le Royale, un hotel frecuentado por hombres de negocios, por lo visto, cosa que le gustó: estábamos allí para trabajar, no de vacaciones, y quería que la gente a la que conociésemos lo supiese. Teníamos reuniones: con una bróker (para un apartamento); con un banco; con una agencia que asesora a los negocios extranjeros para establecerse, Only Lyon, recomendada por Georgette Farkas; y con Marc Veyrat, que implicaba pasar una noche fuera, en el lago de Annecy, a los pies de los Alpes, en las habitaciones superiores de su restaurante.

Llegamos un viernes por la mañana al aeropuerto de Lyon-Saint-Exupéry, bautizado con el nombre del Antoine de Saint-Exupéry de *El principito* famoso (que es un libro infantil, o un libro adulto que gusta a los niños, o un libro adulto sobre la infancia y, en cualquier caso, un buen libro). Me vi de repente cavilando sobre otros aeropuertos que llevasen nombres de escritores y no se me ocurrió ninguno (hasta Chile rechazó una propuesta de llamar al suyo Pablo Neruda), y me gustó que el aeropuerto de nuestro nuevo hogar fuese literario.

Mientras esperábamos las maletas, y en un estado de alerta agudizado, escruté los rostros con la mirada rigurosa del antropólogo que acaba de aterrizar en un puesto fronterizo potencialmente hostil. Las mujeres eran hermosas, como cabía esperar: era Francia. Lo que chocaba eran los hombres. Su aspecto era casi uniforme: pelo corto y lacio, sin afeitar, ocasionales cicatrices en las mejillas, pinta de matones..., sin paños calientes: feos. No eran caras neoyorquinas. Tampoco parisinas. Eran más inglesas que francesas, pinta envejecida. Pensé: ya conozco a esta gente. No van de elegantes ni de nada, y me hicieron sentir cómodo. Tal vez podía convertir aquello en mi hogar.

El hotel estaba en la Place Bellecour, desconcertantemente enorme. Nos aventuramos hacia el centro de la plaza tratando de asumir su extensión, la plaza al aire libre más grande de Europa: tierra roja batida, una cuadrícula lejana de árboles verdes, un inmenso cielo azul. Parecía como si hubiese caído de pronto un desierto donde normalmente la gente construía casas. Napoleón hizo desfilar a sus tropas allí. Y, hete aquí: una placa conmemorativa en el lugar de nacimiento del autor de *El principito*, a pocas puertas de donde nos hospedábamos.

Telefoneamos a nuestros niños (y Frederick nos dejó estupefactos, dijo: «He soñado que estabais en un sitio rojo y verde»). Miré hacia el este y divisé el ancho río Ródano. Miré al oeste y, *voilà*, ahí estaba el Saona y, al otro lado, una especie de escarpada formación rocosa de edificios del siglo XVI color pastel que recordaba al Arno de Florencia. Luego me enteraría de que esos edificios estaban en Vieux Lyon y databan del Renacimiento italiano (un siglo antes de la versión francesa), y que recuerdan a Florencia porque fueron construidos por florentinos. Cerca de la cima de la montaña había una réplica diminuta de la torre Eiffel, construida en un momento de vacilación cívica a finales del siglo XIX, una imitación explícita de la torre Eiffel auténtica, con la esperanza de que Lyon también atrajera turistas. (La tensión entre París y Lyon es histórica, mortal en algunos momentos.) La torre de Lyon, ay, es insignificante en comparación con la Eiffel, y nadie la visitó, y hoy alberga una antena de radio y de telefonía móvil.

Almorzamos en L'Espace Brasserie porque sí, porque estaba allí y tenía mesas fuera. Pedí una *andouillette* y me gané unos chasquidos aprobatorios por parte de la camarera. Creí erróneamente que tenía algo que ver con *andouille*, la salchicha picante que le echan al gumbo en Nueva Orleans. Una *andouillette* no es una *andouille*. Tampoco es una salchicha, exactamente. *Parece* una salchicha porque tiene toda la pinta, un envoltorio tensado con cuerdas en los extremos, pero dentro va rellena a tope de tubitos intestinales como cables que tendrías que sacar para confirmar que estas viendo lo que crees ver: básicamente, el interior de un minúsculo estómago. Era estómago. No era mi primer contacto con los estómagos. En la carnicería de la Toscana incluso había hecho una elaboración con ellos, y sabía que los había de dos tipos: las elaboraciones sutiles, donde los aromas digestivos básicos del animal se dispersan en un leve sabor a caza, y las no tan sutiles, que te hacen sentir como si te hubiesen metido dentro de la barriga de un animal. Aquella era de las no sutiles. Todo un recibimiento.

Por la tarde, fuimos a La Machonnerie, un *bouchon* en Vieux Lyon. Jessica se dirigió al dueño (Lucas, en la setentena, ancho de espaldas, barba desaliñada y alegría experimentada) en un francés tan seguro que nos llevó desde la parte de delante del bar (espacioso, con ventanas y grupos de nerviosos turistas británicos) hasta una sala de techo bajo atrás, sin ventanas, con mesas de ajedrezado rojiblanco, ruidosa, estrepitosa, llena exclusivamente de franceses, aunque no lo parecían, o por lo menos no se parecían a las versiones contenidas que había visto en mi vida hasta entonces. Sudaban. Las frentes perladas y las camisas oscurecidas de sudor. Venga a hablar y hablar y hablar: con cualquiera, con todo el mundo, metiendo las cabezas en los platos de otros, carcajeándose y bebiendo copiosamente del *pot* (un recipiente sin etiqueta, ligeramente más pequeño que una botella, de manera que es aceptable que dos personas se beban dos y en ocasiones más festivas pidan una tercera o una quinta). Nuestros aperitivos fueron *grattons*, retorcidas virutas tostadas de grasa de cerdo muy fritas (grasa con grasa). Comimos un *pâté-en-croûte* local, cerdo con *foie* envuelto en masa (grasa con grasa con grasa). Estaba empezando a tener palpitaciones y, temiendo por mi salud, pedí pescado: un pescado lacustre, un *brochet*, elaboración reconocible por su simpleza y preparada (complicadamente) en forma de dumpling-suflé flotando en una salsa de crema y cangrejos de río. Fue mi primera *quenelle* lionesa. Me la sirvieron, confusamente, con la versión lionesa del *mac-and-cheese*: macarrones con mucha crema. (Grasa con grasa con grasa con grasa...) *Bouchon*, la palabra, tiene muchos significados (atasco de tráfico, enchufe, tapón), pero el sentido de «sitio en el que entras a beber y comer, sudas y te subes a la mesa a cantar en medio del banquete» parece datado del siglo XVI y describe «los viñedos colocados a la puerta de un establecimiento de comidas y bebidas». Por lo tanto, el mensaje era, y es, el de Baco: «Entra y emborráchate».

Nuestro anfitrión, paseándose por la alborotada sala, llegó hasta nuestra mesa y se dio cuenta de que éramos estadounidenses. De inmediato, cambió su actitud y, desconfiando a todas luces, empezó a largarnos su rutina para turistas, incluido el chiste de los tres ríos que fluyen en Lyon (el Ródano, el Saona y el Beaujolais) y se disculpó por servirnos San Pellegrino («Se embotellaba en Italia como agua mineral, pero se emocionaba tanto al pasar por Francia que empezaba a burbujear»).

Después de eso volvimos caminando hasta el hotel, nos paramos en el Pont Bonaparte, que cruza el Saona (Lyon y Napoleón siempre se gustaron) –un viento frío, se acercaba una tormenta– y contemplamos la ciudad: peldaños romanos, una muralla medieval, un convento abandonado, iglesias de piedras, luces por todas partes reflejándose en las ondas del río.

Al día siguiente, exploramos los distritos que varios consejeros nos habían recomendado para vivir. Empezamos por el sexto («Bueno para niños», nos había dicho alguien de Only Lyon), al otro lado del Ródano, cerca del parque de la Tête d'Or (con un gran estanque, un zoo, bosques), arquitectura haussmanniana, bulevares que recordaban a París, y coches caros de familias que volvían de sus vacaciones de verano. Era el fin de semana de *la rentrée*, cuando toda Francia regresa a casa y los ánimos no son precisamente de júbilo. Aun así, la gente del sexto hacía gala de una cerrazón, de una insularidad, rayanas en la antipatía. O fue mi impresión, en cualquier caso.

Probamos en el cuarto («Les encantará, es clavadito al East Village», nos dijeron), conocido como el Croix-Rousse, por una cruz plantada allí en el siglo XVI; un punto alto de la ciudad, con vistas panorámicas y una cuesta pronunciada. Durante los siglos XVIII y XIX, las trabajadoras de la seda tejían allí sus telas (por la luz). Pero si aquello era como el East Village no sería por su vitalidad, sino por su aspereza, los escaparates cerrados, persianas bajadas con candado, tan ruinoso y descuidado que provocaba una tremenda necesidad de bañarse después de visitarlo.

El quinto, Vieux Lyon, la parte renacentista de la ciudad, tenía atractivo histórico. Pero también estaba repleta de turistas, «pubs irlandeses», «pubs ingleses», baretos para borracheras de sábado noche y una zona de antros de mala muerte.

La cosa no iba a ser fácil. Lo que nos estábamos encontrando era una ciudad consciente de lo que era, te gustase o no. Tenía personalidad, una personalidad fuerte. No era lugar para poner una boutique. De primeras, no era hospitalaria.

Era un poco hosca. (Luego resultó que me equivocaba: era muy hosca y ni por asomo hospitalaria.)

La perspectiva de la cena fue un alivio. Propuse Léon de Lyon, la recomendación de Richard para mi futuro empleo. No me había puesto en contacto aún con el chef y propietario, Jean-Paul Lacombe, con la esperanza de probar el sitio antes de comprometerme. El caso es que no estaba allí, dado que, técnicamente, era el último fin de semana de *vacances*.

Se entraba por una esquina. Había banquetas de terciopelo rojo y cristaleras. La estética era fin de siglo, adornada exuberantemente, y evocaba una era en que los lioneses comían a la luz de lámparas de gas o velas. Parecía que no hubiese cambiado desde que el café original abrió sus puertas en 1904. Nos quedamos cautivados. El padre de Lacombe, Paul Lacombe, lo compró justo después de la Segunda Guerra Mundial, y luego, en 1972, y tras su primera estrella Michelin, murió de un ataque al corazón. Hicieron venir a su hijo, que había estado trabajando en París, a la edad de veintitrés años. Seis años después, Léon de Lyon ganó su segunda estrella Michelin. Una guía de los restaurantes de la ciudad de 1980 declaraba que todo el mundo debía comer allí por lo menos una vez en su vida.

Un *maître d'* nos condujo rápidamente a una *salle*.[1] Jessica protestó nerviosa, temiéndose una nueva cuarentena. El *maître d'* insistió en inglés. Ella objetó de nuevo en francés, pero no las teníamos todas con nosotros y lo seguimos hasta una *salle* cuadrada de techo bajo, con demasiada luz y un ambiente cohibido entre cuchicheos. El resto de los comensales eran británicos. La excepción era un francés comiendo solo. Conocía el restaurante y había pedido que lo sentasen allí. Quería practicar su inglés.

---

1. Abreviatura de *maître d'hôtel*, quien dirige el servicio de sala del restaurante. *(N. del T.)*

–Pidan el *pâté-en-croûte* –nos dijo. Iba ya por la segunda botella de vino–. Es lo único bueno del menú. El restaurante está pasando por un momento complicado –nos susurró. Sin que Richard lo supiese, Lacombe había renunciado a sus estrellas. Había abandonado la pompa y la competitividad y estaba concentrado en varios bistrós que había abierto por toda la ciudad. Abajo, camino de los lavabos, vi recuerdos de la vida pasada de Lacombe: fotos de Bill Clinton, Charles de Gaulle, los Rolling Stones. En la única fotografía de *père* y *fils*, circa 1950, el padre –imponente, erecto, formidable y probablemente un capullo– enseña a su niño, con doce años, a hacer una salsa. Las estanterías contenían tres siglos de libros de cocina francesa: estaban a punto de venderlos. Una importante bodega de vinos del Ródano ofrecía un generoso descuento. Escogimos una vieja botella para la comida, un Côte-Rôtie histórico hecho con uvas syrah cultivadas a treinta kilómetros de allí, pero el servicio era tan lento que nos la acabamos antes de que llegasen los platos. Pedimos una segunda. El *maître d'* dijo:

–*Non*. Quieren otra cosa.

–¿Ah, sí? –dijo Jessica, pero el hombre no la oyó. Volvió con una botella abierta y desapareció.

–Los tesoros de la bodega –nos explicó el caballero francés de la mesa de al lado– no son para turistas.

El vino, como el *maître d'* sabía de antemano, era imbebible.

No pedimos el *pâté-en-croûte* y fue un error. Tampoco pedimos ningún otro de los platos lioneses, y fue un error aún peor. Lo que nos trajeron era incomestible. Un plato de perdiz tremendamente cruda. En un momento dado, en el largo intermedio entre platos, me di un paseo hasta la cocina y vi a un supuesto equipo de jóvenes, cabreados, batallando entre ellos. Igual estaban de mal humor por la *rentrée*, igual estaban contrariados por tener que trabajar el fin de semana de la *rentrée*, o simplemente estaban descontentos. Aquello no era cocinar con amor. Aquello era cocinar para hacer daño.

Mientras pedía la cuenta, Jessica captó una atmósfera que no le hizo gracia y dijo que me esperaba en la otra punta de la calle. Yo me quedé y felicité al *maître d'*, a su ayudante y a un segundo de cocina que pasaba por allí en ese momento por habernos ofrecido una de las experiencias más groseras, feas y desagradables que recordaba en los últimos tiempos en materia culinaria. «¡Enhorabuena!», dije. Cogí la cabeza del *maître d'* entre las manos y le di dos sonoros besos en las mejillas. Se quedó tan atónito que me envalentoné y besé a su ayudante y al segundo de cocina. Luego les di una tarjeta de presentación a cada uno.

–¿Que hiciste qué? –me preguntó Jessica cuando la encontré escondida detrás de un autobús–. ¿Por qué les has dado tu tarjeta?

Reflexioné. No era una pregunta absurda.

–La verdad es que no lo sé.

Jessica pareció sopesar la situación.

–Un día olvidable.

Me habían contado que a los lioneses no les gustan nada los forasteros. Al final de nuestro primer día entero allí, convine: no les gustan nada.

A la mañana siguiente fuimos a conocer a Marc Veyrat, el hombre que el portero de nuestro hotel describió como «el chef más loco de Francia».

La cosa estaba difícil. En el caso improbable de que Veyrat me admitiera, ¿cómo iba a residir en Lyon, donde, tal y como me había dejado claro el Consulado Francés, estábamos obligados a quedarnos, y desplazarme a diario hasta el restaurante del loco a ciento sesenta kilómetros, en el lago de Annecy?

Llegamos en medio de un chaparrón de granizo, fuertes vientos y espumosas olas sobre el lago, y, al pie de una empinada montaña que desaparecía entre nubarrones, descubrimos un letrero que parecía una caja de caramelos victoriana, una mansión de cuatro plantas pintada de un elegante azul gris con balcones de blanco brillante. Nos registramos, nos quitamos la ropa húmeda, pedimos una toalla y confirmamos que el chef estaba por allí.

—Si el comedor está abierto, está aquí —dijo un recepcionista—. Es una norma. Si se va, a ver al médico a París, cierra el restaurante, tenga o no reservas.

Dije que habíamos tenido suerte.

—Le está esperando.

Veyrat creció en el pueblo de Manigod, no muy lejos del lago, aunque varios miles de metros más alto, orientado hacia el Mont Blanc. Sus padres tenían una granjita, criaban animales y regentaban una simple *table d'hôte* —un menú degustación— para aldeanos y viajantes. («Crecí con la cara dentro del culo de una vaca», me explicaría más tarde.) Su padre le enseñó a recolectar hierbas («me hacía recitar cada especia, hierba o baya que nos encontrábamos camino del colegio»). Las montañas, decía, eran demasiado extremas para la agricultura convencional.

Había elementos evocadores: una carretilla de madera, un par de zuecos, una trilladora, un azadón, un cayado, cestas de mimbre. Las paredes eran blancas, enyesadas toscamente, y en ellas se proyectaban vídeos donde aparecía Veyrat ocupado en actividades campesinas: recogiendo apio silvestre, o enseñando a los niños a hacer una *galette des rois*, el pastel del día de Reyes, o charlando concentrado con una cabra, siempre con su sombrero negro de pastor y su camisa holgada.

Los muebles del comedor eran de madera de pino cortada a mano y ensamblada con clavos de madera. Era un mensaje natural comunicado con coherencia: entre nuestros dieciséis platos, comemos un pescado lacustre servido sobre corteza, pequeños huevos recogidos de los nidos de la montaña y sopa de helechos.

Y, sin embargo, pese a tanta rusticidad, el desempeño era

71

de tecnología punta. Una enorme pantalla plana en la cocina, como el panel de vuelos de un aeropuerto, indicaba qué plato estaba comiendo cada mesa. El personal estaba equipado con auriculares con bluetooth. Nuestra mesa tenía micrófonos ocultos.

Jessica tiene alergia. Me susurró:

–El pan tiene frutos secos.

Apareció un camarero.

–Señora, ¿puedo traerle un pan distinto?

Y, más tarde, yo dije en voz baja:

–El queso está un poco intenso.

Apareció otro camarero.

–Caballero, ¿me permite sugerirle un queso alpino cocido? Desde entonces, he empezado a considerar el cotilleo como un halago. Llevaba pidiéndole atención a Veyrat desde que oí hablar de él por primera vez, pero el hombre, filosóficamente inalcanzable, jamás llegó a responder. Le mandé a Italia un ejemplar de mi libro traducido al francés. De nuevo, sin respuesta. Pero entonces un camarero nos dijo, por lo bajo, que mucha gente del restaurante lo había leído. Me emocioné: parecía que me iba abriendo paso.

Apareció Veyrat, pasando de mesa en mesa, con su atuendo, el sombrero, la camisa, las gafas. Su cara era blanca; no blanca como la leche, sino como un muerto. Era una blancura de persona enclaustrada durante demasiado tiempo, con una pálida transparencia fantasmal. Además, llevaba dos bastones.

Había sufrido un accidente, dijo, y lo contó en un francés que me esforcé por seguir; cuando desistí, Jessica me lo tradujo. Estaba esquiando y se cayó por un barranco.

–Me rompí el cuello, los hombros, una clavícula, la tibia y el peroné de una pierna.

Lo habían operado varias veces. Tenía programada otra intervención para la semana siguiente.

Volvió a nuestra mesa luego para supervisar nuestro decimocuarto plato, consistente en un perol de nitrógeno líquido y dos bolitas de masa verdimarrón en una bandeja. Las cogió con unas pinzas y las echó en el perol, donde hirvieron instantáneamente con un burbujeo furioso.

Nos dijo que cerrásemos los ojos.

–Has salido a caminar una mañana de verano –recitó Veyrat–. Has entrado en el bosque. Las hojas te rozan la cara, cuando...

Se calló. Yo había abierto los ojos. Se me quedó mirando. Volví a cerrarlos.

Respiró hondo:

–Cuando te tropiezas con una raíz. Intentas mantener el equilibrio. Pero te caes al suelo de cara.

Sacó aquellos terrones con una cuchara arrastrando regueros de vapor de nitrógeno.

–Ahora, con los ojos cerrados –susurró–, abre la boca.

Esperó. «*Très bien*», dijo con aprobación. Y entonces te mete las bolitas, tras lo cual, si eres Jessica y has obedecido las instrucciones, una granada térrea hervida en nitrógeno ha llegado a tu lengua sin que lo esperases y tu paladar explota con todas las experiencias del bosque acumuladas en tu vida. Si eres yo y estás espiando con los ojos entornados a ver si descubres el truco y estás a punto de tildar todo este ejercicio de mero vodevil, el terrón logra, incluso así, ser un objeto que te impresiona notar cómo se desintegra en tu boca.

En Francia, a Veyrat lo aman y lo detestan, pero sobre todo lo aman, porque muy poca gente es ella misma de una forma tan excéntrica.

Me giré a mirar la cocina e intenté imaginarme llevando auriculares (y, para mi asombro, me lo imaginé).

Veyrat y yo nos reunimos e intentamos hacer planes. También estaba el asunto de su operación.

–Si sale mal, cierro el restaurante –me dijo.

Además, le dijo a Jessica en voz baja:

—Tu marido tiene que aprender francés. Me alegro de que esté en mi cocina, pero debe saber lo que digo.

Tenía razón, claro. Me pregunté: ¿seré capaz de aprender francés en dos semanas? La pregunta se volvió apremiante: la víspera de nuestra vuelta a Nueva York, encontramos un sitio para vivir.

Durante nuestra breve ausencia, Victor Vitelli, un nuevo amigo, estadounidense, había visto el anuncio de un apartamento que podía gustarnos. Estaba junto al río Saona, propiamente situado en el Quai Saint-Vincent —Vincent era el patrón de los vinicultores— y frente a *La Fresque des Lyonnais*, un mural donde aparecen ciudadanos lioneses famosos de los últimos dos milenios, pintado en la pared de un edificio de seis plantas sin ventanas.

—También hay una panadería célebre —nos dijo Victor, la panadería donde todo Lyon sabe que hay que comprar el pan.

El alquiler costaba mil novecientos euros al mes, que era alto para la ciudad, pero para nosotros, acostumbrados a Manhattan, nos parecía un precio excepcional. Jessica concertó una cita.

Al pasear por allí, miré por las ventanas —pocas tenían cortinas— y vi unos techos altos con vigas de madera. Ojeé las entradas y me encontré escaleras de piedra cóncava por el desgaste de las pisadas. La nudosa columna de un acueducto del siglo I junto a la oficina de Correos nos recordó que los romanos habían estado allí. Lo mismo que la calle Rhine Road, la misma que siguieron sus tropas para ir a luchar contra los «francos» (es decir: los germanos) al norte. Había un patio de un antiguo monasterio anacrónicamente grácil, con el jardín descuidado y con una escalera exterior larguísima. En el vecindario —que había aprendido a llamar *quartier*— había talleres, no tiendas: un encuadernador, un lutier de violines, otro de guitarras, dos botanistas que producían «tierra para caracoles», una «fábrica» de bollería de un solo espacio, una emisora de radio y un club de puzles. Una calle más allá, el árabe era el idioma principal y tres mujeres con la cabeza cubierta llenaban grandes cubos de agua de un grifo arcaico.

También había, en la plaza, la Place Sathonay, una tienda de pornografía, unos bancos ocupados por borrachos, camellos (yo vi uno; Jessica, dos), una prostituta, grafitis en la mayoría de las superficies y mierda de perro por todas partes. En un parque infantil destellante de cristales rotos vimos a unos niños pequeños pegándose. Me vino una imagen, titiló en mi cerebro con una laceración desagradable, de nuestra progenie, de apenas tres años, aquí, en otro país, luchando por expresarse y aprendiendo a pelearse a puñetazos... un labio sangrando, una nariz rota.

Nuestro edificio tenía una placa encima de la puerta: era donde se anunció y celebró el final de la segunda Guerra Mundial. Se había construido en el siglo XIX y tenía unos techos extravagantemente altos. Se veía la torre Eiffel enana desde varias ventanas. Se podía observar *La Fresque des Lyonnais* desde un balcón. Podías ver el paso del río Saona.

Era todo lo que un futuro residente de la ciudad podía desear. Parecía representar lo que iba a ser nuestra vida futura en Lyon. También me incomodó mucho.

El apartamento tenía eco. Tenía una cocina sin nada: ni horno, ni encimera ni lavavajillas. No había lavadora ni secadora. No tenía apliques eléctricos, ni cortinas ni felpudo en la entrada. En Francia, los inquilinos se traen sus cosas, todo, lo llevan a cuestas a su nueva residencia. Íbamos a tener que comprarlo todo. Al final nos pareció demasiado.

Yo solo quería unas prácticas en un restaurante para aprender cocina francesa. Mudarnos a Lyon: aquello eran palabras mayores. ¿Íbamos a tener que vender nuestro apartamento de Nueva York? El alquiler exigía un depósito de garantía de seis meses (por ser extranjeros) y un aviso con seis meses de antelación para rescindirlo (por ser extranjeros).

Jessica, mientras tanto, admiraba las chimeneas de mármol del apartamento (seis), las vistas al río, los dormitorios (cuatro), los cuartos de baño (tres), el enorme salón, los viejos postigos de madera y las brisas que soplaban de una a otra punta del piso al abrirlos.

Estaba recopilando mentalmente una lista de lo que necesitábamos (incluido un ordenador nuevo, porque el voltaje era distinto en Francia, ¿no?, y una impresora), más camas, cunas, juguetes, alfombras, una mesa para el desayuno y un televisor, y había llegado a la conclusión de que no, todo aquel asunto de mudarse a Francia era, caray, matemáticamente imposible, cuando oí que Jessica le decía al agente en francés:

–Gracias, es perfecto, nos lo quedamos. *N'est-ce pas*, Bill?

–¿Que nos lo quedamos? –le espeté.

Me ignoró. Estaba mirando por la ventana y preguntando si lo que veía era un colegio.

Una vez que Jessica volvió a confirmar nuestra intención («No se preocupe por mi marido») y le prometieron el contrato para final de la semana, me llevó fuera a investigar «ese colegio».

Lo habían construido en 1908, y se llamaba École Robert Doisneau, por el legendario fotógrafo, famoso por las instantáneas de románticos besos en las calles de París. También logró capturar la cara de los niños, y muchas de esas fotos adornaban las paredes del aula.

El semestre estaba a punto de comenzar, y resultó que la directora estaba en su despacho, sola en el centro, aparte de un conserje. Se presentó como Brigitte (ni *madame*, ni *vous* ni apellido), y cuando Jessica, aprovechando la oportunidad, le preguntó si podíamos encontrar plaza para nuestros gemelos de casi tres años nos dijo «Por supuesto», y los apuntó en la lista de alumnos, sin más. No hubo preguntas sobre pagos, porque ahora teníamos visados. Era gratis, aunque tendríamos que registrarnos en *la mairie*, el ayuntamiento, cuando volviésemos. Luego les asignó taquillas para dejar sus cosas y nos invitó a entrar para que pudiésemos ayudar a los niños a encontrarlas el primer día, dentro de dos semanas.

Pensé: ¿dos semanas?

Por la mañana salimos del hotel y cogimos un vuelo temprano con una sensación de total satisfacción tras poner fin a una visita especialmente productiva. Teníamos un apartamento. Habíamos matriculado a nuestros niños en un colegio. Y probablemente yo tenía una cocina.

Al día siguiente, el 10 de septiembre, no teníamos nada.

Otras personas habían visto el apartamento después de nosotros —el agente se disculpaba, otro compañero se había encargado de la visita— y se lo habían quedado. Ahora lo teníamos, ahora ya no lo teníamos.

Y la operación de Veyrat no salió bien. Cerraría el restaurante.

A las nueve, momento en el cual yo ya había huido y desaparecido en un despacho del *New Yorker*, mi mujer, con el jet lag y sin duchar, recibió la visita sorpresa de dos profesores de Jack & Jill.

Al mediodía deliberamos: ¿ahora qué? Lyon nos parecía de pronto muy lejano.

Jessica les compró a los chicos material escolar a toda prisa.

Resuelto, me lancé a un urgente estudio del francés y contraté a un hablante nativo para que me diese clases privadas. (Arlette, un personaje bohemio y nervudo con una voz ronca de tabaquismo y un carácter directo.)

A mediados de la segunda semana, mi quinta clase, hice un avance precoz. Me había puesto a explicar una historia con remate.

Arlette me escuchaba atentamente, con la barbilla apoyada en la palma de la mano, asintiendo.

—Eso ha sido interesante –dijo.

—Gracias.

—Creo que he entendido la mayor parte.

—¿Más o menos?

Tenía problemas de pronunciación, pero en cuanto al discurso, había experimentado una especie de claridad gramatical metafísica.

—Lo difícil, para mí, ha sido que no hablo italiano. –Se me debió notar la confusión en la cara–. ¿No se ha dado cuenta de que estaba hablando en italiano?

El 24 de septiembre, el día en que nuestros chicos cumplían tres años, matriculados en la guardería Jack & Jill, nuestra nueva normalidad, Jessica recibió un correo de la agencia inmobiliaria de Lyon. El trato del apartamento se había anulado. La propiedad estaba disponible. Era nuestra si Jessica volvía a Lyon para el 30 de septiembre, firmaba el contrato, efectuaba el depósito y concluía un inventario del apartamento antes de medianoche.

¿Nos interesaba?

Bueno, ¡sí! ¡No! ¡Sí, por supuesto!

El 29 de septiembre, Jessica nos dejó en casa, tomó un vuelo directo nocturno, llegó a Lyon a las siete de la mañana, se reunió con un banco a las nueve y media para realizar el depósito, se presentó en la oficina de la agencia inmobiliaria a las once para firmar contratos y copias, almorzó a las doce, llevó a cabo un exhaustivo inventario del apartamento (por ejemplo: «un enchufe agrietado debajo de la segunda ventana del primer dormitorio») y hacia el final de la jornada de trabajo francesa me telefoneó para decir que había terminado. Su voz delataba el subidón de adrenalina. El eco resonaba por el apartamento. Tenía las llaves. El apartamento estaba vacío, pero era nuestro.

Nos mudábamos a Lyon. No se lo habíamos contado a nuestras familias, ni a nuestros hijos, ni a sus profesores ni a la revista donde yo trabajaba. No se lo habíamos contado a nadie. Pero era un hecho: nos mudábamos a Francia.

Jessica volvió a Lyon un mes después, a comienzos de noviembre, para dejar el apartamento listo para vivir. Jessica, que detesta ir de tiendas, iba por propia iniciativa a comprar, bueno, de todo: electrodomésticos, ordenadores, muebles de IKEA, apliques...

Yo me fui a un despacho oscuro, mi cubículo sin ventanas en el *New Yorker*, repasé conjugaciones verbales y leí a Brillat-Savarin.

Brillat-Savarin es autor de tres libros, pero solo uno importa. El libro es (probablemente) el primero sobre comida que no trata sobre cómo hacerla, sino sobre cómo pensarla. Solemos referirnos a él como la *Fisiología del gusto*, pero eso excluye el subtítulo. A saber: *Meditaciones de gastronomía trascendental: obra teórica, histórica y a la orden del día, dedicada a los gastrónomos parisinos por un profesor y miembro de diversas sociedades literarias y científicas.*

El «profesor» al que se refiere, por cierto, es el autor. No era profesor. Las personas que sufrían sus sermones lo llamaban «el profesor». Era abogado en una pequeña ciudad (Belley, con una población de dos mil habitantes por entonces, a cien kilómetros al este de Lyon, en el río Ródano, al pie de los Alpes, en su día hogar idílico de Gertrude Stein y Alice B. Toklas). También era miembro de una orquesta de aficionados, diputado en la Asamblea Nacional durante la Revolución Francesa y, por consiguiente, exiliado fugitivo por miedo a la ejecución, maestro de violín en el Lower East Side de Nueva York e inventor de aforismos culinarios.

Como: «Dime qué comes, y te diré quién eres».

O: «Un postre sin queso es como una mujer hermosa con un solo ojo».

La dificultad del libro, en el cual Brillat-Savarin trabajó durante tres décadas (y murió justo antes de que se publicase en 1826), radica en su densidad. Cada vez que intento leerlo tiro la toalla. (¿Por qué nadie más lo admite? ¿A lo largo de los doscientos años de historia de este libro, soy el único a quien le parece un peñazo?)

Sin embargo, esta vez, en vísperas de mi futuro francés, perseveré, y la segunda parte era más simple, más clara y una revelación. Aunque tiene muchos pasajes sobre los que vale la pena reflexionar, mientras estudiaba el libro en mi espacio de una oficina corporativa de Manhattan, me impactó un agradable relato pastoril. Describe una comida que hizo Brillat-Savarin en un monasterio en un altiplano aislado en las montañas, tras una saludable caminata de toda una noche desde su casa, en el verano de 1872, cuando contaba veintisiete años. Es una conmovedora rememoración escrita mucho después. Ahora me refiero a ella como «La caminata», y la he leído y releído como si fuese un poema.

Localicé el monasterio. No está lejos de Lyon. Ahora en ruinas.

El monasterio estaba entre las primeras cosas que puse en una lista de tareas pendientes. Brillat-Savarin había ido hasta allí caminando desde Belley. Quería ver lo que él había visto. Era una minucia, pero era algo con lo que empezar. Me estaba imaginando una vida en Francia.

Mientras, Jessica, encargándose de nuestra vida futura allí a un nivel más práctico, había comprado váteres, comparado encimeras y fogones de gas, cuadrado las medidas del espacio que teníamos para una nevera y se había vuelto una experta en televisores de pantalla plana. Yo nunca había tenido un televisor de pantalla plana. Le tenía ganas, aunque nos íbamos a limitar a ver *Scooby-Doo*, principalmente. A los chicos les gustaría la televisión por cómo los conectaba con Estados Unidos, y al final verían solo canales en inglés y los estudiarían para quedarse con expresiones que usaban los niños estadounidenses y probarlas con sus padres.

Por las tardes, Jessica empezó a investigar los restaurantes. Una noche se fue con una estadounidense amiga de una amiga, Jenny Gilbert, que le descubrió una *brasserie* dirigida por Paul Bocuse. «Es donde comen los músicos, porque abre hasta tarde.» Jenny es primera violinista en la Orquesta Nacional de Lyon. Jessica había descubierto que la ciudad bebía los vientos por Fauré y que tenía más lutieres juntos (tiendas artesanales, de una persona, raramente dos, con instrumentos colgando de un travesaño) de los que había visto en su vida. Jenny sería una de las tres personas angloparlantes, dos estadounidenses y un liverpuliano, que se convirtieron en nuestros cicerones en Lyon. (¿Y la comida en la *brasserie* Bocuse?, pregunté. «Tomé lenguado *meunière*», dijo Jessica –el famoso plato de pescado servido con mantequilla tostada y un chorro de limón, célebremente simple siempre que se haga con absoluta precisión– «y estaba exquisito.»)

Visité a Daniel Boulud en su restaurante de Nueva York, para expresarle mi gratitud con retraso.

Nos habíamos conocido en 1995, poco después de que abriese Daniel, su primer restaurante. Ahora se llama Café Boulud, un nombre inspirado por el «café» que su familia había regentado en su pueblo natal. Los padres de Boulud son campesinos. En 1995, Daniel no tenía mucha pinta de campesino. Era un francés que se sentía a sus anchas entre lo más granado de Nueva York –con un encanto espontáneo, siempre al quite, meticuloso– y siempre podías contar con que su comida satisficiese las expectativas de lo que debería ser la cocina francesa, una ocasión especial, un espectáculo, perfecta.

El Boulud que me encontré ahora era un ciudadano de Lyon. Parecía tan distinto que me pregunté si había mantenido oculto su lado lionés adrede. Experimenté una nueva camaradería.

–Mathieu Viannay –estaba diciendo–. Tienes que conocer a Mathieu. Apúntatelo. Un chef joven, muy lionés, el futuro. Acaba de reabrir La Mère Brazier... la semana pasada, de hecho. –Pidió a gritos a un asistente que le llevara un número de teléfono–. Conoces La Mère Brazier, ¿no?

Asentí. Se había hablado de la reapertura cuando estábamos allí.

–¿Fuiste a Vienne?

–¿Vienne?

–En el sur de Lyon. Ibais con prisas. Por La Pyramide.

–Claro, famosísimo.

Se decía que era la cuna de la cocina moderna francesa.

–Cuando volváis, id a Vienne. *D'accord?* –Le gritó al ayudante que añadiese La Pyramide a la lista.

–Mionnay –dijo Boulud acelerando–. Por Alain Chapel. Yo me paraba allí camino de casa. Cuando trabajaba para Georges Blanc. Ah. Bill debería conocer a Georges, *non?* –le gritó a su ayudante.

–Orsi –dijo a continuación.

–¿Orsi?

–Pierre Orsi. Y Nandron, claro.

–¿Nandron?

–Nandron.

Le pedí que me lo deletreará.

–¿No conoces Nandron? –Se me quedó mirando por si bromeaba–. *C'est vrai?* No te creo.

No, confesé, y me lo anoté para investigarlo.

–Nandron es muy importante. Dos estrellas. Los restaurantes de dos estrellas pertenecen a la ciudad. Es donde van los lugareños. Los de tres estrellas pertenecen al resto del mundo.

(Nandron murió en 2000, y realmente era muy importante para Boulud: su restaurante fue el primer sitio donde trabajó, a los catorce años.)

–¿Conoces el Bocuse d'Or?

No conocía el Bocuse d'Or.

–Pues lo conocerás. Para entonces yo estaré por allí. En enero. Con el equipo estadounidense.

Mencionó unas sociedades, periodistas, a un miembro del ayuntamiento, un dinerista...

–Apúntale a Bill el número del financiero.

–¿Un dinerista? ¿Te refieres a un inversor?

–Nunca se sabe.

La lista tenía tres páginas. ¿Quién me sonaba? Casi nadie. Me pregunté: ¿llegará el momento en que conozca a todos estos?

Jessica volvió a la tarde siguiente. Habíamos decidido que sería la noche en que daríamos la noticia.

Convocamos a nuestros niños a una reunión familiar en nuestra cama. Nunca habíamos celebrado una reunión familiar. Nunca nos habíamos metido todos juntos en la cama. Coloqué un globo terráqueo en medio. Nos sentamos alrededor con las piernas cruzadas.

–Tenemos que contaros una cosa –dije.

Les enseñé dónde vivíamos, un punto en la costa Este de América del Norte. Introduje la idea de los hemisferios y los continentes, y les invité a imaginarse que mi dedo era un avión que volaba sobre aquella gigantesca extensión verdiazul.

–Esto es el océano Atlántico. Esto es Europa. Esto es Inglaterra, ahí viví yo. Esto es Italia, donde una vez pasé unas vacaciones de verano con vuestros primos. Y esto es Francia. ¿La veis? –Los niños se acercaron más–. Y aquí abajo, donde casi acaba, entre las montañas y el mar, está la ciudad de Lyon. ¿La veis? Aquí es donde nos vamos a mudar.

George saltó de la cama, el globo se volcó, y salió disparado de la habitación. Lo oímos en su armario. Volvió arrastrando una maletita amarilla de Bob Esponja.

–¡Estoy listo para hacer el equipaje!

Nos marcharíamos pronto, le expliqué, en unas dos semanas, y no necesitaba hacer el equipaje de inmediato.

–¿No podemos irnos ya? ¿Por favor? ¿Nos vamos ya?

–No –dije.

Se dejó caer en el suelo como si los huesos de su cuerpecillo fuesen de paja y se puso a berrear.

No sé cuál es la mejor edad para mudarte a otro país con tus hijos. A lo mejor cualquier edad vale, pero se ve que con tres años es perfecto. O quizá es que a los tres años el niño no tiene ni idea de dónde se va a meter: y esa ignorancia es perfecta.

Por una feliz coincidencia, gané un premio literario italiano y me invitaron a Roma a recogerlo el 17 de diciembre. Ahora teníamos un plan. Jessica volaría una vez más hasta Lyon sin nosotros el lunes 8 de diciembre para preparar nuestro nuevo hogar. Los chicos y yo iríamos después, saldríamos el viernes 12 de septiembre, el día que terminaban el semestre en Jack & Jill, y la familia pasaría reunida su primer fin de semana francés. El lunes confirmaríamos si los chicos seguían teniendo plaza en l'École Robert Doisneau, aunque no los hubieran visto, los registraríamos en *la mairie* y al día siguiente cogeríamos un avión para una estancia pagada de tres días en Roma, el comienzo de nuestra vida europea. Celebraríamos la Navidad en nuestra nueva casa.

La víspera de la partida de Jessica celebramos una fiesta con amigos. Bebimos una botella imperial de Le Pergole Torte, un vino festivo, aunque no exactamente apropiado, de la Toscana, y nos despedimos. Volveríamos para el Día del Trabajo, dije, para el nuevo año escolar. El caso es que volvimos el Día del Trabajo, pero no nueve meses después, sino cuatro años después. Jessica estaba animada, eufórica por aquel cambio radical, nuestra vida futura, aquella vida, lo que fuese a ser, lo próximo.

Una vez se hubo marchado, empecé a hacer el equipaje. El jueves por la mañana tuve una idea traviesa. Podría contratar a una canguro. Y entonces, con alguien cuidando de los niños, podía irme a Washington a despedirme de Richard.

Llegué de noche. Comimos, bebimos, hablamos de comida. En realidad, no tengo ni idea de qué hablamos. Éramos dos amigos dándole al pico.

En Lyon, me recordó, aprendería francés con acento lionés. Pronunció *beurre*, mantequilla, con una prolongada *rrrr* gutural cuádruple.

En Lyon conocería a Paul Bocuse.

–Conocerás a Bobosse... un amigo de monsieur Paul. Ah, y esa es otra, en Lyon todo el mundo lo llama monsieur Paul. –Se paró a pensar–. Conocerás a Jean-Paul Lacombe, evidentemente. ¿Cómo se llama su restaurante?

Yo me callé.

–¿Lyon de Lyon? No, Léon de Lyon. También conocí a su padre. Jean Lacombe. Todos los chefs de Lyon son hijos de chefs. Eso también lo irás descubriendo. En Lyon serás presentado a la comunidad de chefs lioneses. Es una cosa sin parangón.

Richard me transmitía su compañerismo. Me sentí agradecido. Pensé: no podría haber tenido un primer maestro mejor.

–Ay, Michel, discúlpame, tengo que llegar a la estación.

–Sin darme cuenta se me había hecho tarde. Eran casi las nueve. El último tren salía a las nueve y media. La canguro tenía que ir a cuidar a sus propios hijos.

Hice amago de marcharme, metiendo cosas en mi mochila, apresurándome.

–Yo te llevo –dijo Richard.

–No, no, no, de verdad. Cogeré un taxi.

–Insisto.

85

Fue una mala idea.

–Es nuestra última noche juntos.

–Tienes razón –dije.

El coche de Richard estaba en un garaje subterráneo. Esperé fuera (debería haber cogido un taxi, claro). Emergió su vehículo, un cacharro largo y negro. Me subí. Se oía un ruidito metálico. Richard continuó con su matraca lionesa.

–Es que en Lyon todo el mundo hace *pâté-en-croûte*. Y menuda charcutería. Había una mujer famosa por ello. ¿Cómo se llamaba? ¿Sybil? ¿Y la otra, la del queso? Mère Richard. Eso. ¡Como yo!

Le iban viniendo otros nombres, o no, y cuantos más pronunciaba más crecía su necesidad de soltarlos. Se paró antes de tiempo en un semáforo en rojo.

David me había hablado de momentos así. Cuando Richard cuenta historias, se olvida de que está conduciendo. Es la única persona a la que le ponen multas a menudo por ir demasiado despacio. Una vez fueron los dos juntos en coche de Nueva York a Washington. Según iban charlando, Richard fue ralentizando la marcha hasta que vieron que iban a llegar tarde. «Ya deberíamos haber llegado», dijo Richard. Finalmente, apareció la ciudad a la vista, pero cuando llegaron descubrieron que no era Nueva York. Era Philadelphia. «*Oh là là!*», dijo Richard riéndose para sus adentros. Continuaron. Charlando, charlando. Después de otras dos horas acabaron llegando a Nueva York. Pero resulta que no era Nueva York. Era de nuevo Philadelphia.

–Habíamos estado conduciendo en círculos durante dos horas –dijo David.

Ahora eran las nueve y cuarto. ¿Qué era aquel sonidito?

–Michel –le dije–, ¿qué es ese ruidito?

–¿Ese ruidito? Ah, es la gasolina. Es el ruido que hace mi coche cuando el depósito está bajo. Uy, no sabía que estuviese tan bajo. ¿A qué hora es tu tren?

Se lo repetí.

Nos paramos a poner gasolina.

Eran las nueve y veintiuno.

—Mira, de verdad, tengo que hacer pipí.

Salió a hacer un pipí.

Me planteé las dos posibilidades. En una, dejo el coche de Richard (mochila lista, el billete en la mano, a correr) y cojo el tren. En la otra, no.

Sopesé las consecuencias. ¿Qué hace una canguro cuando el padre negligente no vuelve a casa?

Richard volvió al coche. Eran las nueve y veintitrés.

Nos paramos en la estación. Le di un beso a Michel, le dije adiós. Tenía sesenta segundos. Lo logré.

Era medianoche pasada cuando llegué a casa.

El siguiente era nuestro último día en Nueva York.

Me levanté temprano preguntándome cómo se hace uno el equipaje para siempre. ¿Cuántos calcetines metes?

Usé todos los recipientes con asas o cuerdas: todas las maletas con ruedas, mochilas, bolsas de deporte, todas las fundas de sacos de dormir, bolsas de almacenamiento... y pensé: me van a fundir con la facturación del equipaje extra. Pero al final el equipaje no fue lo que nos salió caro. Para cuando llegamos al aeropuerto, nuestro avión ya había despegado y nuestros tres asientos pagados habían salido de Nueva York vacíos.

Me incliné ansioso sobre el mostrador tras confirmar que nuestro avión andaba por las inmediaciones de Terranova y que, no, siendo Navidad, no había otros vuelos ni esa noche ni al día siguiente. El primero disponible era el domingo. Mis dos hijos se colgaban desfallecidos de mis rodillas; Frederick se había mareado muchísimo en el coche. Tuve que aceptar que nos volvíamos a nuestro apartamento de Nueva York. Reuní el valor para llamar a Jessica, que nos esperaba en Lyon, para informarle de que, bueno, había surgido un retraso.

–En realidad, un retraso no. Hemos perdido el vuelo.

De nuevo, los sonidos vacíos de un apartamento vacío, salvo que esta vez parecía especialmente vacío, una pesada cámara de eco de vaciedad, la oquedad de un corazón dolido. La voz de mi mujer era distinta. Algo que no había oído nunca hasta entonces. Miedo. El miedo era básico. Era su marido. Ella estaba en Lyon por él. Ella estaba allí, sin sus hijos, por él. Estaba en aquella... ¿cómo definirlo?... metida en aquella carrera de obstáculos vital no planificada, disfuncional y erráticamente impulsiva: por él. Lo que estaba oyendo, allí en medio de las etéreas notas agudas de un pánico en aumento, era que el auténtico error, el error básico, era su matrimonio.

La llamada fue, para ambos, un momento crucial.

Seis meses antes habíamos experimentado otro momento crucial, muy positivo, la ya mencionada conversación más profunda y relevante de nuestra vida conyugal. Este no fue positivo, ni lo sería, y no puede reconfigurarse retrospectivamente en nuestras imaginaciones nostálgicas como positivo «a su manera», ni como «tampoco para tanto» ni «divertido». Aquel fue el nadir de nuestra vida conyugal.

Nadir: no había usado jamás esta palabra. Pero aquí estaba. En el nadir.

De hecho, no lo estábamos.

II. Lyon con bebés gemelos

—¿Cómo puedes amar Lyon?

¡Qué pregunta más grosera!

Es verdad que no es una ciudad que se deje amar fácilmente. Es un gusto adquirido. Casi un vicio. No hay un lugar en el mundo menos acogedor para los turistas. El visitante no encuentra nada que ver ni nada que hacer. Al igual que otras ciudades, tenemos monumentos admirables que valen la pena. Pero hay que reconocer que el espíritu lionés no se siente demasiado ligado a ellos. Y las «vistas» en sí: la cúpula del Hôtel-Dieu presidiendo con toda su deprimente majestuosidad el eterno Ródano; el Saona cerca de Bellecour, sus pasarelas dibujadas con tiralíneas sobre el agua verde y dorada; toda la ciudad plateada que asoma entre el humo... nos deja indiferentes, un simple decorado cotidiano, y no le prestamos más atención que al tremendo ruido industrial.

HENRY BÉRAUD,
Vous ne connaissez pas mon pays, 1944

Llegamos el lunes. Frederick tenía un virus estomacal, George tenía fiebre y su padre no estaba en demasiada buena forma. Los planes de Jessica –un almuerzo familiar fuera, sábado, y domingo en el mercado del *quai*, ir a comprar un árbol de Navidad (incluso había contratado a un canguro angloparlante, un robusto y fornido lionés llamado Stephen, para que pudiésemos hacer una escapadita romántica)– se fueron por el sumidero, porque, nos informó, los lunes cierra casi todo Lyon. Nos comimos un sándwich en un Casino, una cadena de establecimientos, y echamos una siesta y nos despertamos demasiado tarde como para comprobar lo del colegio. No tuvimos oportunidad de ir a *la mairie* con los pasaportes de los niños. Además, teníamos un vuelo a Roma temprano. No lo perdimos. Llegamos cinco minutos antes de que cerrase la puerta. Corrimos.

Nuestro vuelo de vuelta, el viernes antes de Navidad, salía por la mañana, así que había posibilidades de regresar mientras el colegio seguía abierto. Hubo una ventisca. Llegamos, tarde, justo antes de que cerrase el aeropuerto, y Lyon, una metrópolis históricamente católica, respetaba las fiestas de casi tres semanas, celebración universalmente observada, en las que no hacía absolutamente nada. Ya estaba cerrado: restaurantes (donde me podría haber presentado a los chefs), oficinas gubernamentales (como *la mairie*) y, claro, los colegios.

El apartamento era frío, por lo menos para nosotros, neoyorquinos obviamente aclimatados durante mucho tiempo al sobrecalentamiento.

Frederick, que parecía frágil y pálido, estaba de un humor particularmente alegre, sentado en nuestro nuevo sofá de IKEA frente al televisor negro desconectado (la compañía eléctrica también cerraba). Contempló las dimensiones de nuestro nuevo salón de IKEA y, percibiendo nuestro nuevo aislamiento, preguntó inocentemente:

–¿Dónde están todos los amigos?

–No lo sé –le respondí.

A la mañana siguiente, llevé a los chicos a una cafetería para disfrutar de una versión de lo que había sido nuestra costumbre en Nueva York, el desayuno sabatino. Los chicos pidieron chocolate caliente, habitual, y extra de azúcar, también habitual. El camarero resopló y volvió con un par de azucarillos claramente de segunda mano. Los habían recogido del platillo de otros cafés y habían metido dos en el envoltorio de papel.

Después, propuse que visitásemos el mercado cubierto de Les Halles de Lyon Paul Bocuse, en la otra margen del Ródano.

Tomamos un taxi. Nos subimos en el asiento de atrás. El trayecto duró cinco minutos. La carrera costó siete euros. Yo tenía un billete de diez. El conductor lo cogió y buscó el cambio, y justo cuando estaba a punto de decirle que se lo quedase, le pegó a Frederick.

Frederick había apoyado sus diminutos zapatitos cerrados con velcro en el asiento... unas piernecitas cortas, regordetas, de niño de tres años, con unos pieececitos minúsculos con sus calcetinitos blancos.

–No apoyes los pies en mi asiento –dijo el conductor, y le

dio un manotazo, y otro: uno en cada espinilla, con el dorso de la mano (en la que llevaba un anillo de casado).

Me bajé y digerí lo que acababa de ver: un hombre, un desconocido, parándose antes de completar una transacción económica para pegar a mi hijo.

Busqué las palabras mientras dejaba con cuidado a mis niños en la acera, y volví a meter la cabeza en el coche para decirle al taxista como buenamente pude en francés que jamás (*jamais!*) volviese a tocar (*toucher*) a mi hijo (*mon fils*) o le arrancaría los ojos de las cuencas y me los comería. La verdad es que no tengo ni idea de qué le dije.

—*Merci, monsieur. Merci beaucoup!*

Me sonrió y se largó.

Compré un árbol de Navidad, el que quedaba (un tocón abandonado despeluchado y resequísimo), Jessica compró velas y yo me fui a buscar un ave festivo. No encontré nada. Ni ganso ni pavo ni pato. Todas las aves de corral se habían vendido. Me conformé con lo que, di por hecho, era el último capón de la ciudad, un capón colosal de casi diez kilos, mi primera compra culinaria, un martirio, con un carnicero que no dejaba de decir «*Quand?*», una palabra tremendamente básica que, con las prisas del intercambio, yo no acababa de pillar. (*Quand? Quoi? Quand? Pardon? Quand, pour quand?* Ah, ya entiendo. *Pour quand!* ¿Para ahora?)

La noche de Navidad nos reunimos los cuatro alrededor de una mesita en la cocina, el único lugar cálido del apartamento —una noche negra y ventosa, con unas velas que no querían quedarse encendidas— y trinchamos un pajarraco que podría haber alimentado a veinticinco personas.

George, fascinado con la cabeza —era la primera vez que lo ponía con cabeza—, fue lo único que se comió. Tengo un recuerdo de él mordisqueando alrededor del pico y masticando la papada con unas oscuras ojeras.

Aún hizo más frío. Subimos el termostato. Nos dimos cuenta de que estaba roto, cosa irrelevante, porque los fontaneros no trabajaban.

Localizamos un silbido de vendaval que no provenía de las hermosas chimeneas que, por ley, no podíamos encender, sino de una grieta entre dos ventanas grandes como puertas, de fácil reparación si hubiésemos tenido a quién llamar. Y llegó la mañana de Navidad (ningún recuerdo). La de fin de año (ningún recuerdo). Año nuevo (ningún recuerdo). Me puse enfermo. Los pulmones. Flemas. Una infección. Jessica se puso enferma. Los pulmones. Peor. Neumonía. Hicimos venir a SOS Médecins, un servicio de médicos a domicilio. Nos costó ciento veinte euros, porque no teníamos seguro de salud en Francia. Hasta que no estuviésemos registrados en la prefectura, no existíamos a ojos del gobierno. (La prefectura también estaba cerrada.) Fueron unas largas vacaciones de Navidad. Luchamos. Esperábamos al jueves 8 de enero, el día en que abrirían de nuevo los colegios. Estábamos esperando para saber si era el colegio de los niños.

¿Y si ya no era su colegio?, pregunté. Llegaban con tres meses de retraso.

Jessica estaba extrañamente segura. Había conectado con la directora. ¿Se puede matricular a unos niños solo porque te dan buenas vibraciones? Sus plazas se habían reservado (si es que seguían reservadas) únicamente con sus nombres. (¿Nombres de pila y buenas vibraciones?) En un parque infantil del *quai* conocí a padres, también recién llegados a Lyon, que habían intentado matricular a sus hijos en el mismo colegio y los habían rechazado por falta de plazas. ¿Se habría quedado fuera algún niño por culpa de nuestros bebés absentistas?

El primer día de colegio salimos nerviosos. La directora, Brigitte, estaba en lo alto de las escaleras. Reconoció a Jessica al instante.

−*Voilà les garçons!* −exclamó.

El alivio mutuo −suyo, nuestro, pero sobre todo nuestro− se me antojó un enorme suspiro. Nos sentíamos ligeros. Podríamos haber sido globos. Brigitte llevó a los chicos hasta sus taquillas. Estaba muy emocionada. En el colegio nadie había conocido a ningún neoyorquino. (El efecto acabaría convirtiendo a los niños en celebridades. Eran *les newyorkais.*) Brigitte mencionó el comedor. (¡Sí!) Pero aún no, dijo. (¿Qué?) Es muy estruendoso. Ruidoso. Demasiado para empezar.

−Mejor que *les garçons* coman en casa.

(Yo: me encanta la idea de un comedor estruendoso. ¿Por qué vamos a querer interrumpir la jornada para darles de comer a nuestros hijos?)

Fue una noticia fatal.

La hora del almuerzo entre semana es una práctica ilustre, testimonio de la importancia que Francia concede a las comidas, y en nuestro edificio todas las familias con niños preparaban el almuerzo: la madre (generalmente) recoge a los niños y el padre (a menudo) vuelve del trabajo, parando antes a comprar *baguettes* en la panadería. A las dos menos cuarto, los niños vuelven al colegio. Los nuestros se negaban. Cada día se negaban. Con denuedo, entre llantos, implacables.

Les gustaba estar en casa. Les gustaba hablar en inglés. No entendían el francés. (Agnès, su maestra, le preguntó a Jessica: *Qu'est-ce que c'est le mot «potty»?* Cada día me lo dicen.)

Me tocó a mí, el patriarca indiferente, coger a los niños, uno debajo de cada brazo, y volver al centro.

−Lo de comer en casa no funciona −dijo Jessica.

−Va fatal.

−Pero es lo que hacen las buenas madres francesas.

−Tú no eres francesa.

–Tengo que conseguir que vayan al comedor del colegio.
Jessica fue a ver a Brigitte y, sin más, entraron en el comedor. Y, sin más, nuestras vidas empezaron.
Llevábamos en Lyon un mes. Por fin podía ponerme con lo que había venido a hacer: encontrar una cocina donde trabajar.

TRABAJO

> Tal vez alguien se pregunte: ¿cómo concilian los lioneses su culto al buen comer con su aversión a gastar? Porque, a fin de cuentas, no hay nada más caro que la glotonería si uno es constante en su afición.
> La respuesta la encontramos en los dichos populares lioneses: «ahorrar en el asado es de tontos», «la boca, lo primero de todo» o «el fondo de la botella es para cobardes».

> HENRI BÉRAUD,
> *Vous ne connaissez pas mon pays*, 1944

La Mère Brazier era el sitio perfecto. Sabía, porque Boulud me lo había contado, que mantenía la tradición del siglo XIX de las *mères chefs* a la que se había referido Jean-Georges: *nos saintes mères*. Todas habían empezado en casas majestuosas de industriales locales, preparando *cuisine bourgeoise* –en la práctica, cocina casera para familias con pretensiones–, se hicieron famosas por derecho propio y se instalaron por su cuenta.

Eugénie Brazier fue, en muchos aspectos, un prototipo de *mère*. Nació en 1895 en una familia de nueve hermanos en los Dombes, los humedales que hay entre Lyon y los Alpes, en una granja junto a un pantano no muy lejos de Bourg-en-Bresse (de donde vienen los famosos pollos). A los cinco años, Brazier cuidaba de los animales: primero de los cerdos, luego ascendió a las vacas. Cuando cumplió diez, su madre murió (dando a luz). A los diecinueve, Brazier estaba embarazada de un hombre casado del pueblo; llevaba un niño, Gaston; el padre la echó de casa y encontró empleo en Lyon como *nourrice* (nodriza) en una familia burguesa, los Milliat, y, con el tiempo, fue su cocinera. Los Milliat eran gente acaudalada —regentaban una fábrica de pasta— y su riqueza los convirtió en gastrónomos (porque los lioneses ricos expresaban la alta cultura valorando la comida) y asiduos de la más grande de las *mères*, Mère Fillioux. Cuando Mère Fillioux pidió a los Milliat que le recomendasen una cocinera para ayudarla en su restaurante, cada vez más pujante, le propusieron a Eugénie.

No hay registro de la contribución de Brazier al restaurante (ya le daba suficiente vergüenza silabear en voz alta mientras escribía), salvo que se dice que Fillioux fue cogiendo envidia de su talento (cuando Brazier hizo el almuerzo tradicional para el personal, «*un civet de lapin*», un sabroso estofado de conejo, Fillioux cometió el error de preguntar cuál era mejor, el suyo o el de Brazier) y partieron peras. Brazier no se casó, pero tuvo un compañero, Le Père, chófer de una de las familias burguesas y, con su ayuda, se hicieron con un local en los bajos de una esquina de la calle Royale que había sido una casa adosada en el siglo XVIII. Abrió al público el 19 de abril de 1921. En 1928, abrió su segundo restaurante, sin agua ni electricidad ni gas, en Luère, en los bosques del oeste de Lyon. Brazier —en la flor de la vida, una mujer robusta con unos hombros excepcionalmente fuertes y unos poderosos antebrazos en la famosa foto frente a una cazuela hirviendo— tenía reputación de imponente y de temible. Hay anécdotas, que todo el mundo cuenta con deleite, de su intolerancia a los errores y de cómo humillaba a quienes los cometían, sobre todo a Gaston, su hijo ilegítimo, que tuvo la mala fortuna de tener que estar siempre a su lado en la cocina desde antes de aprender a caminar. En 1933, se convirtió no solo en la primera mujer en ser galardonada con tres estrellas Michelin, sino también la primera chef, mujer u hombre, en conseguir tres estrellas Michelin en dos restaurantes al mismo tiempo, una proeza que no se repetiría durante décadas. La Mère Brazier fue el gran restaurante de la ciudad –era puro Lyon como no podía serlo ningún otro establecimiento– y de pronto cerró, en 2007, y la ciudad inauguró un luto culinario.

La reapertura de Mathieu Viannay era todo un acontecimiento. El propio Viannay era un acontecimiento en sí, probablemente –no lo sé (Boulud lo llamó «el futuro de Lyon»)–, y fue una de mis prioridades prácticas presentarme allí (el restaurante estaba en la otra punta de la Presqu'île de nuestro apartamento, del lado del Ródano, un paseo a diez minutos andando). No era el único: para entonces, todo el mundo quería comer allí, porque, un mes después de llegar nosotros a Lyon, la Guía Michelin (de manera excepcional, escandalosa) le había dado dos estrellas. La práctica normal era hacer que los chefs fuesen ascendiendo la escala Michelin. Hasta Paul Bocuse empezó con una estrella. No era la primera vez que alguien empezaba con dos, pero era raro y, en la jerga institucional de la guía, un cumplido elevadísimo.

Llevé un ejemplar en francés del libro que había escrito sobre cocina italiana. Nos encontramos en la puerta. Me preguntó si podía enseñarme el sitio.

La planta baja estaba dividida en comedores. Uno tenía una araña. El mensaje era «lugar acogedor». El bar también tenía mesas y estaba bien iluminado, un suelo de baldosas blancas y ventanas con vidrieras estilo años treinta; el apogeo de la cocina lionesa, cuando Francia descubrió el automóvil y las comidas a las que solo podías optar yendo en coche hasta los lugares donde las servían. La cocina, con unos ruidosos peldaños de madera que conducían a la siguiente planta, era anacrónica y nada moderna, los cocineros atentos, la *brigade*, pegados unos a otros mirándonos fijamente. No había microondas, ni envasadora, ni baño maría para bolsas de vacío ni deshidratadora. Había ollas.

–*Les mères* –me explicó Viannay– eran las expertas en platos locales.

Eran una subcultura propia, compartían entre ellos una literatura de libros de cocina de *mère* hechos polvo. En 2002, Stéphane Gaborieau, luego chef en el Villa Florentine (originalmente, un convento del siglo XVII en lo alto de una montaña en Vieux Lyon), compró un ejemplar de la década de los cincuenta del siglo XVIII en una librería de segunda mano del *quai* e hizo una versión facsímil que funcionó como bestseller local: noventa y siete páginas escritas con una bella prosa anticuada y floreciente sobre cómo cocinar platos (*quenelles*, callos, riñones, pollos de Bresse) que sigues encontrando en Lyon en la actualidad.

Viannay rondaba los cuarenta años, era esbelto (lo común entre hombres franceses pero no entre los estadounidenses), y llevaba buenos zapatos ingleses de cuero, vaqueros azules y una chaquetilla con unas mangas que se abrían con holgura alrededor de sus muñecas, como pantalones acampanados para brazo. Tenía unas cejas espesas, una mata de pelo oscuro tirando al plateado (le caía sobre la cara y por detrás lo llevaba largo, al estilo rocker francés), y una barba de cinco días. Sus modales eran elegantes y corteses. Nos dedicó todo el tiempo del mundo.

Nos llevó arriba hasta «los comedores privados» –originalmente eran dormitorios de techo bajo con vistas a la calle– destinados a banquetes familiares, sobre todo los domingos, otra tradición de *mère*, donde comes como en casa (o por lo menos la fantasiosa versión burguesa de eso).

–¿Tenéis hijos? –le preguntó a Jessica–. Los traeréis aquí. Comeréis *poulet de Bresse*.

Me imaginé a George y Frederick abriendo la ventana y tirándoles muslos de pollo a los peatones abajo y pensé: uy, no, de momento no.

Nuestra comida incluía dos platos que se llevaban sirviendo en aquel mismo edificio desde hacía casi cien años: una alcachofa con *foie* (la alcachofa, célebre verdura italiana, era un manjar local en Lyon) y pechuga de pollo de Bresse. Sé que estaban deliciosos, he comido muchas veces ambas cosas desde entonces, pero en aquel momento no lo saboreaba. Estaba de los nervios. Allí era donde tenía que trabajar, claramente. Después de comer, Viannay se quedó junto a la puerta dando las gracias a los comensales. Sus modales parecían poco convencionales, antiformales, poco franceses, pero había en su persona cierta circunspección. El restaurante llevaba abierto solo tres meses cuando recibió las estrellas. La atmósfera no era de celebración, sino de asombro por el hecho de que Viannay lo estuviese logrando.

Le conté mi historia, lo que quería hacer (aprender a ser un chef francés) y le di mi libro.

–Me gustaría hace un *stage* en su cocina –le dije.

Me miró.

–Me gustaría ser *stagiaire* –dije, precisando la expresión.

Viannay miró el libro que sostenía en una mano. Se quedó desconcertado.

–Cocina italiana –dijo. No era una pregunta. Era más bien un descubrimiento.

–Sí, cocina italiana.

Mencioné el *The New Yorker*.

Sonrió, una media sonrisa, entre divertida y desdeñosa.

–Debería firmárselo –le dije, se lo cogí y se lo autografié con la ampulosidad exagerada de quien ha bebido demasiado Côtes du Rhône. Se lo devolví.

Miró mi dedicatoria.

Esperé.

Él, venga a sonreír.

Le di las gracias. Le estreché la mano. Le volví a dar las gracias. Incliné la cabeza, arrastré el paso y dije adiós.

Luego, de vuelta a casa, le pregunté a Jessica:

—«Mathieu» no va con dos tes, ¿verdad?

—No. En francés solo lleva una.

—Claro, lo sabía. A la noche siguiente, recordando el consejo de Boulud, fuimos a Vienne, treinta kilómetros al sur de Lyon. La Pyramide, en su día hogar del legendario Fernand Point, era el plan B.

*

Las Operaciones Financieras de la House of Points siempre han desconcertado a sus amigos, dado que solo utiliza los mejores ingredientes pero cobra más barato que esos restaurantes de clase alta de París. Todos convienen en que el Point se habría arruinado hace mucho de no ser por su esposa. Mado Point ejerce de *maître d'hôtel*, encargada de compras, sumiller, cajera, médico de cabecera, secretaria privada y cronista. Algún día espera recopilar las recetas de su marido y reunirlas en un libro para la posteridad. No va a ser fácil. Monsieur Point no ve con buenos ojos la palabra impresa.

JOSEPH WECHSBERG,
«La mejor mantequilla
y muchísimo tiempo»,
The New Yorker,
3 de septiembre de 1949

Vienne. Sabía lo suficiente como para comprender que a cualquier estudiante de cocina francesa La Pyramide no le parecería un plan B. Para los chefs tiene categoría de casa de culto. Es el «Templo». El nombre, *la pyramide*, procedía de una estatua romana al fondo de la calle —marca el lugar donde se celebraban carreras de cuadrigas (se dice que Vienne tiene más ruinas romanas por metro cuadrado que ninguna otra

103

ciudad de Francia)–, y esta iconografía antigua y vagamente pagana parece haber subrayado el tirón metafísico del restaurante. Sería difícil encontrar a un solo chef serio que no haya estado allí.

Su fama era mérito de Fernand Point, y su restaurante fue, en época de Curnonsky, el mejor restaurante de todo el valle del Ródano («conocido por todos los lioneses»), de toda Francia y uno de los mejores del mundo. Curnonsky, cuyo nombre real era Maurice Edmond Sailland (dio con el «Curnonsky» combinando un mote del colegio, *Cur Non?* –«¿Por qué no?» en latín– con un sufijo que sonaba a aristocracia eslava), fue crítico e historiador. Hasta los años cincuenta nadie tenía más autoridad que él en materia de cocina francesa. Fue Curnonsky quien describió Lyon como «la capital gastronómica del mundo».

En 1949, el periodista checo-estadounidense Joseph Wechsberg –a quien sus amigos parisinos le habían dicho que «si quería la experiencia epicúrea de mi vida... tenía que ir a Vienne»– se pasó un día entero con el gran chef. Point, según la descripción de Wechsberg, era descomunal –metro noventa y ciento treinta kilos (otros dicen que más bien ciento cuarenta)–, asombrosamente a gusto con su tamaño, se presentó con un traje negro holgado y una gran pajarita de seda con estampado floral, empezaba el día con una botella mágnum de champán y consideraba la mantequilla, tremendas cantidades de mantequilla, como el ingrediente esencial de un plato bien preparado («¡Mantequilla! ¡Traedme mantequilla! ¡Mantequilla a espuertas!»). También ostentaba un prejuicio permanente contra los chefs delgados, y era, tanto en su saber estar como en su estar, la palabra «formidable» hecha carne. Aunque, ay, no era tan fuerte: seis años después de la visita de Wechsberg, Point falleció, como tantos otros chefs de su generación, en la cincuentena (cincuenta y siete años, en el caso de Point).

Su «arte» –así lo dice Curnonsky– se prolongó en manos

de otros, principalmente en las de Mado, el apodo de la viuda de Point, Marie-Louise Point. De forma indirecta, sus cocineros prolongaron su arte en su cocina. Muchos acabaron asociados con la *nouvelle cuisine* en los años setenta. Se considera a Point el «padrino» del movimiento.

Ahora el chef de La Pyramide es Patrick Henriroux. Su nombre también figuraba en la lista de contactos de Boulud, justo debajo de Mathieu Viannay. Vino a vernos al principio de la comida. Fernand y Mado tuvieron una hija, Marie-José, dijo, a la que prepararon para vender el restaurante a un chef que comprendiese el legado de sus padres y tuviese los recursos necesarios para continuarlo.

Le preguntó a Paul Bocuse. (Bocuse había trabajado para Point.) Dijo que no.

Le preguntó a Alain Chapel, otro antiguo miembro de la *brigade* de La Pyramide. Dijo que no.

Le preguntó a Michel Guérard, el inequívoco genio de la *nouvelle cuisine*. Dijo que no.

Le preguntó a Alain Ducasse: no. Marc Véyrat: no. Les preguntó a todos los chefs con tres estrellas de Francia.

–Era la reputación de Point –dijo Henriroux–. Nadie quería sufrir las comparaciones.

Abordó a los chefs de dos estrellas. Finalmente, le preguntó a Henriroux, que por entonces regentaba la cocina de una estrella de La Ferme de Mougins, en el sur de Francia. Henriroux aceptó el reto, porque, bueno, «*cur non?*».

Empezó en 1989. Consiguió su primera estrella siete meses después. Intentó comprar el restaurante pero se lo rechazaron. Dos años después, consiguió la segunda. Para entonces ya tenía el apoyo de la gente del lugar (según la creencia de Boulud de que los restaurantes de dos estrellas pertenecen a la ciudad), y cuando el restaurante sufrió problemas económicos, lo apoyaron en la compra. Ahora, quince años más tarde, había terminado de pagar el préstamo.

Nos preguntó qué nos apetecía cenar.

Yo quería probar la *poularde en vessie*. Había leído sobre el plato en *Ma Gastronomie*, de Point, donde se incluyen cartas, detalles de comensales (Colette, Charles de Gaulle, Pablo Picasso, Édith Piaf), aforismos (por ejemplo: «En la orquesta de una gran cocina, el salsero es el solista»), y en eso que a veces llaman «biblia de cocina», una colección de todas sus recetas. Point está extremadamente infravalorado. Cualquier instrucción lo suficientemente específica como para mencionar, pongamos, la temperatura se antoja tan arbitraria que hasta parece un error («Coge cinco litros de sangre de los animales de Menon después de alimentarlos durante un mes a base de peras»).

Henriroux nos tomó nota. Una *vessie* es una vejiga. Nunca había probado comida cocinada dentro de una vejiga.

Henriroux hizo una mueca.

–Debe de tener hambre.

Le aseguré que tenía apetito.

–Es un pollo entero. Es una *poularde*.

–Me encanta la *poularde* –dije. No tenía ni idea de lo que era una *poularde*.

(Una *poularde* es un ave de más de un año; un *poussin,* de menos de seis meses; un *poulet,* más de seis meses. Es la regla del esquimal: en Lyon, hay muchas maneras de referirse a un ave, incluida la genérica: *volailles,* que significa «cosas que vuelan».)

Henriroux insistió –«Tarda mucho tiempo en cocinarse»– y, cuando ya iba a continuar yo con un «No tenemos prisa», me interrumpió y me confesó:

–Francamente, hay que encargarla por adelantado.

Me conformé con un pichón.

¿Y de entrantes?

Tal vez una *sandre.*

No sabía nada de la *sandre,* salvo que era un pez de agua

dulce del lugar. Se decía que Lyon era famoso por sus peces de agua dulce, pescados en los ríos cercanos o en los grandes lagos que rodean los Alpes.

La comida estuvo bien ejecutada, y aunque tampoco llegó a las más altas cotas de la hipérbole epicúrea, dejó claro por qué tantos chefs se habían negado a entrar en la cocina de Point. Henriroux era de 1958. ¿Por qué iba a ser juzgado por un hombre que murió tres años antes de nacer él? Me pregunté: ¿podría ser este mi sitio? La historia, la intimidad con lo que viene de aquí y de ningún otro sitio (las cosas voladoras, las cosas nadadoras), los fantasmas romanos. Más la regla de Boulud: ¡tenía dos estrellas!

Henriroux volvió a nuestra mesa. Estaba cómodo entre periodistas, acostumbrado a sus excursiones desde París para venir a tomarle el pulso a la leyenda. Su mensaje no era complicado: «No soy Fernand Point. Si viene aquí a comer, le daré mi comida, no la suya. Pero vivo en lo que fue su casa, y me alegro de compartir mis impresiones sobre sus logros». Henriroux transmitía más tesón que estilo. Había empezado en la adversidad y la había superado. Tenía unos hombros musculosos, el pelo le empezaba a escasear por delante, unos ojos azules amables, cejas pobladas y una cara cuadrada surcada de profundas arrugas que delataban décadas de matarse a trabajar. Pero también sonreía a la primera de cambio y llevaba el agotamiento sin aspavientos. Ahora el restaurante era suyo del todo. Había empezado a hacer cambios, cambios suyos. Fuera: Henriroux había ajardinado la propiedad (ahora tendía más a lo versallesco que al estilo rústico de Point), construido un patio y aumentado considerablemente el número de mesas en el jardín. (Point aborrecía comer en el exterior.)

Le conté a Henriroux mi proyecto.

—Me gustaría ser *stagiaire* en La Pyramide.

Se le borró la sonrisa como si se la hubiesen limpiado con una esponja. Pareció confundido.

—¿Un *stage*? No, no, no. Un *stage* es complicado. Hay un protocolo. ¿Usted? No, de ninguna manera.

Sonó muy tajante.

—¿De verdad? —le pregunté débilmente. (Noté que me desinflaba físicamente.)

—No, no puede ser.

Parecía dar a entender: «¿Un estadounidense? ¿Periodista? ¿En mi cocina?». Por lo visto, lo había ofendido.

Nos agradeció la visita. Se puso en pie.

—¡La *poularde en vessie*!

Se paró.

—¿Y si vengo aquí un día, solo un día, a aprender cómo se cocina pollo dentro de una vejiga?

Su comensal estaba negociando con él.

Insistí.

—Nadie en Estados Unidos va a comerse nada cocinado en una vejiga de cerdo.

Dio la sensación de que valoraba la posibilidad.

—Un día. Un plato —dije.

Suspiró.

—De acuerdo.

Cogimos un taxi de vuelta a Lyon, un largo trayecto en medio de un día de lluvia y viento helado, con la carretera resbaladiza. No hablamos mucho. No tenía un plan B para mi plan B.

Lo que sí tenía era una casa en un barrio que, pese a aquella provocativa aspereza, hacía gala de energía, integridad y una gran abundancia de restaurantitos: veintidós, llegué a contar, a solo cinco minutos. La comida no era monumental, pero siempre era buena, y se caracterizaba por la relación calidad-precio: un rasgo esencial de la comida lionesa.

Nuestros preferidos ya los conocíamos por la gente que los regentaba, como el de Laura Vildi e Isabelle Comerro, dos antiguas camareras que, el año antes de llegar nosotros, abrieron el Bouchon des Filles, que no tenía a una mujer a los fogones, sino a un hombre, al que trataban firmemente (¿e irónicamente?) como a una mierda. Tenía manteles de cuadros, techo de madera, un servicio insolente, un gran Beajoulais y platos clásicos lioneses con un toquecito distinto: como su *boudin noir*, la salchicha de sangre de cerdo (una enseña de la ciudad, se compraban por metros), pero servida, en su versión, dentro de una pasta crujiente con una ensalada especiada encima. Desde la puerta del Filles se veía el colegio de los chicos y una ventana de nuestro apartamento.

O el Bistrot du Potager des Halles de Mai y Franck Delhoum.

«Halles» se refiere a un pequeño mercado culinario histórico. Un *potager* es un huerto. El restaurante también había abierto justo antes de nuestra llegada y se convirtió, a efectos prácticos, en el bistró del barrio, abierto desde el desayuno y hasta la última copa de la noche.

O el asombrosamente auténtico Sapori e Colori de Roberto Bonomo, que a pesar de nuestro compromiso con la cocina lionesa, ansiábamos de vez en cuando. Jessica, durante sus primeras incursiones en IKEA, había encontrado a Roberto en un estado de desesperación y le había dicho que ella llevaba tres días en Lyon y ya estaba desesperada por un plato de buena pasta italiana como Dios manda. («Ay, Jessica, eso no es buena señal», le dijo él compasivo.) Más adelante, le di una traducción al italiano del libro que había escrito sobre la cocina italiana. Lo leyó y me pidió que fuese a cocinar con él. Me planteé por un momento la posibilidad.

–No, Roberto, gracias. No puedo hacer eso. No he venido a Lyon para hacer cocina italiana.

Y luego estaba el famoso panadero local, Bob. Su panadería era, por supuesto, donde comprábamos el pan. De hecho, no sabía si de verdad era el mejor de la ciudad porque no habíamos comido otro, pero sabía que nos podíamos dar con un canto en los dientes si conseguíamos una hogaza del horno (delante de la puerta se formaba una cola que podíamos ver desde la ventana del salón), la traíamos a casa haciendo malabares y nos la comíamos con mantequilla salada.

En la panadería fue donde mis hijos descubrieron la palabra *goûter* (de *goût*, «gusto», «sabor»... tal vez la palabra más importante de todo el idioma). El *goûter* es la merienda –que se come en todas partes a las cuatro de la tarde, cuando los niños salen del colegio– y una excepción a dos de las normas establecidas sobre la comida francesa: que no se come de pie ni entre comidas. Un *goûter* se devoraba al instante. La mayoría de los padres lo traían de casa; nosotros cometíamos la extravagancia de comprarlo en la tienda de Bob. Los chicos habían descubierto el *pain au chocolat* de Bob –no habían comido nada igual hasta entonces– y no entendían por qué tenían que volver a comer cualquier otra cosa.

Después de que me dijesen que no en La Pyramide, me pregunté si debería hacer un *stage* en la tienda de Bob (el pan es un elemento fundamental del plato francés, ¿por qué no?). Le pregunté a uno de los amigos ingleses de Bob, Martin Porter, un liverpuliense afincado en Lyon: ¿podía tantear el terreno por mí?

–No sé –me contó que le había dicho Bob–. Dile que venga a verme una noche.

Conocimos a nuestros vecinos de al lado, Christophe y Marie-Laure Reymond y a sus cuatro niños –todos chicos, saludables y sanotes– tomando una copa de vino de bienvenida y un plato de *bugnes* invernales. Los *bugnes* son unos dulces de pasta frita espolvoreada de azúcar glas que se hacen justo antes de Cuaresma para aprovechar las grasas antes del ayuno. (Tengo grabada una imagen de George de pequeño, bien abrigado para salir al mercado del Saona, a donde yo insistía en llevarlo junto con su hermano cada domingo, comiéndose un *bugne* que le explotó entre las manos y le dejó la cara cubierta de relleno azul oscuro y pegajosos polvos blancos.)

Durante aquella primera charla les expliqué mi proyecto, incluida la sospecha de que los italianos tuvieron algo que ver en la formación de la cocina francesa. Quizá fui más directo de lo que pretendía. Lo que dije, probablemente, es que los italianos la «inventaron». Marie-Laure y Christophe no pertenecen al mundillo de los restaurantes. No son historiadores. Pero ambos eran de Lyon, sus familias son lionesas y se consideran parte de la ciudad. Lo que vino a continuación fue una auténtica disputa conyugal.

Marie-Laure: Sí, ya veo. La influencia italiana.

Christophe: Pero ¿qué dices?

Marie-Laure: Ah, bueno. Los ravioli. O la *rosette.* –(Un salchichón curado lionés de carne de cerdo y veteado de grasa blanca, supuestamente la interpretación local de la mortadela).

Christophe: No entiendo.

Marie-Laure: Que eso lo empezaron los italianos. Es evidente.

Christophe: Marie-Laure, ¿estás mal de la cabeza? ¿Esa gente que inventó la pizza?

Marie-Laure: *Oh là là,* Christophe. Es obvio. Piensa en Névache.

Christophe: Névache. ¿En los Alpes *franceses?*

Como muchos lioneses, los Reymond tenían una segunda residencia en las montañas. La suya estaba cerca de la frontera italiana.

Marie-Laure: Christophe, es un paso de montaña. Los italianos siempre han pasado por ahí. No es tan difícil de entender.

Christophe: Es difícil de entender porque no es verdad.

Cuando llegamos a casa, tenía un mensaje en el contestador. Reconocí la voz –inglés, pero con un pronunciado acento francés–. Era Daniel Boulud. Estaba en Lyon para el Bocuse d'Or. «Porque conoces el Bocuse d'Or, ¿no?», me preguntó, y esta vez pude confirmarle que, en efecto. Era una competición de cocina que se celebraba cada dos años. Mucha gente me había dicho que no me lo perdiese, se trataba de gastronomía en la capital gastronómica, y ya me había organizado para asistir. Boulud iba a llevar a almorzar a Ain a unos miembros de la delegación estadounidense.

–¿Podríais veniros Jessica y tú con los niños?

Ain está situado en lo que ahora sé que son los bellos y misteriosos Dombes (aquel lugar de aves, ríos, pantanos y cervatillos de donde venía Mère Brazier), pero de todo eso solo capté que las carreteras eran interminables, que el restaurante estaba a casi cien kilómetros y que George se mareó en el coche. Y luego Frederick también.

Cuando llegamos a nuestro destino, donde un chef estaba preparando un banquete monstruosamente superambicioso (dado que Daniel Boulud y su equipo eran los comensales), no había comida. Tampoco parecía que la fuese a haber a corto plazo. Cuando los niños están de malas, su madre está de malas. Cuando su madre está de malas, el padre tampoco es la alegría de la huerta.

Nos colocaron en uno de los extremos de una larga mesa, Jessica frente a mí, con un niño a cada lado. Más que sentirnos marginados, nos automarginamos. No merecíamos compañía adulta. Nos habíamos venido a una ciudad desconocida que nadie visita con un par de bebés desamparados y con la idea de convertirme en un chef francés. ¡Ja! No estábamos en nuestro mejor momento.

Jessica sacó las uñas. Yo saqué las uñas.

George se le encaramó al regazo con un postre que había encontrado en otra sala, algo oscuro y pegajoso que goteaba lenta y copiosamente sobre su camisita abotonada. Goteó sobre el vestido de Jessica.

Jessica sacó las uñas. Yo saqué las uñas. Justo entonces apareció Daniel.

Había abandonado su papel de agasajado y cruzó la sala para sentarse conmigo. Solícito.

Quería saber cómo nos iban las cosas. (Miré por encima de su hombro a Jessica. Ella imitó la expresión preocupada de Boulud.)

—Ah, ya sabes, un poco cuesta arriba —respondí con optimismo (fingido).

(Jessica me hizo la peineta.)

Boulud se preguntaba: ¿había encontrado un sitio para trabajar?

—Bueno, no exactamente, aún no.

¿Y mi francés? ¿Cómo vamos hablando?

—Bueno, lo normal, poco a poco.

(Jessica resopló con suficiencia.)

Ahí estaba yo, en territorio de Daniel, en los Dombes, en la patria de la patria, con una familia rebelada, claramente en pie de guerra. Pareció asombrado ante la audacia de nuestra tentativa. Se ve que se sentía responsable, en parte. Evidentemente, no lo era —la responsabilidad (o la irresponsabilidad) era toda mía.

(¿Por qué no me hinqué de rodillas y le rogué: «¡Daniel, tú conoces gente! ¡Ayúdame!»?)

Cuando nos volvimos había anochecido. Íbamos en taxi, dormidos con las extremidades enmarañadas los cuatro.

El Bocuse d'Or empezó al día siguiente.

Hasta más o menos 1985, Bocuse era un chef muy famoso. Era un nombre célebre en la ciudad, su imagen era tan omnipresente que casi cualquiera podía decirte qué aspecto tenía —nariz grande, orejas grandes, labios grandes, el gorro de cocinero y con un *poulet de Bresse* vivo entre las manos, pongamos, y acariciándole la cabeza– aunque pocos supieran cómo era su comida. Luego, hacia 1985, Bocuse se convirtió en un icono. En un momento dado era un tipo famoso frente a los fogones y, de golpe, era el papa de los gastrónomos. Se erigió en el emisario indiscutible del mensaje de la cocina. Se convirtió en la quintaesencia de lo francés. Se volvió, en todos los sentidos metafóricos de la palabra,

GIGANTESCO.

No está del todo claro cómo sucedió, porque (y Bocuse conviene en ello) había chefs con más talento que él por allí. Nunca presentó un programa de comida. Aunque era un maestro de las poses fotográficas (sobreactuando, quitándose la chaquetilla para enseñar el tatuaje del pollo en el brazo, sentado en su Harley Davidson), rara vez apareció en televisión. Publicó libros de cocina. Ninguno marcó un antes y un después. Aparte de dos incursiones en el extranjero –una en Japón y otra en Disney World Florida (el restaurante Monsieur Paul, que sigue prosperando a las órdenes de su hijo, Jérôme)–, nunca montó ninguna franquicia fuera de Lyon. Y, aun así, con el misterio típico de este tipo de cosas, Bocuse poseía algo que ningún otro chef tenía en tanta abundancia: un carisma culinario innegablemente contagioso. Bocuse era lo que la gente espera de un gran chef francés.

En Lyon era distinto. En Lyon era incluso más importante. En Lyon, Bocuse era, sin duda, la cosa más extravagantemente grande que existía.

Su restaurante principal, L'Auberge, en el Saona, dos o tres kilómetros al norte de la ciudad, llevaba recibiendo tres estrellas Michelin cada año desde 1965, con lo que se trataba del establecimiento de tres estrellas más longevo en la historia de la guía. También era la casa de Bocuse. Vivía en la planta de arriba. Además, tenía (en la última época) otras ocho *brasseries* Bocuse más informales, cuatro de ellas con los nombres de los puntos cardinales (Norte, Este, Oeste y Sur). En Lyon, Paul Bocuse estaba, en cierto modo, siempre cerca.

Creó una escuela. En los años ochenta, Jack Lang, el ministro de Cultura, lamentando que Francia no tuviese ninguna institución educativa dedicada a preservar el patrimonio de la *cuisine française*, acudió a Bocuse. *Voilà*: dinero, profesores, y en los noventa, L'Institut Paul Bocuse abrió sus puertas. Hoy se considera la escuela de cocina más preeminente de la nación, el lugar donde los estudiantes serios van a aprender a cocinar platos franceses serios.

Puso de nuevo en boga las *foires*. En Lyon, la palabra, que se traduciría literalmente como «feria de muestras», está cargada de historia. Desde 1419, las *foires* eran acontecimientos de dos semanas de duración exentas de impuestos, cuatro veces al año y coincidiendo con celebraciones religiosas; venían de todas partes comerciantes de mil cosas –especias, vino, queso, sedas, instrumentos musicales, jamones curados–, a pie o a caballo desde las montañas o en barco desde el Ródano. La gente componía poemas para las *foires*, montaba obras de teatro, escribía historietas procaces, tocaba música, cantaba canciones y jugaba, se lo jugaba todo.

Pero ¿y las *foires* modernas? Tan divertidas no eran. Desde 1916, cuando se introdujeron las *foires* modernas (con una falta de oportunidad sintomática: en plena Segunda Guerra Mundial), habían sido lugares donde alguien intentaba venderte un tractor.

La *foire* moderna no tiene la historia ni la magia de las *foires* del Renacimiento. Incluso una bienal gastronómica derivada (llamada Le Sirha, una muestra internacional de restauración, hoteles y alimentación) era, bueno, una cuestión de negocios y punto. Pero, una vez se metió en ello Bocuse –con la llegada del Bocuse d'Or–, la *foire* recuperó su tremendo glamur.

El evento se organiza igual que una Copa Mundial (compiten veinticuatro naciones, cada una representada por uno o dos equipos, un chef y un segundo) y se gestiona como una exposición canina, con platos que se pasean por un estadio frente a cuarenta y ocho jueces. Culmina en una ceremonia de entrega de premios que logra conjugar la iconografía de los Juegos Olímpicos (un podio para los puestos oro, plata y bronce), los Oscar (la estatuilla) y un bar mitzvah neoyorquino (luces estroboscópicas, música desenfrenada y una lluvia de confeti dorado). Una combinación de «técnica» y «chabacanería» donde la «técnica» es auténtica: la posibilidad de ver con tus propios ojos la comida más llamativa y lograda del planeta.

Llegué a las nueve de la mañana. Los chefs llevaban allí desde las cinco. Los dos miembros de cada equipo estaban apretujados en una minicocina del tamaño de un probador en un resort playero de mala muerte. La atmósfera era adrenalínica, estresante y sudorosa. Cada cocinero, tremendamente consciente del tictac del reloj, estaba concentrado y en silencio absoluto. Las gradas, instaladas para los hinchas de los equipos nacionales, ya estaban llenas. Cinco mil personas. Los espectadores japoneses iban vestidos como samuráis; los mexicanos, con sombreros. Los suecos, los daneses y los estadounidenses, envueltos en sus banderas nacionales. Había una banda de mariachis, un cuerpo de tambores y cornetas, una sección de percusión, algún tipo tocando los platillos y muchos imbéciles con bocinas de aire comprimido. No había nada susceptible de ser vitoreado: ninguna evisceración de cabras vivas, ningún gesto de victoria ni ningún chef irguiéndose y gritando «¡Toma ya!». Pero el clamor, estruendoso, no cesaba.

Me estaba sintiendo ignorante e ingenuo –¿cómo es que no sabía que aquel tipo de cocina (gente encorvada, torturada, manipulando cosas diminutas con diminutos gestos) era un deporte nacional?– cuando hete aquí que aparece Paul Bocuse.

Se había presentado entre bastidores y se le había ocurrido bajar del escenario por su cuenta y riesgo, con su gorro, su chaquetilla, un cuello que parecía la bandera francesa. Pasó por mi lado, sin hacer ruido y tieso, con su estatura imponente y aquella postura de chef, haciendo saluditos papales y aparentemente sin darse cuenta de que se estaba formando una cola de competidores tras él. Habían estado absortos en sus preparaciones histéricas cuando uno advirtió que Bocuse estaba allí, salió del cubículo y empezó a seguir al gran hombre. Llamó a los demás en sus minicocinitas, apremiándolos para que se le uniesen. La fila se alargó enseguida en una especie de conga.

Nadie sabía qué hacer a continuación –tampoco te puedes tirar tanto rato formando una conga detrás de Paul Bocuse– cuando alguien tocó al gran hombre y se retiró de la cola, satisfecho por el contacto. El que iba detrás le tocó una manga. Luego fue un hombre, el dorso de la mano de Bocuse. Un chef asiático cogió el borde del delantal de Bocuse, lo soltó y alzó la mano que lo había tocado por la muñeca mirándolo y chillando como si le quemase la piel. Un cocinero se hincó de rodillas y besó el suelo por donde había pisado el chef (un gesto que, no sé, llamadme mojigato, me pareció un poco excesivo).

Los manoseos fueron en aumento, y justo cuando la cosa empezaba ya a parecer arriesgada, Bocuse hizo mutis. Aparecieron unos encargados y lo condujeron por una puerta entre bastidores.

Me volví a Lyon y reflexioné sobre el espectáculo del día y sobre lo tercamente inaccesibles que continuaban siendo las cocinas de la ciudad para mí. Tal vez debía probar con Bob, como había sugerido Martin Porter. Para cuando llegué al apartamento estaba decidido. «Ya sé dónde comenzar mis prácticas culinarias», le dije a Jessica. «Aprendiendo los fundamentos. Voy a trabajar para Bob. Me haré panadero.» «De hecho», le dije, «voy ahora mismo allí a presentarme».

Eran las ocho de la tarde, pero estaba bastante seguro de que lo encontraría allí. Bob era conocido por sus horarios, su luz en la parte de atrás cuando el resto del barrio estaba a oscuras. Y allí estaba, pero de milagro. Llevaba puesto el abrigo y se iba a casa a echar una cabezada.

Bob sabía por qué estaba allí. También sabía que no había encontrado una cocina donde trabajar. Así que cuando fui al grano y le hice mi propuesta –«Tras mucho reflexionar, Bob, he decidido que mi libro debería comenzar contigo, que quiero hacer un *stage* aquí, en tu panadería»–, sabía que le estaba mintiendo.

No me había mudado a Lyon para trabajar con Bob. Quería a Marc Veyrat, a Mathieu Viannay o a Patrick Henriroux.

–No –dijo él.

–¿No?

¿El plan B del plan B de mi plan B me estaba rechazando? Me sostuvo la mirada. ¿Intentaba adivinar lo que me pasaba por la cabeza?

–No acudo a ti para aprender a hacer pan, sino para hacer tu pan –le dije–. Todos saben que es buenísimo. Lo que me interesa es saber por qué.

Paseó la mirada por encima de mi cabeza. Pareció calibrar, imaginar (imaginé) cuáles serían para mí las consecuencias de estar en su compañía.

Bob tenía cuarenta y cuatro años. Tenía los mofletes caídos, era de constitución ancha y cuando no se afeitaba parecía una especie de mezcla genética de Pedro Picapiedra y Jackie Gleason. Tenía el pelo castaño, lacio y generalmente moteado de harina. Llevaba harina en los zuecos, en el jersey (nunca se

118

ponía delantal), en los pantalones y bien adherida a la barba. El baño no era una prioridad en su vida. Dormía cuando podía y eso no era a menudo, y parecía vivir según un reloj interno con la alarma encendida permanentemente –la levadura, la elaboración de la masa, la velocidad implacable de un horno caliente, entregas urgentes–. Siempre estaba de pie. Nunca se le veía cansado. Era consciente de que su pan era excepcionalmente bueno. Tampoco se le escapaba que nadie sabía realmente lo bueno que era. Según él, no era ningún genio. En una ciudad de fanáticos de la comida, no era más que un panadero, por bueno que fuese. De hecho, era simplemente Bob. Y, vaya, es que no era ni eso. Su nombre verdadero era Yves. (Nadie sabía por qué se hacía llamar Bob. Una vez se lo pregunté y me contestó alguna vaguedad: «Alguien, hace mucho...».)

–Sí –dijo lentamente: *Ouiiiiii*. En realidad, pareció bastante contento. Los dedos delataban su emoción. Los hacía tamborilear sobre el mostrador–. Ven. Trabaja aquí. Serás bienvenido.

–Te veo mañana.

Nos dimos la mano. Hice amago de irme.

–Vives aquí enfrente, ¿verdad? Puedes pasarte cuando quieras.

Le di las gracias.

–Si no puedes dormir, pásate. Si son las tres de la madrugada, yo voy a estar aquí. Los viernes y los sábados estoy toda la noche.

Pensé: si no puedo dormir a las tres de la madrugada, no salgo a dar paseos. Pero entendí el mensaje. Bob se ponía a mi disposición. Seré tu amigo, me estaba diciendo.

La idea que me había hecho de las operaciones de Bob venía de los fines de semana, sobre todo los domingos, que eran una locura, teniendo en cuenta que la ley, aún observada,

119

prohibía abrir a los comercios: excepto a las panaderías. En Lyon, muchas panaderías abrían los domingos. Pero la gente iba a la de Bob.

Los domingos, la panadería pertenecía a Lyon, y Bob trabajaba sin descanso para alimentarla. A las dos de la madrugada aparecían los juerguistas rezagados pidiendo una *baguette* caliente, tambaleándose de puntillas ante una ventana alta junto a *le fournil*, la sala de hornos, con un brazo estirado y un euro en la mano. A las nueve había tanta gente entrando y saliendo que la puerta no se cerraba, la cola se prolongaba calle abajo y la tienda, cuando por fin entrabas, atronaba de gente y música (normalmente salsa) a todo volumen. (Bob se enamoró de la salsa, luego de Cuba, y luego de una cubana, su mujer, Jacqueline.) Todos gritaban para hacerse oír: el ajetreo cacofónico, los portazos de los hornos, la gente haciendo señas e intentando que los atendiesen, *baguettes* muy calientes llegando en canastas, dinero cambiando de manos, todo en efectivo.

La multitud me fascinaba, todos desconocidos, cada cual se marchaba con sus barras y la misma mirada –a medio camino entre el apetito y la perspectiva de ir a saciar dicho apetito–. Aprendí algo, lo capté, el atractivo del buen pan tal y como podía encontrarlo allí, cruzando la calle desde nuestro apartamento: hecho a mano, con su aroma a levadura, con esa textura de aire crujiente recién salido del horno. Nadie se quedaba más de lo necesario. Aquello era su desayuno. Completaba la semana. El pan era el domingo.

A las tres de la madrugada de un día laborable, la panadería estaba distinta y solitaria. El río estaba distinto, por lo menos la noche que salí, muy frío, y tenía pinta de aceite de motor cuando, siniestra, aparecía una gabarra a unos metros, una entidad gigantesca (nunca la veías venir), una pesada proa como un arado, roturando la densidad. Lyon tampoco podía estar más distinta ni más solitaria: ni vehículos, ni gente ni una sola luz en ninguno de los apartamentos. (La ciudad, de jueves a domingo, con su copeo nocturno, su música atronando por las ventanas abiertas, sus peleas, sus coches ardiendo, su vandalismo, sus vomitonas, no podía describirse como de las que «se recogen temprano». Tal vez, durante el resto de noches, la gente descansaba.)

Bob rajó otro saco de harina −estaba claro que me esperaba− que alzaba sin ningún signo de esfuerzo (pesaba cincuenta kilos) y lo vació en una enorme cubeta de acero. (Bob era fuerte, pero su fuerza se antojaba más un acto de voluntad que el producto de una contracción muscular de ningún tipo.) Agarró un cartón de leche con la parte superior cortada y me dijo que lo siguiese hasta un fregadero −una estampa alarmante, estaba llena de utensilios del café, posos por todas partes, un sándwich flotando en algo negro, un rollo de papel higiénico−. Buscó el equilibrio del cartón bajo el grifo y lo llenó de agua caliente.

−Se llega a la temperatura correcta mediante una fórmula que implica otros dos factores −me explicó−. Uno es la temperatura del aire. Esta madrugada hace frío, probablemente dos grados. La otra es la harina...

−¿Cómo sabes eso?

−Es la temperatura del aire.

−Claro.

−Estos dos factores juntos, más la temperatura del agua, deberían dar como resultado cincuenta y cuatro grados.

De modo que si el aire estaba a dos grados y la harina estaba a dos grados, el agua tendría que estar a cincuenta.

−Caliente −dije.

−Exacto. −El agua del grifo formaba vapor. Bob llenó el cartón.

−Bob, ¿no usas termómetro? −le pregunté.

−No.

−¿No tienes termómetro?

–No. –Se paró a pensar–. Ahora que lo dices, debería.

En una libreta, anoté: «Agua + aire + harina = 54 grados».

Bob volcó el agua caliente en la cubeta y puso en marcha un aparato colocado encima, una amasadora mecánica. En realidad, no era «mecánica», en el sentido moderno de la palabra. Daba la sensación de que en su día hubiese funcionado dándole a una manivela y luego le hubieran añadido el motor de una lavadora. Dos ganchos con pinta de prótesis de manos levantaban y removían la masa muy despacio.

–No es más rápida que si lo hicieses a mano –dijo–. Luego cogemos un poco de la masa de anoche.

La vieille pâte. Era marrón y grumosa, la tenía envuelta en film. Cogió un pellizco y lo tiró en la cubeta. Cogió otro, lo observó con detenimiento, corrigió la cantidad y echó la mitad. Esto, en efecto, era su «masa madre», levadura viva de la noche anterior que se despertaría en la nueva tanda. No era la única fuente. Yo no pasaba por alto que allí había masa madre por todas partes. Podías rascarla de las paredes. Podrías sacar lo que te hiciese falta de debajo de las uñas de Bob. Aquí, tu aliento tenía textura.

Miré a mi alrededor. Había montones de abrigos colgados de ganchos o hechos un guiñapo en un alféizar de piedra. En todas las superficies disponibles había tazas de café sin lavar. *Couches* de tela (que parecían toallas de playa del verano pasado aún húmedas) tendidas en varas de madera. Eran para darle forma a las *baguettes*. Una bombilla oscilaba en el techo. Otra asomaba de un aplique. Luego estaban las luces azules intermitentes de los hornos. La oscuridad te pone en guardia. Aquí podrías tropezarte y matarte. No era de esos sitios que te recuerdan que te sacudas los pies antes de entrar. Pero quizá, según la perversa ley de las cosas, aquella sala, con toda su historia sagrada, era a lo que sabían las *baguettes* de Bob.

Paró la amasadora y arrancó un trozo de masa. Estaba lista. Era fina y elástica.

–Puedes ver a través de ella –dijo riéndose poniéndomela en la cara como si fuese una máscara.

Pensé: esto me lo sé de cuando hice pasta. Cuando pasas la pasta por el rodillo, la textura cambia y parece brillar. Sigues pasándola hasta que empiezas a ver a través de ella las vetas de la madera de tu mesa. La masa de esa noche estaría lista para la tarde siguiente. Las *baguettes* de la mañana las haríamos, por tanto, con la de la noche anterior.

–Vamos a desayunar –dijo Bob. Había un bar de apuestas hípicas que abría a las seis.

El café era asqueroso, el pan era el de Bob, pero duro, y podría describir generosamente a la clientela como «chunga» (aficionados flemáticos con un solo pulmón metiéndose lingotazos de brandy sunrise mientras observan las probabilidades de las carreras), pero para Bob representaban compañía. Su vida era un sinfín de noches solitarias. Aquella gente formaba parte de su principal sociedad. Se encontraba a gusto entre ellos. Me presentó como el tipo que trabajaba en la panadería para escribir sobre él.

Mi francés iba y venía. Parecía hablarlo (hasta cierto punto), pero a menudo no comprendía lo que me contestaban. El teléfono me daba terror. Era capaz de pedir un taxi, pero luego no sabía si me habían dicho que iba a venir, ni cuándo llegaría ni si tenía que pagar en efectivo. Los niños lo entendían todo, pero rara vez lo hablaban. La gente decía: «Vuestros hijos pillarán el francés enseguida», pero la verdad es que no. Una vez, Frederick estaba preocupado y le dijo a Jessica:

–*Maman*, hay una palabra que me sigue. No me gusta. Me sigue a todas partes.

–¿Qué palabra es?

–*Soldes* –susurró él.

Soldes significa «rebajas». (En Francia, las rebajas solo

se permiten durante un periodo prescrito de cuatro semanas, durante el cual los comerciantes ponen el letrero de
Soldes.)

Les asignaron un *orthophoniste* a los chicos, un especialis-
ta en *ré-éducation du langage*, una mujer austera y delgada con
una bufanda y una postura perfecta que el colegio contrató
para ayudar a los alumnos a pronunciar el francés con propiedad. La pronunciación de todos los niños estaba sujeta a examen. Durante el tiempo que estuvo allí se vio tan ocupada
que alquiló un despacho justo enfrente del colegio, con grandes ventanales que dejaban ver claramente quién había sido
convocado para la reeducación, incluyendo a muchas familias
de franceses nativos. El idioma representaba un reto para todos, sus sutiles sonidos, sus vocales mudas. Al examinar a
nuestros hijos, se enfadó cuando aseguraron que no sabían lo
que significa el verbo *fesser*, azotar (de *fesse*, «nalga»). Creyó que
le estaban tomando el pelo. En su indignación quedaba implícito que daba por hecho que todos los niños reciben azotainas. Puede ser, en Lyon vimos un montón de azotainas, pero
no formaban parte de nuestras costumbres.

Se les diagnosticó a nuestros hijos una dolencia conocida
como *bilinguisme*, y la *orthophoniste* exigió que Jessica acudie-
ra al despacho de inmediato. Acto seguido, examinaron su
pronunciación y la encontraron ejemplar. La *orthophoniste* re-
cetó un tratamiento: le ordenó a Jessica que en casa hablase
solo en francés. La instrucción no se me aplicaba.

¿Mi francés estaba mejorando?

No.

¿Existía siquiera, mi francés?

Bah.

Tuve una mala experiencia con *four*, no el número en inglés, sino «horno» en francés (pronunciado como si alguien te
hubiese pegado un golpe en la espalda). Suena igual tanto si
lo dices en plural (*fours*) como en singular. Y es, claro está, en

aquellos armatostes de luces azules y puertas de cristal del sótano donde Bob hornea su pan.

Una tarde estábamos dos personas en la trastienda de la
panadería: Denis, el número dos de Bob, y yo. Denis, el único
empleado a jornada completa –rubio, treinta años, el pelo
cortísimo y vestido de blanco como cualquier panadero que
se precie–, se encontraba en la planta superior. Yo, abajo haciendo masa. Cuando subí a coger un saco de harina, Denis
me preguntó: El pan... ¿aún está en el horno (*au four*)? Por lo
menos eso es lo que creí que había dicho. Repitió la pregunta
y esta vez me sonó más a «No me digas que el puto pan aún
está en el horno, mamón». Yo seguía sin comprender. Yo solo
oía una emoción intensa (nervios, principalmente) y la palabra *four*.

«*Four*. Esa palabra me la sé», me dije.

¿Sí? ¿No? Notaba la clase de respuesta que se esperaba.
(Pensé: cincuenta por ciento de probabilidades. ¿Escojo una y
a correr?) En cambio, lo que hice fue repetirme la palabra
mentalmente: *four*. Estaba convencido de que me la sabía.
¿Por qué no me venía a la cabeza?

–*Four?* –dije, esta vez en voz alta, de manera irritante,
probablemente, porque era cosa de sí o no.

–*Au four? Au four? C'est au four? Le pain!*

Denis bajó a toda pastilla las escaleras con una desesperación que se me antojó un tanto histriónica. Oí la puerta de un
horno que se abría de golpe y una bandeja rodando hacia
fuera de un tirón.

–*Oh, putain!*

Para mí, en la planta de arriba, la puerta fue el empujon-
cito que necesitaba. Pues claro. *Four!* ¡«Horno»!

El pan se había echado a perder. De ahí el *putain!* (*Putain*
significa «puta». *Pute* también es «puta», pero *putain!* es lo que
dices cuando quemas cincuenta *baguettes*.)

Se suponía que debíamos inscribirnos en la prefectura. Bob conocía el proceso. Había pasado por ello con su esposa cubana.

–Será horrendo –dijo–. No habéis sufrido una humillación así en vuestra vida. Llegad temprano.

Nos convocaron como familia, con fotos y con todos nuestros documentos del Consulado Francés, y se dispusieron a entrevistarnos; si nos «aprobaban», nos mandarían a un centro médico para la inmigración (cerca de la cárcel de la ciudad). Si nos «aprobaban», tendríamos que volver a la prefectura con nuevas fotos y extractos bancarios, y emitirían un documento de residencia temporal mientras enviaban nuestro expediente a unas oficinas fuera de París que nos dirían, si de verdad nos «aprobaban», que volviésemos a la prefectura a recoger una *carte de séjour* que nos autorizase a quedarnos un año.

Fui solo, me presenté al poco de dar las seis de la mañana y éramos veinte en la cola, que llegaría al millar. Le había dicho a Jessica que trajese a los chicos cuando supiese cuánto iba a durar la espera.

Hacia las ocho y media me mandó un mensaje («Taxi pedido»).

Llegaron soldados armados, el factor contención de multitudes. A las nueve exactas se abrieron las puertas, despacharon a los diecinueve que iban delante de mí con presteza, con mucha presteza, y de pronto me vi sentado frente a una funcionaria del gobierno francés.

¿Jessica? ¿Dónde estás?

Mientras iba sacando documentos, la funcionaria me preguntó:

–¿Y los miembros de su familia?

–Van con un poco de retraso –dije–. Déjeme ver.

[*Yo, mensajeando*: Mierda. Dentro. Situación?]

[*Jessica, mensajeando*: No aparece taxi.]

[*Yo*: ¡HOSTIA!]

–Ya están casi –dije–. Niños, ya sabe cómo son. Guantes, abrigos, bufandas.

–*Pas de souci* –dijo la funcionaria.

No se preocupe.

Me propuso que fuésemos revisando mis extractos bancarios mientras esperábamos. Saqué todos los documentos revisando y volviendo a revisar que estuviesen correctos.

Me vibró el teléfono.

–Disculpe –dije.

[*Jessica, mensajeando*: Nuevo taxi pedido. De camino. ¡Por fin!]

Eran las nueve y cuarto. Hora punta.

–De un momento a otro los tenemos aquí –dije.

Hay que decir que la funcionaria parecía amablemente meticulosa, muy muy meticulosa, y estábamos examinando los dos cada documento a fondo, seguros de que íbamos a encontrar algún error. Pero al final, nos llevó diez minutos, llegamos al último estado de cuenta. No faltaba nada. Colocó los documentos apilados, los dejó caer con suavidad sobre la mesa y les puso el clip con el que se los había entregado. Ya me los iba a devolver cuando le espeté:

–Lyon es la capital gastronómica del mundo.

–Es cierto –dijo, y se rió–, a los lioneses nos gusta comer bien.

–Por eso estoy aquí.

–¿En serio?

Me preguntó si tenía un *bouchon* preferido.

Cómo no.

–¿Así que es usted lionesa de verdad?

–Soy lionesa.

–¿Le importaría apuntarme el nombre de su *bouchon* favorito?

–Por supuesto.

Pareció sentirse halagada. Arrancó un trozo de papel de su libreta, momento en el cual abrí rápidamente mi teléfono.

[*Yo, mensajeando*: ¿Cómo vamos?]

[*Jessica, mensajeando*: Tráfico fatal.]

Me tendió el papel.

—Escribí un libro sobre cocina italiana. ¿Puedo darle un ejemplar? Está en francés.

Pareció sorprenderle que llevase el libro encima y (para mi sorpresa) lo aceptó, así que le pedí si podía firmármelo («¿Y me escribe su nombre, por favor?»). Le dije que estaba trabajando en una panadería («¿De verdad?») y le pregunté si conocía a Bob, en el Quai Saint-Vincent.

—¿Bob? —me preguntó desconcertada, así que le expliqué que no era su nombre de verdad, pero que nadie sabía su nombre auténtico, y le dije que fuese («El mejor pan de Lyon»). Me ofrecí a apuntarle la dirección.

Me dio las gracias y cogió el papel.

Ahora necesitaba ver a la siguiente persona, me dijo. Si mi familia no estaba allí no podía procesar nuestro expediente. Tendría que volverme al final de la cola.

—Siento hablar tan mal francés —dije.

—No, si lo habla bien.

—No, qué va. Sé que no.

—Sí, de verdad que sí. Se hace entender perfectamente.

Pensé que, a pesar de la incomodidad y el pánico, estaba teniendo lugar algo inusitado y que haría bien en tomar nota. Había llevado a cabo una escena de dilación lingüística con una funcionaria gubernamental en aquella segunda lengua. Había hecho progresos. Y mi dilación había sido efectiva. Casi me salgo con la mía.

Hice una última tentativa.

—¿No podría procesar mi expediente solo y hacer los otros después?

—No. Lo siento. Tiene que irse al final de la cola.

Me puse en pie, le di las gracias. Me saqué del bolsillo de la camisa el trozo de papel doblado y le di las gracias por el nombre del *bouchon*. Le dije que iría. Volví a embutir todos los documentos en mi cartera y me imaginé el estrés que debía de estar sufriendo Jessica en un taxi, con los niños, en medio del tráfico, cuando, milagrosamente, apareció mi familia en el último segundo, visión maravillosa, *ma femme avec les garçons*.

Acabamos a las dos y media.

Tras nuestra visita, me pareció que Bob me miraba de otra manera. No éramos estadounidenses en un safari gastronómico, los turistas no van a la prefectura. Estábamos decididos, manifiestamente, a quedarnos allí.

–Mañana haremos entregas. Es hora de conocer la verdadera Lyon.

Bob entregaba el pan con una mole de Citröen antigua que no había lavado jamás. En el asiento del copiloto había plásticos de envoltorios de sándwiches, una quiche a medio comer, una botella de Coca-Cola de dos litros casi vacía y ediciones del periódico local, *Le Progrès*, abiertos en puntos específicos y luego tirados al suelo que daban a entender que eso es lo que hacía Bob mientras conducía: se ponía al día con las noticias. Lo echó todo al suelo y me invitó a sentarme. Dentro había una fina nube blanca, como si el aire hubiese alcanzado un punto de saturación molecular de harina y no pudiera acabar de precipitarse. Logré encontrar un sitio donde poner los pies, recoloqué un saco de *baguettes* entre las piernas y me metí allí. El coche parecía explicar por qué Bob apenas se bañaba: realmente, ¿qué sentido tenía? (En invierno, Bob tenía el aspecto de un colchón viejo.)

Conducía rápido, hablaba rápido, aparcaba mal. El coche, por pura costumbre, le recordaba que llegaba tarde y lo ponía en modo repartidor acelerado. L'Harmonie des Vins fue la primera parada, en la Presqu'île, un bar de vinos y comida («Pero comida de la buena», dijo Bob). En la parte de atrás había dos propietarios ocupados, preparando el servicio del mediodía, pero encantados al ver al tipo del pan, como si un amigo acabase de aparecer inesperadamente, aun cuando viniese cada día a la misma hora exacta. Me presentó («Un periodista que está escribiendo sobre mí»), venga-venga, saco al suelo, besos y a correr.

Siguiente: La Quintessence, cerca del Ródano (calle estrecha, sin sitio para aparcar, así que no aparcó, los coches detrás no tocaron el claxon), un restaurante nuevo («Muy buena comida», dijo Bob meneando el puño), un matrimonio, un cocinero con la preparación, frenéticos pero con sonrisas espontáneas, la presentación («Escribiendo sobre mí»), el saco al suelo, besos y a correr.

Cruzamos el Ródano, nos subimos con el coche a una acera y nos apresuramos, Bob cargando con un saco de pan, yo con otro abrazado, como buenamente podía, intentando seguirle el paso: L'Olivier («Una comida excepcional. En la lista de Michelin, pero sin ser pretencioso», doble meneo de puño), un chef joven de hombros cuadrados, cara afectuosa aunque demasiado ocupado como para sonreír, saco al suelo, choca los cinco y a correr.

Un establecimiento tras otro: llegar –rápido, alegría, pan (aún caliente), presentaciones («Un escritor»), cocinas de dos personas, a veces una– y largarse. Muchos no parecían tanto negocios como improvisaciones que, de alguna manera, daban como resultado comida. Chez Albert: creado entre amigos por una apuesta. Le Saint-Vincent, con una cocina del tamaño de un armario ropero (un cuarto de baño, originalmente).

Bob puso rumbo al sur, en dirección al estadio de fútbol; las entregas nos llevaron dos horas, dos docenas de sacos cargados (un tributo a su pan), y me mostraron una ciudad más variada de lo que había conocido hasta el momento, y el distrito séptimo, industrial, viviendas modestas, fachadas de yeso gris con un bistró improbable en una esquina improbable, Le Fleurie, bautizado así por un *cru* de Beaujolais, tan accesible como el vino. «Este sitio me encanta», dijo Bob (*J'adore*): un menú apuntado a diario en una pizarra en la acera, doce euros por tres platos (pescado lacustre con salsa de marisco, filete de cerdo con salsa a la pimienta), polémico vestuario informal, camiseta y vaqueros, y comida de temporada a rajatabla (por ejemplo: si es invierno, comes raíces).

Bob se fue directo a la parte de atrás, entró pavoneándose, con un saco de pan al hombro, la rutina familiar, las efusiones de alegría, las sonrisas que también yo disfrutaba, tan contagiado de la ebullición de Bob que no es que me sintiese miembro del equipo de Bob, sino que, en cierto modo, me había convertido en parte de Bob.

Una vez hecha la última entrega, Bob preguntó por Olivier, el chef, y le indicaron el bar.

Olivier Paget, de la edad de Bob, había nacido en Beaujolais, de padre carpintero y abuelo granero; cocinaba desde los dieciséis años, lo habitual en un chef, incluyendo etapas con *grands chefs* haciendo comida chic, como Michel Rostang (¡otra vez!) y Georges Blanc, donde había aprendido Daniel Boulud. Pero Paget, una vez terminada su educación, no se dedicó a lo chic. Se asentó en un distrito de clase obrera bien lejos de la acción, lo llamó «bistró», hizo comida buena a precios justos y se puso a llenar todas y cada una de sus sillas todos los almuerzos y cenas, todos los días de la semana: llenazo.

«Esto», dijo Bob, «es mi idea de restaurante».

A modo de explicación (mientras Paget nos ponía unos vasos de Beaujolais), Bob me confesó que le encantaba la idea de la *grande cuisine*, ese término para la cocina más elevada que lleva a cabo un *grand chef*. Era su gran fantasía, dijo, aún esperaba experimentarla algún día. «Una vez probé» una comida en L'Auberge de Paul Bocuse, de tres estrellas, con Jacqueline, su esposa.

Nadie pudo ir con mayores expectativas. Nadie salió tan decepcionado.

No era la comida, que Bob ni recordaba. «Fue la condescendencia.» Los camareros resoplaban con sarcasmo por no saber qué copa era la del vino, o por equivocarse de cuchara, y les sirvieron con manifiesta reticencia. (Jacqueline es negra; aquella noche solo había otra persona negra: el que recibía a los comensales en la entrada, con un traje que recordaba incómodamente a una librea de plantación sureña.) La cuenta subió más de lo que ganaba él en un mes. Fue un atraco a mano armada.

Bob se bebió su Beaujolais de un trago, y Paget le puso otro, y mientras los miraba, mientras observaba aquella complicidad suya, creí que empezaba a comprender lo que llevaba viendo todas las mañanas: un compañerismo, una especie de fraternidad, reconocida por un escudo de armas solo visible para otros miembros. Todos aquellos a los que habíamos entregado su saco aquel día pertenecían a ella. Sabían que el pan de Bob era excepcional. También sabían que el pan era algo más que simple pan.

Bob confirmó una mesa para el viernes, una comida con amigos. Siempre estaba organizando comidas con amigos –eran como reuniones de juntas directivas para amigotes–, además del ocasional *mâchon*, esa práctica lionesa de «desayuno» alargado (empieza a las nueve y entra todo lo que se pueda comer en materia de cerdo, cantidades por lo visto ilimitadas de Beaujolais y un desfile de hombres paposos cantando que a esas alturas ya no saben ni por dónde se va a su casa. Miedo me daba.) El almuerzo del viernes era menos ambicioso.

–Solo diez personas. Deberías venirte –me dijo Bob.

El chef, invitado en su propio restaurante, formaba parte de los amigotes, y se unió a la comitiva que «vivía el yantar» prácticamente todo el tiempo. (Y el vino, también vivían el vino a tutiplén.) Había tres del sector –un quesero, otro restaurador, uno que llegó con una ristra de *boudin noir*–, pero no todos. Había un profesor, un violinista. Daba igual. Todos sufrían de lo mismo: una incapacidad de pensar demasiado en todo lo que no fuese lo que estás comiendo y lo que vas a comer cuando te lo acabes. Todos eran tragones. Todos devotos de Bob.

El almuerzo llegó y hoy existe en mi mente como un lamparón de Beaujolais —ensaladas, paté, un pescado lacustre, una fuente de algo (¿carne?) con salsa (estábamos en Francia), todo cocinado al estilo familiar—, pero de lo que se hablaba era del pan de Bob. En Le Fleurie, es lo primero que te ponen en la mesa, una *baguette* entera cortada a rebanadas en una canastita.

–Mira, Bill.

Bob dirigió mi atención hacia una mujer mayor al fondo de la sala, bien vestida, con un moño canoso, comiendo sola. Sacaba rebanada tras rebanada de la canasta y se las iba guardando en el bolso, donde por lo visto tenía puesta una servilleta. Había venido preparada (o había robado la servilleta también). En cualquier caso, había una premeditación en su hurto: llegaba al almuerzo sabiendo que volvería a casa con algo para la cena.

Cerró el bolso y levantó una mano para llamar al camarero.

–Más pan, por favor.

Plus de pain, s'il vous plaît.

Me giré hacia el dueño. Hizo como si aquello lo pillara por sorpresa. Pero no: la pillada era la señora; él se limitaba a tolerar el hurto. No iba a acercarse a pedirle que vaciara el bolso.

–Además, no es la única –dijo.

El camarero le llenó la cestita.

–Otros comen tanto pan que no pueden con la comida. –Confesión sencilla y torva. Pero no iba a dejar de poner pan–. Aquí, este pan se da por sentado.

No era la primera vez que Bob oía aquella queja.

—Cada sitio tiene su ladrón de pan. Ya se lo digo: no lo pongáis fresco. La gente no puede resistirse cuando es fresco. —No era fanfarronería, era un hecho—. Dejadlo un día. El pan de un día sigue siendo bueno. Lo que pasa es que no tanto.

Hasta entonces, ningún restaurante había adoptado el consejo de Bob, pero ¿quién haría algo así? ¿El hombre que te hace el pan te lo entrega al poco de haberlo horneado y tú te lo vas a guardar en un armario hasta el día siguiente?

Aquel Bob era distinto del Bob que había visto antes. Sonreía —normalmente no sonreía—. Tenía el semblante animado. Se reía. (No me había fijado hasta entonces en lo relajado que estaba en un día normal. Aquel aire informal suyo en plan *qué será, será*, ocultaba el hecho de que, para él, cada instante le apremiaba.) Además, estaba sentado a una mesa con amigos. Bob era un regalo para todos los presentes —le comprendían— y su gratitud por tenerlo en sus vidas hacía que Bob fuese más Bob. Era el presidente de aquella junta informal. Tenía una autoridad nueva para mí. Nunca decía: «Soy el único panadero». Era el panadero. Es más: era el panadero-filósofo. Se le veía seguro de sí mismo, cómodo, contemplándose con cierta ironía. («La gente come demasiado pan... mírame a mí.»)

—*Mon Dieu!* —exclamó de pronto—. Miradnos. ¿Os dais cuenta de que en esta mesa todos estamos a una generación de distancia de la granja?

Ninguno de ellos se había criado en granjas, pero sí sus padres. El padre de Bob era panadero en Renne, Bretaña. El de Olivier Paget era carpintero. Pero la visión del mundo de ambos padres se había forjado a partir de arados y estaciones, y sus hijos, que conocían la vida rural por visitas a sus abuelos, también tenían una conexión.

—¿Recordáis que la granja era el núcleo de lo francés? —preguntó Bob—. Solía serlo todo. Somos la última generación que mantiene alguna conexión con ellas. —Empleó la palabra *transmettre*, en el sentido de «entregar»: algo que pasa de mano en mano entre épocas. Me repetí la palabra, *transmettre*. Todos en aquella mesa eran beneficiarios de un conocimiento, de un «conocimiento de la tierra», digamos, que se les había transmitido de familia en familia a lo largo de milenios–. Después de nosotros, se acabó –dijo Bob como quien dice algo evidente.

Lo que quería transmitirnos era: disfrutadlo mientras podáis.

Después del almuerzo, Bob me llevó en coche a la panadería.

Le pregunté:

–¿Es la levadura? ¿Eso es lo que hace que tu pan sea tan bueno?

–*Oui* –dijo muy muy despacio (sonó «*Oooouuuuiiiii*»), como quien dice: «Bueno, no».

Cavilé.

–¿Es por el levado de toda la noche?

Estaba cansado de oír que la lentitud es esencial para obtener un buen pan.

–*Oooouuuuiiiii.*

–¿El reposado?

El pan adquiere la profundidad de su sabor en su última etapa, dicen.

–*Oooouuuuiiiii.* Pero no. Eso es el abecé. Básicamente, eso es lo mínimo para no hacer mal pan. Hay mucho pan malo en Francia. –Bob lo llama *pain d'usine*, «pan de fábrica»–. El buen pan viene de la buena harina. Es la harina.

–¿La harina?

–*Oui* –dijo, ahora sí.

Pensé: harina es harina, harina es.

–¿La harina?

–*Oui.* La harina.

UN CERDO

A los visitantes siempre les sorprenden las costumbres y el carácter de nuestra gente, pero no les sorprenderían tanto si entendiesen que Lyon, «capital de provincias», es, en primer lugar y por encima de todo, rural. Está rodeada de granjas y es, más que una ciudad, un pueblo enorme, además de la única población numerosa francesa sin puerto. Todas sus carreteras acaban en el campo. Todos los que las recorren rumbo a nuestra rica ciudad —desde el Delfinado, Bresse, Borgoña, Saboya— y llegan para vivir de o vivir en ella son granjeros o hijos de granjeros. Así que no busquen más explicaciones a esa tosquedad, esa desconfianza, esa actitud práctica que parece desentonar con la historia aristocrática y suntuosa de la ciudad.

HENRY BÉRAUD, *Vous ne connaissez pas mon pays*, 1944

Me invitaron a una matanza. De hecho, me la trabajé: rogué, prometí mi devoción a la causa, declaré mi integridad carnívora, hasta que al final conseguí una invitación impaciente.

El *boudin noir*, sangre dentro de un trozo de intestino de cerdo, era omnipresente en Lyon —pocas comidas combinan tan bien con una jarra de Beaujolais—, pero se vendía ya cocinado, incluso en el carnicero: te vas a casa, calientas y sirves. El *boudin noir* que teníamos pensado hacer después de matar a nuestro cerdo (junto con otras expresiones porcinas principalmente tubulares) estaría fresquísimo. Se decía que no tenía nada que ver con el que se vendía en los comercios.

Yo tenía algunas curiosidades logísticas prácticas, como, por ejemplo: ¿cómo se desangra al cerdo y se mete la sangre dentro de un intestino que se limpia... cómo exactamente?

136

O ¿había algún tipo de hedor persistente que los lioneses consideraban característicamente como un intensificador del sabor? También me atraía la realidad visceral de matar a un animal (¿cómo...?, ¿con las manos?) al que luego te comerías (la sacralidad del acto). Mère Brazier solía hacer su propio *boudin noir*. Al igual que, como es bien sabido, Fernand Point.

El caso es que la granja donde se celebraba aquello del *boudin noir* no estaba lejos de donde cierto Menon había criado los cerdos, alimentados del huerto propio, cuya sangre codició Point en su día. Era una colina áspera al otro lado del Ródano mirando desde La Pyramide, entre lo que muy bien podrían haber sido unos árboles frutales –era difícil asegurarlo en mitad del invierno, con los troncos pelados, todo de un marrón sucio, bajo un cielo blanco plateado enorme y frío–. Igual que en Italia, la matanza francesa y la curación de los cerdos solo se celebra en invierno. La refrigeración es un artilugio moderno, y la curación del cerdo no es moderna.

Ludovic Curabet, el único miembro del equipo dispuesto a darme su apellido, me llevó a la granja.

Ludovic tenía treinta y tantos años –pelo oscuro, delgado, juvenil– y estaba resuelto a continuar con la tradición. Era, efectivamente, un intelectual del cerdo. Sabía cómo se curaban los cerdos en España, en el valle del Po en Italia, en los Alpes y, sobre todo, aquí en el Ródano. También era de los pocos que seguía practicando (y que lo admitía) un rito local llamado *la tuaille*. *La tuaille* se traduce como «el asesinato», pero en el Ródano y en el sur de Francia se refiere a la matanza, ritualizada y llegada la estación concreta, de un cerdo de la familia, e incluye unas copas a primera hora de la mañana, comer abundante *boudin noir* fresco y unas copas a mediodía, unas copas a media tarde y unas copas al caer la noche. Por Lyon te encuentras fotografías en blanco y negro de *tuailles* –colgadas en las paredes de algún *bouchon*– en las que aparece gente cansada y salpicada, a menudo bizca, pero feliz.

Lo que íbamos a hacer era legal, aunque se opinaba que no lo sería durante mucho tiempo más. La Unión Europea tolera las matanzas de cerdos a la antigua usanza siempre que se trate de granjeros y para consumo privado. Pero el temor de la Unión Europea es tal que muchos granjeros creen que serán la última generación. De hecho, Ludovic preguntó si podíamos grabar en vídeo la matanza. Quería grabarlo para sus niños.

Los otros dos miembros de nuestro grupo se llamaban ambos Claude. Uno era granjero. El otro, carnicero.

Claude el Granjero tenía setenta y pocos años, era alto, flaco, ligeramente encorvado, con una cara larga y unas cejas blancas muy expresivas que, en efecto, «hablaban» más que él, que apenas abrió la boca. Parecía divertido con nuestro propósito, ideológicamente a favor, pero nervioso por las posibles consecuencias. Ludovic lo había convencido de que yo era de confianza.

Claude el Granjero me acompañó hasta una porqueriza pegada a la casa, donde nos esperaba Claude el Carnicero. Este aún habló menos que Claude el Granjero. Cinco palabras. Menos, quizá. Tenía unos cincuenta y cinco años, era un poco robusto y llevaba una bata blanca, como si viniese directo desde la carnicería. Estaba delante de un palé rectangular, apartando una bala de heno para apilarla encima. Era para una hoguera. Después de matar al animal, me contó Ludovic, le prenderían fuego para quemarle el pelo. (Los cerdos que comemos son o bien hembras, o machos castrados. La carne de un macho con testículos es asquerosa.) Se quema el pelo para llegar a la carne. Los cerdos son los únicos animales de granja que no se despellejan, porque no tienen la grasa integrada en el músculo, sino entre el músculo y la piel. Si despellejas a un cerdo te arriesgas a perder la grasa, y la grasa se traduce tanto en cortes del vientre como en esa grasa cremosa con la que se hacen las salchichas.

La grasa de cerdo es buena, dijo Ludovic.

El *boudin noir* tiene su modesto momento en la literatura: en la *Odisea*, Homero describe cómo asan un estómago lleno de sangre y grasa en una hoguera, y Apicio, el epicúreo romano del siglo I, tiene una elaboración enriquecida con huevo, piñones, cebolla y puerro. Los orígenes de la palabra en sí son oscuros, pero probablemente se remontan a un uso coloquial durante el asentamiento romano en la Galia hoy perdido. (El *boud-* de *boudin* puede derivar del latín *bod-*, que significa «inflar o abultar», lo mismo que se rellenan los intestinos.) Esta elaboración se encuentra entre las más antiguas del planeta, más antigua que los romanos y los griegos, y seguramente data de los primerísimos días de la domesticación de animales (circa 10.000 a. de C.), si no antes –por ejemplo, circa el descubrimiento del fuego–, aunque solo sea por satisfacer ese imperativo filosófico universal que todo granjero y cazador premoderno lo suficientemente afortunado como para tener un animal que llevarse a la boca comprende: no desperdicies nada.

Claude el Carnicero siguió alimentando el fuego. Ludovic cortó cebollas y las hizo en una sartén encima de un mechero Bunsen mientras Claude el Granjero montaba un hervidor de hierro de aspecto antiquísimo. Era como una tetera muy grande que había llenado hasta la mitad de agua y que colocó en un soporte de tres patas, como una barbacoa. Amontonó ramitas debajo y las prendió. El fuego chisporroteó, un moroso humo matutino con olor a pino. Allí se cocinaría el *boudin* cuando lo tuviésemos hecho, al aire libre, en medio del frío.

Ante la clara ausencia de cualquier tipo de charla, deambulé por el patio y me encontré un redil, una puerta baja de madera, una ventana con barrotes. Qué curioso no haberme fijado antes. Me asomé para mirar dentro. Vi a nuestra cerda. La cerda me vio. Fue un momento sorprendente. De pronto, el animal estaba allí, y era mucho más grande de lo que me esperaba. Doscientos kilos. Era peludo, no rosa, sino de pelaje blanco con manchas marrones.

Volví a acercarme para mirar de nuevo. No pude pasar por alto que era un animal hermoso.

Los cerdos son los animales más inteligentes de la ganadería, e interpretan sus alrededores con más eficiencia que otros animales. También se asustan con facilidad y el pánico suele expresarse en el sabor de la carne.

De repente me di cuenta de por qué todo el mundo había estado tan callado. Intentaban ser invisibles.

La cerda empezó a chillar.

¿Había sido yo?

Los otros no habían mirado. Para ellos, no había cerda: solo éramos granjeros ocupados en sus rutinas, buf, una mañana normal, un pedazo de animal en un minúsculo redil de piedra, ya ves tú qué cosa.

Pero yo había mirado y hala: había pulsado el botón de los chillidos.

Guau. No era un chillido. Era un agudo lamento con la boca bien abierta y a pleno pulmón. No entraba en el cerebro; lo perforaba, o por lo menos eso parecía, y con tal intensidad que quise hacer algo.

El chillido decía: ¡Estoy en peligro!

Decía: ¡Corred!

Decía: Estoy aquí, ayudadme, salvadme.

Una y otra vez.

Los cerdos habían sido relevantes en la infancia de Daniel Boulud. Eran como compañeros de cuentos, más parecidos a los perros y a las personas que las vacas y las ovejas. (La observación no es mía, sino de la antropóloga animal Juliet Clutton-Brock.) Boulud amaba a sus mascotas porcinas. Pero cada año, cuando estaba en casa desayunando, oía un chillido. Un chillido muy concreto. Entonces, mientras corría irracionalmente hacia el sonido sin acabar de entender por qué (dado que sabía que ya era demasiado tarde), el cerdo estaba muerto.

¿Era tan lista mi cerda como para ver que me estaba planteando su muerte? (¿Era lo que hacía?) Porque la cerda ahora sabía que iba a morir, de eso no cabía duda.

Quince minutos después, el granjero abrió la puerta del redil. El carnicero le puso una cuerda al cuello y un bozal. La cerda no quería salir.

Claude el Carnicero y Claude el Granjero tiraron de la cabeza. Ludovic y yo la agarramos por detrás y empujamos el culo. La cerda se resistió con todas las fuerzas y la adrenalina de sus nada despreciables doscientos kilos. El suelo estaba medio congelado, y sus pezuñas araban profundos surcos en la tierra dura. Cuando la tuvimos junto al palé, la tumbaron encima.

Hubo que inmovilizarle las patas traseras. Su fuerza me pilló por sorpresa, cuatro encima intentando hacer que sus extremidades cooperasen. El chillido no cesaba, hasta que le atamos las patas, aflojé un poco y se fue callando. Volvió la cabeza, tenía que girarla del todo, y me miró. Su mirada era intensa, y no era fácil desviarla. Decía: no me mates.

—Coge el cubo —me dijo Ludovic. Lo señaló. Estaba allí al lado—. Ahora arrodíllate, ahí.

Là.

Me agaché frente al animal. Se sacudió y corcovó, pero con pequeños movimientos.

—Remueve según se vaya llenando el cubo —dijo Ludovic—. Rápido y sin parar. Para evitar que se cuaje.

Claude el Carnicero aflojó la cuerda. Le eché un breve vistazo al cuchillo. Lo había tenido escondido —yo no lo había visto—, lo había pasado por debajo del cuello de la cerda para cercenarle la arteria que va por debajo de la nuez.

Pensé: yo no sería capaz.

No hubo reacción. La cerda no pareció notar el tajo. La cosa estaba hecha.

Ludovic se puso a moverle una de las patas delanteras, arriba y abajo, como si fuera una bomba: la cerda continuó chillando, pero cada vez más flojo. La sangre, roja brillante, chorreaba del corte a mi cubo. Soltaba vapor. La removía. ¿Para impedir la coagulación? Entonces comprendí. ¡Sí! ¡Para interrumpirla! La sangre estaba formando hilos densos a toda velocidad.

—Remueve —dijo Ludovic—. *Remuez. Vite.*

Pensé: voy a estropearlo. Toda la jornada se había estructurado en torno al *boudin noir*, que ahora no podríamos hacer porque yo no había entendido lo de la coagulación.

Ahora los hilos se me enmarañaban entre los dedos. La superficie de la sangre parecía normal, un poco espumosa, pero en el fondo se estaba formando una tela de araña.

—*Vite. Vite.*

Más rápido. Más rápido. Más rápido. Y entonces, por fin, los hilos empezaron a disolverse, al poco se disolvieron del todo y en cuestión de segundos —debimos cruzar un umbral— ya no estaban.

La cerda suspiró. Un suspiro hondo, como un bostezo. Era el sonido que hace una persona enorme a punto de ponerse a dormir.

Suspiró de nuevo.

Bajé la mirada. La sangre llegaba hasta la mitad del cubo. ¿No debería haber más? Un animal tan enorme. Había como cuatro litros, pero no mucho más.

Suspiró de nuevo, ya apenas audible.

La miré. Se le había puesto la cara pálida. Pensé: los cerdos también pierden el color. Se le pusieron los ojos lechosos. Estaba muerta. Habíamos acabado.

Claude el Carnicero me dio un cucharón.

—*Goûtez* —dijo. Prueba.

Me quedé desconcertado. ¿Llevaba un cucharón en el bolsillo de atrás?

Ludovic dijo:

–*Non. Il faut l'assaisonner.* –Hay que sazonarla. Trajo sal y pimienta.

–Ahora. *Goûtez.*

Me puse en pie. Tenía el vello del brazo cubierto de rojo. La camisa y los vaqueros salpicados.

–*Goûter?*

¿En serio?

–*Oui.*

Sumergí el cucharón en el cubo y probé. Estaba caliente. Sabrosa. Era espesa y pesada en el paladar. La sal y la pimienta casi me sobraban, pero tampoco dejaban de ser bienvenidas: eran intensificadoras.

Volví a meter el cucharón en el cubo.

Los hombres se rieron.

–¿Más?

Estaba tratando de identificar el sabor. Francamente, también me estaba empezando a dar un subidón. ¿Era la sangre? ¿O el conjunto abrumador, el animal, la intimidad, matar, la coagulación, el patio, la mañana? Volví a meter el cucharón en la sangre. Estaba volando.

Los hombres se partían de risa.

–¿Gusta?

–Gusta –dije.

Me gustaba un montón. La sangre sabía pura. ¿Puede algo saber rojo? Aquello sabía rojo. Era tonificante en todos los sentidos evidentes.

Dejamos el cubo en un rincón a la sombra. La hoguera estaba encendida. El cerdo ardió hasta que estuvo carbonizado y negro. Raspamos la piel. El pelo cayó. Le cortaron la cabeza, abrieron la cavidad del cuerpo, el estómago se expandió como si hubiese estado contenido en unos pantalones demasiado ceñidos. Sacaron las entrañas. Y luego todo comenzó a ralentizarse, el asunto particular de honrar todos y cada uno de los órganos, músculos y articulaciones de un animal recién sacrificado.

Me dieron los pulmones.

—Hínchalos —dijo Ludovic.

Obedecí, un par de hermosos globos rosas (de un tono extraordinario, no acostumbrado al aire y a la luz), los atamos (como globos), y Ludovic los clavó a un poste de madera para que se secasen.

Sacamos los intestinos, los superiores, una larga manguera, quince metros o más, y vaciamos estrujando el contenido marrón entre los dedos y llevando los sólidos hacia una obertura. Ludovic cogió la manguera. Me dio un intestino y me dijo que soplase dentro para abrirlo, cálido al tacto de los labios, y la aclaró. Luego la enrolló formando un círculo en el suelo.

(Pensé: ¿en serio? ¿Ya está?)

Cortó la vejiga, la estrujó para vaciarla de líquido, como quien vacía un globo lleno de agua, un chorro vaporoso.

—Esto también te dejamos hincharlo a ti. —La levantó entre dos manos con gran reverencia—. Esto también es un honor.

Los otros se pararon y me miraron.

Un honor, ¿eh?

Cogí aire. El orificio de entrada (salado) contra mis labios mojados. Soplé bien fuerte.

Los otros se partían.

Cogí mucho aire. Soplé más fuerte.

Nada. Más risas.

Cogí una buena bocanada, la cara me cambió de color —probablemente, entre rojo rosáceo y morado— y la vejiga se infló.

Pincé la boquilla entre dos dedos, Ludovic le hizo un nudo y la clavó también al poste para que se secase.

—Para el *poulet en vessie* —dijo.

Ludovic mezcló sus hierbas aromáticas salteadas en la sangre, la probó, añadió más sal y pimienta, volvió a probarla (como un chef rematando su salsa), añadió más pimienta. Inserté un tubo en la entrada del intestino y Ludovic empezó a verter la sangre. Retorcimos los intestinos dándoles forma de salchichas a cada intervalo de quince centímetros, los cerramos con un nudito y los enrollamos en una cesta de mimbre. Cuando la canasta estuvo llena fuimos hasta el hervidor –cuando abrimos la tapa, el vapor caliente, sin llegar a hervir, ni siquiera burbujeaba– y metimos un tramo de *boudin* dentro.

Hay un poema sobre la elaboración del *boudin* escrito por Achille Ozanne, un chef y poeta del siglo XIX (escribió poemas vivarachos sobre platos que cocinaba para el rey de Grecia), donde rima *frémissante* con *vingt minutes d'attente*. *Frémissante* significa «tembloroso». Se refiere al agua: caliente, pero sin que arranque a hervir. *Vingt minutes d'attente* –«veinte minutos de espera»– es el tiempo aproximado que hay que dejar sumergido el *boudin*. Es parecido a hacer natillas. Están cuando están. Si hierves las natillas, se cuajan. Si hierves sangre, se cuaja. Ludovic pinchó uno de los cilindros con una aguja. Salió seco. La sangre se había solidificado. Sacó el *boudin*. Yo cociné el siguiente.

Nos llevamos la cesta a una cocina y me encontré a un montón de personas ya allí, preparando los acompañamientos: manzanas asadas, patatas, ensalada, pan, botellas de Côtes du Rhône hechas por alguien de la misma calle, sin etiquetar. Hacía calor en la sala, las ventanas estaban empañadas y comimos el *boudin* –como un pudin grasiento de color rojo, de una frescura adictiva y una fragancia compleja– de nuestro cerdo matutino, y bebimos, y después volvimos al patio llenos y amodorrados, para hacer salchichas y otras elaboraciones que necesitaban reposo.

Matar un cerdo no lleva mucho tiempo. Pero estuvimos reorganizándolo en sus diversas formas comestibles hasta que se hizo de noche. Habíamos matado a un animal hermoso. La comida que salía de él duraría meses.

Henri Béraud, novelista y periodista (además de fascista y antisemita, y, aun así, astuto observador de la ciudad en la que creció), comenta que la ubicación de Lyon es extraña. No tiene puerto ni mar cercano. Solo granjas y las carreteras que llevan hasta esas granjas. Y también vaquerías, viñedos, ríos y pastos de montaña.

Una noche, Christophe, nuestro vecino, se presentó en nuestra puerta con un sobre enorme. Me recordó la riña conyugal que había tenido lugar durante nuestro *apéro*.

–Mi padre es historiador aficionado. Se pasa muchísimo tiempo en los Archivos. –Los Archivos de Lyon, que datan del año 1210, guardan los documentos originales de la historia (a menudo trágica) de la ciudad–. Le comenté lo que hablamos, y me hizo una copia de un documento que he pensado que podría interesarte.

Christophe acabaría convirtiéndose en un buen amigo nuestro. Nos traería patos que abatía en la temporada de caza y una vez me invitó a acompañarlo. Ahora tenía una leve sonrisa taimada. Daba a entender: igual no ibas tan desencaminado.

Dentro del sobre, un documento relataba una comida preparada para sesenta embajadores visitantes de los cantones de Suiza el 25 de febrero de 1548. Era un informe económico de una ambiciosa velada: la adquisición de platos (288), cuchillos alemanes y copas de vino; doce músicos; vino de tres proveedores distintos más cuatro escanciadores contratados; los ingredientes para cada servicio –*entrées*, *plats principaux*, ensaladas y postres–. Dado que el banquete se celebró un día de cuaresma, los ingredientes incluían patés de trucha, ranas y anchoas, el pescado lacustre que los suizos y los lioneses tenían en común (como el *lavaret* o el *omble*, para los que no hay una traducción exacta porque son peces que nunca abandonan la región), y manjares exóticos como las tortugas o la lengua de ballena. Pero no carne.

Por aquella época, la mayoría de los banquetes franceses eran más simples, más medievales (el libro de cocina de referencia, reimpreso en Lyon de manera rutinaria, era *Le Viandier* de Taillevent, del siglo XIV): un espetón para la carne, una olla sobre un fuego y mucho guisar. Las comidas constaban generalmente de un plato y se comían o bien con las manos o con una *tranche*, un pedazo de pan duro usado a modo de pala y con la ayuda de un cuchillo (el tenedor, un utensilio de la mesa italiana, aún no había calado).

La comida preparada para los embajadores suizos era distinta y más típica del Renacimiento italiano, brillante y celebratoria, una *festa*, una ilustración de *convivium*, que en latín significa más o menos «juntarse para comer» y que considera que un banquete se encuentra entre los grandes placeres de la vida de una persona. Me inclino más a describir ese banquete como más italiano que francés. La fecha también es interesante: el invierno de 1548. En otoño, Enrique II y su esposa, Catalina de Médici, harían una famosa y muy italiana entrada en la ciudad.

En el mensaje que me transmitía Christophe había magia: un mundo de comida y bebida a un tiempo cercanos (muchos de los proveedores –carniceros, pescateros, vinateros– tal vez habían vivido en las mismísimas calles de nuestro barrio) y tan lejos como para antojarse incognoscibles. Aquel sitio se había vuelto intrigante y misterioso.

Una tarde, no sé por qué, me descubrí pensando en Dorothy Hamilton y en su insistencia para que asistiese a una escuela de cocina. No, no es necesario siempre que no tengas obligaciones económicas o hijos, o puedas permitirte entregarte en cuerpo y alma a la cocina, o siempre que tengas catorce años y, con una mente tan flexible como tu juvenil cuerpo, también la capacidad de aprender muy rápido prácticamente todo, cada partida, cada plato.

A los demás nos tienen que enseñar. Dorothy tenía razón.

Busqué a la directora de admisiones de L'Institut Paul Bocuse, Dorine Chabert, respiré hondo y marqué el número. Soy un periodista que ha trabajado en cocina, dije, y quería asistir al instituto de una u otra manera, no tenía claro cómo. ¿Podríamos vernos?

Nos citamos para el día siguiente. Dejé un mensaje para Bob. Estaría de vuelta después del almuerzo.

L'institut está ubicado en un «castillo» del siglo XIX con torrejones dentro de un parque arbolado a las afueras de Écully, una aldea histórica a casi siete kilómetros al norte de Lyon. Madame Chabert pareció contenta de verme, pero me dijo desde el primer momento que no tenía ni idea de qué podía hacer por mí. La escuela ofrecía un curso de tres años para unos trescientos alumnos. Y, aunque la idea de periodistas asistiendo de oyentes no le resultaba extraña –había un vestuario para los medios (no está permitido entrar en la *zone culinaire* hasta que no te embutes en una bata de laboratorio de papel, cubrezapatos y un gorro de ducha bien ceñido)–, *L'Institut* no tenía experiencia con un periodista que fuese al mismo tiempo cocinero. O, para ser más precisos –y mi error fue, probablemente, ser más preciso–, en administración no había precedentes de alguien que quisiera aprender a cocinar para poder escribir sobre lo aprendido.

En un momento dado, madame Chabert comentó:

–*Des chaussures de sécurité!* No tiene, ¿verdad? Si no tiene, no es realmente un cocinero.

Se trata de unos zuecos pesados de suela gruesa, impermeables, aislantes, antideslizantes que no sirven más que para estar parado en un sitio y protegerte los pies. El caso es que, vista la naturaleza de mi reunión y con la esperanza de que pudiese incluir una visita a la cocina, llevaba puesto ese calzado. Me señalé los pies.

Madame Chabert no me creyó y se levantó de la silla para confirmarlo. Se quedó pillada. Luego, consternada. Nunca había conocido a un escritor con *chaussures de sécurité*. Ahora tenía otro problema, porque llegados a ese punto quería echarme una mano, pero realmente no sabía cómo.

—¡Ah! Llamaré a Alain.

Y «Alain», evidentemente intrigado por la perspectiva de mi presencia, lo aprobó.

«Alain» era Alain Le Cossec, MOF y jefe de cocina y director de artes culinarias del instituto. Las siglas MOF significan Meilleurs Ouvriers de France (Mejores Trabajadores de Francia). Una vez obtienes el honor de figurar entre ellos (cada cuatro años se celebra un torneo nacional en muchas disciplinas, bollería y panadería incluidas), las iniciales MOF quedan ligadas a tu nombre y tu cuello se adorna para siempre con los colores de la bandera francesa en lugar del cuello normal. La bandera dice a todo el que te cruzas que eres el macho alfa más feroz de la manada y que puedes machacar a cualquiera en la cocina.

La rutina habitual para los alumnos era una semana en la cocina y una semana de teoría en el aula. Con la «bendición de Alain», madame Chabert se inventó un curso intensivo para mí consistente en un currículo exclusivo de cocina, y se traducía en colarme en cualquier clase de cocina que se estuviera impartiendo, de cualquier nivel, y que en aquel momento resultó ser una sesión de una semana en Saisons, el restaurante gastronómico de la escuela.

—Normalmente no se empieza por el Saisons. Se supone que te tienes que ganar el puesto —me dijo madame Chabert—. Estará usted con los de primer año. —Miró el calendario—. Y estará allí para el día de san Valentín. La comida de san Valentín del chef Le Cossec se reserva con un año de antelación. ¿Vamos a ello?

¿Que si vamos a ello? ¡Sí! Estaba a punto de entrar en mi primera cocina desde que llegué a Francia.

Firmé un contrato acordando pagar una cuota por clase (una semana en Saisons eran mil euros), me dieron una taquilla («Nunca venga con la ropa de cocinar puesta»), un glosario de cinco páginas titulado *Vocabulaire professionnel de cuisine et pâtisserie* («Las palabras que debe saber antes de su primera clase», dijo madame Chabert), y un ejemplar del libro de texto de la escuela, *La cuisine de référence*, un mamotreto de mil cuarenta páginas en tapa blanda (treinta y cinco euros).

–La biblia –dijo.

Empezaría el lunes siguiente. Tenía que contárselo a Bob.

Bob, reflexioné de vuelta a la ciudad, me había presentado un Lyon que no me habría mostrado ninguna guía turística.

Descubrí sus sociedades del buen comer. Descubrí que eran sociedades del buen comer, y que proliferaban: una para los dueños de *bouchons* de verdad (*véritables*); otra para los fanáticos de verdad de los *bouchons*, otra para los auténticos (*les vrais*) bistrós y otra para los modernos. Había una Sociedad de Ocho constituida, según elección de sus miembros (Le Fleurie era uno de ellos), por los ocho restaurantes de Lyon más a la última, los más filosóficamente desopilantes. Su contrapartida era el Club de Gueules (que podría traducirse como la Guarida de los Glotones), una mesa redonda de mecenas de chefs y restaurantes que se reunían para comer y beber con deliberada abundancia. Tres sociedades se consagraban a celebrar un auténtico *machôn* (cuyos participantes se encontraban a primera hora de la mañana y comían y bebían hasta caer la noche). Y había sociedades de mayores, como Les Toques

Blanques –el nombre venía de sus gorros–, cuyos miembros eran la flor y nata de los chefs de la región.

Gracias a Bob, empecé a ver Lyon desde dentro, como la veían los lioneses. Cuando atravesaba la ciudad, me encontraba con gente a la que conocía. Estaba cómodo. Empezaba a sentirme en casa.

Y ahora iba a dejarlo. Entré en la panadería.

–*Bonjour*, Bill.

–*Bonjour*, Bob. Bob, he decidido ir a la escuela de cocina.

¿Se podía ser más bruto?

Bob estaba detrás del mostrador. Yo estaba donde los clientes. Dio un paso atrás como si hubiese perdido el equilibrio. Susurró:

–Ya sabía yo que era demasiado bueno para ser cierto.

¿Qué había hecho? Intenté explicarle rápidamente lo mucho que necesitaba aprender nociones de cocina...

–Claro.

...y que pronto volvería. Si me lo permitía. Que quería aprender de él mucho más.

–Tu toque, por ejemplo. Cómo haces pan sin dejar las huellas de tus dedos, esa ligereza...

Parecía que le faltase el oxígeno en mi presencia. Dejó caer los hombros. No era más que un panadero, decía su postura. Era Bob. Solo Bob.

–Te han aceptado en L'Institut Bocuse –dijo. En Lyon no hay otra escuela de cocina. En Francia, a efectos prácticos, no hay otra escuela de cocina.

–Me han aceptado.

Soltó un silbido.

–Pero volveré.

No me creyó.

Nos quedamos así. Entonces su mirada resbaló por mi hombro. Parecía estar pensando.

–En L'Institut Bocuse aprenderás *la grande cuisine* –dijo

categóricamente, con energía, como quien descarga un puñetazo sobre la mesa.

—No lo sé.

—Por supuesto que sí. Es Bocuse. —Parecía emocionado—. Igual por primera vez en mi vida pruebo una gran comida y la disfruto. Tú me harás algo del repertorio de *la grande cuisine*. Será como Bocuse pero sin tanto Bocuse.

—Pues claro que lo haré.

Sonrió.

—Me voy a dar un banquete, me voy a dar un banquete, me voy a dar un banquete.

El domingo por la tarde me preparé la ropa: chaquetilla, pantalones y delantal. No tenía gorro, cosa que me preocupaba, pero me darían uno al llegar. (En la actualidad está hecho de papel, sin tapa en lo alto... muy curioso, como si fingiese ser un gorro pero sin serlo; en cualquier caso, no es algo que te pondrías para andar bajo la lluvia.) Tampoco tenía trapo de cocina, cosa que no me preocupaba, porque todas las cocinas tienen pilas de trapos.

III. Una instrucción de Paul Bocuse

A usted, madame, no le gusta cocinar porque es una tarea pesadísima que repite interminablemente; no pone a prueba su inteligencia...

Permita que disienta respetuosamente. ¿Ha olvidado que la cocina es la antesala de la felicidad? Cocinar es un Arte; satisface nuestra psique a la vez que invade nuestros sentidos; no es algo indigno de usted. Es exactamente como la pintura o la música... Cocinar, tal y como usted lo entendía, ya no existe: se ha convertido en el Arte de la Gastronomía.

Pero ¿me corresponde a mí, hombre de ciencia, fisiólogo, enseñarle a usted un Arte? Sí, dado que en la base de todo arte está la ciencia. Y es la ciencia que enseñamos la que hace que el Arte sea comprendido. Para comprender la música, se estudia física en forma de escalas, armonía, contrapunto. Para entender el dibujo, se aprende perspectiva, anatomía. Para entender el Arte de la Gastronomía, una persona cultivada debe aprender la ciencia en la que se basa este Arte.

He propuesto el nombre «Gastrotécnica» para esta ciencia. Es algo simple que consiste en la aplicación de seis principios elementales de la física y la química que ya conoce:

Hervir

Freír

Asar o hacer en la parrilla

Estofar

Ligar con almidón

Ligar con yema de huevo

ÉDOUARD DE POMIANE,
Ving plats qui donnent la goutte, 1938

El Saisons era un restaurante incluido en la Guía Michelin, popular entre los gastrónomos entendidos lioneses y considerado como su comedor secreto. La comida no tenía nada que pudiese parecer ni remotamente «hecho por estudiantes». El chef Le Cossec velaba por la reputación del restaurante y supervisaba cada uno de los platos que se servían. Tenía algo más de ciencuenta años, era alto, flaco, con una sonrisa juvenil y una no menos juvenil separación entre los incisivos. Su pelo, liso y gris, estaba cortado estilo paje con el flequillo sobre la frente. Parecía un monje y se desenvolvía de una manera que tenía más de mariposa que de perro ladrador. También tenía la cualidad de pisar con tal ligereza que cuando entraba en un sitio nadie lo advertía. El efecto, como era el encargado y entraba en todas partes a su voluntad, era el de ser omnipresente. Casi siempre estaba de buenas, un rasgo muy peculiar en un jefe. El chef Le Cossec hacía gala de lo que podríamos denominar «gracia culinaria». Caía bien. O quizá simplemente es que era el «poli bueno».

Su colega, el chef Thomas Lemaire, vigilaba a los estudiantes y se ocupaba de las lecciones de rigor en la cocina. Era un treintañero de aspecto muy maduro –cara cuadrada, gafas, rictus serio, labios adustos y finos– y tenía el carisma de un inspector de Hacienda resentido. Las primeras palabras que me dirigió se referían a un botón.

—El de arriba. Está desabrochado.

Me miró la entrepierna.

—Su *torchon*. ¿Dónde está?

Torchon es trapo en francés.

El uniforme reglamentario, me informó, incluye un delantal sujetado en su sitio por un cinturón de algodón, el trapo remetido debajo y cayendo sobre la cadera derecha. Siempre a la derecha para saber dónde encontrarlo.

Me enteré de que jamás se usa el trapo para sus propósitos trapiles normales, cosa que, cuando me hice con un puñado de ellos, no pude evitar, dado que era un trapo, y mis dedos se mojaban o manchaban de grasa a lo largo de las elaboraciones y cuando pensaba que nadie me veía, admito que me llevaba la mano abajo y me limpiaba un poquito. (Pero sí que me veía alguien: Lemaire, que había estado esperando el momento porque me había calado como un perverso abusatrapos y me afeaba la conducta de inmediato.) Los trapos se usan, en cambio, por sus cualidades manopliles, aun cuando un trapo no sea una manopla ni posea sus cualidades y se limite a ser un rectángulo de algodón muy absorbente (y solo hay un tipo de *torchon*, el *torchon* reglamentario, que tiene dos rayas rojas en el borde y es tan fino que, tras repetidos lavados, tiende a volverse transparente).

De hecho, el día menos pensado se daría la situación en que tu trapo dejase de ser idóneo, puesto que ya no sería una manopla, y entonces tendrías que añadir el trapo de otro a toda prisa: «¡Que me quemo! ¡Rápido, dame tu trapo, por favor!».

Una vez me remetí dos trapos bajo el cinturón, los dos al lado derecho, pan comido, pensé. ¿Para qué voy a ponerme a pedir a gritos agachado frente a la puerta del horno que alguien en la cocina haga aparecer por arte de magia un trapo extra antes de que me queme?

Lemaire sorprendió mi transgresión bitrapil. Me señaló y soltó un bufido. Sin palabras, solo un resoplido agudo de desprecio. Me sentí como si me hubiesen pillado intentando desvalijar un centro de lavado de coches.

En otra ocasión, me pillaron sumergiendo los salsifíes en una masa de rebozado con las manos. No tenía ni idea de que aquello fuese un delito flagrante. En Italia te manchas las manos y tan contento: es una manera de estar en contacto con el alma de la comida (o algo así, ¿yo qué sé? A lo mejor andaban escasos de trapos). En Francia hay que usar dos cucharas. Tengo que admitir que era más higiénico, y luego no tienes que ponerte a buscar un bote con agua donde lavarte las manos (y, claro, ya no tienes que secarte las manos en el trapo).

Tenía una compañera, una chica de diecinueve años que se llamaba Marjorie y que era la segunda persona que hablaba más bajito de todo *L'Institut* (la primera era su mejor amiga, Hortense: en los tres meses que estuve allí nunca oí su voz). Una mañana, Marjorie, por darme conversación, me preguntó (a su manera casi inaudible) por qué estaba allí. Empecé diciendo que había trabajado en Chianti. Mi intención era concluir que, dado que había aprendido cocina italiana, ahora quería aprender la cocina de Lyon.

No había oído hablar de Chianti.

Dije *Toscane*. Lo dije en voz alta (tal vez demasiado) para compensar la suya.

No había oído jamás hablar de *Toscane*. Probé con *Toscano*. Probé con *Tuscany*. Un amago con *Florence*. Le conté que había trabajado en Florencia, que no era verdad, pero daba igual; además, aún no había respondido a su pregunta.

Lemaire sabía dónde estaba *Toscane*. Conocía la palabra *Chianti*. Me pregunté si, a sus ojos, habría escalado puestos como experto italiano. El escritor sabihondillo experto en Italia.

Luego, Lemaire nos pidió a Marjorie y a mí que le ayudásemos con sus *canneloni*, con los que había que enrollar unas carrilleras de ternera asadas. El problema eran las placas de pasta. Se pegaban entre ellas. Lemaire había echado aceite de oliva en el agua de hervir para mantenerlas separadas. Nos dieron unas pinzas. Las placas se habían pasado de cocción por los bordes, en el centro estaban grumosas y pringosas de aceite de oliva por todas partes, así que era imposible separarlas sin romperlas.

–Ahora ya ves que sé cocinar pasta –me dijo Lemaire. ¿Por qué quería que supiera que sabía cocinar pasta?

–Claro –dije.

–Los italianos no son los únicos que hacen pasta, ¿sabes? –añadió.

Asentí.

–Los franceses también hacen ravioli.

–Sí –dije.

–*Ravioles*. Los inventaron los franceses.

–Pero es una palabra tan italiana –se me escapó.

Me corrigió:

–No, los *ravioles* los inventaron los franceses.

Luego me pregunté si habría sido una prueba (y otra de las lecciones de disciplina de Lemaire): no llevar nunca la contraria a un chef.

–Claro –dije.

Me acordé de la disputa entre nuestros vecinos. ¿Por qué Italia ponía a los franceses a la defensiva?

Durante el descanso entre el almuerzo y la cena, cogía un bus de vuelta al centro. Me habían dicho que aquellos trapos reglamentarios con dos rayas rojas solo se podían comprar en un sitio: Bragard, en la otra punta de Lyon. Bragard también era el sitio donde podía actualizar mi vestuario de cocina, que claramente necesitaba un remozado. Recogí a los niños de camino.

Cuando llegamos estaban atendiendo a un chef que ponía lentamente a punto su equipo entero. Esperamos. En cuestión de segundos, los niños estaban aburridos. En cuestión de minutos, estaban tirados por el suelo exánimes.

Cuando llegó mi turno pedí una docena de *torchons*. Comenté de pasada que estaba en L'Institut Bocuse, pero no que fuera estudiante. La actitud de la dependienta cambió. Insistió en que me probase la chaquetilla oficial de *L'Institut* («la que lleva Paul Bocuse»). Era una chaquetilla con pechera de solapa y corchetes en lugar de la alineación habitual de botones en dos hileras. Era suave –tenía la misma cantidad de hilos que unas sábanas caras–, un pelín rígida pero sorprendentemente cómoda. Las chaquetillas de cocinero, sobre todo las de dos solapas que puso de moda a principios del siglo XIX el legendario empresario de la restauración Antonin Carême (con frecuencia se le considera el padre del aspecto de las cocinas francesas) son maravillosamente contradictorias: pesadas e ignífugas, pero de un blanco agresivamente prístino (la pureza en sí), dando por hecho que nunca se mancharán. Toqué aquella chaquetilla e hice mi juramento: Prometo, querida chaquetilla, que nunca babearé sobre ti.

Me até un delantal blanco y sedoso alrededor de la cintura –de gama alta, esos que envuelven las piernas y llegan hasta el suelo–, me remetí un trapo planchado en el cinturón y le di un tirón. La empleada, que, ahora me daba cuenta, debía de dar por hecho que era yo un chef estadounidense de visita (la barba gris, la coronilla brillante, mi notoria falta de juventud), se subió a un taburete y me puso un gorro de cocina en la cabeza. Me puso también un pañuelo blanco al cuello atándomelo por delante. («El pañuelo se lo doy gratis e insisto en que lo lleve. Le queda elegantísimo.») Crucé los brazos. Era un gigante de blanco.

El efecto sobre mis niños de tres años fue inmediato. Se pusieron en pie y soltaron una exclamación. Lo admito: esperaba sus exclamaciones. Por eso me los había llevado, para compartir el teatrillo de mi puesta de largo como cocinero.

Llamé a un taxi, a esas alturas ya tarde, dejé a los chicos en casa y continuamos hasta el instituto. Cuando llegué a la cocina, Lemaire ya estaba tan empantanado con la tanda de la tarde de *cannelloni* (y tal vez tan abochornado por verse pillado en esa tesitura) que no me reprendió. Debía de haberse dado cuenta de que se había pasado con el aceite de oliva, pero aun así no había tenido la previsión de hervir más cantidad de la cuenta, por si acaso. Al despegar las placas, la mayoría se echaron a perder. Las pocas que sobrevivieron llegaron justas para envolver las carrilleras de ternera.

El truco, por cierto, es un cucharón de madera. ¿Quieres que no se te pegue la pasta? Remuévela.

Un miembro del personal vino a decirme:

—El chef Le Cossec quiere verte.

Me habían invitado a cenar. Los dos sentados a una mesa —solos en un comedor, atendidos por dos camareros— comimos un menú consistente en tres platos. Un sumiller nos sirvió vino de un decantador. Un tinto de Borgoña. El *plat principal* era pato con salsa de cerezas. Me sentía como si me hubiesen invitado al camarote secreto de un capitán de navío. Me imaginé lo que estarían comiendo mi mujer y mis hijos en nuestra mesa coja de la cocina: un plato de *nuggets de poulet* calentados en el microondas. Luego me acordé de un amigo que, al enterarse de que había venido a Lyon a aprender cocina francesa, me escribió «dando por hecho que esos putos franceses te están dando de lo lindo». En el vestuario, poco antes, había escuchado un mensaje de voz del ayudante de Daniel Boulud: «El chef quiere que sepas que nadie en Estados Unidos está haciendo lo que tú haces... es la hostia».

Me volvieron a llenar la copa.

Le Cossec tenía curiosidad. ¿Qué es lo que quería yo?

—Aprender a ser chef. No es que me haga ilusiones con la idea de convertirme en un *grand chef*.

162

Había aprendido la distinción. *Grand* significa «gran» cuando dices «gran jugador de béisbol». Pero *grand* combinado con *chef* es una designación propia. La inventó (una vez más) Carême. También fue uno de los primeros en describir la cocina como un arte. (Las clases de cocina de L'Institut Bocuse se describen como una enseñanza en *les arts culinaires*.)

Grand chef es, en efecto, un título que no tiene equivalente en ningún otro país, porque ningún otro país otorga un estatus tan elevado a la persona que te hace la comida. En inglés no tenemos algo así. Si se te va tanto la olla como para decirle a la gente que tu aspiración es ser un gran chef: «Estudio en L'Institut Paul Bocuse para convertirme en un *grand chef*»..., se reirán de ti por estúpido y fantasioso. Pero esa era la ambición de muchos alumnos de *L'Institut*, precisamente. Querían ser Marc Veyrat. Querían ser Paul Bocuse. ¿Por qué? No sé el porqué. ¿Una reverencia por la comida hondamente inculcada durante generaciones? El motivo, sea cual sea, reside en lo más profundo del carácter francés.

Pero para los demás, estaba la cocina francesa, que era lo que queríamos aprender, y con eso teníamos de sobra.

Una mañana estaba afilando mi cuchillo, pasándolo de arriba abajo por una chaira.

Le Cossec me interrumpió.

–Sí, puedes empezar con la hoja plana, pero termina el movimiento en ángulo y sube y baja con suavidad, como una brisa.

(*Comme une brise.*)

El ángulo pule la hoja. Cuando la toqué, noté la fragilidad y lo peligroso del borde.

Pedí que me dejaran cocinar los filetes.

–*Regarde* –me dijo.

Puso una sartén al fuego, esperó, y comprobó la temperatura con la mano muy cerca del acero.

–Escucha la mantequilla.

Echó una cucharada.

–No mucha. –Se calló–. ¿Lo oyes? Está cantando.

(*Il chante.*) El sonido era como un balbuceo amortiguado.

–Oyes esto justo antes de echar los huevos para hacer una tortilla. Lo oyes justo antes de poner carne en la sartén.

–Si está demasiado caliente, la mantequilla humea y se quema. Si está demasiado fría, la proteína se pega a la superficie. Se inclinó sobre la sartén con la oreja–. Lo que queremos es que cante.

Dejó ahí la mantequilla.

Ahí continuó con su musiquita, la temperatura alta pero no más de la cuenta, hasta que empezó a espumear.

–Esto es una *mousse.*

Sacudió la sartén. Bajó el fuego. Esperó. La mantequilla cambió de color.

–Esto es *beurre noisette.*

Mantequilla tostada.

Tiró la mantequilla de la sartén y empezó de nuevo. Echó mantequilla, la mantequilla cantó, y Le Cossec añadió el filete. Lo habían enfardado con un hilo en zigzag para que mantuviese su forma y parecía un paquetito. Añadió más mantequilla. Se derritió enseguida, y la echó con la cuchara por encima de la carne.

–Esto es *rissoler.*

«*Rissoler*» significa cocinar un ingrediente en una cantidad muy pequeña de líquido, normalmente grasa. La técnica tiene su apartado en el *vocabulaire culinaire.* En la práctica, requiere de mucha cuchara. Cocinas el ingrediente desde abajo por temperatura directa (en una sartén; en efecto, salteándola) y desde arriba, indirectamente, a base de cucharadas de grasa. Una vez el ingrediente empieza a dorarse (*colorer*), le das la vuelta. La técnica se puede observar en cocinas francesas, en películas y en una parodia: alguien que inclina una sartén para que se acumulen los jugos calientes en un borde y recogerlos frenéticamente a cucharadas.

Le Cossec me corrigió la postura.

—Mantente erguido y haz movimientos breves y deliberados. Economiza el esfuerzo del cuerpo mientras cocinas.

Me enseñó a terminar el *rösti*, la preparación de las montañas suizas que convierte la patata en una versión crujiente de un mechón de pelo frito. Se cocinan en una sartén cuadrada hasta que uno de los lados queda tostado y crujiente. Solo hay una manera de darle la vuelta al *rösti*: haciendo que pegue una voltereta.

—Imagínate el *rösti* aterrizando sobre su otro lado. No pienses en nada más. *Un. Deux. Trois.*

Sacudí la sartén. La patata se elevó por los aires. (Ayayay.) Aterrizó. Me quedé sorprendido. Le Cossec no.

Para la comida de san Valentín, sacó dos hígados de oca y se puso guantes para quitarle las venas.

Le pregunté si podía hacer uno.

—¿En serio? ¿Has desvenado algún hígado? —Me miraba con sorna.

—No.

Me dio unos guantes.

Un hígado de oca es tremenda y profundamente marrón, y las venas están enmarañadas. Hay una larga que va de norte a sur. La otra va de este a oeste. Se cruzan en algún punto del hemisferio norte del lóbulo.

Seguí las instrucciones de Le Cossec.

Hundió las manos en el hígado —sin vacilar, sencillamente sabía dónde se unían las venas (y no hay nada en la superficie que te indique dónde escarbar)— y las arrancó. Como hecho con un bisturí. El hígado parecía intacto salvo por una leve grieta en la superficie.

Respiré hondo, apunté como pude y clavé la punta de los dedos tanteando.

Nada.

Rebusqué un poco (no conviene rebuscar). La pastosidad del tejido era impresionante. Entonces di con una, la noté, una vena –era como una ramita en un barrizal–, la cogí y tiré. El resto, conectado, pareció salir detrás entero. Fue como si arrancase la canalización de una calle. ¡Conseguido! Pero el hígado se veía manoseado. Como si hubiera instalado una alcantarilla.

La desastrosidad de aquel desastre daba igual. Fue una lección sobre el comportamiento de la grasa –el hígado de oca es tremendamente graso– y cómo se reconstruye con el calor. Para la comida de san Valentín, el *foie* se envolvía en una masa aireada y el resultado era suave, sabroso y, la verdad –a falta de una palabra más adecuada–, bastante magnético. (Los otros platos del menú eran *carrelet* –platija– con una salsa hecha del líquido en el que se había escalfado; pintada, solomillo de ternera y una col *embeurrée*, hecha con mantequilla, cerdo y, sí, más *foie*. No era una buena cocina para llegar con hambre.)

En la repostería, me dijeron, «el agua es esencial para la fruta, pero un enemigo en la cocina». Para limpiar una fresa, nunca la remojes: usa dos cuencos (uno para lavar rápidamente, otro para aclarar rápidamente). «El agua diluye el sabor. En la cocina queremos potenciarlo.»

Me dijeron: «El oxígeno, esencial para la vida, es un enemigo para la conservación». Todo se guarda «a piel» con film transparente pegado de manera que no deje espacio para el aire.

Me contaron lo de las tres vidas de la vainilla: fresca (primer uso), para la mayor intensidad; seca (segundo uso) para infusionar; vuelta a secar (tercer uso) para dejarla metida en azúcar.

El huevo: nunca romperlo en un borde, solo en superficies planas, de un solo golpe para no contaminarse con la cáscara, que es antihigiénica.

Me corrigieron la manera de remover («desde el fondo y hacia arriba, rebañando los lados mientras trazas círculos»), que doy por hecho que es algo que sabe todo el mundo, aunque yo no acababa de pillarlo. Me corrigieron la manera de batir («muñeca muerta, trazando un ocho y tocando cuatro puntos del cuenco como si tuviese vértices»), algo que no sabía hacer y que es tan eficaz como rápido (puedes alcanzar una velocidad brutal).

Aprendí a hacer toda la repostería y, junto con mis compañeros, la cocinamos en cantidades industriales (por ejemplo: trescientas cincuenta tartas de chocolate). Mi favorita, sin duda: *pâte feuilletée* (hojaldre). La expresión describe su elaboración (una gran cantidad de mantequilla envuelta en una pequeña cantidad de masa estirada y doblada varias veces en varias direcciones) con notable especificidad plástica. «*Pâte feuilletée*» se refiere a la masa antes de meterla en el horno. «*Feuilleter*» puede significar «pasar las páginas de un libro», y si cortas con cuidado la masa cruda con un cuchillo afilado verás algo parecido al montón de páginas de una vieja novela. En el horno caliente, la masa se hojaldra: la mantequilla se derrite, el agua se evapora y la evaporación crea una ampolla caliente entre capas de masa. Lo que debería ser uno de los alimentos más pesados del mundo, curiosamente, es uno de los más ligeros.

En repostería, las normas eran cruciales. En la cocina francesa las normas son cruciales: siempre hay una sola manera de hacer las cosas (como, por ejemplo, cortar las puntas retorcidas de las judías verdes: con los dedos, nunca con un cuchillo). Y me gustaban las normas y el hecho de que nunca fueran cuestionadas. Corrección: me encantaban las normas.

Me gustaba cómo empezaban mis días, que ahora incluían una plancha que compré de vuelta a casa una noche en Monoprix, un comercio francés, después de que apareciese Le Cossec de la nada y me gritase desde la otra punta de la cocina:

—*Mais, Bill, regarde ta veste...* la chaquetilla. —Y todo el mundo se paró a mirarme—. ¿Es que duermes con ella?

Ahora me levantaba a las seis y la planchaba. La chaquetilla pesaba y las solapas requerían una atención extra. Planchaba el delantal, un gran pedazo de tela blanca de buena calidad, como si fuese una extravagante prenda formal. Planchaba mis cuatro trapos con doble raya roja uno detrás de otro. (Confieso que un trapo planchado me maravilla.) Lo guardaba todo bien doblado en una bolsa de viaje. Esta actividad llevaba mi cerebro a un lugar feliz que no conocía hasta entonces: todo el mundo dormido, la repetición, el siseo del vapor de la plancha, una taza de café a mano y solo tener que pensar en la jornada que tenía por delante.

Cogía mis cuchillos y mis ropas y me largaba antes de las siete, con cuidado de no despertar a los chicos, cuyo dormitorio estaba junto a la puerta de entrada.

Cuando empecé en *L'Institut*, las mañanas eran oscuras, pero cada día el sol llegaba un poco más temprano. Cruzaba el Saona por el puente, los zapatos resonaban en los adoquines. Había cuatro minutos desde la puerta de casa hasta la parada de bus del 19. Treinta y cinco minutos después, llegaba a Écully: un paseo bosque a través, otro café en el bar y luego ¡bum!: la rápida intensidad hiperconcentrada de la labor física en una cocina francesa.

Las aulas eran pequeñas, de no más de ocho personas. Mi horario solía incluir un grupo de segundo año que empezaba con un período en un restaurante llamado F&B (siglas, cómo no, de Food and Beverage), atrevidamente dirigido por alumnos y que aspiraba a dar una comida francesa sofisticada a todo el mundo —profesorado, personal, amigos, visitantes, unas cien personas— en dos turnos.

La idea: cada alumno era jefe de cocina por un día, preparaba un menú, hacía el pedido de ingredientes, dibujaba diagramas de emplatado y, con una *brigade* creada a partir de sus colegas, ejecutaba la comida. Los platos incluían una terrina de verduras *en gelée*, un salmón en pasta de hojaldre y un confit de pato con una untuosa salsa de vino hecha con cincuenta kilos de carcasas de pato asadas por un servidor.

La realidad: los menús jamás funcionaban (ni una sola vez). Entre principio y realidad estaban Paul Brendlen y Édouard Bernier. Brendlen enmendaba, Bernier implementaba. No se podía ir más sobre seguro.

Brendlen, el mandamás, era fuerte, bajito y fornido, imparable. En cuanto ponías un pie en su cocina notabas el estrés: ¡Bang! Las siete en punto y todo el mundo, incluido Brendlen, ya estaba sudando y corriendo. La rutina era imposible, la gente se hacía daño —cortes en los dedos, la mano, un brazo— y Brendlen, irritado, impaciente, agarraba el pedazo de anatomía herida, la examinaba fugazmente mientras la sangre goteaba en el suelo, le daba una sacudida y pasaba a otra cosa. No era para tanto.

—*Oh, pas grave.*

Alguien se quemaba. La cocina olía a piel tostada.

—*Pas grave.*

A un camarero se le caía una bandeja de comida, cerámica rota por todas partes.

—*Pas grave.*

José Augusto se estaba encargando de la comida un miércoles. Se había ganado mi simpatía por su amor (clandestino durante mucho tiempo) por Italia. Augusto había persuadido a las autoridades para que lo dejasen ir a Italia a hacer su *stage*. (Todos los alumnos tienen que hacer tres *stages*, estancias como aprendiz, en restaurantes establecidos. Constituyen el núcleo del currículum.) Augusto —aún le sorprende que se lo permitiesen— escogió Dal Pescatore, en Mantua. Su menú en F&B, claro está, fue italiano.

Para empezar, tenía planeado un plato de *antipasti*: hortalizas (corazones de alcachofa, calabacín, zanahorias), una loncha de jamón, un pedazo de parmesano y un aliño de aceite de oliva y vinagre balsámico. Preparó uno por adelantado –una *demo*, de hecho– y lo colocó en una mesa para que Brendlen y Bernier le dieran su aprobación.

Se lo quedaron mirando con los brazos cruzados. Brendlen giró la cabeza a un lado.

–*C'est una catastrophe* –le dijo a Bernier–. ¿Qué vamos a hacer?

–Son las diez pasadas.

–*Oh là là.*

Brendlen se dirigió a Augusto:

–El entrante supone la primera impresión de tu comensal. No hay una segunda oportunidad para producir una primera impresión.

Bernier le explicó:

–Esto no está bien. Has ignorado los tres principios.

Los tres principios de un plato francés son color, volumen y textura. Hay normas de presentación. Si tu plato usa el color estratégicamente, el volumen (por ejemplo: tiene altura) y la textura (combina blando y duro, o jugoso y crujiente), entonces seducirá al comensal.

De los tres principios, el plato de Augusto no tenía ninguno.

–*Regarde la couleur* –dijo Brendlen.

Aparte de las zanahorias, el plato era verde (el calabacín: gruesas rodajas recocidas) o verdigrís (la alcachofa) con una pizca de marrón desmenuzado (el jamón). Era como un césped a finales de un verano muy caluroso.

–*Regarde les dimensions.*

El plato era plano. No me quedaba claro dónde podía encontrarse una tercera dimensión. ¿Cómo haces que una rodaja plana de calabacín aguante en pie?

–Et la texture! José!

Brendlen hizo un ruido de masticación, porque todo era lo mismo en la boca, ligeramente viscoso o blandurrio.

Me pregunté: ¿no tendría alguien que haberle dicho algo a Augusto antes de pedir cuarenta kilos de calabacín?

–¿Cuánto tiempo tenemos? –preguntó Brendlen.

–Una hora.

Brendlen y Bernier siguieron examinando el plato con la esperanza de afrancesarlo.

Para el color, Brendlen propuso enterrar la alcachofa.

–Será una sorpresa, oculta, como el corazón –dijo Bernier. Pero ¿cómo?

–¿Pan?

–¿Tostado?

–Al horno.

–Pero cortado fino, para que se parta con un crujido al morderlo, y con forma de óvalo. –Que era la forma aproximada del corazón de alcachofa. Si se apoyaba la tostada contra la alcachofa, el plato ganaba un elemento de altura (la tostada elevada) y una nueva textura (crujiente).

Bernier sugirió que el calabacín verde y las zanahorias naranjas tenían potencial si se cortaban muy finas y se colocaban en semicírculo.

–¿Podemos hacer una *mousse* de calabacín? –se preguntó Brendlen. Las posibilidades texturales de un calabacín no eran infinitas.

–No da tiempo –dijo Bernier.

Brendlen se volvió hacia Augusto.

–¿Por qué no has hecho una *mousse*? ¿Cómo no se te ha ocurrido?

Sería la última vez que se dirigían a Augusto. El plato ya no era suyo.

–Lo cortamos a lo largo con el cortafiambres.

–Como un papel fino –dijo Bernier.

171

–Que se vea a través de él.

Así cortado, hasta podría mantenerse de pie.

Nos quedaban unos cinco kilos.

–También está el jamón –dijo Bernier.

–Otro problema.

¿Qué hacer con una loncha desgalichada de carne curada? Si estás en Italia, te la metes en la boca con la mano. Pero aquí no se toca nada con los dedos.

Brendlen cogió un trozo, entre los dedos, precisamente, y se lo metió en la boca.

–Buena grasa –dijo–. A lo mejor podemos saltearla con unas zanahorias y el resto del calabacín en *brunoise* (a dados).

–Con tomates. Un *ragoût* de verano.

El tomate introducía a la vez un nuevo color y otra textura más. Un *ragoût* se diferenciaba de las otras hortalizas: estaba cocinado y no era viscoso, y podías ponerlo con una cuchara encima de la tostada apoyada en la alcachofa.

Durante unos noventa minutos, el plato fue replanteado y reorganizado (parmesano desmigado por encima) y emplatado, aunque por los pelos: los últimos cien, más o menos, se acabaron mientras se servían los primeros doscientos.

Contemplé el plato terminado. Me entraron ganas de comérmelo. No era italiano, pero parecía instructivamente francés, o por lo menos era una ilustración de lo que le harían los franceses a un plato de *antipasti* si algún día invadiesen Italia.

Me pregunté: ¿la creatividad se expresa con mayor facilidad mediante estructuras rigurosas?

El último día gris de invierno, caminando desde la parada del bus hasta la escuela, me fijé en unos copos de nieve y me pregunté cuándo llegaría la primavera. Al día siguiente, mientras lavaba los cuencos en la alacena de una cocina de la *pâtisserie*, miré el campo y vi narcisos y el día era claro.

El primer día de primavera, el colegio de los niños celebra un desfile, *un défilé* por *la fête des pentes*. Prenden fuego a una pila de hojas para que se lleve los restos del invierno, y los niños, con disfraces caseros, marchan por el barrio –en las aceras hay barreras para los mirones– y suben las *pentes*. Las *pentes* son cuestas que llevan a la alta planicie del Croix-Rousse. Se suben en zigzag por unos peldaños de piedra que construyeron hace siglos los monjes. Luego el desfile vuelve a la plaza de al lado del colegio, la plaza Sathonay, y almuerzan. Fue una celebración jubilosa, me contó Jessica, porque, por supuesto, me la perdí. Estaba haciendo profiteroles. Pero vi fotografías y vería el desfile al año siguiente, con nuestros niños disfrazados de rosales, calados con gorros de lana para la mañana aún fría de marzo, y gafas de sol para el inconfundible resplandor primaveral, cada uno de la mano de otro alumno.

Alfredo Chávez, un alumno mexicano de tercer año, quería hablarme de los Médici. Había escrito un trabajo para una clase teórica. El argumento era una variación de la tesis de Catalina de Médici. Según Chávez, no fue Catalina quien influyó en la cocina francesa. Fue su prima, María de Médici, que sesenta y siete años después de que Catalina llegase a Francia se casó con el rey Enrique IV. Era otro enfoque, y no dejaba de tener su mérito.

Enrique IV, de Béarn, en el centro del reino de Aragón, en los Pirineos, era conocido principalmente por su empeño en poner fin a las guerras del siglo XVI entre católicos y protestantes, y por el repentino final de un reinado de veinte años cuando un fanático religioso lo apuñaló en las costillas. En materia culinaria, era famoso por su amor al *pot-au-feu*, que animó a aceptar un plato sencillo –carnes guisadas en una olla a fuego lento– tanto en mesas solemnes como modestas. (Los italianos, por cierto, habían alegado durante mucho tiempo que el plato era suyo; en Italia se llama *bollito misto*, y el caso es que en muchas cocinas de Enrique IV había italianos.) Enrique IV, «Le Béarn», como lo llamaban, podría haber inspirado la *sauce Béarnaise* –por lo menos el nombre–. Y en materia amatoria, fue célebre por su apetito sexual, la tremenda cantidad de burdeles que frecuentaba y las amantes que mantenía por todo lo alto. A María de Médici, aparte de ser la segunda mujer italiana que se casaba con un rey francés, la historia no la había tratado con amabilidad («la hija gorda del banquero», según una de las amantes), pero es verdad que, al igual que otros italianos que la precedieron, trajo riqueza y alta cultura a una Francia que aún carecía de una cosa y de la otra.

El ensayo de Chávez fue rechazado como si de un panfleto de propaganda cultural descarriada se tratase. Si volvía a sugerir esas ideas, le dijeron, lo expulsarían de la escuela.

–¿Expulsarlo? ¿En serio?

–En serio –me dijo. Me mandó una copia. Era como un texto del *samizdat*–. Pero no se lo cuentes a nadie.

Lyon siempre ha tenido conexiones italianas –por lo menos desde que la ocuparon los romanos en el año 43 a. de C., la llamaron Lugdunum y la hicieron suya–, y ha acogido a colonos de la península italiana mucho antes de que existiera una «Italia» con fronteras establecidas. Hasta finales del siglo XVI, las ciudades seguían siendo más importantes que los estados, y Lyon era de las más influyentes del Continente, situada en la confluencia de dos grandes ríos y entre el norte y el sur de Europa y las capitales del comercio occidental y oriental. (La vaga noción de Francia terminaba en una orilla del Saona.)

No se puede negar que los italianos fueron muy prominentes en el Lyon de los siglos XVI y XVII. Las familias ricas italianas no solo se beneficiaban de las *foires*, las ferias de dos semanas que se celebraban cada tres meses aproximadamente en un día festivo, sino que las creaban. También abrieron el primer banco de Francia, organizaron un lugar donde prestar capital y cambiar moneda, crearon el primer mercado bursátil y se volvieron tan notorios en su éxito e influencia mundanos que, temiendo el rencor y la revancha local, se cambiaron los nombres italianos por franceses. (La familia Gadagne, una de las más prominentes de Lyon, eran exiliados florentinos; su nombre auténtico era Guadagni, que, por coincidencias de la historia, deriva del verbo italiano *guadagnare*: ganar, en el sentido de «arramblar». Thomas Gadagne, el hombre más adinerado de Lyon, era más rico que el rey, uno de sus mayores deudores.)

La sede de las operaciones bancarias italianas, un augusto edificio con columnas romanas en una amplia plaza (la Place du Change), sigue en pie, al igual que las casas de esos mismos italianos, mansiones amuralladas con patios, arcos, estatuas y otras florituras del floreciente Renacimiento. Vista desde las montañas, sus tejados de terracota debajo, el barrio del Vieux Lyon podía confundirse con uno de Florencia.

Resulta que fue en Lyon donde María de Médici conoció a Enrique IV. (Faltó a la boda en Florencia, que se celebró por poderes.) Y resulta que su «segundo matrimonio» también se celebró en Lyon. Y María de Médici, generosa mecenas cultural que, como tantos italianos en Francia, echaba de menos la comida de su tierra, resulta que también contrató a chefs italianos para sus cocinas.

Empezaba a creer que Lyon era precisamente el lugar donde podían verse pruebas de la influencia italiana en la cocina francesa, si tal influencia hubiese existido realmente. ¿Había existido? No lo sabía. Y, en cualquier caso, fue hace mucho tiempo. Lo que me tenía intrigado era aquella excéntrica actitud defensiva con la que me había topado, que parecía delatar cierto chovinismo y, ¿qué? ¿Miedo, quizá? ¿De verdad podían expulsar a un estudiante por investigar la influencia de una reina Médici? ¿Tanto se jugaban? ¿Acaso un profesor podía ser tan ingenuo como para creer que los franceses habían inventado los ravioli? Tal vez no era más que un rencor duradero: después de todo, ¿cómo iba a tener nada que ver la cocina italiana, comida rústica para campesinos, con la *cuisine française*, que es pura civilización?

Estaba en la *zone culinaire*, viendo una clase a través de un cristal. Hacían un examen. Yo no había hecho ningún examen. Por lo visto, no entraba dentro del programa que madame Chabert había diseñado para mí.

Los alumnos eran de primer año, con los que había trabajado, entre ellos: la tímida Marjorie y la silenciosa Hortense. Estaban haciendo tortillas.

Un alumno presentó su tortilla. El profesor la tocó y negó con la cabeza. Ni siquiera se molestó en probarla: la volcó en la basura. Una tortilla tiene que estar suave por el centro, esponjosa al tacto. Tiene que tener movilidad. Esta era dura.

Llegó un miembro del profesorado, Hervé Raphanel. Nos habían presentado antes. Se quedó a mirar conmigo.

La tortilla del siguiente alumno era demasiado grande: grande en el sentido de demasiado volumen. El profesor lo amonestó. Era como ver una película sin sonido. Sus gestos decían: «¿Por qué has usado un batidor?». *Un fouet.* «He dicho con un tenedor.»

La clase era sobre fundamentos de cocina. Un batidor introduce aire en la proteína. Es lo que usas para hacer un suflé o un merengue. La melosidad de una tortilla se debe a la mezcla, no al batido. La clara debe estar serena y sin crecer.

La tortilla fue a la basura.

–¿Qué edad cree que tienen esos alumnos? –me preguntó Raphanel.

–De hecho, lo sé. La mayoría tienen diecinueve años.

Hay un par de veinte. –Era una clase especialmente joven. La mitad de los alumnos de *L'Institut* vienen de fuera, y gran parte eran mayores, gente que cambiaba de oficio. –Exacto –dijo Raphanel–. Tienen veinte años. Yo a los veinte ya había ganado mi primera estrella Michelin. –Reflexionó–. ¿Y se graduarán con veintidós? A los veintidós, yo ya tenía mi segunda estrella Michelin. El tono no era fanfarrón. Era de exasperación. Otra alumna presentó su tortilla. Aquella era demasiado líquida; rezumaba por los bordes. El profesor hizo el gesto de apretar el tenedor sobre los huevos de la sartén. Cuando los dientes dejan huella es cuando la tortilla está lista para que la enrolles. No antes. El profesor meneó un dedo de lado a lado: no, no.

–Mira la postura de esos estudiantes. No pueden estar más apartados de la comida, la manejan a la distancia de un brazo estirado. ¿Dónde está el amor? –*L'amour, où est-il?*, dijo con un suspiro Raphanel–. Deberían estar respirando esos ingredientes. –Fingió inclinarse sobre un plato y aspirar sus aromas–. Un chef necesita verse transportado por su comida. Si no le tienen ahora ese amor...

Al día siguiente me enteré de que había una nueva clase con exámenes. Los exámenes, exámenes diarios, un día entero de exámenes, eran una característica esencial. Yo quería participar en esa clase.

Willy Johnson había estado hablando de eso en el bar. Willy era el otro estadounidense de *L'Institut*. Mi chef repostero solía correr al vestíbulo y llamarlo a gritos cada vez que yo hacía algo que atribuía a mi incapacidad para seguir su francés. Willy tenía veintinueve años, el pelo pajizo, una cara levemente pecosa con un punto de surfista de la costa Oeste. También hablaba francés a la perfección y trabajaba como chef privado en casas ricas de las colinas de Lyon.

—La clase —dijo Willy— es la de pescado. Pescado. —Como suena. La habían impartido solo una vez en enero—. Es brutal. También es la clase más cara de la escuela: tres mil dólares. Se usa más pescado del que habéis visto en vuestra vida. No hay profesor ayudante.

¿Y el profesor?

—Éric Cros, un fanático.

Lo conocía. Daba la impresión de vivir en el presente y de ir siempre con la lengua fuera. Solo de mirarlo, ya te quedabas extenuado.

Lo encontré y le pregunté si podía hablar con él.

—Tienes cinco segundos —dijo.

—¿Puedo asistir a su clase?

—Sí.

Pescado. Dos años antes, Cros había dado «gastronomía modernista», pero se quedó alarmado con sus alumnos. No conocían los fundamentos básicos. ¿Cómo vas a ser experimental si no conoces los fundamentos? Dejó la cocina modernista y dio inicio a una nueva clase. El pescado era el hilo conductor. Cros tenía una misión personal. Las técnicas tradicionales ya no pasaban de persona a persona y había peligro de que desapareciesen: el asunto era urgente.

Cros tenía cinco supuestos que conformaban una filosofía:

1. Se aprende lo antiguo antes de probar cosas nuevas.

2. Se aprende lo antiguo para poder hacer cosas nuevas.

3. Lo antiguo no es fácil.

4. Aún no eres lo suficientemente bueno como para ser creativo: ni se te ocurra creerlo o serás castigado.

5. Una receta no es más que una introducción. Es el principio de tu relación con el plato. (Después de explicar una receta —apresurado, sin aliento, hablando tan rápido que tenía que lavarse la cara para refrescarse— se largaba. No quería oír

preguntas. A lo mejor no volvía hasta pasada una hora. Había pescado de sobra. Si te salía mal, lo repetías.)

–Búrlate lo que quieras de él –me dijo Willy–, pero ha cambiado vidas. La gente que entra en su curso es distinta cuando acaba. No sabes la suerte que tienes de que te haya admitido.

Pensé: tengo amigos que cogerían un vuelo para Lyon mañana mismo y que pagarían mucho más de tres mil euros por recibir este tipo de enseñanza.

Pensé: para esto vine a Francia.

El hombre en sí parece sorprendentemente normal. Tiene un físico robusto –ancho de hombros, brazos fuertes, quizá un poco achaparrado– y una fisionomía familiar, más irlandés que francés: cabeza cuadrada, cejas pobladas, nariz respingona. Seguramente se aburría en el colegio, era bueno en los deportes, jugaba al rugby. Probablemente su madre lo quiso. Pero Cros no es normal. Según la expresión de uno de los ayudantes de los profesores, «la cocina lo dejó tocado». Se había pasado todas las pantallas de la obsesión. ¿Pararse a charlar? Inimaginable. Por los pasillos de la escuela, Cros siempre iba mirando al suelo y a toda prisa para no perder un segundo con nadie. Yo no conocía a nadie más que fuese corriendo a clase. Era un maníaco.

Empezamos preparando quinientas lubinas. Era un ejercicio de *mise-en-place*, una expresión de la cocina: tener todo en su sitio antes de empezar el servicio. Para la lubina, necesitábamos una bolsa de basura de plástico, una tabla de cortar, dos bandejas (una para las pieles y entrañas, la otra para las espinas), unas tijeras, un descamador y pinzas para arrancar espinas.

El cuchillo no es para «cortar», exactamente. Se usa la parte posterior de la hoja para descamar el pescado y la punta para sacar los ojos («Nunca presentéis un pescado que mira al cliente»), clavarla en el ano y cortar (un delicado tironeo) hasta el vientre, con cuidado de no rasgar los intestinos. Para quitar la piel, se hace una incisión justo encima de la cola, apretando con el lado del cuchillo y se arranca de un tirón. (Me encanta despellejar. Queda muy resultón.)

Cros examinó mi trabajo. Había preparado quince pescados, alineados en mi tabla de cortar, con una pinta un tanto baqueteada, lo admito. Mi compañero de al lado había hecho treinta. Cros cogió uno.

–Sí, este está bien. Podemos servirlo. –Cogió otro–. Pero este no. *Ce n'est pas correct.*

Lo miré. No veía la diferencia.

–Has cortado un poco de vientre, ¿verdad? –El vientre de la lubina (que, francamente, no tiene mucho tejido) está cubierto por un abanico casi invisible de huesecillos como hilos, y es cierto, más que arrancarlos, yo había sajado aquella sección entera.

–No podemos servirlo –dijo Cros, y tiró mi pescado a la basura.

Me quedé atónito. ¿Tiras mi pescado?

Cogió otros pocos.

–Estos tampoco, *pas corrects.*

Y los tiró. Seguí la trayectoria hasta el cubo.

Se quedó allí, con los brazos cruzados.

–¿Por qué eres tan lento?

–No lo sé, chef.

Se puso detrás de mí y observó.

Cogí un pescado, le corté las aletas y lo descamé. Le corté las agallas. Le quité la piel y cogí otro pescado.

–*Mon Dieu!* No irás a seguir haciendo eso con el cuchillo. ¿Nadie te ha enseñado?

Pensé: ¿qué es lo que estoy haciendo con el cuchillo? Y, sea lo que sea: sí, obviamente lo sigo haciendo, y no, también es obvio que nadie me ha enseñado a no hacerlo.

–No, no, no –dijo Cros–. Una vez empiezas con el cuchillo, acabas con él. ¿Nadie te lo ha dicho nunca?

–No –dije. No iba a buscar excusas. Para eso había venido a Francia.

–Nunca sueltas el cuchillo para volver a cogerlo.

Jamais.

A partir de entonces, siempre he llamado mentalmente a esta práctica «Técnica de Cadena de Montaje». Lo que debería haber hecho era organizarme como una fábrica unipersonal: cortar todas las aletas y agallas en mi primer lugar con las tijeras, descamarlos en el siguiente e ir colocándolos juntos hasta tenerlos todos hechos: entonces (y solo entonces) coger el cuchillo. Quitarles las entrañas a todos; cortar todas las cabezas; quitarles las pieles a todos; quitarles las espinas a todos. La eficacia de la técnica era evidente para toda la humanidad, aunque no lo fuese para mí, incluso esta obviedad: que si repites una misma cosa treinta veces, a la tercera lo vas a hacer mucho más rápido que a la primera, y a la decimotercera lo estarás haciendo a una velocidad fulgurante de mago.

Nunca cojas el cuchillo hasta que no sepas que ya no vas a tener que soltarlo. Esta instrucción era de una tremenda simplicidad: ¿cambiaría mi vida para siempre?

Entonces hice mi primer examen.

El encargo: hierve un pescado en caldo de verduras, guisa hortalizas a rodajas en el líquido burbujeante, haz con ello una salsa y cuece patatas a la inglesa (*à l'anglaise*).

Nos lo habían enseñado. El pescado era un *colin*. En morfología de peces, un *colin* está en la categoría «redondo, con dos filetes». Es blanco, carnoso y, según mi diccionario, sería el abadejo. No recordaba haberlo comido, y desde luego nunca había *ébarbé*, *écaillé*, *dépouillé*, *éviscéré* ni desespinado ninguno (el pescado tiene su propio vocabulario culinario). Desde entonces, para mí, el *colin* es y siempre será un *colin* (sea lo que sea). La salsa era una *beurre nantais* –una salsa de mantequilla y nata al estilo de la ciudad de Nantes–. Lo digo como si supiera dónde está Nantes y por qué ha de llamarse así. Lo único que sabía de la salsa Nantais era que se diferenciaba de la de Bervy en que esta última no lleva nata.

Presenté mi plato. No lo había probado. Me pasé dos minutos del tiempo estipulado. Iba de culo.

Cros empezó con las patatas. Había hecho tres. Comió un bocado de cada una.

–Esta está correcta. A las otras les falta cocción.

Probó el pescado.

–Demasiado cocido.

Cogió una selección de las verduras guisadas (una zanahoria, un puerro y una ramita de apio) y la inspeccionó entre los dientes de su tenedor.

–El tamaño está bien, casi.

Lo probó.

–Le falta sal.

(Había salado el caldo, las verduras no.)

Mordió la zanahoria.

–Mmm... crujiente. Ah, eso está bien, a los estadounidenses les gustan las hortalizas crujientes, ¿verdad?

–*Oui*, chef –dije pensando: crujientes, blandas... ¿de verdad se cree que tengo tanto control sobre lo que hago como para hacerme la más mínima idea de cómo me va a quedar la zanahoria?

Probó la salsa. Se quedó confuso.

La base era una *beurre blanc*. Muchas salsas de pescado tienen como base una *beurre blanc*, una salsa de mantequilla blanca: chalotas, vinagre blanco (reducido), luego vino blanco (reducido) y mantequilla. Esta, por ser la de Nantes, llevaba además nata más caldo de pescado (reducido). Es una salsa acidulada y ligeramente grasa, y una porción de pescado blanco parece saber mejor con algo ácido y un toque graso.

—La mantequilla, la *montée* —dijo Cros negando con la cabeza, fascinado por el error que tenía en la boca y buscando una explicación—. La consistencia, sí, la *montée*... no es del todo buena.

Monter es el verbo que se utiliza para «añadir» mantequilla. «Levantas» la mantequilla. La «montas». Primero reduces y concentras esos líquidos preciosos, luego los potencias, batiendo la grasa cremosa y la cazuela entera parece crecer, el líquido se vuelve hermosamente espeso y lleno. Se convierte en salsa.

La mía no era tan hermosa.

—*Pourquoi?* —me preguntó.

No sabía decirle. No lo sabía. Ahora lo sé. Me había precipitado. No me quedaba tiempo. No incorporé la mantequilla poco a poco. Eché un pegote, unos pegotes, y luego puse a hervir la puñetera salsa, batiéndola como un loco, una batidora humana a todo trapo, intentando recuperar el tiempo perdido. Y Cros notaba eso en el sabor, cómo no.

Cogió otra cucharada.

—De hecho, le falta mantequilla para la cantidad de nata que ha usado.

Nantes: no sé para qué le ponen nata a una *beurre blanc*. Todavía no he estado en Nantes. ¿Es que hay muchas vacas en Nantes, es por eso? (Una *beurre Bercy*, la que no lleva nata, se acaba con tuétano de ternera. ¿Es que Bercy tienen muchos mataderos?)

Cros cogió otra cucharada.

—Es demasiado líquida, ¿no?

N'est-ce pas?

—*Oui*, chef.

—Y la acidez —dijo probándola de nuevo—, bueno, la verdad es que está casi correcta.

—*Merci*, chef.

Volvió a sumergir la cuchara.

—Pero ¿por qué no tiene más sabor? Debería tener más sabor.

Plus de goût.

—*Oui*, chef. —Me lo apunté mentalmente: «La próxima vez, más sabor».

Parece ser que lo que produce una salsa satisfactoria es el equilibrio entre acidez y grasa. Esa era mi suposición, por lo menos, porque aquel día hice tres salsas más y no logré obtener ese equilibrio.

A la salsa que iba con la trucha le faltó grasa. Cros dijo que me había quedado corto con la nata, hasta que se dio cuenta de que me había olvidado de ponerle.

—*Excusez-moi*, chef.

Cociné *raie*, raya, el plato que hacíamos al vacío en la cocina de Michel Richard. Luego hice la salsa, pero el problema esta vez no fue la grasa: fue la acidez. Cris dijo que necesitaba mucha más acidez, y me preguntó: ¿dónde está el limón?

Hostia, dije (se me escapó tal cual). Me había olvidado del limón.

—*Excusez-moi*, chef.

La jornada acabó con lenguado *à la bonne femme* (en su época, un nombre afectuoso para la cocina casera), guisada en vino blanco, caldo de pescado y seis tipos de setas. La salsa se hace, de nuevo, con el líquido de guisar, reducido y terminado con mantequilla y nata más un punto cítrico. Esta vez no me olvidé del puntito. Lo probé. Tenía el puntito.

Cros probó el pescado («pasado de cocción, pero como todos los demás»), cogió una cucharada de salsa, tragó y dio un bandazo a un lado tan repentinamente, torciendo el tronco como si se doblase por la mitad que pensé... bueno, no sé lo que pensé. ¿Que se había resbalado?

Recuperó el equilibrio y me miró fijamente, asombrado, con los ojos un poco saltones.

Maldita sea, yo pensaba que esta la había clavado.

Probó de nuevo. Pareció que iba a escupirla.

—*Mon Dieu!* Pruebe la salsa antes de añadir el limón. No hace falta que lo añada si ya es lo suficientemente ácida. *Oh là là*. Pruébela. ¡Por favor!

—*Oui*, chef.

Cogió otra cucharada e hizo una mueca.

Después de almorzar me encontré a Willy en el bar, tomándose un café. Quería que me explicase lo de Cros.

—¿A qué viene tanto miniexamen?

—Te lo hace para que veas lo que te falta por aprender. Tú piensas que te conoces los platos. Los exámenes te demuestran que no tienes ni puñetera idea.

Una vez, a media mañana, me ausenté por un rato. No había pagado la clase de Cros, así que me salí. Cros ya me había echado una reprimenda por una pausa improvisada al lavabo. («En Estados Unidos no se toman la cocina en serio, ¿verdad?») Evidentemente, esta vez era más serio.

Me disculpé. Le expliqué que tenía que pagar la clase.

Cros se irritó por tener que soportar una explicación.

—Mientras usted no estaba, he enseñado cuatro recetas.

Intenté parecer arrepentido y apesadumbrado.

—Ahora hay cuatro recetas que usted no conoce. —Su pronunciación era entrecortada, como quien se muere de ganas de soltar palabrotas pero cuya posición pedagógica lo obliga a contenerse. Enumeró lo que me había perdido: una clarificación de fondo de pescado, una salsa de pescado y dos elaboraciones con mejillón—. La clase sabe hacer *moules à la poulette*. ¿Usted sabe hacer *moules à la poulette*?

—No, chef.

—¿Sabe usted qué son los *moules à la poulette*?

—No, chef.

—Debería aprender a hacerlos.

—*Oui*, chef.

—Podría salir en el examen.

—*Oui*, chef.

—Y si sale, podría usted suspender.

Pánico. ¿Acaso era yo la única persona que no había oído hablar jamás de los *moules à la poulette*?

Por la noche, en el bus de vuelta a casa, me miré la receta de los *moules à la poulette*. Estaba entre las fotocopias del día. No daba mucha información. Las recetas de Cros no eran recetas, realmente: eran listas de ingredientes y (a veces) cantidades. El resto era cosa del alumno.

¿Qué significaba *moules à la poulette*, para empezar? Una *poulette* es una gallina joven. ¿Se podía usar la palabra como adjetivo? ¿Gallinácea? ¿Mejillones gallináceos? El plato consistía en cocinar los moluscos en vino blanco y reservar el líquido. El líquido, *le jus*, era la base de la salsa, que se mezclaba con un *roux* (harina y mantequilla cocinadas juntas para espesar), nata, chalotas, un limón, pimienta blanca (Cros suspende a la gente por usar la pimienta incorrecta) y una yema de huevo. ¿Una yema en la salsa? Eran mejillones gallináceos. Me pareció mucho por asimilar.

Llegados a aquel punto, las jornadas se habían alargado hasta las quince horas. («Hay tanto que aprender.») Llegué a casa hacia las nueve y media. Comí; me duché; me fui a la cama; me desperté a las cinco para coger el bus de vuelta. ¿Cómo iba a practicar el plato? No podía.

Quedé para tomar un café con Willy después del almuerzo. Me pregunté en voz alta por el carácter de Cros.

—Es tan abúlico.

—Solo se fija en el desempeño –dijo Willy.

Me tomé otro café. Tenía que volver a clase, pero no estaba listo. Iba a ser una tarde larga. De hecho, ese día la clase acababa antes, nos había prometido Cros; a las ocho, porque nuestros exámenes eran al día siguiente. El práctico, la prueba de cocina, empezaba a las siete y media de la mañana. Teoría, después del almuerzo. Todos pensamos lo mismo: *merde*. Estábamos tan concentrados en la comida que habíamos olvidado la teoría. ¿Acaso alguien miraba un libro de texto? ¿O las fotocopias? Hasta la hora del examen, nos pondríamos a memorizar recetas. En un momento dado, tendríamos que empezar también a refrescar las propiedades filosóficas del pescado redondo, el pescado plano y el pescado de medio lado.

Le pregunté a Willy:

—¿Recuerdas qué te preguntaron en el examen?

—Por supuesto.

Le di un sorbo al café.

—¿Qué salió?

—Las preguntas no serán las mismas.

—Entiendo.

—De hecho, seguro que no lo son.

—Pero ¿cuáles fueron?

Willy le dio un sorbo a su café. Y otro. Lo había incomodado.

—¿De verdad quieres saberlo? O sea, ¿qué más da?

—Me gustaría saberlo.

—Vale.

Me miró para asegurarse de que sabía lo que estaba haciendo, y empezó a desgranar su lista... entusiasmado, se despachó a gusto como quien ha sobrevivido a un duro trance pero hasta ahora no había tenido oportunidad de contarlo (porque, al fin y al cabo, ¿a quién iba a importarle?).

No les pidieron los mismos platos a todos, subrayó Willy, pero todo el mundo tuvo que hacer el mismo tipo de platos.

187

Había dos salsas con base de mayonesa, dos con mantequilla clarificada y dos con *beurre blanc.*

–¿Sabes lo que es una *sauce Choron?* –me preguntó.

–Sí.

–Guau. Yo no lo sabía. Esa me pasó factura. No se me quedaba en la cabeza.

–Había una PDT.

PDT es abreviatura cocineril para *pommes de terre*: patatas. Había que hacerlas o bien *cocotte* («torneadas»: achatadas, oblongas, con forma de misil y salteadas) o *à l'anglaise* (achatadas, oblongas, muy grasas y al vapor).

Había dos maneras de cocinar el pescado: *à la bonne femme* (guisado en caldo) o *à l'anglaise* (frito).

Me sorprendió lo mucho que ya sabía.

–Y un plato de marisco.

–¿Cuál?

–*À la poulette.*

–¿De verdad?

–El del huevo.

–Qué cabrón.

Me levanté a las cuatro para repasar las recetas. Lo que me preocupaba no era la Teoría, eso sabía empollármelo, sino la Práctica: el tictac del reloj y yo cocinando para un equipo de chefs resabiados y cansados del mundo a los que no había visto antes. (Cros no tenía permitido ser juez.)

Llegué. Había confusión. Cros, nervioso, redirigió a todos hacia un auditorio para un ensayo de la prueba de Teoría. Hasta entonces, hasta a mí me había sido fácil comprender a Cros, que vocalizaba siempre con toda la intención. La mayoría de mis anotaciones estaban en francés. Pero Cros estaba alterado por el examen, quedaba claro que le encantaban los exámenes, porque se presentó una complicación (¡el pescado no llegaba!) y no había quien lo entendiese.

Resulta que malinterpreté sus órdenes. No era un ensayo de la Teoría. Era el examen de verdad, el que pensaba empollarme durante el almuerzo. Después, mientras comía y hojeaba mis fichas, ya inservibles, Augusto acabó por preguntarme:

—¿Qué haces? El examen de Teoría ha sido esta mañana.

—¿Ah, sí?

(La había pifiado. No me había mirado ni una sola página de texto. *Poisson d'eau douce*, por ejemplo. ¿Pescado con agua dulce? ¿Qué significaría eso? ¡«De agua dulce», de río! Menos mal que no supe que la había pifiado y pude entrar al Práctico lleno de injustificado optimismo.)

El examen práctico empezó a las diez en punto. Saqué un papel doblado de un gorro de cocinero que determinó el examen que haría, A o B. Me tocó el A.

1. Haga una *sauce Béarnaise*.

2. Haga un *beurre à la maître d'hotel*.

3. Haga PDT *cocotte*.

4. Prepare un *merlan à l'anglaise*.

5. Prepare unos *moules à la poulette*. (Menudo mamón, Cros.)

Salvo por los *moules à la poulette*, tampoco estaba tan mal. Sobre el papel, me lo sabía.

Dediqué cinco minutos a apuntarme los ingredientes, más algunos recordatorios entre exclamaciones («Pescado: ¡ojo punto de cocción!») y un esquema ordenado.

A las diez cuarenta y cinco estaba listo para presentar mi primera elaboración, el *beurre maître d'hôtel*, a los dos chefs que esperaban tras la encimera. Uno era el que había impartido las clases de tortilla. No me acordaba de su nombre, pero me gustaron sus modales, firmes y amables. El otro era mi juez, Hervé Raphanel, el que había visto las clases de tortilla conmigo. Me había acostumbrado a ver a Cros tras la encimera, inflexible, desapegado, severo. Fue reconfortante ver aquellas dos caras. Parecían tan blandos...

Un *beurre maître d'hôtel* es mantequilla ablandada con una cuchara de madera hasta «pomarla», luego salada y acidulada con un chorrito de limón. Se la presenté a Raphanel.

Estaba bien.

—*C'est bon.*

Las PDT *cocottes* eran los cohetes chatos.

Estaban bien.

—*C'est bon.*

Una bearnesa.

Estaba bien.

—*C'est bon.*

Cuando estaba friendo el pescado es cuando se me fue el santo al cielo. *Merlan à l'anglaise* es, básicamente, *fish and chips* sin las chips. En Francia, sin embargo, hay normas sobre cómo freír el pescado, remontándonos a Escoffier por lo menos, y si no se siguen, el resultado será *pas correct.* Como la porción de pescado: debe ser de 62,5 milímetros de longitud. (Ese medio milímetro me mataba. ¿En serio? La gente usaba una regla; yo no, no era capaz, me resultaba demasiado ridículo.)

La mezcla de huevo, lo primero en lo que sumerges el pescado, lleva un chorrito de leche y aceite de oliva (de verdad), pero no se sazona.

Se sazona la harina, que es donde va el pescado a continuación, y debe hacerse con batidor. (¿Entendido?)

El pan rallado, última parada, se hace con pan blanco a rebanadas (únicamente), fresco, sin la corteza, pulverizado en una batidora y pasado por un colador. Y jamás se sazona. Parece serrín: más que miga, polvo.

El cerebro de Michel Richard estalló dentro del mío. Él también usaba un colador. Lo que no usaba era el polvo del pan. Usaba los tropezones que quedaban: era irregular, tenía textura, producía un crujido. Habría aprendido las normas del pan rallado –en una cocina francesa todo el mundo aprende las normas–, pero a él le llamó la atención lo que quedaba en el colador. (Ya me había fijado en otras modestas desviaciones de la norma. En la cocina, el caviar se echa sobre un pedazo de film tensado sobre el borde de un cuenco y desde ahí se emplata. Richard cogió la idea y la convirtió en caviar flotante. O aquella *raie*. Hasta la fecha, nunca he visto una *raie* desespinada en Francia. La de Richard era desespinada.)

A Raphanel le gustó mi pescado: crujiente, pero sin pasarse de cocción. Estaba muy bien.

–*Très bien*.

Estaba emocionado. Para acabar, los mejillones.

Mi conocimiento del plato no había aumentado desde aquella contemplación en el bus, salvo porque, desde entonces, había hecho platos con huevos y sabía que si añadía uno a una cazuela caliente tenía que quitarla del fuego directo. Luego se mezclaba todo con rapidez, dibujando ochos, golpeando con las barillas en los bordes de la cacerola: en efecto, enfriar el líquido lo justo para evitar que la yema se cuajase.

Mientras los mejillones estaban en la sartén, hice las chalotas y el *roux*. Tres minutos. Añadí la nata. A los cinco minutos se abrieron los mejillones. Coloqué un colador sobre la cacerola con el *roux* cremoso, volqué los mejillones, el *jus* cayó a la cacerola, añadí el huevo y batí el puñetero caldo hasta que espumeó. Funcionó. No se cuajó, ¡fíjate! Volví a darle un toque de calor en la plancha, lo eché de nuevo en los mejillones y llevé la sartén hasta Raphanel. Me descubrí asombrado de lo que acababa de hacer: parecía correcto, amarillo, cremoso y olía a mar, aunque no tenía ni idea de que iba a tener aquel aspecto.

Rapahanel tocó un mejillón con un tenedor.

–Voluminoso. –Parecía sorprendido. Volvió a tocarlo–. Está húmedo. Perfecto.

191

Se lo llevó a los labios.

–Caliente. Jugoso. Perfecto, insisto.

Parecía que de verdad lo estaba gozando. (*Molto, molto grazie, Italia*. Había aprendido a hacer mejillones de cerdo en Italia.)

Miró la salsa.

–Es amarilla. Buen color. De nuevo: perfecta. –Inclinó la sartén–. Ay, pero está líquida. –Dejó caer los hombros–. Ha olvidado reducirla. Qué pena.

Quel dommage.

Estaba tan preocupado por el huevo que se me olvidó dejar que el *roux* espesase.

Pero no estaba del todo insatisfecho. Las pruebas se puntúan sobre 20. Esperaba no suspender. Con un 10 aprobabas. Tuve un 16,5. Levitaba.

Al final, el resultado era una media de ambas pruebas. Tuve suerte de salir bien parado del Práctico, porque había fracasado estrepitosamente en Teoría. (Bastante bien + fatal) / 2 = aprobado por los pelos. Pero un «aprobado por los pelos» seguía siendo un aprobado. Fue la peor nota de un curso que milagrosamente había subido la media. (Willy tenía razón: Cros cambia vidas.) Pero había aprobado. Saqué un 11.

En el bus, aliviado, sentí que por fin estaba aprendiendo lo que había ido a aprender. La cocina francesa ya no me daba miedo. Me quedaba mucho por hacer, pero creía que estaba dentro de mis capacidades. De vuelta a casa, decidí encontrar un restaurante donde trabajar: al día siguiente.

IV. En una cocina histórica

Las «santas *mères lyonnaises*», que hoy apenas si existen, son uno de los temas nostálgicos preferidos de los viejos *gourmets* de por aquí. ¡Ah, la *mère* Fillioux! ¡Ah, la *mère* Brazier! ¡Ah, la *mère* Blanc de Vonnas! Todos los que probaron su *poularde à la crème* te lo cuentan como si el arcángel Gabriel les hubiese besado en la boca...

Lo que echan de menos estos plañideros de las santas *mères* no es, se lo aseguro, el pollo de Bresse con gallina azul. Vayan donde el hijo de la *mère* Blanc en Thoissey, vayan donde el nieto de la Vonnas: el pollo se les derretirá en la boca igual que en los buenos tiempos de la abuela Blanc. U olvídense de una vez de la familia Blanc y vayan a Paul Bocuse, vayan a donde Alain Chapel, y verán que sus capones tienen los muslos satinados tan blancos y suaves como la puta del rey. El cremoso pollo de Bresse no ha cambiado. Lo que los plañideros echan de menos es la simplicidad: el estruendoso fuego de carbón, el hule, el plato pesado sobre la montaña de crêpes, el vino local de aquel año directamente del barril y contado por *potes*.

FANNY DESCHAMPS, *Croque-en-bouche*, 1976

Me presenté en La Mère Brazier a media mañana. Pedí ver a Viannay. Le dije, en francés, que llevaba unos meses en L'Institut Bocuse.

—Todos respetamos L'Institut Bocuse. Es muy serio —me dijo.

—Lo es —convine—. Y ahora vengo a pedirle que me permita ser *stagiaire* aquí. No mucho. Diecisiete días. Después, me iré.

—¿Diecisiete días?

—Diecisiete días.

Miró el calendario.

—¿Tiene seguro?

Sí.

—Tiene que mandarme un e-mail donde se comprometa a no hacer responsable al restaurante si sufre usted algún daño.

—Sin problemas.

—Diecisiete días. Y luego listos. *D'accord?*

—*D'accord.*

Nos dimos la mano.

—*N'oubliez pas l'e-mail.*

—*Oui*, chef.

—La cocina empieza a las ocho.

Lo había conseguido. Estaba dentro. Me di la vuelta. Salí de allí. Giré la esquina y lo celebré eufórico.

Llamé a Willy. Se quedó gratamente sorprendido. Todo el mundo quiere trabajar en La Mère Brazier, me dijo.

—La mitad de L'Institut Bocuse dejaría el curso si pudiese entrar ahí. Es el lugar perfecto.

No le comenté que me largarían en diecisiete días. Lo importante es que había entrado en la cocina. Había entrado en la cocina.

Sylvain Jacquenod era el segundo de cocina, el tipo ante el que yo debía responder. En mi primera mañana, Jacquenod estaba comenzando una elaboración con muslos de pollo. Llevaban una hora en el horno cocinándose en grasa a baja temperatura.

—Los haremos juntos —dijo, insistiendo en que me dirigiese a él por el nombre de pila—. Pero primero tienes que lavarte las manos.

Me abochornó que me lo tuvieran que decir, pero me alegré de que me lo dijesen.

Sacó la bandeja del horno, cuatro docenas de muslos burbujeantes de grasa, y me tendió unos guantes de látex. Me estaba explicando qué había que hacer a continuación —de hecho, estaba a mitad de la frase— cuando exclamé de repente:

—¡Es como un confit de pato!

Se calló un momento, un leve instante de incomprensión, pero lo suficiente para que me diese tiempo a preguntarme: «¿Por qué he dicho eso?».

—Sí —dijo—, es un poco como un confit de pato. —Parecía confuso por mi interrupción—. Salvo que un confit de pato se hace con pato. Esto es con pollo.

—Sí —dije.

—El pollo es distinto del pato.

—Sí.

Era mi francés. Hablaba como un niño de cuatro años, así que me hablaban como a un niño de cuatro años.

–Pero todas las aves son más o menos iguales, ¿no? –Sylvain intentaba tranquilizarme–. Las pechugas se cocinan más rápido. Las patas, más lento. Esto –señaló la bandeja de muslos– son sobras de platos que solo usaban pechugas.

Nos pusimos los guantes.

Primero, dijo, quitamos la piel, la soltamos de la carne intentando que el muslo quede intacto. No arrancamos.

Sostuvo en alto un ejemplo –la piel se arrugaba testicularmente– y lo echó en un cuenco.

–Luego las usaremos. Ahora deshuesamos los muslos.

Estaban calientes, hasta el punto casi de escaldarte los dedos, pero así los huesos salían con facilidad. Echamos la carne en otro cuenco. Aquello era aceitoso y no parecía nada del otro mundo, pero olía a gloria. (Una cocina puede ser un purgatorio si vas con hambre.)

Sylvain cogió una bandeja limpia y vació allí la carne deshuesada, aún humeante, y la aplanamos con las manos. Emitió una especie de chirrido. Era un bloque húmedo de carne de dos centímetros y medio de grosor.

–Ahora las pieles –dijo.

Las puso sobre una tabla de cortar y me enseñó lo que había que hacer: desechar algunos grumos de grasa, cortar tendoncillos retorcidos, luego recortar cada piel para obtener parches cuadraditos y amontonarlos.

Me preguntó si había estado en Borgoña.

No había estado.

–Entonces ahí es a donde iremos. –Sonrió–. Los viñedos, las montañas, el vino. Cuando haga bueno.

Sacó un bloque de *foie* de una nevera y cortó unas rodajas y las desmigó por encima de la carne de los muslos, ahora ya tibia. Lo allanamos con las palmas enguantadas. El *foie-gras* era suave, como mantequilla.

–Iremos un domingo. Con nuestras mujeres.

Ophélie, la mujer de Sylvain, estaba embarazada de su primer hijo, me contó. Su sonrisa era enorme, como de dibujos animados.

Los parches de piel los colocamos encima del *foie*: pulcramente, cada cuadrado alineado. Eran el tejado del plato. La bandeja fue al horno caliente: solo un momento, un toque de calor para derretir el *foie* y hacer que las pieles quedasen crujientes.

¿Había comido ya en Georges Blanc?

Nunca.

–*Oh là là! Ça n'est pas possible!*

¿Tenía coche?, me preguntó Sylvain.

Aún no.

–¿No? También iremos. A lo mejor de camino a Borgoña. Una excursión, y te presentaré a Georges.

Sylvain, que se crió en un barrio residencial de París, se mudó a la capital gastronómica a los diecinueve años para trabajar con Georges Blanc. (En Lyon hay dos realezas: Bocuse y Blanc. Bocuse = rey. Blanc = gobernador regional aspirante con numerosas propiedades.) Sylvain se quedó cinco años con Blanc escalando puestos hasta hacerse *chef de partie*, jefe de partida.

Tenía veintiocho años. Casi todo el mundo en aquella cocina tenía más o menos la misma edad –veintimuchos, treinta y pocos–, porque alguien más mayor no habría aceptado el salario (malo) ni las horas (extremas), y porque alguien más joven no habría tenido un CV lo suficientemente prestigioso como para ser un candidato al equipo de Viannay. El restaurante tenía grandes ambiciones. Los cocineros tenían grandes ambiciones. Eran de un tipo especial de cocineros: cocineros Michelin. Todos habían trabajado en lugares con estrellas Michelin, y todos aspiraban a tener un día un restaurante propio con estrellas Michelin.

Pero Sylvain no era, empezaba a ver, como nadie que hubiese conocido en una cocina. Me hizo sentir cómodo. Me hizo sentir seguro, algo que no esperaba experimentar mi primer día. No fue solo lo informal de su conversación. Fue que sonreía, y no solo un poco, sino mucho y constantemente. Llevaba la cabeza rapada y el pelo empezaba a escasearle por delante, era ancho de hombros, tenía unos antebrazos musculosos, una postura impecable y siempre iba de punta en blanco. Más tarde, en el comedor, Sylvain no comió. Al almuerzo lo llamaban *le personnel*, se servía a las once en punto. En mi primer día consistió en salchichas con mostaza, patatas hervidas y una ensalada verde con *foie*. Lo devoré todo, después de una mañana de olores cocineriles. Sylvain se tomó un espresso doble. Nada más. Rara vez lo vi comer, quizá una a la semana, dos como mucho (y cuando lo hacía, era con deleite; nada sorprendente, porque debía de estar muy hambriento).

Un día le pregunté por qué.

–*La rigueur* –respondió.

Rigor. Aunque en francés la palabra (como sé ahora) tiene tanto peso específico que, al lado de su equivalente en otros idiomas, parece una rama de la filosofía. Sylvain daba la impresión de temer su propia espontaneidad.

Salvo, claro, cuando sonreía, y cuando la piel de alrededor de los ojos se le arrugaba al instante en minipliegues de alegría.

En Francia no había muchos motivos para sonreír. Mi mujer sonríe mucho y a menudo le han llamado la atención por su alegría obviamente irritante. Una vez, cuando comíamos en Potager, el bistró del barrio, un comensal de la mesa de al lado se quejó: ¿de verdad tiene que sonreír tanto? Pero la cocina de un restaurante es incluso más severa. Ahí nadie sonríe. Jamás. Excepto Sylvain.

Sacó la bandeja de muslos del horno, la depositó en una encimera para que se enfriase y me dijo que lo siguiese hasta la *chambre froide* –la «habitación fría», la cámara frigorífica–, donde sacó un enorme recipiente de plástico lleno de un líquido viscoso color té negro. Era gelatina de carne. Una de las tareas semanales de Sylvain era hacer aquella gelatina (una pata de ternera hervida toda la noche a fuego lento con dos botellas de vino tinto y varias hojas de gelatina), porque se usaba para el *pâté-en-croûte* del restaurante. Una vez se enfría el *foie* y se contrae dentro de la masa, se vierte la gelatina a través de un tubo clavado en la costra y se rellena el espacio. (En su momento, no me gustaba la gelatina de carne, aquella textura irritantemente viscosa. Ahora la como sin parar.) El *pâté-en-croûte* también era responsabilidad de Sylvain. Cuando él estaba fuera –y eso fue después, cuando su mujer ya había dado a luz–, lo hacía otro. Era grumoso, seco y difícil de tragar. Los platos volvían del comedor intactos salvo por el primer bocado.

–Ven –me dijo Sylvain.

Viens.

Me llevó a un pasillo estrecho en la parte de atrás, donde trabajaba el friegaplatos, Alain, y donde se guardaban los utensilios de la cocina del restaurante en unas estanterías muy altas. Sylvain buscaba un *chinois à piston*, un colador chino con dosificador; se le llama «chino» porque si le das la vuelta tiene la forma cónica de un sombrero chino. Un *chinois à piston* tiene una válvula que te permite controlar la cantidad de líquido que dejas pasar –por ejemplo, la densa y lenta gelatina que íbamos a extender de manera regular por la bandeja de pieles ordenadas.

Cuando quedó cubierta, la bandeja estaba brillante y homogénea. Podías verte reflejado en ella. Tenía un aspecto peculiar: como una bandeja de brownies con cobertura dura y, al igual que los brownies, los cortaríamos en pedazos del tamaño de un bocado. Eran los aperitivos de la noche.

Lo siguiente fue pelar guisantes, es decir: sacarlos de su delicada piel: no de la vaina, que es consistente, que puedes abrir con el pulgar para llegar al meollo, algo que es divertido de hacer, sino de la membrana prácticamente traslúcida del mismo guisante, algo nada divertido de hacer, la verdad. No sabía que existiese la práctica. Pero para Sylvain, un guisante desnudo tiene más sabor que uno con su membrana. Era, dijo con énfasis, el auténtico sabor de Francia (*le vrai goût français*).

Pensé en Italia, aunque no quisiera (y aunque en general intentase no hacerlo), pero a veces la mente es una entidad muy escurridiza y la mía se estaba imaginando traviesamente en una cocina italiana proponiendo a mis colegas que pelásemos guisantes y el consecuente ataque de risa generalizado. En la larga historia de la cocina italiana no encontraréis ni un solo guisante pelado.

Para pelar un guisante, lo echas en agua hirviendo un momento, lo escurres y lo pones en hielo. Para mucha gente, eso es cocinar guisantes. Tras unos segundos de cocción, el guisante apenas si está «no-crudo» y el instante en el hielo preserva su color verde vivo. Y, también para muchos, con eso basta, a menos que quieras añadir sal y pimienta, igual un poco de aceite de oliva y un chorro de limón.

Lo que no sabía es que esta acción –el baño caliente, el baño frío– despega la membrana de la legumbre, de manera que cuando aprietas un poco el guisante entre el índice y el pulgar, este sale con suavidad. (¿Cómo llamas al grano de dentro del guisante? ¿Qué es... un intraguisante?)

El apretón, he de decir, hay que realizarlo cuidadosamente. Si se hace con demasiada fuerza, el grano se parte en dos. Medio grano de guisante no vale para nada. Puedes dejar unos cuantos –un error lo tiene cualquiera–, pero si hay muchos guisantes rotos, la tanda entera se echa a perder.

Guisantes pelados –salteados ligeramente con mantequilla, con un cucharoncito de caldo de ternera y terminados con piel de limón–, acompañados con mollejas, las esponjosas glándulas del timo del becerro que, si se hacen bien, tienen la textura aérea de una nube de azúcar asada lentamente al fuego. Pero cada ración requiere unos ciento cincuenta guisantes pelados. Lleva mucho rato sacar ciento cincuenta guisantes de sus membranas guisantiles a pellizcos sin partirlos.

Pelábamos los nudos que tienen los espárragos en el tallo. Eso no era nuevo para mí. La piel dura externa del troncho. Había aprendido a hacerlo con un pelador, sobre todo si eran para la parrilla.

–Desperdicias demasiado –dijo Sylvain.

(En Francia se respeta muchísimo la piel de las verduras, y se la quitas en detrimento del sabor. En la piel también se preservan otros elementos, como los nutrientes y la complejidad de la textura, pero el único que de verdad importa es el sabor.)

Sylvain me enseñó la técnica de igualado del espárrago con una puntilla (el cuchillo de pelar). Empiezas por el extremo inferior del tallo y vas subiendo en espiral hacia la punta en forma de florecilla. Los nudos puntiagudos tienen forma de triangulito. Son como hojas de minialcachofas, y saltan con facilidad (hasta llegar arriba, donde descubrí que lo mejor sería descabezar la florecilla, que no es la idea).

–Quiero ir a Nueva York –dijo Sylvain.

–¿Por qué?

Pensó un momento.

–No sé.

Creo que nunca se había planteado la pregunta.

–Solo sé que quiero estar en Nueva York. ¿Un chef francés encontraría trabajo allí?

Sería un tema recurrente, no solo de Sylvain, sino de la mayor parte de compañeros de la cocina, aunque nadie tan a menudo como Sylvain. Nadie quería ir a España, Japón o Dinamarca. (¿Inglaterra? Para nada.) Y no era por razones culinarias. Por ejemplo, ninguno de ellos creía que Nueva York tuviese nada que enseñarles en el ámbito de la cocina. Querían ir a Nueva York porque querían ir a Nueva York.

Una vez, una revista de Lyon (llamada, delatoramente, *Lyon People*: revista francesa, título en inglés) sacó a Daniel Boulud en portada, fotografiado sobre el capó de un taxi amarillo neoyorquino con los brazos abiertos, como invitando a sus amigos de Lyon a visitarlo. Había un ejemplar en un extremo de la barra. El bar era donde comía *le personnel*. No hubo un solo miembro de la *brigade* que se resistiese a coger la revista, leer todas sus páginas y quedarse mirando la portada. Los lioneses no conocen a Daniel Boulud. Lo conocen los chefs. Boulud es el que se escapó.

Por lo menos sabía cómo preparar alcachofas, y eso era un alivio, por fin. Las alcachofas son italianas. Las alcachofas no me venían de nuevas.

Sylvain se quedó atónito.

–¿En serio? ¿Sabes tornear alcachofas?

–¿Te refieres a cortarle las hojas y vaciar el corazón?

–Sí. ¿Lo sabes hacer?

–Sí.

–*C'est vrai?*

–Sí, de verdad.

No intentaba demostrar que fuese algo más que un principiante. No estaba intentando demostrar nada. Había trabajado en restaurantes italianos. De hecho, en L'Institut Bocuse había pedido una lección sobre alcachofas solo para confirmar que lo estaba haciendo básicamente bien. Las alcachofas son importantes en Lyon. Eso lo había sabido enseguida.

Sylvain dio a entender que estaba muy impresionado de la manera exageradamente teatral como lo haría un adulto hablando con un bebé, y dijo algo sobre que era más cultivado

205

de lo que creía. Me iba a tratar, sin duda, con otro tipo de respeto a partir de ahora.

Eso me incomodó.

Montó un puesto de trabajo improvisado para las alcachofas. Cogió una botella de plástico de una estantería de encima del fregadero —ácido cítrico en polvo— y echó un poco en un enorme cuenco con agua. El ácido cítrico impide que las alcachofas se pongan marrones. Luego arrastró un cubo de la basura como los de las calles hasta nuestra mesa. Es asombroso la cantidad de hojas que acabas tirando para llegar al tierno corazoncito de la hortaliza. ¿Habéis probado a mojarlas en mantequilla y sacarles la carne con los dientes?

Trajo una caja. Nos pusimos manos a la obra.

No recuerdo lo que hice. Si intento evocar mi esfuerzo, me viene una imagen a la cabeza, pero es la de una alcachofa perfectamente torneada, con unos tres centímetros de tallo, suavemente curvada, el corazón de una elegante simetría, como una flor. Yo creía sinceramente que había logrado lo que pretendía. No supe que era un espanto hasta que se lo enseñé a Sylvain.

Y lo que conseguí fue... hacerle llorar.

Lo que le presenté, era evidente, había mutado tanto de aspecto que Sylvain estalló en carcajadas: ante la cosa y ante mí. Se reía tanto que le corrían lágrimas por las mejillas. Se rió tanto que se caía. Todos en la cocina dejaron sus tareas y se echaron a reír también, por lo bajo al principio, porque la risa imparable siempre es contagiosa, aunque no sepas de qué se ríen, hasta que descubres por qué se ríen, y entonces, con el músculo de la risa convenientemente a punto, estallas también en carcajadas: señalando el objeto de escarnio y a la persona que lo ha motivado.

Al final, Sylvain tiró mi alcachofa compasivamente a la basura y dijo —con dificultad, porque aún se reía— que quizá aún no estaba listo para tornear alcachofas.

Solo una persona no se reía. Christophe Hubert. Hubert era el jefe de cocina.

Había cruzado los brazos sobre el pecho. Nos observaba con desagrado.

Christophe siguió mirándonos fijamente hasta que, uno por uno, cada miembro de la cocina fue controlando su risa poco a poco.

En realidad, fue culpa mía. Era consciente, y sospechaba que Christophe estaba pensando lo mismo: si no hubiese estado allí, con mi torpeza, nadie en la cocina habría sufrido aquel ataque de histeria.

La sala volvió al silencio. La gente reanudó sus deberes. Christophe esperó otro instante, un rato.

—*Merci* —dijo con gratitud exagerada.

En mi modesta vida culinaria siempre me ha dado terror la posibilidad de tener que trabajar de *garde-manger*, el lugar donde los recién llegados empiezan normalmente. (*Garde-manger*: meticuloso y rápido. Yo: torpe y lento.) En La Mère Brazier, la partida la formaban dos personas, Michael y Florian. Michael (pronunciado a la francesa: Mi-QUEL) trabajaba duro y vivía en un estado que siempre bordeaba el ataque de nervios. Sylvain era el padrino de Florian. Nos presentó, hizo el gesto de acunar un bebé recordando a Florian con nueve meses.

Ahora la formaban tres personas. Empezaría en el *garde-manger*.

Florian tenía diecinueve años. Era el más joven de la cocina. De vez en cuando entraban cocineros más jóvenes —estudiantes en prácticas, incluido un alumno del *lycée* (el equivalente al instituto) que tenía toque de queda y libraba temprano—, pero ninguno estaba en nómina. Florian recibía un cheque cada jueves de manos de Viannay en persona, que le estrechaba la mano y le miraba a los ojos con una intensidad que parecía decir: «Chaval, me perteneces». Florian era un miembro oficial de la *brigade*.

Mi primera tarea tuvo que ver con ensamblar setenta y cinco elaborados aperitivos de langosta con hinojo. Era la comida más ridícula que me habían pedido hacer hasta entonces. Cada uno parecía llevarme diez minutos, cosa imposible: no salían las cuentas, porque Florian y yo los hacíamos a dos manos y no nos costaba cinco horas. Pero se hacía larguísimo. Y lo que es peor: no se puede preparar un aperitivo con demasiada antelación o se te secan; por lo tanto, los haces lo más tarde que puedas, algo que en cocina supone el momento menos cómodo para hacer algo.

Los aperitivos de langosta se construían en cucharas de sopa, esas japonesas de cerámica, blancas, bonitas, hechas en Limoges (en Francia, todos y cada uno de los preciosos productos relacionados con la comida tienen su lugar de origen, y los platos vienen de Limoges) y pequeñas.

Vertíamos panacota en el fondo (un goteo denso). La panacota es un postre italiano. Es prima hermana de otro postre francés, las natillas, pero se hace con nata en lugar de con leche (*panna cota* = nata cocida) y claras de huevo en lugar de yemas. Esta, nuestra versión, estaba infusionada con ramitas de hinojo, esos pompones verdes que brotan de la parte superior del bulbo. Por el color. En el último momento, mezclábamos unas hojas de gelatina. Eso, para la consistencia de flan.

A continuación: pinza de langosta, solo un bocado, salteada con mantequilla. Se colocaba encima de la panacota como flotando. La imagen tenía un aspecto náutico. (A lo mejor no, pero así es como le daba algún sentido yo.) La panacota verde era el mar; el pedacito de langosta roja, la embarcación marítima.

Unos «mondadientes» –meticulosamente tallados del bulbo de hinojo– eran los mástiles. Cada uno tenía una cofa, además: un endeble anillito rojo de tomate baby colocado en lo alto de los mondadientes de hinojo. («¡Tierra a la vista!»)

Los endebles anillitos rojos eran todo un reto.

En realidad, todo era un reto. Mis dedos no servían para eso. Era mi herencia genética. Algunos: nacidos para tocar nocturnos de Chopin. Yo: nacido para arrancar hortalizas de raíz en pleno invierno. No tengo dedos, tengo muñones. Preparar un endeble anillito rojo con muñones es una tortura.

Para hacer un endeble anillito rojo, asas un tomate –no de esos cherry redondos, sino de los italianos con aspecto de ciruela– hasta que quedan arrugados y deshidratados. Luego lo cortas muy fino y con cuidado a lo largo. Lo más fino que puedas. Todo lo que no sea pasarse es quedarse corto. Cuando quites las semillas, te quedarán varios círculos rojos y finos: aros, de hecho, como una versión en miniatura de los que lanzarías, si midieses quince centímetros, en una feria para conseguirle un peluche a tu enamorada de quince centímetros.

Era labor de miopes. Estaba todo encorvado. Florian encorvado también. Dos hombres hechos y derechos, inclinados, haciendo encaje de bolillos con nuestros dedillos.

–*Attention!* –dijo Florian bruscamente. Luego me señaló la nariz.

Una gota de sudor engordaba amenazante en la punta.

Apareció Johann.

Johann era uno de los chefs reposteros. Había dos Johanns en la cocina y, a saber cómo, cada uno sabía a qué Johann necesitábamos cuando gritábamos «¡Johann!». Un Johann era tranquilo. El otro era un nervio. El tranquilo se olvidaba de ponerse el gorro. Le colgaban los pantalones por debajo de la cintura. Llevaba un collar de conchas marinas. Preferiría llevar sandalias a llevar zuecos. El Johann frenético parecía medieval. Era como un bufón de la corte. Tenía cabeza de huevo, muy estrecha en lo alto, y una nuez gigantesca, unos ojos saltones impenetrables y jamás sonreía, aunque nunca estaba serio. (También era extraordinariamente competente y nunca usaba aparatos eléctricos para hacer los suflés del restaurante, porque era capaz de batir más rápido a mano que cualquier máquina.)

–*C'est très joli ça* –dijo el Johann medieval a mi espalda, siempre de broma. Preciosísimo.

Yo estaba recolocando la ramita de hinojo. Que sí, preciosísimo, pensé. Venid a mofaros del neandertal.

–*Oui, oui. Je sais, c'est superjoli* –dije.

Me erguí y me giré. Johann no estaba hablando con ironía, pero es que no era posible, porque él siempre hablaba con ironía.

Me pregunté: «*C'est vrai?*».

–*Oui* –dijo Johann (recalcándolo) sin ironía.

Lo miré a la cara desabrido.

–*Non* –dije.

–*Oui, c'est vraiment joli* –dijo él, y se largó haciendo una impresionante e impasiva ostensión de sus convicciones.

Volví a examinar mis cucharitas: no meramente como expresiones de ñoñería narcisista (que es como, ay, siempre seguirán viéndolas estos ojos míos de paleto), sino también como algo agradable. ¿Dónde radicaba el placer, exactamente? Me descubrí analizándolas a partir de tres criterios:

Color: el rojo chillón, los toques de verde.

Textura: la verdura crujiente, la suave esponja de la langosta.

Y volumen: la innegable tridimensionalidad de un barquito de langosta con un mástil y una cofa.

Di un paso atrás. No había duda: estaba en una cocina francesa.

Para su edad y para mi sorpresa, Florian era muy buena compañía, sobre todo por su transparencia. Nunca trataba de ser mejor de lo que era, y pese a su torpeza adolescente, surgió entre nosotros una camaradería instantánea: dos principiantes, uno joven y otro no tanto, que esperaban contra toda probabilidad convertirse en expertos.

Florian era delgado y alto, probablemente en pleno estirón, tenía el pelo liso y oscuro, orejas y nariz grandes, un cuello inusitadamente largo y unos brazos también larguiruchos; tenía pinta de jirafa con disposición de chihuahua. Hablaba consigo mismo. («*Le stress! Le stress!*») Se insultaba. («*Florian! Putain de merde!*») Se pegaba: generalmente un guantazo de la mano izquierda en la derecha. Eso lo hacía para controlar un temblor. Cosa de los nervios. A veces se ponía tan nervioso que se pegaba con fuerza, levantando la mano bien alto, como quien no quiere la cosa, como estirándose, y entonces la dejaba caer en una encimera (con rapidez, como para pillar a la otra mano por sorpresa).

A diferencia de mis muñones, los dedos de Florian eran largos y delicados. Podrían haber sido los dedos de un pianista de no ser porque no habría sido capaz de controlar el temblor. Los nervios eran de miedo, me confesó. Al empezar cada día le daba miedo estar a punto de pifiarla.

A veces se agarraba el pecho agitado como si sufriese de un dolor tremendo. La primera vez que se lo vi hacer fue cuando llegué tarde para el servicio de la noche.

–Tenía miedo de que no vinieses –me contó.

Estaba hiperventilando y tratando de controlar la respiración con largas y lentas expiraciones.

(Era vergonzoso llegar tarde, y yo casi siempre llegaba un poco tarde. En la cocina no hay nada más importante que la puntualidad. Pero me alegró sentir que me necesitaban.)

Una mañana, después de picar en dados una chalota satisfactoriamente, Florian hizo un gesto triunfal con el puño y exclamó:

–*Je l'ai fait!*

¡Lo he conseguido!

Pensé: así que no soy el único. Nadie te lo dice, pero en tus primeras semanas, picar una chalota no es moco de pavo. En una cocina francesa tienes que producirlas sin parar (solo la sal y la pimienta son más fundamentales), pero tienen formas tan irregulares y son tan descaradamente resbaladizas que, aun cuando creas que sabes cortarlas en un montoncito de dados minúsculos y perfectos, se niegan a cooperar y eres consciente de que te está costando prepararlas más de lo que debería, y que todo el mundo se tiene que estar dando cuenta.

Florian admitió, con su característica franqueza, que la había pifiado dos veces allí. A lo grande. Sacudió la cabeza al recordarlo. Había empezado en la partida de carnes, dijo (en tono de «¿A quién se le ocurre?»). Fue un desastre. Christophe tuvo que intervenir. Florian fue humillado. (En mi humilde opinión, nadie más eficiente que Christophe en la inveterada práctica de pisotear la confianza de una criatura más débil.)

Le dieron una segunda oportunidad. La noche siguiente fue peor.

–Pero no me despidieron. Me dieron una tercera oportunidad.

Seis meses después, Florian seguía a prueba, aunque «probablemente» a punto de acabar. Los demás lo trataban, sobre todo Christophe, como un animalillo lo suficientemente amaestrado (casi) como para confiar en que no la liase muy gorda.

La actitud de Christophe hacia Florian era excepcional, en sí. Christophe no animaba a nadie. De vez en cuando le pedía a Florian que le llevase una botella de agua con gas (solo Christophe tenía permiso para beber agua con gas) y entonces, en un gesto de magnanimidad espontánea, le decía que se cogiese una para él. («*Oui!!*», decía Florian por lo bajo, y gesto triunfal.)

Una vez, Christophe le dio una palmada en el hombro a Florian. Christophe no tocaba a nadie. (Su apretón de manos era húmedo y renuente, y para mí, especialmente memorable por un reflejo en el último instante que solo me dio tiempo a cogerle la punta de los dedos sudados.) Florian estaba radiante. Algún día sería chef.

Jessica obtuvo nuestras *Cartes Vitales*, los tótems verdes plastificados que garantizaban nuestra asistencia sanitaria –sin la cual, la verdad, es imposible para una familia vivir en Francia–, pero solo tras unas visitas tremendamente beligerantes a la administración (CPAM, *Caisse Primaire d'Assurance Maladie*) en una calle horrenda entre la sórdida estación de trenes de Perrache, la sórdida cárcel antigua y la especialmente sórdida plaza Carnot. A Jessica el entorno se la traía al pairo. Lo que le ponía era el combate.

–No hay deporte que más les guste a los franceses que discutir –dijo al volver por fin victoriosa.

Era más directa que en sus tiempos neoyorquinos, y devolvía la pelota con auténtica mala baba cuando le soltaban alguna grosería. Por lo visto, los funcionarios, por lo menos los de nuestro distrito, no habían tratado antes con estadounidenses, y no entendían por qué tenían que empezar a hacerlo ahora. En cualquier caso, no me cabe duda de que ningún funcionario había visto a una estadounidense como Jessica enfadada. La lengua francesa le había dado alas. La grosería del francés tiene algo, un punto de arrogancia, quizá, capaz de enfurecerla, sobre todo si ella es el objetivo: como aquella ocasión en que un comensal (un hombre, de nuevo) atravesó el comedor entero del restaurantito donde estábamos cenando con unos amigos para decirle que se estaba riendo demasiado fuerte, o cuando alguien (hombre, por supuesto) en la mesa de al lado en el Bouchon des Filles se inclinó, después de fijarse en que me había llenado la copa, y le dijo que en Francia es el hombre y no la mujer quien sirve el vino. Jessica expresó una sorpresa exagerada, teniendo en cuenta que la mujer en cuestión era una experta en vinos, que también había escogido ella de la carta del restaurante, curiosamente llamado Bou-

213

chon des Filles y cuyas propietarias eran mujeres. (El hombre se calló abochornado y su mujer se pasó el resto de la noche disculpándose por el comportamiento de su marido.)

En nuestra familia, Jessica descorcha y sirve el vino.

Era ella quien capeaba las *grèves*, las huelgas, que eran continuas y se daban sin previo aviso: llegabas al colegio y la puerta de entrada estaba cerrada y con un cartel pegado anunciando que los profesores, los trabajadores del comedor o ambos se habían largado.

Ella soportaba el horror de los miércoles sin colegio a fuerza de descubrir un amplio programa de actividades alternativas en la ciudad celebradas en sucursales de la MC (*Maison des Jeunes et de la Culture*), tan populares que se llenaban a la hora de abrirse las inscripciones. Jessica, la primera de la cola, encontró plaza en una sucursal de la MJC justo detrás de La Mère Brazier. Así que tomé por costumbre llevarlos en su carrito, a la carrera, parándome en la cocina para guardarme una tabla de cortar antes de que me quedase sin ella, con los cocineros incómodos ante la presencia de los bebés, la incongruencia de los niños indefensos en medio de aquella cocina claramente agresiva, los dos observando con los ojos como platos, asombrados: su fragilidad, su blandura.

Durante la primavera, cuatro amigos del «club de catas» de Jessica viajaron hasta Francia para verla y, en efecto, reanudar sus estudios. Fue una muestra de lealtad significativa. También era un obvio estudio de campo: después de todo, estábamos situados a una distancia razonable en coche de varios grupos viticultores importantes. Animada, Jessica, se matriculó de nuevo para acabar de sacarse su diploma en WSET (*Wine & Spirit Education Trust*) en un centro educativo de Mâcon a unos ochenta kilómetros de casa. Las clases eran pequeñas y la mayoría en francés, muchas horas los fines de semana; Jessica hizo allí cuatro buenos amigos y un solo enemigo (hombre) cuya condescendencia fue incapaz de tolerar impunemente, y de quien al final tuvo que ser separada físicamente. Durante el resto del curso, Jessica y el pomposo tuvieron que sentarse en extremos opuestos del aula. Cuando aprobaron y se matricularon en el siguiente, se conservó la misma disposición de asientos.

Tuve malas experiencias con la sopa de alcachofas que acompañaba a un entrante de alcachofas con *foie*. Para hacer la sopa, cortas los culos de las alcachofas, las sumerges a medias en caldo de pollo salpimentado, y dejas que se cuezan poco a poco hasta obtener una crema verde espesa. Durante el servicio, la sopa se mantenía caliente en una olla en un estante de un rincón justo encima del caldero. El caldero era donde se tostaban los huesos y se hacían los fondos: tenía forma de ataúd infantil y siempre estaba en marcha, burbujeando, generando un calor vaporoso. El reto era transportar aquella densa crema verde desde esa cacerola –rincón caliente; cucharón enorme, enormísimo; el vapor de huesos de pato en la cara– hasta un cuenquito de porcelana sin salpicar.

Si salpicabas, manchabas. Si manchabas, la mancha no resbalaba hasta la sopa, se quedaba pegada verdosa e incriminatoriamente en las paredes del cuenco.

La partida del *garde-manger* estaba conectada con la cocina principal por medio de un altavoz y oculta a la vista de todos, así que como Christophe rara vez veía lo que hacíamos, Florian había dado con un truco para quitar las salpicaduras de sopa: se chupaba un dedo y las limpiaba. No sé por qué –aunque la imagen que tengo de mí es la de Pigpen con churretes de chocolate por toda la cara–, no fui capaz de imitarlo. Si salpicaba, devolvía la sopa a la cacerola, cogía otro cuenco y lo intentaba de nuevo. (A ver: ¿a vosotros os gustaría un cuenco de sopa limpiado con saliva?)

Los platos del *garde-manger* tenían su propia mesa de pase, una mesa con ruedas, colocada junto al pase principal (los platos del *garde-manger* nunca los coloca el chef; los vamos dejando y salen disparados hacia la sala). En la mesa había una botella de aceite de oliva y un cuenco de sal marina para acabar la sopa de alcachofa: sazonabas en el último momento con seis cristales de sal y tres gotas de aceite de oliva.

Una vez le puse cuatro gotas.

Me lo quedé mirando. No había duda. Cuatro gotas.

Mucho ajetreo. Una mesa para seis esperando. Tenía dos opciones: llevarme el cuenco al *garde-manger* y volver a hacerlo (y provocar la ira de Christophe) o dejarlo (y tal vez provocarla también). ¿Qué hacer? Vosotros haríais lo que hice yo. Dejar el cuenco. Solo era una gota.

Eran los primeros días, y aquella fue la primera ocasión en que fui el blanco de la ira particularmente personalizada de Christophe. (La segunda vez fue cuando, por motivos que aún no comprendo, dejé en el pase una sopa con solo dos gotas.) Cuando Christophe está decepcionado usa la palabra *franchement* –francamente– sin parar. «Francamente, no me puedo creer que seas tan estúpido. Francamente, no sé qué haces aquí. Francamente, no sé cómo te has creído que eres lo suficientemente competente como para trabajar en una cocina. Francamente, no quiero ni mirarte.» *Franchement.*

Era un soplapollas.

Una noche, Sylvain me invitó a emplatar en el pase con él. Fue un gesto generoso que podía permitirse debido a su posición en la jerarquía. Pero no entendía por qué me iban a tolerar los demás. Y más asombroso aún: acepté, no sé por qué.

La cocina, una vez allí, en pleno servicio, entre los hornos, era mucho más calurosa que el *garde-manger*. Era como zambullirse en una piscina de agua demasiado caliente. El cuerpo te pide salir de ahí pitando. Se me dilataron los poros y los brazos me empezaron a sudar. Todo resplandecía, las bombillas, las lámparas de calor.

Viannay llevaba la partida de carnes. Nunca llevaba gorro y el pelo le caía sobre la cara y tenía que ir apartándoselo. También le colgaban desmadejadas las mangas abiertas de la chaquetilla, bamboleándose a milímetros de la carne sin llegar a ensuciarse nunca. Era como un desafío. No había caído en lo mucho que le gustaba el pase —las lámparas bien podrían haber sido focos—, pero como estaba siempre atrás, raramente lo veía en la palestra.

Christophe llevaba la partida de pescados. Yo me encargaría de su puesto, me dijo Sylvain, y me apremió a fijarme en todo. (Christophe no entendía qué hacía yo en el pase, y estaba claramente irritado de tenerme cerca siquiera.)

Un plato era *filets de dorade de ligne* —besugo—, servido con verduras, cangrejo araña a la parrilla y salsa agridulce. Un cocinero preparaba la *dorade* y la pasaba en una bandeja. Otro salteaba las verduras, hacía el cangrejo a la parrilla y vertía un poco de salsa; todo se añadía a la bandeja y pasaba hasta Christophe, que lo colocaba en un plato: sin manos, solo cucharas, las verduras dispuestas espontáneamente, la salsa a cucharadas livianas por encima, como un rocío o un espray: lo justo. Cada plato tenía su toque embellecedor.

Llegado el momento, emplaté un par de veces, aunque no estoy seguro de qué aprendí, porque estaba tan preocupado de que algo me gotease donde no tocaba que intenté no pensar mientras lo hacía. Si me esfuerzo, recuerdo mis manos, o una cuchara, o las inmediaciones —a Christophe, a quien no veía pero oía, hiperventilando.

Luego volví al *garde-manger* y todo el mundo se me tiró al cuello. ¿Quién me creía que era?

Klaus, un *stagiaire* holandés a punto de acabar su período, estaba atrás de todo con las preparaciones y no disimuló su envidia.

—Nunca me han dejado ponerme en el pase —dijo—, y eso que es lo que vine a ver a Lyon: a ver a Mathieu Viannay emplatar.

Me preguntó con ferocidad:

—¿Te has fijado en sus *travers de porc*?

El plato era costillas de cerdo con glaseado de cítricos. Uno de los platos que me habían enseñado en L'Institut Bocuse. La versión de Viannay era un puzle de formas. El cerdo, sin las costillas, era un rectángulo perfecto. Un bombón de *foie*, un cilindro perfecto. Sí, lo había visto, pero no, no lo había analizado.

—Deberías estar más atento —me dijo Klaus—. Los platos de Viannay son como pinturas.

Klaus seguía agitado al día siguiente. Casi se había terminado su *stage*, tenía que volverse a Holanda y aún no podía creerse que no lo hubiesen dejado ponerse en la cocina principal.

—En Ámsterdam nadie hace salsas. Las compran a un proveedor. Hay salsas verdes, salsas marrones, salsas blancas y salsas rojas. Pero no sabes qué son. Aquí hacen todas las salsas con sus propias manos. ¿Has probado el fondo de carne? Lleva dos días hacerlo. —Klaus me confió en un susurro—: Me he apuntado las salsas de Viannay en una libreta. —Luego se quedó preocupado—. No se lo digas, ¿eh?

A la mañana siguiente, Viannay me vino a buscar.

Yo estaba en la parte de atrás. Se me acercó, apoyó el codo en la mesa, de cara, una conversación privada en un espacio público.

Me hizo una pregunta.

No la oí bien. Me disculpé y le pedí que me la repitiese.

Me la repitió.

Pillé la frase: *combien de temps encore*. Me disculpé de nuevo. ¿Me lo podría volver a repetir?

Repitió.

Mi angustia debía de ser manifiesta.

Probó con otra sintaxis: *tu restes ici encore combien de temps?*

(Mientras tanto, una vocecilla en mi cabeza me hostigaba: ¿Cómo es que no eres capaz de entender a este tipo? A otros los entiendes. ¿Es que tienes miedo?)

Sylvain terció:

—*Combien de temps* —me dijo muy despacio—. *Tu veux rester combien de temps encore?*

—*Ah! Je reste combien de temps?* ¿Cuánto me quiero quedar?

—*Oui!*

—¿Me estás diciendo que me puedo quedar? ¿El tiempo que quiera?

—*Oui!*

De hecho, me había olvidado que me habían dado diecisiete días.

—Bueno, ostras, pues ¿para siempre? O sea, *toujours?*

Los sábados no eran meros «días libres». Eran mejor que un cumpleaños, mejor que la Navidad, y con muchos más regalos. Los sábados eran luz, cielo, arroyos, ríos, niños, mujer, familia, sábanas limpias, tazas de café interminables y pies descalzos. Un sábado estaba preparando fresas para el desayuno (tal y como me las habían enseñado, lavándolas antes de quitarle el pedúnculo, con la punta de un cuchillo para sacar la pulpa menos sabrosa) cuando pensé, «Ah, ¿por qué no?», y las espolvoreé de azúcar.

Aparecieron los chicos y Frederick proclamó:

—Mira, George, *fraises au sucre!*

Claro que eso eran, fresas (*fraises*) con azúcar (*au sucre*), pero la manera de identificar la preparación pareció que la localizaba en la cantina del colegio, donde las habían comido por primera vez. Yo no les había puesto fresas aún en Lyon.

Otro sábado, una tortilla tal y como había aprendido a hacerlas, y el pequeño Frederick observó:

—No sabía que supieses hacer *une omelette*, dada.

Me lo quedé mirando mientras desgranaba los datos implícitos en aquella observación: que ya les habían puesto tortillas (¿comían tortillas en el almuerzo?); que identificaba las tortillas como comida francesa y que solo conocía la versión francesa (una preparación fina, doblada y semicruda por el centro, preferiblemente *nature*, sin nada dentro, y pronunciada *une omelette*, subrayando la doble te); que le sorprendía, por lo tanto, que yo, su padre, el estadounidense de la familia, conociese aquello y supiese hacerlo; y que, como muchos padres de hijos franceses, me llamaban «dada».

Cada semana colgaban el menú del comedor en la entrada del colegio: tres platos más un *produit laitier*, un lácteo: yogur o queso. No se repetía, algo tan innegociable que me veo obligado a repetirlo: ningún menú se servía dos veces a lo largo del año escolar. (Jessica, que había entrado en la asociación de madres y padres, descubrió que, con intervalos estratégicos, ciertos alimentos se repetían –nabos, kale, remolacha– para que los niños se familiarizasen con ellos.)

El primer plato era una ensalada –pongamos, zanahoria rallada con una vinagreta, la favorita de George por entonces (*Carottes râpées!*), que le pedía mucho a su madre–. El segundo, el *plat principal*, podía ser un *poulet* con *sauce grand-mère* (hecha a partir del caldo en el que se había guisado el pollo). Había unas verduras cocinadas (acelgas con bechamel, por ejemplo), y una fruta o postre. El favorito de los niños había sido *moelleux au chocolat*, duro por fuera, como un brownie, y blando por el centro, la tibieza del chocolate fundido.

L'École Robert Doisneau era un colegio público mal financiado. Tenía goteras y un patio de asfalto agrietado, lleno de malas hierbas. Su convencimiento de que se podía enseñar a comer no era excepcional. Daniel Boulud se crió en una granja, jamás comió en un restaurante ni compró comida en una tienda hasta los catorce años. Pero le habían enseñado cocina francesa a conciencia: su familia granjera, por supuesto, pero sobre todo en el comedor del colegio. Todos los miembros de la *brigade* de La Mère Brazier, lo mismo. Lo que comían nuestros hijos les diferenciaba de nosotros, sus padres.

Otro sábado, después de acostar a los niños (la única noche que podía), Jessica y yo cenábamos algo sencillo, pollo de la mañana, una ensalada y una botella de Beaujolais.

Jessica me preguntó:

—¿Tú sabías que a los niños les ponen nota en función de cómo comen y se comportan en el comedor?

Allí comían en silencio. Eso es para animar a los chicos a que piensen en lo que están comiendo. Cada plato se lo sirve en la mesa una mujer que sabe cuánto quiere cada niño. No les obligan a acabarse la comida. Pero si no te lo acabas, no te ponen el siguiente.

Jessica volvió a llenar las copas.

—Estados Unidos parece tan lejos.

Era verdad. Nunca pensábamos en «casa».

—Nadie que visite Francia la conoce de la manera en que nosotros estamos empezando a comprender Lyon —dijo. Hizo una pausa para calibrar la idea que estaba formulando, articulando, la relación de la comida... ¿con qué?, ¿con todo?—. La gente no hace lo que hacemos nosotros. —Estaba emocionada. Le brillaban los ojos—. No sé ni cómo describirlo... este lo que sea, este sitio que nos hemos buscado, la cultura, nuestro hogar, nuestro sitio aquí. Parece gigantesco.

Una granja cerca de Mornant, cuarenta kilómetros al sur de Lyon. Ludovic Curabet nos invitó a todos a una cata de charcutería que había preparado con «mi» cerdo. ¿Habíamos estado ya *à la campagne*? No.

Paramos a comprar pan donde Bob, que estaba de palique y a tope en plena mañana de sábado, emocionado por compartir su nueva producción, un pan inspirado en nuestra amistad, una mezcla de harinas estadounidenses y francesas:

un trigo duro de Dakota del Sur con un trigo blanco suave de Auvernia. («Solo le falta el nombre. ¿Lafayette?», comentó Bob.) Cuando le dijimos adónde íbamos, nos pidió que le trajésemos un *saucisson* y nos llenó una bolsa de papel con hogazas de su repertorio.

Ludovic nos estaba esperando con otras familias. Habían colocado una mesa, con un mantel de papel de charcutería, en una cima pedregosa. Ludovic sacó un catálogo diversamente proporcionado pero coherente de tubos porcinos: solo una pieza grande (que llaman *Jésus*); por lo demás, pequeños *saucissons*, ninguno del mismo tamaño, cada uno atado caprichosamente con una cuerda; pero nada de *jambon*, el equivalente francés del *prosciutto*, porque la pierna necesita curarse durante un año; ni panceta, *poitrine*, que tenía que estar colgada otros tres meses en la bodega de Ludovic. Había dos quesos: un Brillat-Savarin, un queso crudo cremoso de cerca de Borgoña que lleva el nombre del escritor, y un Comté, una variedad dura del Jura, al pie de los Alpes; y botellas de tinto sin etiquetar. También había comprado lo que parecían cuarenta kilos de cerezas: cuatro cajas, en cualquier caso, de Burlats.

–La cereza es la fruta de aquí –nos contó–. Ahora es la temporada, ¿sabéis? Están en su punto en este mismísimo momento de este preciso sábado.

Lyon cuenta con muchas variedades, que aparecen a lo largo de finales de primavera y verano, y empiezan con la Burlat, la primera que madura y la más jugosa y dulce de todas. Las cerezas son los heraldos de la primavera. Por lo visto, su sabor caía dentro del mismo espectro dulce y ácido de la uva syrah, también gran orgullo de la zona, su hogar septentrional (y donde los científicos creen hoy que debió «concebirse» a partir de dos uvas de los Alpes y de Ardèche).

Contemplé la mesa, que se me antojaba fragante de posibilidades y combinaciones. Las carnes curadas son uno de los misterios culinarios de la Tierra. Parecen primordiales, más antiguos que la historia, y al no estar cocinadas sino secadas o fermentadas, según lo que se tenga más a mano (el clima, el mar, humo, sol, sal, levaduras en el aire húmedo), pueden parecer tan fundamentales como la naturaleza.

Para los niños fue su primer contacto con el cerdo francés curado.

–Mmm –dijo Frederick (y luego descubrió la cesta del pan, perdió interés en la carne y se alejó con una *baguette*).

George, carnívoro curioso, dio un mordisco y pronto empezó a echarse rodajas en la palma de la mano.

Yo cogí una rodaja flexible del tamaño de una tortita de aquella peculiar variedad de *Jésus*, embutida en el intestino grueso, de diez centímetros de diámetro. La rodaja parecía húmeda. La froté entre dos dedos. Estaba blanducha, de un rojo muy oscuro.

¿La curación no estaba bien hecha? ¿O es que, al ser tan grande, le faltaba tiempo para curarse? Sin duda, no estaba lista. Quizá solo la habían dejado como muestra. Vacilé –no por razones de higiene, sino de textura en boca, normalmente esperas que el *saucisson* esté seco– y me di cuenta de que la gente me observaba. Obviamente, no podía soltar aquel trozo de *Jésus*.

Me metí la rodaja entera en la boca.

–Mmmm –dije muy alto, y añadí–. *C'est très bon, non?*

La gente se echó a reír y yo solté mi proverbial suspiro de alivio mientras me esforzaba por tragar: aquello era demasiado grande.

–*Très, très bon* –repetí con la boca llena.

Buscaba una manera de escupirlo sin que nadie se diese cuenta. También estaba en fase de negación: mi cerebro rechazaba, quizá por razones de cortesía, aceptar el mensaje que mi boca le enviaba. El problema era el sabor, un sabor al que necesitaba acostumbrarme. A los lioneses, por lo visto, les gusta saber de qué granja y de qué sitio es inequívocamente el cerdo que se comen. Les gustan salvajes, apestosos y bien cerdos.

Después nos quedamos por allí paseando. El día había sido gris cuando empezó, y de camino había llovido. Pero la lluvia no llegó a la granja. Los niños estaban en la hierba al borde de un campo de trigo. Había salido el sol.

Había ovejas, bolas de pelo sin esquilar, como enormes edredones móviles. Los chicos, urbanitas de nacimiento, nunca habían visto un animal tan de cerca, y se fueron directos. La oveja echó a correr.

Frederick le pidió a la oveja que volviese.

La oveja volvió.

George se acercó también, de puntillas. Los niños se pusieron a hablar con la oveja haciendo gestos con las manos como en un juego de adivinar por mímica, y los animales los rodearon, los observaban de cerca y parecían escuchar. Una dejó que uno de los chicos se le subiese al lomo. Risotadas.

Cogí a hombros a Frederick.

–Vamos a dar un paseo.

Nunca había paseado por una plantación de trigo.

Avanzamos los cuatro poco a poco. Más que caminar, deambulábamos sin otro destino que ir bajando vagamente. Nubes altas, cielo azul, una tarde cálida que se acaba. Jessica llevaba un vestido de verano. Los chicos y yo, pantalones cortos. Jessica se quitó los zapatos. El trigo nos llegaba por la cintura. No hablábamos.

Reflexioné. Nunca habíamos estado tan relajados. Llevábamos siete meses allí. ¿Acaso estábamos teniendo un momento bucólico?

No habíamos ido a Lyon por lo bucólico. No estábamos allí por los cantalupos, ni por el espárrago morado, ni por la lavanda ni por los melocotones de los granjeros del sur. No habíamos venido por el sur.

En cualquier caso, habíamos pasado un día muy alegre, por lo menos según la amable visión del universo típica del campestre apegado al terruño. El cerdo: curado a mano. El pan: hecho por Bob. Las cerezas: vendidas en puestos frente a los huertos donde las recogían. El vino: comprado por barriles a un *vigneron* y embotellado en la bodega del granjero. Y ahora aquel campo de trigo que nos hacía señal de que nos acercásemos con la ondulación de sus espigas.

Lyon es hermosa, y rara, pero no es esto, no es naturaleza. En Lyon, los ríos convierten todo lo que se construye cerca –puentes, *quais*, casas del siglo XVI color pastel, ruinas romanas dispersas– en espectáculos de luz, oscuridad y reflejos. Pero Lyon también es una ciudad retrógrada: listillos, policías corruptos, operarios sin duchar esperando su momento; las mujeres, la mayoría de Europa del Este, haciendo la calle. Las noches de los viernes son hostiles: los *afters* del Saona que se ven desde casa abren a las once de la noche y a saber cuándo cierran –Elody's Pub, Fiesta, Bootlegger, New Ibiza–. Las noches de los sábados, por cierto, son más hostiles que las de los viernes. Te despiertas los domingos y tienes a un borracho apoyado en tu puerta. A un vehículo aparcado delante del apartamento le han prendido fuego. Los granjeros llegan temprano al mercado para limpiar los vómitos a manguerazos.

George se peleaba en el colegio. Durante los recreos, unos chicos de una familia gitana –«*roms*», migrantes rumanos y búlgaros que vivían en tiendas de campaña de plástico en pisos vacíos a las afueras de la ciudad– agarraron a un niño y le cortaron las pestañas con unas tijeras. Una niñera le retorció a Frederick la oreja hasta que le cambió de color y se puso a llorar. Durante las vacaciones de abril, en una ludoteca pública, el pequeño George se llevó un guantazo en la cara por no hacer bien la cola. Parecía que todo el mundo pegaba a sus niños. Les daban azotes en el metro, en la calle, en un parque, en restaurantes, en catequesis. Les daban collejas, coscorrones en la frente, un-dos-tres, pam-pam-pam (porque el pequeño Sébastien no se da prisa para coger el bus). Una profesora suplente se frustró tanto con uno de los amigos de mis hijos que lo levantó de la silla por la oreja y lo agarró por el cuello. (Un error a muchos niveles, sobre todo porque la madre del chico era abogada y hay que decir, a favor del colegio, que echaron a la profesora.)

Había ido a Lyon para aprender cocina francesa, pero no había ido solo. Aquello cambiaba mi tentativa. Lo familiar importaba. Durante los primeros seis meses, cada miembro de nuestra pequeña familia había llegado a dudar de la sensatez del proyecto. Estaba claro que lo nuestro no era una peregrinación pastoral. Ni cultural. Aún no habíamos estado en París. L'Orangerie y los pintores impresionistas no figuraban en nuestra lista de visitas pendientes.

Llegamos al pie del monte. Jessica tenía las piernas como colmenas, llenas de erupciones. Yo llevaba los tobillos repletos de puntitos rojos que me había hecho por ir arañándome con las hierbas sin fijarme y ahora empezaban a chorrear sangre. Miramos la cima. El terreno parecía mucho más pronunciado que al bajarlo. (¿Por qué hacen eso los montes?) George nos preguntó si podíamos cogerlo a él también.

Emprendimos el ascenso. La tierra empezó a hundirse bajo nuestros pies. ¿Túneles de topos? El suelo era de terrones. Jessica se dio por vencida y se calzó los zapatos de nuevo. Frederick se aferraba a mis orejas para mantener el equilibrio.

Este campo, dije, nos ha engañado. De lejos parecía tan tentador, pero de cerca es todo madrigueras de alimañas, zarzas puntiagudas, arañas, garrapatas... a saber qué habría por allí abajo. Aquella tierra del trigo estaba amenazadoramente viva, y parecía haber decidido que éramos comestibles.

Nuestro anfitrión, el granjero, pertenecía a esa generación que jamás ha usado pesticidas, no necesariamente por motivos ideológicos, sino porque los pesticidas eran caros. El padre de Boulud, Julien, me preguntó: ¿por qué vamos a necesitarlos ahora si nunca los hemos necesitado? Sus granjas eran orgánicas porque siempre lo habían sido. A Boulud aún le fastidia haber tenido que pasarse las vacaciones de primavera quitando las malas hierbas de los ajos plantados en lugar de ir a jugar al fútbol con los amigos que no tenían granja. Muchas granjas del valle del Ródano son minifundios.

Me pregunté: ¿de esta clase de campo de trigo sale la harina de Bob? No había estado en Auvernia, pero la conocía por su reputación, un lugar agreste, de interior, con una tierra rica en lava de los muchos volcanes de la zona.

Pasaría mucho tiempo hasta que volviésemos a experimentar otro momento bucólico. Pero por ahora, por la misma naturaleza de nuestro estar en la naturaleza –aquella pausa–, disfrutamos de un momento dulce. Nos sorprendió lo mucho que nos cuadraba estar exactamente donde estábamos. Desde el invernal final del otoño hasta el estival fin de la primavera. Y entonces, una tarde de sábado en junio, nos sucedió algo inesperado. Habíamos llegado. Nos gustaba aquello. No pensábamos marcharnos por el momento.

V. *Stagiaire*

Soy un ilusionista con las manos llenas de verdad.
Ponedme en medio de un grupo de personas aburridas y
veréis despertar a esos tristes, empezar a sonreír y abrirse
sus ojos con la anticipación de las maravillas que esperan
de mí. Hasta el más rancio recuperará, ante la visión de
mi gorro, expresiones de infantil regocijo. Por eso siempre llevo un buen gorro de algodón planchado. Gasto
más tocas que un obispo, pero por nada del mundo me
pondría un gorro industrial de papel, un gorro de cocinero de usar y tirar como un Kleenex. Es posible que ustedes ni siquiera noten la diferencia a primera vista, pero yo
sí. Temería perder la mitad de mis poderes mágicos y quitarles además la mitad de la ilusión a quienes me estén
mirando.

ALAIN CHAPEL
citado por su tía,
FANNY DESCHAMPS,
en *Croque-en-bouche*, 1976

Frédéric me aclaró mi nuevo papel ahora que yo también era un *stagiaire* oficial. Frédéric y Ansel trabajaban en la partida de pescados. Frédéric, el *chef de partie*, estaba al mando. Era alto, delgado y estirado, de ojos claros y con una cara rectangular e inexpresiva que transmitía amenaza y peligro casi al mismo tiempo. Ansel era bajito y fornido, con unos brazos fuertes que parecían desproporcionadamente largos para su tronco (le colgaban), cubierto de vello, con una de esas barbas que ya empezaba a apuntar a la hora del desayuno. Dejando de lado la actitud implacable en la que ambos coincidían, Frédéric y Ansel formaban un equipo formidable: una especie de mezcla de monstruo de Frankenstein y simio.

Acababa de barrer el suelo antes del servicio –uno de mis nuevos deberes– cuando golpeé con la escoba los zuecos de cocina de Frédéric. Eran largos como monopatines. Me disculpé y bromeé sobre mi torpeza.

–Te crees un escritor sofisticado.

–No, no, no, no.

(A lo mejor se parecía al mayordomo de la familia Addams, pensé observando su cara, más que al monstruo.)

–Te crees gracioso. Pues no lo eres. No eres un escritor sofisticado. Estás aquí para chuparme la polla.

233

Se quedó esperando. La intensidad de su mirada era impresionantemente hostil.

—*Oui*, chef. No soy gracioso. Estoy aquí para chuparle la polla.

Se relajó y pareció satisfecho. (Pensé: por lo menos algo ya tengo solventado.)

Al día siguiente apareció una nueva *stagiaire*, una mujer. No había mujeres en nuestra cocina. Desde la reapertura, en el restaurante no había habido ninguna mujer (una situación que al fantasma de Mère Brazier no le debía hacer ni pizca de gracia ni mirándoselo con ironía histórica). Tampoco había demasiadas mujeres en otros puestos: la ayudante de Viannay, en un despachito de la segunda planta del que nunca salía y a la que jamás veíamos, y dos camareras que, sin yo saberlo, estaban a punto de presentar su dimisión. Las sustituirían otras dos mujeres, no me quedé con sus nombres, porque también se despidieron rápidamente antes de aprendérmelos. Después, tras una decisión que debió de ser un «a tomar por saco», Viannay las sustituyó por hombres.

Sylvain trajo a la nueva *stagiaire* al *garde-manger* para presentárnosla. Trabajaría allí, nos dijo.

—¡¿Hortense?! —exclamé en voz alta.

Hortense era aquella chica de veinte años y pinta de adolescente, pálida, delgaducha, rubia pajiza y calladísima de mi primera semana en Saisons. ¿Qué hacía allí? Se me antojó un gesto radical tanto por parte de Viannay al admitirla como por parte de Hortense al presentarse. No había cambiado, se esforzaba tanto como siempre en pasar desapercibida. Pero ¿qué he de decir yo? Obviamente era tímida, pero no se sentía intimidada. Allí estaba.

Ahora éramos cuatro en el *garde-manger*: Florian, Michael, Hortense y yo.

Quizá la partida no necesitaba más gente. Solo necesitaba que hubiese alguien al mando. Algo fundamental en el sistema de Escoffier: una jerarquía clara. Incluso en una partida pequeña, como la de pescados, de dos personas, una mandaba: el *chef de partie*. Caí en el problema del *garde-manger* una mañana en que apareció un asesor durante la *mise en place*. Se quedó en la entrada, apartado, con una visión general y con un portapapeles, y, como Dios, observó trabajar al «equipo». No se presentó ni nos advirtió de su cometido. No dijo: «Hola, vuestro jefe me paga para averiguar por qué sois tan disfuncionales».

Me descubrí viéndonos como debía vernos él: Florian hiperventilando, Michael taciturno, un estadounidense medio calvo que no acababa de tener claro qué había que hacer y una Hortense muda esforzándose al máximo por ocultar su inquietud.

Hortense estaba incómoda, como es comprensible: un espacio reducido, hombro con hombro con tíos, la mayoría con problemas de exceso de testosterona. Como si hubiese sido víctima de un error clerical y, en lugar de enviarla a una famosa cocina francesa donde pudiese contemplar las más altas expresiones de la cultura culinaria, hubiera aterrizado en una penitenciaría masculina.

La cocina también estaba incómoda con ella. Durante dos semanas la estuvieron tratando de *mademoiselle*: «¿Podría preparar los espárragos, mademoiselle, *s'il vous plaît*?» o «Mademoiselle, ¿podría cortar unos tomates?». El efecto era que llamaba más la atención. Cada vez que los miembros de la cocina oían *mademoiselle* pensaban: «¡Alerta, hay una mujer en la casa!» se atolondraban.

Me pregunto si Frédéric tendría una conversación con ella similar a la que tuvo conmigo para aclararme su papel. Dijo algo que no oí, pero Hortense se quedó paralizada y súbitamente atemorizada. Una vez lo describió como «del tipo Michelin»: un matón que solo trabajaba en grandes restaurantes y aprendía para conseguir un futuro de estrella Michelin, y a partir de aquel momento estuvo claramente tensa en su presencia. Por su parte, Frédéric desarrolló la costumbre de fingir que montaba por detrás a Hortense cada vez que esta pasaba por su lado.

Klaus se volvió a Ámsterdam un viernes. Al lunes siguiente, Sylvain me presentó a Jackie Chan, otro estudiante en prácticas. También lo reconocí: de L'Institut Bocuse, de tercer año, a punto de graduarse una vez completase los requisitos: un *stage*, aquel *stage*. Para Sylvain, lo que importaba era la experiencia de Jackie en cocina. Había trabajado en una partida en un restaurante de Borgoña y por tanto empezaría en la partida de carnes. Los *stagiaires* no suelen empezar en partidas.

Duró dos días.

Tampoco nos sorprendió. Las tres personas que habían intentado trabajar allí antes, Florian incluido, habían fracasado y los habían echado. En el caso de Jackie, no lo despidieron, fue más bien una reprimenda pública, porque faltaba personal. (El restaurante –y había otras señales de que iban cortos de dinero– necesitaba otro cocinero, pero no quería contratarlo. Tuvo suerte. Consiguió un *stagiaire* evidentemente cualificado.)

Durante su degradación temporal, Jackie peló guisantes conmigo en la parte de atrás, mientras los miembros de la *brigade* –Christophe, Viannay, Ansel, hasta Johann (el bufón de la corte Johann)– se acercaban a buscar a Jackie para recordarle su vergüenza. Sylvain lo llamó *putain* y le dijo que había deshonrado el restaurante.

–Espero que estés pensando en lo que hiciste mal.

Le pregunté a Jackie qué había hecho.

–No sazoné bien la carne.

–¿Salpimentaste poco?

–Me faltó sal.

Christophe había dicho que Jackie no probaba la comida.

–Pero sí la probaba. Tenemos paladares distintos. –Jackie hizo una pausa–. Soy de Yakarta.

–No te llamas Jackie Chan, ¿verdad?

–No, Jackie Chan es un actor famoso. Es chino. Yo soy indonesio. –Pausa cómica–. Somos todos iguales. –Sonrió y aclaró–: Me llamo Hwei Gan Chern. Puedes llamarme Chern.

Se me había grabado tanto el «Jackie Chan», era el único nombre por el que lo llamaban en la cocina, que ahora tuve que hacer el ajuste de pensar en decir «Chern».

–¿Prefieres que te llame por tu nombre de verdad? –le pregunté.

–Hombre, sí. ¿Tú no?

–Claro. Vaya pregunta te he hecho.

A la semana siguiente le dejaron volver a la partida de carnes.

–Jackie Chan, esta es mi caja de zanahorias –le dijo Ansel–. Esta es la tuya.

Acababa de llegar el pedido de verduras; las cajas eran de cinco kilos.

–A correr, Jackie Chan. Toma, tu pelador, aquí tengo el mío. ¡Vamos!

Ansel odiaba a todo el mundo, sobre todo porque todo el mundo era lento.

–Más rápido, Jackie Chan, ¡Más rápido! –Ansel, por cierto, era muy bueno pelando zanahorias–. Jackie Chan, ¿eres un gandul?

Ansel acabó con sus zanahorias. Se acercó al puesto de Chern y lo observó. A Chern le quedaban aún muchas zanahorias por pelar.

–Eres muy muy lento, Jackie Chan. –Chern tenía la frente perlada de sudor–. ¿Por qué eres tan lento? –Se agachó para quedar dentro del campo de visión del otro–. ¿Por qué no contestas, Jackie Chan? Eres una nenaza, Jackie Chan. Nunca serás chef.

—Ansel es un gilipollas —me dijo Chern durante *le personnel*. Tal vez Chern odiaba a Ansel más de lo que Ansel odiaba al resto del mundo.

Al día siguiente, patatas.

—Qué malo eres, Jackie Chan. A lo mejor deberías buscar trabajo de camarero.

El día empezaba a las ocho y acababa hacia medianoche, salvo los viernes, que terminábamos a la una de la noche y el ritmo siempre rondaba el punto de la carrera. Nada era más importante que la velocidad.

Estaba preparando pimientos rojos —quitándoles las pieles y las semillas, nada sofisticado— para un sorbete salado y rojísimo que iba con unos filetes curados de *merlu*. (¿Merluza? ¿Se dice así? Da igual, la merluza, para mí, ya solo puede ser *merlu*.)

—¿Aún no has acabado? —me preguntó Sylvain. El servicio estaba a punto de empezar.

Diez minutos después:

—Bueno... ¿vas acabando?

A los pocos segundos:

—¿Y los pimientos?

Se me acercó para ver cómo iba.

—Ah, ya veo. Son las manos.

Me miré las manos.

—Nunca hay que cruzarlas. Mira —dijo recolocándome los cacharros alrededor de la tabla de cortar—. Pon los pimientos a tu izquierda, el cuchillo en la derecha, el bote para la basura aquí también, y la bandeja para los pimientos acabados en el centro.

(¿Era yo la última persona en la tierra que no sabía que cruzar las manos influía?)

Sylvain me dedicó su proverbial sonrisa. Entonces apareció Christophe.

–¿Qué haces? –*Qu'est-ce que tu fais*. No se podía contestar aquella pregunta porque no lo era. (Christophe no suelta palabrotas. No levanta la voz. Dice: *Qu'est-ce que tu fais*.) –Le estaba enseñando a Bill –dijo Sylvain cayendo en la trampa de responder y titubear en mi nombre–. Una técnica. Para ganar velocidad. Era como si lo hubiesen pillado haciendo algo malo. Christophe hizo un gesto con la mano como si espantase la mosca que debía ser el tal Bill.

–Te necesitan en el pase, Sylvain, donde igual haces algo de provecho.

No se pierde tiempo. No se cambia de dirección una vez iniciado un movimiento. No se cambia de idea. No se hacen dos viajes.

Por la mañana, cuando se abrían las puertas, agarrabas una tabla de cortar de una estantería y cogías todos los botes, cacharros y utensilios que fueses a necesitar para todo el día. No volvías allí hasta el final del servicio, cuando lo devolvías (amontonado en equilibrio atravesando con cuidado el *garde-manger* porque no te veías los pies y había un escalón al principio y al final). Entretanto, te organizabas con eso. No pensabas, por ejemplo: Ups, me he olvidado tal cosa, mejor voy a cogerla.

En realidad, podías volver, pero el pasaje se hacía por un estrecho pasillo donde estaban Ansel y Frédéric en pescados, y luego Michael y Florian en el *garde-manger* y Sylvain en la cámara frigorífica, y nadie quería verte porque el hecho de que volvieses significaba que no te habías organizado y te merecías una bronca. Florian (honrando su posición inferior en el proverbial tótem) era el más agresivo y no sé cómo parecía hacerse más alto y desgarbado y no se apartaba de tu camino sin que te llevaras un empujón mientras componía una expresión de asco y desprecio y te llamaba *putain de merde*.

Al principio nadie te coge aparte y te dice: «Eh, deja que

te explique cómo funciona este sitio». Lo que hay en la cultura de la cocina es una intolerancia patológica al nuevo y un perverso regocijo de los bravucones ante los intentos fallidos del nuevo por comprender una cocina que el resto ya conoce. Para ellos debe de ser divertidísimo.

Entonces Ansel anunció que se marchaba, cosa que en la pequeña comunidad de la cocina era todo un acontecimiento. La Mère Brazier era un proyecto a cuya resucitación todos contribuíamos y en el que todos sabíamos lo que nos jugábamos. Ansel fue el primer miembro del equipo original en irse por propia voluntad.

Apareció en la parte de atrás su última noche. Estaba haciendo su turno y le dijeron que me echase una mano. Yo estaba pelando guisantes. Pelaba yo. Pelaba él. No decíamos nada.

Acabamos y empezamos a pelar patatas. Ansel usaba un cuchillo. Yo tenía un pelador.

No decíamos nada.

Pelábamos.

Para mí era evidente que, a ojos de Ansel, yo era un perro despreciable (igual era justo, porque, a mis ojos, él era un simio).

—¿Crees que Christophe es buen cocinero? —le pregunté. De pronto debió de darme por trabar conversación.

—¿Christophe? —Ansel pareció sobresaltarse, como si acabara de darse cuenta de que el perro despreciable tenía el don del habla humana—. ¿Por qué me lo preguntas?

—Tengo curiosidad.

—¿Buen cocinero, Christophe? A lo mejor. Ni idea.

Empecé a pelar una patata.

—Lo odio. Odio a Christophe. —Ansel pronunció el nombre como algo que hubiese rascado con la carraspera—. No me gusta compartir espacio con él. —Acabó una patata y cogió otra. Ansel era muy rápido. Añadió–: No me gusta respirar el aire que ha respirado. ¿Entiendes? Me voy por él.

–¿Te vas por Christophe?

–Me entran ganas de escupir. –Se cogió la garganta.

–No te vas porque tengas otro trabajo.

–No tengo otro trabajo.

Nos quedamos callados. Era una postura firme.

–Deberías usar un cuchillo –dijo señalando la patata que tenía en la mano yo.

–Sí. Lo sé. Soy lento con el cuchillo.

–Lo que es lento es el pelador. Un cuchillo no es lento. ¿Cuántos movimientos tienes que hacer para pelar una patata? No lo sabes, ¿verdad?

No lo sabía. Continué. Ansel me miraba. Estaba contando.

–Veinticinco –dijo–. Veinticinco pasadas para pelar esa patata. ¿Sabes cuántas hacen falta con el cuchillo? Siete. Mira.

Ansel cogió otra patata y procedió a pelar una sección, de un extremo al otro. Otra pasada. Con siete pasadas la tuvo pelada entera. No necesitó repasarla ni revisar trocitos sin pelar, porque no se había dejado nada, ambos extremos incluidos, que con un pelador siempre tenía que acabar de rematar con unos cuantos cortecitos.

Ansel levantó la patata entre los dedos. Era un heptágono perfecto.

–Antes llevaba un huevo en el bolsillo. Para practicar.

Aludí a una competición de pelar patatas sobre la que había leído en *Le Progrès*. Se había celebrado el fin de semana anterior en la zarrapastrosa plaza Carnot. Parecía sintomática de dónde me encontraba: en Lyon, aquella capital de la gastronomía obsesionada consigo misma (porque a ver: ¿un torneo para determinar el pelador de patatas más veloz?).

–Sí, conozco la competición. La he ganado dos veces.

Cuando llegué a casa aquella noche hice un huevo duro

y lo llevé encima todo el día. No me acabó de funcionar, fingir el movimiento, como si pelase una patata imaginaria con un cuchillo imaginario.

Ansel era muy de cuchillos, y el cuchillo, en la cocina, es la herramienta esencial. Me enseñó una cosa que yo pensaba que ya sabía y es apoyar el nudillo en la hoja para no cortarte. Yo lo hacía, pero no siempre, por miedo al contacto con algo tan peligroso y probablemente porque me había hecho muchos cortes y bastante feos. Ansel dijo que entonces era tremendamente tonto. Él no cortaría ni mantequilla mientras no tuviese el nudillo tocando la hoja. Y yo, que hasta entonces me cortaba en cuanto entraba por la puerta de la cocina, no me he vuelto a cortar ni una sola vez con el cuchillo desde mi sesión con Ansel. (A ver: me sigo cortando, solo que encuentro otras maneras más ingeniosas de hacerlo.)

Ansel era un gilipollas. Chern tenía razón. Y yo me alegraba de que se marchase. Pero también me alegré de haber hablado por fin con él. Era un buen gilipollas.

El día siguiente, viernes, el último día de Ansel, fue el día en que no apareció Michael. Desde la apertura del restaurante, no había pasado, que un cocinero simplemente no se presentase.

Michael era el miembro más responsable y contenido de la cocina. Tendía a la morosidad y afectaba una pesadumbre constante, pero trabajaba duro, era reservado, nunca llegaba tarde y rara vez caía en despliegues de agresividad o histrionismo (a menos que, según descubrí, invadieses accidentalmente su tabla de cortar).

Christophe esperó una hora. A las nueve en punto exactas llamó a Michael al móvil. No respondían. Dejó un mensaje. Llamó de nuevo diez minutos después. Se quedó mirando el teléfono. Hizo venir a Sylvain, que estaba inventariando en la cámara, y le dijo que se pasase al *garde-manger*.

Michael era una *putain*, dijo. No, peor que una puta. Era un perro.

Sylvain iba acelerado. Hablaba a toda pastilla.

–Un perro, un perro asqueroso. Perro, perro, más que perro.

¿Es que Sylvain sabía algo que yo no sabía? Pensé posibles explicaciones: enfermedad, intoxicación alimentaria, un familiar en apuros, no le había saltado la alarma –la más plausible, imaginaba, aunque solo fuese por las horas–. Las jornadas, que acababan entre la una y las dos de la madrugada, se alargaban más cuando, sin previo aviso, Christophe inspeccionaba las partidas y consideraba que todas necesitaban limpiarse de nuevo y una segunda inspección.

–*Pas propre* –decía.

–*Sale*.

Sucio. La otra palabra que empleaba.

–*Pas propre*. –Señalaba con desdén.

Una manchita, una huella, grasas en la hoja del cortafiambres, un puntito oscuro en la juntura entre baldosas, un churrete en la superficie cromada sempiternamente churretosa del frigorífico.

–*Sale*.

Costaba mucho rato conseguir que Christophe nos diese el OK.

Yo contaba las horas, no con orgullo: de dieciséis a dieciocho horas al día (con un breve, aunque no garantizado, descanso vespertino), cinco días a la semana. Semanas de ochenta horas, más o menos. Salía antes de que se despertase nadie en casa y volvía después de que se hubiesen ido todos a dormir. Pero mi rutina era fácil: iba al restaurante y volvía. Sylvain, los dos Johanns y el tipo que llevaba la partida de carnes, Mathieu Kergourlay, iban a casa en coche y tenían largos trayectos. Chern y Hortense vivían en la pensión de L'Institut Bocuse y esperaban un bus a las tantas de la noche.

Había acabado cogiéndole el gusto a aquella totalidad directa y sin concesiones. No había ningún equipo matutino que te hiciese el trabajo. Tú preparabas, cocinabas, emplatabas, limpiabas tu partida, lavabas las paredes, los suelos y las mesas, y luego vuelta a empezar, a las elaboraciones de la cena. Había ahí cierta honestidad, cierta filosofía, incluso... que hacer comida era algo más que cocinarla. Me empezaban a gustar los horarios. Tenían cierta pureza por ser tan absolutos. Es lo que había. Pero si algo salía mal –no podías pedir una baja, no había suplentes–, entonces alguien tenía dos trabajos, como Sylvain: el suyo y el de Michael.

Hacia las once de la mañana llamaron. A Christophe no le dio tiempo a coger el teléfono y escuchó el mensaje de voz: sin nombre, un amigo, Michael había tenido un accidente anoche a última hora y había volcado el coche.

Sylvain estaba indignado. Agarró la mesa con las dos manos. Los músculos del cuello se le agarrotaron de una forma alarmante. Temí por él, ante la intensidad de aquella rabia, su potencia contenida mientras se le ponía la cara roja.

Lo único que sabía Sylvain era que, de algún modo, Michael le había fallado. Había infringido el código. *La rigueur* –es la palabra que usó Sylvain–. Aguantarse. Ser duro. No defraudar a nadie.

Viannay usó la palabra también. Una vez llegué tarde porque había necesitado cirugía dental de urgencias y no me presenté en el restaurante hasta acabado *le personnel*. Viannay me estaba esperando en la puerta, en lo alto de las escaleras, bloqueándome el paso con los brazos cruzados.

Yo había dejado un mensaje. Pánico: ¿no lo había recibido?

–Lo he oído.

Me disculpé por la tardanza.

Se señaló el reloj.

Volví a disculparme. Me señalé la mandíbula.

—El dolor —intenté bromear.

Viannay sacudió la cabeza.

—*La rigueur.* ¿Entiendes? *La rigueur.*

Me disculpé. No se movía. Seguía bloqueando la puerta.

—Estás con nosotros o no estás.

—Estoy.

Entonces se apartó.

Les règles. Las normas. *Les règles* gobernaban la comida. *La rigueur* gobernaba la conducta.

Después del almuerzo llamó la policía. Había un pasajero, la novia de Michael. Cuando el coche volcó resultó herida y estaba en el hospital, en cuidados intensivos. Michael había bebido.

Sylvain le dio un puñetazo a la puerta de la cámara y la abolló.

—Michael estaba borracho. Estaba por encima del límite —informó Viannay.

Michael apareció a la mañana siguiente. Viannay lo hizo subir a hablar con él y lo despidió.

—No tiene talento —me dijo Viannay—. El tema no ha sido la bebida. ¿Entiendes? No era lo suficientemente bueno.

¿Por qué me decía esto Viannay? Parecía que le excitase decir la verdad sin paños calientes.

Viannay podía ser un cabrón. Y no serlo. Podía pasar de tibio a frío o a caliente en un instante. Lo observabas. Todos lo observábamos. («Mírale el cuello», me susurraba Frédéric refiriéndose a la banderita de la MOF mientras lo escrutaba tratando de averiguar qué era lo que tenía.) Era el chef supremo. Estábamos en su territorio y a sus expensas. Eran sus leyes. En su presencia, uno no se acababa de sentir seguro. Luego sí, en un momento dado, y era tu amigo. Luego ya no, y pensabas que igual te hacía daño.

Sus estallidos eran raros pero concentrados, como los de un depredador. Se volvía excepcionalmente silencioso, como si caminase de puntillas, como un animal de la jungla. Viannay no gritaba nunca. Hablaba en voz baja, a menos que estuviese muy enfadado, que era cuando su voz adquiría una especie de susurro sibilante. Apretaba los dientes, la mandíbula parecía alargarse y le cambiaba la cara. Me hacía pensar en un lobezno o un visón, despiadado, rápido, malévolo.

Una mañana andaba yo ocupado en una actividad tediosa como es arrancar a unas plantas delicadas únicamente las hojas de forma más perfecta. Christophe me las pidió. (Había experimentado no sé qué epifanía horticultural y ahora creía que, al dejar caer unas hojas perfectas aquí y allá en el plato, los elementos del mismo –la carne, la verdura, la salsa– quedaban conectados estética o metafísicamente, o quizá solo físicamente.) Había desarrollado una intolerancia absoluta ante cualquier hoja inferior o con algún defecto que le presentasen. *Feuilles*, ladraba por el interfono. *Feuilles* es «hojas». Christophe no estaba pidiendo *feuilles*. Estaba expresando desagrado ante las *feuilles* que acababa de entregarle, porque, como siempre, le había llevado unas inferiores y con algún defecto.

Viannay me abordó justo cuando estaba teniendo una pequeña rabieta privada con mi caja de hojas y las revolvía de aquí para allá, a las muy asquerosas, con pura y franca hostilidad. Es que había tantísimas, y todas tenían algún defecto –mira: un montón con los tallos doblados– y no veía ni una sola perfecta, porque no hay nada perfecto y, la verdad, hasta desde un punto de vista moral, no debería haber nada perfecto, y me descubrí echando de menos Italia y su alegre admisión de la naturaleza como naturaleza, con sus tallos torcidos y demás.

Viannay se quedó de piedra. Me clavó la mirada.

–¿Qué estás haciendo?

Fue como si me hubiese pillado robándole (y tal vez, en

cierto modo, así era), y pasó del chef que parecía ser amigo mío al hombre enfurecido: los dientes, la mandíbula, la jeta carnívora.

Acto seguido, volvió a cambiar. Fue como si una nube cinemática hubiese cruzado flotando por el cielo nocturno y la cara normal de Viannay volvió al darse cuenta de que yo era estadounidense, que él había ido a Estado Unidos y sabía que la gente ahí es ignorante sobre la cultura de la hoja y otros asuntos que para un francés son de importancia.

—Deja que te enseñe. Las hojas son tiernas. Hay que tratarlas con ternura.

Doucement. Se dispuso a demostrármelo: la manera de meter las manos en la caja de hojas para luego, con curiosidad, incluso con afecto, cribarlas una por una apartando las inferiores en busca del espécimen perfecto. Cada hoja prometedora era como una posible relación romántica («¿Esta? Ay, no»), y la cara cambiante de Viannay se relajaba.

—Lleva un rato encontrar una hoja perfecta –dijo. Entonces la encontró. Se puso la hoja en la palma de la mano. La observó tan de cerca que bizqueó un poco. Con suavidad, la puso en una servilleta de papel–. Esta es una buena hoja.

Por la tarde, Viannay convocaba a Johann al pase por el interfono de la cocina.

Era Johann el reposado, el que aparecía, feliz y distraído, con el gorro puesto en el último segundo y los pantalones de cocina caídos.

—Quiero que me hagas un postre para el lunes –dijo Viannay–, algo con frambuesas.

—*Oui*, chef!

Johann se fue para la cocina de repostería halagado. Sonreía.

A Viannay no le convencían los postres clásicos franceses, consolidados, impecables. Se daba por hecho implícitamente, tal vez por inspiración de Paul Bocuse, que los elementos del repertorio francés eran perfectamente buenos, teniendo en cuenta que eran perfectos. En el menú de Viannay había un suflé de Grand Marnier con un sabor especialmente intenso a naranja, y un París-Brest, la pasta choux con forma de rosco, sin duda mi postre favorito hoy y siempre. En la misma línea, Johann creó un constructo de frutas por capas que llamó *mille-feuille croustillant aux framboises*: tres placas de hojaldre, frambuesas en medio, sostenidas por una crema de frambuesas. Era rojo, blanco y rosa.

Viannay lo partió con una cuchara. Emitió un satisfactorio «crac». Mordió. Masticó y oí el crujido en su boca. Cogió otra cucharada, más grande, y otra, y rápidamente dio cuenta del plato.

Johann estaba contento. Estaba claro que a Viannay le había gustado.

De hecho, lo que estaba claro era que Viannay tenía hambre.

Se limpió las comisuras de la boca. Carraspeó. Y despidió a Johann.

–No es lo suficientemente bueno –dijo. Y se acabó: ya solo había un Johann.

Johann preguntó si podía acabar la semana y Viannay se lo permitió. Johann se había quedado sorprendido por el despido, pero aceptó el veredicto con elegante ecuanimidad. Viannay había sido categórico: «Tus postres no son lo suficientemente buenos. Adiós. Hielo».

Sylvain habló con Johann en un rincón. ¿Había sido por la cocaína? *Coco*. (Johann no habría sido el primer chef incapaz de soportar las largas horas sin una ayuda suplementaria.)

No, dijo. No se aludió a las drogas. Era bien sencillo. Ha dicho que no soy lo suficientemente bueno.

Un día me encontré a Hortense llorando. Justo antes del servicio, había ido a la cocina principal a barrer el suelo (tarea suya, ahora) y Frédéric, encarándose con ella, le había dicho algo –vi el encuentro, pero no oí lo que decía– y Hortense volvió al *garde-manger* tremendamente angustiada. Hicieron venir a Viannay. Cuando llegó, Hortense tenía la cara hinchada y empapada, húmeda como una toalla, y se esforzaba por respirar.

Viannay le tocó un hombro para calmarla. La ayudó a acompasar la respiración. Se inclinó sobre la mesa, pegado a ella, a pocos centímetros. Yo estaba cerca, inyectando gelatina a una terrina y me quedé impresionado por aquella delicadeza instantánea, aquella humanidad.

Aquel apiñamiento era para ganar intimidad. Le susurraba algo muy por lo bajo. Le daba igual cuál había sido la ofensa. Aquello era la cocina. O lo soportas o te largas. O estás o no estás. Y ella le confirmó que estaba.

Los domingos por la mañana me llevaba a los chicos lo más lejos posible y durante el mayor tiempo posible. Era un gustazo. También eran órdenes de Jessica.

La mayor parte de la Presqu'île cierra los domingos, salvo los cafés y los bistrós cerca del mercado del Quai Saint-Antoine. Nos aficionamos a ir a La Pêcherie. Su atractivo radicaba en las copiosas cestas de *pain au chocolat* (los niños se comían dos como mínimo), buen chocolate a la taza y café pasable. (Una falacia francesa imperecedera es la cultura del café. El café francés es asqueroso, flojo, lo hacen incompetentes y tomarlo te fastidia el día. El mejor café que puedes encontrar es el que te tomas tras cruzar la frontera a Italia.) El Café Pêcherie estaba frente a una parada de autobús de las afueras, y los domingos se llenaba de rezagados tras la juerga nocturna esperando el transporte público, desayunándose una cerveza, luchando por mantener el equilibrio en el taburete, precipitándose a veces hacia los lavabos, escaleras arriba, aromáticas curiosidades que mis niños observaban con cautela.

Después nos íbamos al mercado y volvíamos a casa cruzando «el anfiteatro de las Tres Galias», una ruina antigua desenterrada en 1978. Los romanos lo construyeron como lugar de reunión al aire libre para las tribus indígenas del valle del Ródano, y es tan grande que parece improbable que la historia lo enterrara de tal manera que costase casi doscientos años localizarlo. En su época, hasta donde llegaban los hombres peludos (se sabe que los galos eran extremadamente velludos), atravesando grandes distancias, a pillarse una buena cogorza. Mis hijos se quedaron fascinados con las canalizaciones: cuántos lugares para mear, cagar y vomitar.

Cruzamos el río y nos topamos con Christophe, a quien me costó reconocer vestido de calle y sin su gigantesco gorro. Estaba sentado con una mujer –melena oscura, cara pálida, aros en las orejas, pintalabios rojo– en la terraza del Wallace Bar, un pub deportivo escocés conocido por su mala comida, su buena cerveza y sus muchos televisores. Nunca había visto a Christophe fuera de la cocina. Nunca había pensado en su existencia en la vida real. No los miré mucho –nos saludamos con el más ínfimo e imperceptible, infinitesimal, gesto de la cabeza–, pero ambos parecían un tanto incómodos. ¿Era una cita? ¿En el Wallace? ¿La idea de cortejo de Christophe era la indigestión? (¿Era posible que alguien lo amase?)

Los pies de Frederick rebotaban contra mi pecho y llevaba a George cogido de la manita; fui consciente de una repentina inquietud. No me parecía conveniente dejarme ver así, con mi prole. En la cocina te conviertes en una persona distinta de cualquiera que seas fuera. Me había acostumbrado a estar en guardia allí. Hombres duros, mujeres duras. No me gustaba que la persona que dirigía el restaurante me viese con mis niños. Ellos no eran duros. Eran vulnerables. Me sentí vulnerable con ellos a mi cargo.

El valle del Loira. El Loira es el río más largo de Francia, fluye desde el sur y justo antes de llegar a París se desvía hacia el oeste, rumbo al mar. Su valle era donde la capital solía recoger la mayor parte del vino, sobre todo por su cercanía. También era donde reyes y reinas se iban a cazar o para huir del calor, o para escapar, simplemente.

Un fin de semana fui hasta allí en coche. Salí de casa y puse rumbo al norte, el Saona a mi derecha, las colinas de Beaujolais a mi izquierda. A la hora llegué a la Roca de Solutré, una formación rocosa de caliza que marca el comienzo de la Borgoña del sur y que fue en su momento, tal vez como 50.000 años a. de C., el hogar de los habitantes de las cavernas (la era del Paleolítico medio, la Edad de Piedra). En las cimas de las montañas de los alrededores hay viñedos, uva blanca, casi toda Chardonnay, los alegres vinos de Pouilly-Fuissé, Saint-Véran y Mâcon.

Me paré a almorzar en Beaune, el corazón de la Borgoña, y continué el viaje. En Dijon, la autopista tuerce al noroeste, en dirección a París.

Mi destino era Amboise, en su día hogar de Francisco I, el rey de Francia entre 1515 y 1547 (y el padrastro de Catalina de Médici). La ciudad está en el río Loira y junto a una famosa hilera de castillos de ochenta kilómetros. Esos son los milagros arquitectónicos del valle –Chambord, un proyecto de edificio de veintiocho años comenzado por François Premier que parece diseñado por dos toscanos; Chenonceau, reconstruido en 1515 y, desde 1560, hogar de Catalina de Médici; Châteaudun, un castillo barrocamente ornado detrás de otro, y así hasta más de cincuenta–. El castillo que usa Disney en su logo de los fuegos artificiales, con sus torretas, podría ser una copia de cualquier castillo del Loira: incluso en el siglo XVI, esta hilera fue como un cuento de hadas, porque los castillos no se habían construido como fortificaciones, sino, en efecto, como afirmaciones oníricas, inspiradas por las nobles residencias italianas, muchas de ellas diseñadas por arquitectos del norte de Italia o decoradas con chimeneas, escaleras y tapices italianos. En la misma línea –espoleado por un anhelo francés por lo que los italianos habían logrado, un Renacimiento propio–, Francisco I, italohablante, poco después de ser coronado, invitó a Leonardo da Vinci a mudarse a Amboise, por entonces capital del reino. Ya había precedentes. El rey buscaba artistas italianos a los que patrocinar –como Benvenuto Cellini y Andrea del Sarto– y eran bienvenidos a su mesa. Pero, ¿Leonardo? Era un gesto asombroso.

Y lo que es más asombroso aún: Leonardo aceptó.

Al año siguiente, a los sesenta y cuatro, emprendió el viaje a su nuevo hogar, probablemente cruzando los Alpes desde Italia (no hay registro de cómo viajó), con sus modestas pertenencias cargadas en sus animales, incluidos dos cuadros recién acabados. Lo instalaron con gran pompa en el Château du Clos Lucé, una enorme propiedad «cercada» con extensiones de césped, arroyos y bosques. Estaba a tiro de piedra de la residencia del rey para que ambos pudiesen comer juntos y conversar, cosa que hacían a diario.

Yo había estado en Vinci, de donde viene Leonardo –*da* Vinci–, en la Toscana. Leonardo es el genio indiscutible del Renacimiento florentino. Eso lo sabe casi todo el mundo. Lo que no sabía yo cuando visité la población donde creció era que moriría en 1519 como hombre francés. En Italia apenas se alude a este detalle, aun cuando el cuadro más famoso de Leonardo, la *Mona Lisa*, está colgado en el Louvre porque es uno de los lienzos que trajo consigo. El otro es *San Juan Bautista*.

Pasado Chablis, hay un cruce –París al norte, el Loira al oeste–, y yo tomé una larga carretera en arco que cruza por en medio de Francia atravesando la meseta de Beauce. No la vas a ver a no ser que tengas que conducir a través de ella, y yo, en mi tentativa por descubrir por qué un rey convenció a un anciano Leonardo para mudarse a Francia, estaba ahora allí en medio.

No había contado con lo plano del terreno ni con el tamaño, casi seis mil quinientos kilómetros cuadrados, una vasta llanura aluvial formada por antiguos sedimentos de dos ríos, el Sena al norte y el Loira al sur.

Había acabado la cosecha y el suelo estaba labrado. De un horizonte a otro había hileras uniformes de tierra removida, una simetría rigurosa. Hacía calor. Era soporífero. Encendí la radio. Subí el volumen. Conducía rápido, no tenía vehículos delante, una autopista vacía. No había nada que mirar, ninguna vivienda, ni una hoja, solo cielo, azul brutal y los infinitos campos labrados, su marronura absoluta. Divisé a un búho en un poste.

A la Beauce la llaman *le grenier de la France*: su granero, su panera. Es de donde proviene la harina de la nación. Cada año, el trigo, una vez cosechado, se trilla y se muele para convertirse, con cada día, mes y año de sus diversos almacenajes, cada vez menos un alimento y cada vez más un almidón neutro y sin personalidad. La planta se arranca y se replanta, se refertiliza, se le añaden nitrógenos para estimular el crecimiento, se rocía una vez más con pesticidas, vuelve a crecer en lo que es, básicamente, tierra falsa. Cuando Bob hablaba de *la farine* no estaba pensando en una molida con el trigo de aquí.

La harina de Bob venía de Ardèche. De hecho, compraba muchas harinas, pero una granja de Ardèche era su principal proveedora. Ardèche está al sur y ligeramente al oeste de Lyon, y rara vez se alude a ella sin un epíteto que recuerde su otredad. Es *sauvage*, llena de acantilados, bosques y jabalíes. Está por domesticar. Sus montañas están formadas a partir de volcanes, como tantas chimeneas, aún en forma de copa, aún amenazadoras, aunque durmientes.

No había visitado la fuente de las harinas de Bob en Ardèche, pero una vez, un domingo de agosto por la mañana, atravesé en coche un valle cercano con Daniel Boulud. Íbamos de camino al otro extremo de la región a ver a Michel Bras. Bras es un chef excéntricamente original con un restaurante en una cumbre excéntricamente virgen. Para llegar ahí tuvimos que superar una serie de domos volcánicos. O los atravesabas o conducías durante horas para rodearlos. Nosotros los atravesamos, y cada pueblo que nos encontrábamos parecía alejarnos más de la Francia moderna.

En Félines (un río, una cascada, una iglesia: altitud, 914 metros; población, 1.612) compramos embutidos y carne. Había dos charcuterías y dos carnicerías en el pueblo. Pocos lugares celebraban el cerdo más que Ardèche, me explicó Daniel.

En La Chaise-Dieu, compramos más embutidos (eran distintos: más grasos, preparación más rudimentaria, más rústicos). Cuando llegamos al coche, nos lo bloqueaba un desfile de varios cientos de residentes. Esperamos; solo había una carretera. En lo alto de una montaña no hay calles. La multitud iba hacia la iglesia. ¿En qué otro sitio va un pueblo entero a la vez a la iglesia?

En Saint-Didier-sur-Doulon nos bloquearon el paso. La misa acababa de terminar.

Cruzamos y el suelo se allanó. La carretera estaba bloqueada: por cabras.

En la panadería de Bob había una foto de una cabra en una empinada colina de Ardèche. Era del amigo granjero de Bob, el que cultivaba el trigo que molía y convertía en la harina con la que Bob hacía su pan. La foto era la única información que necesitaban los clientes. ¿Quién necesita una etiqueta cuando tiene una cabra?

¿Qué hacía tan especial a aquel trigo?

–Ah, pues no lo sé. ¿La tierra, quizá?

–¿La tierra?

–¡Ardèche es volcánica! No hay mejor tierra que el suelo volcánico. Es el corazón de hierro de Francia.

Una vez le pregunté a Viannay cómo describiría su comida. Era una pregunta de periodista. Pero ante la reacción de Viannay —se quedó inmóvil y por un momento fue incapaz de responder— vi que mi papel no se entendía del todo. No estaba allí como escritor, a esas alturas no, sino como *stagiaire* y cocinero de Viannay.

—*Néoclassique* —terminó diciendo enfáticamente—. Mi cocina es *néoclassique*.

¿Neoclásica? Repetí la palabra para mí. ¿Quién usa hoy en día un término semejante?

Viannay pareció satisfecho con el efecto.

—Soy neoclásico —añadió como para aclarármelo, dio media vuelta y subió las escaleras hacia su despacho.

Volví al trabajo pensando: Sí, había un período neoclásico en la cocina francesa... tal vez varios. ¿Eso era lo que hacía Viannay, neoversiones de eso?

En otra ocasión, estábamos tomando un café en el bar después de *le personnel* y le pregunté de dónde era.

—De cerca de París. Versalles. Pero —añadió enseguida al reconocer, por lo visto, lo que se infería de mi pregunta— mi abuelo era lionés.

En Lyon se da por hecho que solo los lioneses saben de cocina lionesa.

Lo puse nervioso. Le estaba haciendo preguntas básicas de periodista porque él me ponía nervioso a mí, y me sentía incómodo (con él, con mi francés, con mi papel, fuera el que fuese) hablando por hablar.

—He conocido a dos periodistas del *New Yorker* —me dijo de pronto al captar mi inquietud—. Neil Sheehan y Susan Sheehan.

—Ambos tienen premios Pulitzer —dije yo. Ambos publicaron artículos cuando yo era editor allí—. Son famosos.

—Eran los padres de Catherine, mi novia. Recuerdo oírlos tecleando en la planta de arriba. Siempre estaban escribiendo.

Se calló recordando, al parecer, aquel percutir.

–¿Tuviste una novia estadounidense?

–No solo novia. Algo más serio.

–¿Y viviste en Estados Unidos?

No pude contenerme: sabía tan poco de aquel hombre que las preguntas periodísticas se me salían por los poros.

–Teníamos intención de irnos a vivir allí –contestó, y luego, como la última vez, dando a entender que había hablado de más, dio media vuelta y subió.

Viannay no era un tipo fácil, en ningún papel: reservadísimo, y de golpe parecía bajar la guardia y apresurarse a levantarla de nuevo. Me tenía intrigado su manera de hablar, sus pausas y sus subrayados inesperados. Viannay tartamudeaba, me di cuenta, aunque debía tenerlo bastante bajo control –en realidad era un cuasitartamudeo–, y eso le confería una complejidad que hasta entonces no había valorado, así como cierta vulnerabilidad. Dejaba ver tan poco, parecía esforzarse tanto en ocultar su interioridad, que cuando traspasaba era imposible no identificarse con él.

Viannay acabaría contándome la historia de Catherine cuatro años más tarde, ante una copa de vino. (Spoiler número cuatro: Viannay y yo nos haríamos amigos, o, más bien, creo que se convirtió en mi amigo; no es ninguna sorpresa admitir que, con Viannay, uno nunca podía estar del todo seguro.)

Su biografía básica es bla, bla, bla, chef de estirpe familiar con aspiraciones: en 1987, su *formation* (escuela de cocina, *stages* en restaurantes de dos estrellas); en 1998, primer empleo como chef (Les Oliviers, el lugar donde llevaba pan Bob); en 2001, primer restaurante como dueño y chef (M); el MOF en 2004; primera estrella Michelin en 2005; la Mère Brazier en 2008; aquella segunda estrella Michelin en 2009: bum,

bum, bum, bum. Pero había un intervalo, cuando Viannay abandonó sus aspiraciones de chef y dejó Francia para estar con su novia en Estados Unidos, etapa durante la cual su carrera descarriló hasta tal punto que le costó diez años recuperarla (una metáfora completamente cliché pero que, sin embargo, resultaría ser de lo más apropiada). El descarrilamiento no estaba en el elemento amoroso. Estuvo en que se convirtió en sandwichero. Para ser justos, también hacía *croissants*. Lo que no hizo fueron platos neoclásicos de nada.

Para marcharse a Estados Unidos, donde Catherine estaba a punto de comenzar en el Wellesley College de Massachusetts, a Viannay se le ocurrió una estratagema de puro tarado que consistía, entre otras cosas, en traicionar a su padre –cariñoso, confiado e impecablemente justo; profesor de Física en la Universidad de Angers–, pedirle prestada una cuantiosa suma (alrededor de unos 35.000 dólares de hoy) y gastársela entera en dos meses.

–Fingió que iba a Johnson & Wales, en Rhode Island, una «institución culinaria estadounidense». Incluso tenía allí a un amigo –me contó Sheehan cuando lo vi en Washington, donde trabajaba para el FBI–. Mathieu no llegó a asistir a clase. Lo echaron.

¿Cómo se gastó el dinero?, le pregunté a él.

–Bebiendo –respondió.

Deshonrado, emprendió la tarea de devolverle el dinero a su padre haciendo sándwiches.

Su primer destino: C'est Si Bonne, un bistró de menús en Greenwich, Connecticut.

Segundo Destino: C'est Si Bonne en Chicago. Viannay era tan bueno que los propietarios le pidieron que abriese una sucursal allí.

Entonces lo convocaron para hacer el servicio militar francés. Pero incluso aquello fue curioso (otro «desbarre», se diría). Las carreras de muchos chefs –de Michel Richard, Jacques Pépin, Éric Ripert, e incluso de Escoffier– empezaron en cocinas del ejército. Viannay se presentó voluntario no para el ejército, sino para las fuerzas aéreas, y no como chef, sino como francotirador y paracaidista, radicado en las montañas del Languedoc. ¿Había olvidado su vocación? («Mathieu no tenía necesidad de entrar en eso –me dijo Sheehan todavía cabreado por aquella fantasía autocomplaciente y pueril de Viannay– ¡Uzès era la ciudad más cercana! ¿Tú sabes lo que cuesta llegar hasta Uzès desde Estados Unidos?»)

Luego, Viannay volvió a los sándwiches, ahora en París, en la Gare du Nord.

–De niño –me contó– soñaba con ser *chef de gare*, el jefe de estación que dirige los trenes. Conseguí trabajo de *chef de la gare*. Cuando se lo contaba a la gente se quedaba impresionada, y tenía que decir: no, lo que hago no tiene nada que ver con trenes. Hago los sándwiches que se sirven en la estación.

Estuvo dos años en la Gare du Nord.

¿Su siguiente destino? Gare-de-Lyon-Part-Dieu. Allí hizo sándwiches durante cuatro años. Pero por fin estaba en la capital gastronómica. (Está claro que a Viannay se le da muy bien hacer sándwiches.)

EL PAPA

Dombes ha cambiado un poco. Pero sigue conservando la esencia que amo. Cielos de humedal de colores suaves y cambiantes. Carisma, abedules. Pantanos bordeados de algas, donde se posan aves acuáticas y patos multicolores flotando como juguetes. En lo alto, gaviotas, blancas al sol, grises en el ocaso. Nada del otro mundo. Nada llamativo. La entrañable campiña francesa, hecha para vivirse a diario y para ser contemplada en otoño, cuando los bosques adoptan todos los colores del plumaje y el pelaje de los animales, y la niebla del atardecer, elevándose de los pantanos y extendiéndose en la distancia, adquiere una melancolía pictórica.

FANNY DESCHAMPS, *Croque-en-bouche*, 1976

Un día, después de *le personnel*, me estaba tomando un café en el bar, desahogándome, expresándole a Stéphane Porto, el alto y atildado *maître d'*, mi frustración por no haber conocido a Paul Bocuse. No le había estrechado la mano a Bocuse. No había intercambiado una sola palabra con él. No logré hablar con él.

Había fotografías de Bocuse en las paredes de la cocina de La Mère Brazier.

Me habían dicho que podría contactar con él a través de su gente. Una mujer, una hija, un yerno. Les escribí a todos. La hija reaccionó con total desdén. El tono de su respuesta fue el de: ¿Cómo se te ocurre, escritorzuelo de segunda, que puedas tener que decirle algo que valga la pena siquiera remotamente a monsieur Bocuse para que pierda su tiempo?

Viannay estaba detrás de mí.

—¿Quieres conocer a Bocuse? —me preguntó.

—Sí.

—Ven pronto mañana. A las siete. Sé puntual. Te lo presentaré. No llegues tarde.

Viannay cruzó en coche el río Ródano por el tercer distrito hasta el mercado Les Halles de Lyon Paul Bocuse. Divisé el magnífico vehículo del chef, un enorme Jeep Wrangler negro (estadounidense) con todas las prestaciones: focos en el techo, un cabrestante y ruedas anchas todoterreno (Michelin). Estaba aparcado en una acera, delante de la entrada. La estampa confirmaba dos rumores lioneses: (1) Bocuse tomaba su café matutino en Les Halles, y (2) la policía conocía su coche y no lo multaba.

Por nuestra parte, usamos el aparcamiento convencional, pagando, entramos en el mercado y nos paramos en un puesto, Chez Léon, que llevaba vendiendo marisco en Les Halles, o una de sus anteriores encarnaciones, desde 1920. Nos tomamos un plato de ostras y una copa de Muscadet, un desayuno vigorizante. Viannay se inclinó hacia mí y me susurró:

–Chez Léon. Recuerda el nombre; es donde hay que comprar las ostras. ¿Entiendes?

Nos dirigimos a Le Boulanger, una cafetería informal frente al puesto de la Mère Richard, la quesera famosa de la ciudad donde Viannay se paró a señalarme la calidad de lo que tenía expuesto. («Aquí es donde hay que comprar el queso. *D'accord?*»)

Miré al final del pasillo. Allí estaba: Paul Bocuse, sentado a solas acabándose el café.

Estaba ligeramente arrellanado en su silla, llevaba una camisa negra de algodón Pringle Polo, pantalones negros y zapatillas deportivas, parecía el conductor de un tren regional acabado su turno. Al vernos se puso en pie. Se había encogido considerablemente desde la última vez que lo vi. Aunque, claro: aquella vez iba con la estatura añadida de su gorro y la suela de los zuecos, además del hábito de la postura erguida típica del chef. Sin sus aperos, francamente, se le veía un poco desnudo. Parecía, por lo menos me pareció –y hasta me cuesta formular el pensamiento–, casi normal. Era un hombre.

Salvo que no lo era, de hecho. De hecho, era una deidad. Me di cuenta al instante de que había muchas cosas que no sabía de él. En realidad, echando la vista atrás, no sabía nada. O por lo menos, en el momento –a solas con la deidad en persona, sin nada a lo que agarrarme–, sentí que no sabía nada. Aún no había comido en su restaurante de tres estrellas, así que me enfadé conmigo mismo por no haber ido todavía.

Y allí estaba, estrechándome la mano, Paul Bocuse en persona, y, caray, sorprendido de verme en aquella situación

–uno de los encuentros más grandes de toda mi vida–, me puse en plan tímido sin remedio. El charlatán incontinente, el tipo intrépido que no se achanta ante nada... se quedó mudo.

Pasé veinte minutos en compañía de Bocuse. No dije nada más que «*merci*» (o variaciones).

Me dijo que lo siguiese.

–*Viens* –me dijo amable.

–*Merci*, chef.

Quería enseñarme el sitio.

–*Viens* –repitió.

–*Merci*, chef.

Como Bocuse conocía a todo el mundo en Les Halles, y como todo el mundo, obviamente, lo conocía a él, y dado que era temprano y aún no había muchos compradores, y dado que el lugar llevaba su nombre, nuestro lento paso por los pasillos era asombrosamente íntimo. Era como si me estuviese enseñando su casa.

–Aquí la charcutería es muy buena –dijo, de manera no muy distinta a como lo diría el propietario de un latifundio presumiendo de rosas–. Este puesto es el de Sibilia.

Sibilia era una mujer imponente y sensata, tenía diez empleadas, todas mujeres, todas miniversiones sensatas de su jefa.

Viannay me susurró:

–No compres embutidos en ningún otro sitio. *D'accord?*

–*Oui, chef.*

Sibilia y Bocuse se dieron los besos de *bonjours* y me sacaron unas rodajas de *rosette*, la salchicha curada local que los lioneses echan de menos cuando salen fuera, para que las probase. Se quedaron los dos mirándome la boca, esperando un veredicto, como si aquella degustación fuese un asunto de la mayor importancia. Era un numerito, evidentemente, su rutina de Relaciones Públicas. Yo era consciente. Ellos eran conscientes de que yo era consciente. Lo debía de haber hecho mil veces; lo debía de haber hecho mil veces con ella. Pero, mientras tanto, lo abrumador era que Bocuse, el gran Paul Bocuse, me estaba metiendo rodajas de *saucisson* en la boca, y yo más que contento.

–*Merci*, chef.

Al final del pasillo estaba Les Volailles Clugnet, un puesto de aves. El propietario («*Bonjour*, Pierre»), al ver a Bocuse, le entregó un pájaro blanco sin que se lo pidiesen. Bocuse lo cogió con sus dos manazas y lo palpó por todas partes, con firmeza pero con afecto, como si fuese el cachorro de su perro de caza favorito.

–El mejor pollo es el blanco de Bresse –dijo Bocuse–. *Tout le monde le sait.*

Lo sabe todo el mundo.

Me lo tendió. Pesaba. Macizo. Los franceses no vacían a los pollos hasta que los venden. (Así aguantan más. Ahora parece una insensatez que, en interés de la «higiene», el Departamento de Agricultura de Estados Unidos insista en la evisceración.)

Sostuve el pollo y lo observé cortésmente. Bocuse cantó en voz baja sus virtudes: la papada roja que se apoyaba en mi pulgar, las plumas blancas, las patas azules bamboleándose y las muchas cualidades que hacen del *poulet de Bresse* una criatura especial y exquisita.

Viannay susurró:

–Les Volailles Clugnet, ¿entiendes? No hay otro sitio.

–*Oui*, chef.

Entonces, sin más, bang: Bocuse se despidió.

¿Ya se va? Fue –¿cómo negarlo?– un momento de decepción inesperada. ¿Tan pronto? ¿Después de esperar tanto? Ni siquiera le había preguntado nada. (Pero claro, ¿cómo tenérselo en cuenta? ¿Por qué iba a quedarse con un tío que no abre la boca?)

–*À tout à l'heure* –dijo.

—*Merci*, chef. —Pensé: «*À tout à l'heure?* ¿De verdad? ¿Hasta pronto?».

Volvimos al aparcamiento, pero antes nos detuvimos en un puesto de charcutería.

—¿Conoces Bobosse? Deberías conocer Bobosse. Es el único sitio donde comer *andouillettes*.

Viannay dijo:

—Sube al coche.

Me llevó de vuelta al Saona, atravesando nuestro barrio del primer distrito, y siguió río arriba. Esa parte que zigzaguea en dirección a Beaujolais está fuera de la ciudad, pero es prácticamente su corazón folclórico.

El trayecto fue lento y hermoso: el río a nuestra izquierda; colinas empinadas, casi montañas, a la derecha; y el follaje, denso y fuera de control, por todas partes, como un bosque tropical. Aún no había estado ahí y ya me sentía transportado a otro país. Había pocos edificios, pero eran majestuosos y en ruinas. Muchos habían sido iglesias, requisadas durante la Revolución Francesa: monasterios, un convento, Île Barbe entera (una abadía del siglo V construida en una formación rocosa en el Saona).

Apareció un terreno a nuestra derecha que recordaba a una casa de campo del período augusto inglés.

—Ombrosa.

Así que eso es Ombrosa.

Es un colegio bilingüe que nos recomendaron para nuestros hijos antes de llegar allí. Hacía gala de una tranquilidad privilegiada, frondosa. No nos lo podíamos permitir. Además, me gustaba dónde habíamos acabado.

Cruzamos el puente (el puente Paul Bocuse) y seguimos un poco más en coche hasta un edificio plano con una vieja torre del reloj. Viannay empujó la puerta, que no estaba cerrada con llave, entró y fue encendiendo las luces a medida que iba avanzando por un largo pasillo.

El edificio, en su origen un monasterio, se conocía como L'Abbaye de Paul Bocuse. El eco de nuestros pasos resonaba. Viannay estaba callado pero de buen humor. Era como un allanamiento de morada. Entonces, al entrar en un gran salón comedor bien iluminado, lo pillé: me habían colado en una enorme fantasía bocusiana.

El comedor tenía nombre (Le Grand Limonaire), un escenario, un *Orgue Gaudin* (un órgano neumático mecánico) y un coro de marionetas bailarinas de cancán. Viannay accionó un interruptor, empezó una música y un muñeco de Paul Bocuse a tamaño natural la dirigió con un cucharón de madera. *Limonaire* significa «organillo». Viannay accionó otro interruptor y muchos *limonaires* se pusieron en marcha a la vez. La sala resplandeció, literalmente, de puro kitsch y se volvió roja, verde y dorada como un bastón de caramelo. Mirarlo era mareante, porque había tanto que mirar –aquello estaba atestado de cosas–, incluido el techo, lleno de lámparas de araña colgantes.

–El aforo es de cuatrocientos –dijo Viannay.

Era un salón comedor privado, pero más público que privado, y prometía no solo una cena, sino un viaje en el tiempo: a una noche de farra en la Francia de Toulouse-Lautrec donde se esperaba que todo el mundo se comportase mal.

Viannay propuso que volviésemos al coche.

Me quedé quieto, digiriendo aquel enclave absurdo. Uno no entra ahí y piensa: he llegado a un templo solemne de la alta gastronomía. Uno piensa: ¡fiesta!

Volvimos en coche por el puente hasta el restaurante principal de Bocuse, L'Auberge. La palabra significa, normalmente, «albergue». El «albergue» de Bocuse es una mansión cuadrada de tres plantas que también llama hogar (el restaurante está en el sótano) y parece un enorme regalo de cumpleaños para gigantes: estrafalariamente cuadrada, con persianas rojas y paredes verdes, decorada con pinturas de elaboraciones cu-

264

linarias de dos metros y medio, entre los que se incluye un *poulet de Bresse*, y el nombre PAUL BOCUSE en mayúsculas en el tejado. El hombre de Costa de Marfil –con su librea y su chistera– era el mismo portero que dio la bienvenida a Bob y a su esposa cubana.

Fuera había una *rue des grands chefs*, un pasaje de murales culinarios como si fuesen ventanas, cada una un vistazo a una de las grandes cocinas de la historia francesa. Empezaba en el siglo XIX. Acababa con Bocuse. (La visión histórica de Bocuse podría describirse como una serie de grandezas en ascenso que culminan en él. La modestia nunca fue un rasgo de la visión del mundo bocusiana.)

Me quedé mirando el primer panel. Retrataba a Antonin Carême en una cocina, parecía Byron, vestido no con chaquetilla de cocinero, sino con una bata, el «inventor» de la *grande cuisine* –el tipo con el que comenzó todo el tinglado–, apoyado en la barandilla, mirando contemplativamente a lo lejos. (De fondo, Napoleón y Josefina se abalanzan a coger algo para comer.) ¿Carême era un modelo para Bocuse?

Sabemos que Carême venía de una familia numerosa. Lo que no sabemos es cuándo nació (probablemente 1784) ni si tuvo quince o veinticinco hermanos. A los ocho años (o a los doce, la fuente que tenemos de Carême es el propio Carême) lo abandonaron en la puerta de una taberna y el dueño lo acogió. (Eso puede que sea verdad.) A los diecisiete (o dieciséis) lo aceptaron como aprendiz en la pastelería más reputada de París. En muy poco tiempo (o, como mucho, en cuatro años) era considerado, sobre todo por el propio Carême, el mayor pastelero desde el descubrimiento del azúcar. Por entonces cocinaba de todo, dulce y salado, pero siempre ostentosamente, sobre todo en banquetes y sobre todo para príncipes, jefes de Estado, incluido el plebeyo de Talleyrand. (Talleyrand fue ministro de Asuntos Exteriores de Napoleón; desempeñó sus actividades diplomáticas en cenas cocinadas por Carême, su joven empleado, a quien había enseñado, como se sabe, a no repetir nunca una comida.)

Carême y el azúcar: los cimientos de la cocina francesa. Se oye a menudo: los chefs reposteros han dirigido la cocina francesa. Los italianistas, entre los que quizá me cuento, reconocen que los italianos enseñaron a los franceses la *grande cuisine*. Pero el azúcar y la cocina científica permitieron hacer cosas con ella, lo que tal vez fue la base para lo que acabó siendo la cocina francesa.

Lo que me intrigaba del mural era el utensilio que llevaba Carême en la mano. Era una pluma.

Carême es el chef más importante de la historia culinaria francesa porque escribió libros. Fue el poeta de la cocina francesa. Hoy no se pueden saborear sus platos, pero a partir de sus escritos podemos acumular bastantes datos para imaginarnos cómo debió de ser comerlos, y quizá, en teoría, hacer versiones aproximadas (siempre que prefiramos la leña al gas, no tener electricidad, desplumar nuestras propias aves, batir nuestra propia mantequilla y contar con *commis*, aprendices, sirvientes y otros miembros de elevada labor esclava alojados en un bungaló a mano).

Había empezado a leer a Carême y las frases me parecían, incluso en mi francés rudimentario, vívidas y accesibles casi dos siglos después de haberlas escrito... pero el caso es que, como he sabido no hace mucho, Carême no las escribió. Carême, el primer historiador de la cocina francesa, no escribió nada. Es posible que no supiese escribir, por lo menos con soltura. (Le enseñaron a leer en la pastelería a los dieciséis años.) Pero fue lo suficientemente espabilado como para reconocer el valor del «acto teatral» de la escritura. Vivía en una época en la que tan importante era la comida descrita en una página como lo que se servía en un plato. Los libros de cocina eran importantes, forjaban reputaciones, y Carême «escribió» varios, pero ninguno más influyente que su obra magna: *L'art de la cuisine française au dix-neuvième siècle*, en cinco tomos, más de mil quinientas páginas, uno de los proyectos más ambiciosos en la historia de la cocina, algo frustrado por el hecho de que Carême muriese (a los cuarenta y ocho años, tal vez) después de terminar el tercer tomo. Escribió los dos últimos póstumamente.

Carême era un experto empresario y automitificador a partes iguales, un desbordante comando de *le spectacle* sin parangón en lo que a relación mágica entre autoinvención y autopromoción se refiere hasta... bueno, ¿hasta quién? No ha habido nadie más en el mundo de la cocina, reflexionaba, por lo menos no a la escala de Carême, hasta, quizá, Paul Bocuse... cuando, de improviso, el mismísimo Bocuse pasó en silencio por detrás de mí y se colocó a mi lado. Pegué un brinco.

–Pensaba que estaba usted en Les Halles –dije como un idiota, dado que, obviamente, no había ningún motivo para que no estuviese allí: «allí» era su casa.

Intenté captar la mirada de Viannay. ¿Cómo se había sacado de la manga aquello en menos de un día, conseguirme una cita con el tipo al que nadie conseguía atrapar? Estaba agradecido. Impresionado. Y también era consciente, o por lo menos sospechaba con razón, que lo que había querido Viannay era impresionarme. Darme en las narices con aquel cacareo indisimulado. A lo mejor no era de Lyon, pero estaba como en casa. Era un miembro del «club».

Bocuse, mientras tanto, estaba contemplando un mural, el dedicado a la Mère Brazier, qué casualidad.

Estaba al fondo, señorial, autoritario, robusto. Gaston, el sufridísimo hijo de Brazier, estaba detrás, mezclando algo en un cuenco y con una actitud algo distinta a la de sus sucesores: cabeza gacha, temeroso, las cejas tentativas de un perro que sabe que está a punto de recibir una patada. (A un lado estaba la legendaria Mère Fillioux, la antigua jefa de Brazier, rotunda, más suave, más maternal, realizando ese acto de hechicería que es deshuesar un pollo con una cuchara.)

—¿Cómo era Brazier? –le pregunté a Bocuse.

—Pues mire, su cocina era sencilla –dijo, entendiendo que mi pregunta se refería a su cocina y no a su persona–. Se basaba en los buenos productos que encontramos aquí. Somos afortunados. (*Nous sommes heureux...* e hizo un gesto de barrido con una mano.) Bocuse no daba puntada sin hilo, y pronunciaba cada frase con suma tranquilidad–. El pescado, las aves, los cerdos. Pero, francamente, sus platos, sofisticados no eran. –No era una crítica, era un simple hecho–. Era cocina rústica. La comida era buena, pero todo radicaba en los ingredientes.

—¿Ingredientes?

¿Ingredientes? Así es como hablan los italianos.

—Los ríos y lagos, los pantanos de los Dombes, las montañas. De ahí viene nuestra comida. No hay un sitio igual.

—Brazier le gritaba a su personal –añadió Viannay–. Le daba igual si nadie la estaba escuchando. Pegaba a su hijo delante de los comensales. Su cocina era su casa. Nadie iba a impedirle ser ella allí.

Bocuse asintió, pero creo que por cortesía. Para mí, en ello había una modesta comprensión. Viannay estaba repitiendo lo que otros habían dicho. Él no había estado allí. Bocuse sí.

Emprendimos el regreso a La Mère Brazier. Tenía una propuesta. No sabía cuándo volvería a estar a solas con Viannay.

Llevaba cuatro meses en el restaurante, en la parte de atrás, preparando aperitivos, buscando las hojas perfectas para la ensalada, haciendo entrantes. Se podía contar conmigo. Viannay no tenía motivos para cambiar nuestro acuerdo. Pero yo necesitaba cambiarlo. Quería moverme por la cocina.

Quería pasar a los fogones, y eso le iba a pedir.

Me sorprendió mi nerviosismo. Reflexioné: hiciera lo que hiciese ahora, incluido no hacer nada, tendría consecuencias.

¿Y si Viannay decía que sí y acababa sufriendo una serie incluso mayor de fracasos humillantes y espectaculares? Me frené. No dije nada. La idea de no pedir era atractiva. Siempre podía pedirlo más tarde.

–Chef, me pregunto si podría plantearle una propuesta.

–Por supuesto.

(Sonaba muy amistoso.)

–Quiero trabajar en los fogones.

Un respingo inaudible –¡uy!– y una larga pausa. Ahí me pregunté: ¿me he engañado?

–Eres buen cocinero –dijo.

–Gracias.

La cosa pintaba bien.

–Pero siempre llegas tarde.

Eso era verdad.

–Y lento.

–Eres tardón –me corrigió–. Francamente, me preocupa tu puntualidad.

Estaba buscando aparcamiento y no lo encontraba.

–Tendrás que demostrar que puedes cocinar y tenerlo a punto a tiempo. Le preguntaré a Christophe si puedes cocinar *le personnel*.

La comida del personal: cocinar comida francesa para cocineros franceses. Era una perspectiva intimidante. Me aterró. Me excitó.

–Sería un honor.

Cogió aire.

–No debes llegar tarde. Si la comida no está lista a las once en punto, el personal no come.

–Entiendo.

–Vale. Le preguntaré a Christophe. Christophe tendrá que aprobarlo.

Me parecía poco probable. Christophe no iba a aprobar que me pasasen a la cocina, básicamente porque desaprobaba que yo estuviese siquiera en el restaurante. Me podía imaginar fácilmente la respuesta de Christophe: «¿Estás de broma, no? No, por favor. Dime que no hablas en serio».

Pero, evidentemente, Christophe estuvo de acuerdo.

A la mañana siguiente, un jueves, fui a la cocina principal y me presenté. Christophe me despachó con un gesto displicente de la mano.

–Sí, sí, ya me ha contado Mathieu. No estoy contento. Empezarás cuando me haga a la idea.

Volví al *garde-manger*.

El viernes me asomé a la cocina principal, y Christophe ni me miró.

El lunes no me molesté en pasarme –fui directo al *garde-manger*– y entonces me llamaron. Christophe no me saludó. Me observó de arriba abajo, observó mi entusiasmo. Me miró con total desprecio. Esperaba que fracasase.

–Panceta –dijo.

–¿Panceta?

–Sí. En la cámara.

La chambre froide.

Pensé: ¿me acaban de pedir que haga panceta para treinta personas?

–Arriba encontrarás cebollas.

–Cebollas.

–Y patatas.

–Patatas.

–¿Y la salsa? –me preguntó Christophe.

–¿La salsa?

–Sí. ¿Qué salsa?

No sabía qué contestar.

–¿Qué salsa vas a hacerle a la panceta?

Me giré confundido hacia Mathieu Kergourlay, que llevaba la partida de carnes.

Intentó ayudarme:

—¿Cómo la haces en casa?

À la maison?

Me pregunté: ¿qué salsa hago en casa cuando pongo panceta?

—Ah, igual algo con caldo, un *fond* —dije.

A veces hacía salsas, normalmente basadas en fondos (de pollo, pescado, los huesos de la carne que tocase) y luego lo reducía y añadía vino. Lo había leído en algún sitio. ¿En Elizabeth David? ¿En la columna de algún periódico británico? Pero me bloqueé. Lo que estaba pensando realmente era: (1) jamás he cocinado panceta en casa, y (2) si lo hubiese hecho, no le habría puesto salsa.

—No —dijo Christophe—. Los *fonds* son caros.

Trop chers. Los fondos, y todos se hacían en la cocina (ternera, pollo, pato, pescado, langosta), eran demasiado preciosos para una comida de personal.

—¿Y qué tal una *beurre rouge*? —propuso Mathieu Kergourlay.

Sí, pensé. Debería saber hacerla. Sé hacer una *beurre blanc*. La había hecho en L'Institut Bocuse. Pero ¿cómo, exactamente? No era un ataque de pánico, pero mi base de datos Institut Bocuse se había vuelto de pronto incómodamente inaccesible.

—¿No sabes hacer una *beurre rouge*?

—No, sí que sé. Pero no la he hecho nunca. Es decir, he hecho la blanca, la *blanc*, pero no recuerdo si llegué a hacer la roja.

Más tarde, Viannay me recordó que la ensalada necesitaría una vinagreta. No sabía que tenía que hacerla.

—Sí, tienes que hacer una vinagreta.

Pausa reflexiva.

—¿Y cómo se hace una vinagreta, exactamente? —pregunté.

—¿No sabes hacer una vinagreta?

Christophe miró a Viannay con una expresión de incomprensión exagerada. Y, sí, de nuevo, básicamente sabía cómo hacer una vinagreta, la había hecho, pero no muy a menudo. Además, ¿acaso no había como una veintena de tipos distintos? No tenía ni idea de qué se hacía allí ni de qué esperaba la gente. (En casa –*à la maison*, como dice Mathieu Kergourlay–, nuestras ensaladas se aliñan con aceite de oliva, limón y sal. *Finito.*)

–Dos partes de aceite, una parte de vinagre, mostaza –dijo Viannay–. Sal y pimienta.

Para hacer un *beurre rouge*, me explicó Mathieu el Joven, cortas chalota fina (*émincer*), la haces sudar en mantequilla (*suer*), que no se dore, añades un litro de vino tinto, reduces lentamente hasta que caramelice y la levantas (*monter*) batiendo medio kilo de mantequilla que añades a pedazos, poco a poco.

–Cuando llegues a eso, te echo una mano.

Mis chalotas, tengo que decir con orgullo, estaban excelentes. Las corté en una tabla que tuve que coger prestada a otro cocinero (porque había llegado pasadas las ocho –no mucho, pero cinco minutos seguro–, y a esas horas ya no quedaban tablas de cortar), y acabé encontrando una mesa (es decir, puse en equilibrio mi tabla encima de un cubo de la basura, porque, para entonces, todos los espacios de trabajo estaban ocupados). La escasez de espacio la entiendo, la cocina estaba atestada, pero ¿por qué no había más tablas de cortar? Todos los días comenzaban con doce personas peleándose por diez tablas. No son caras. (¿Por qué? Porque así todos saben quién es el que ha llegado tarde, el imbécil que se pasa la primera hora de la mañana intentando convencer a otro de que le preste la tabla.)

Por desgracia, por muy bonitas que me hubiesen quedado las chalotas –pequeñas, perfectas, de un morado fresquísimo–, me pasé una hora para picarlas. Aunque aún no sabía mucho, era consciente de que una hora para cortar unas chalotas era una cantidad de tiempo inexcusable.

Puse a calentar una cazuela en la plancha. Lo que no sabía era la temperatura de la plancha. Es verdad que a esas alturas ya debería conocerme lo básico de los utensilios de cocción –hornos, fogones, cuánto tarda en hervir un líquido, y la plancha–. Me mantuve en mis trece con lo de seguir allí. Había hecho bien en pedírselo a Viannay.

Eché la mantequilla y las chalotas, las puse a sudar. El objetivo es reducir la potencia de la cebolla cruda. Deben seguir blancas, un pelín cremosas. Si se ponen marrones, sabe amargo. Las chalotas blancas, cremosas, a medio camino entre lo crudo y lo cocido, constituyen uno de los sabores fundamentales de la comida francesa.

Pero, ay, señor, algo fue mal. Se oía un alarmante siseo y empezó a salir humo.

–*Merde* –dijo Christophe.

–Las vas a quemar –dijo Viannay.

–Mierda –dije yo.

–Tienes cinco segundos. –Christophe, contentísimo, sin duda.

¿Qué podía hacer? ¿Iba a tener que cortar chalotas otra vez? Saqué la cazuela del fuego.

–Vas bien –dijo Viannay despacio.

Levanté la mirada implorando ayuda. Viannay observaba mi cazuela humeante con lo que solo puedo describir como «calma clínica».

–Tienes que reducir el calor añadiendo algo a la cacerola. Es demasiado pronto para el vino. Más mantequilla. Pero rápido...

Cogí un poco de mantequilla, lo eché en la cazuela y removí. Cogí otra cucharada, estaba a punto de echarla...

–Alto ahí –gritó Christophe–. Nos va a dar un ataque al corazón.

(Un temor un tanto peculiar, pensé, teniendo en cuenta que faltaba otro medio kilo por añadir.)

Añadí el vino. Lo reduje. Y entonces añadí aquel medio

kilo de mantequilla, a pedacitos, mientras batía y lo emulsionaba con el, para entonces, concentradísimo vino (era como una tela morada suave y aterciopelada). Mathieu Kergourlay se acercó a probarla.

–*Pas mal.* –Salpimentó la salsa. La probó. Añadió vinagre de vino tinto. La probó. La removió, cogió un tarro de mostaza de una estantería y añadió una cucharada–. Pero solo una cucharada. *Très chère.*

(¿Cara, la mostaza?)

Batió, probó, añadió otro chorrito de vinagre, batió y probó. Estaba lista.

Me dio una cuchara. No era lo que esperaba. No sabía a mantequilla. Era grasa, cómo no, pero tenía textura (una rotundidad más bien voluptuosa), y era afrutada (por el vino), con un toque de amarga acidez muy agradable (de las chalotas, el vinagre y la mostaza). La salsa despertaba tantos puntos distintos de mi paladar que me daba igual si no era saludable. Estaba deliciosa. Era una comida, pero no lo era. No querrías beberte una jarra de aquello, pero una cucharada o dos encima de unos trozos de panceta (salteada con patatas y cebollas) eran, sin duda, un buen acompañamiento para la chicha.

De no ser porque la chicha llegaba tarde.

A las diez y cincuenta y cinco, Christophe, viendo que la comida no estaría lista a tiempo, fue a una nevera y sacó un filete de atún, lo salteó y se lo llevó a una mesa para comérselo. Yo terminé el almuerzo viendo intermitentemente a Christophe a través de la ventanita de la puerta de vaivén entre la cocina y el bar. Había fracasado.

Pero no me despidieron. Por lo visto, me darían una segunda oportunidad. Al día siguiente me haría con una de esas puñeteras tablas de cortar.

Pero qué va. Llegué tarde.

Me levanté pensando: hagas lo que hagas, sé puntual...

pero luego nada. Viannay tenía razón: tenía un problema con la puntualidad, o con la concentración, o un leve TDAH. Me pasaba toda la semana llegando tarde. Para ser justos, los almuerzos no los terminaba muy tarde; solo un poco tarde, y siempre; y todo el mundo, salvo Christophe, se disgustaba lo justo. Cuando daban las diez cincuenta y cinco, Christophe estaba al borde de la apoplejía.

El viernes sí que lo hice tarde. Resulta que los viernes se comen las sobras. Antes, cuando era un simple comedor en lugar de un hacedor de comidas, no me había dado cuenta. Christophe debió dar por hecho que ningún miembro de su cocina sería tan despistado como para no reconocer las sobras. O quizá (es probable) simplemente fue perverso. Estuve rondando por allí, a la espera de que me dijese cuál era el ingrediente del día, la mañana fue transcurriendo hasta que, al final, le pregunté y entonces me informó de que no había ingrediente. Ve a la cámara, me dijo Christophe:

—Allí averiguarás qué comemos hoy.

Me quedé mirando las estanterías, tratando de discernir qué eran sobras y qué no, y luego preguntándome qué iba a hacer con aquello para alimentar a treinta personas. Esto es el infierno, pensé. Fue la primera vez que, después de preparar el almuerzo (no sé a qué horas, lo he reprimido, igual que no tengo ni idea de lo que cociné), no comí. Subí al cuarto de baño, me quité la chaquetilla y la estrujé. El lavabo se llenó de sudor. Me quedé allí, descamisado, intentando calmarme.

El lunes, sin embargo, tuvo lugar un asombroso giro de los acontecimientos: Christophe comió con nosotros. El almuerzo se sirvió a las once en punto. El martes, el miércoles y el jueves también se sirvió a las once en punto. (El viernes tardé de nuevo, quedó claro que sería mi peor día de la semana, y Christophe volvió a comer solo.)

El modesto logro lo llevé a cabo efectuando lo que acabaría siendo un atajo inaceptable. No hacía salsas. Lo intenté, por lo menos el lunes. El ingrediente principal fue entraña. Christophe me lo presentó como si fuese la pista de un enigma, seguido de lo que ahora reconozco como el catequismo habitual. ¿Cómo cocinarlas? (En sartenes, varias a la vez.) ¿Con qué? (*Une purée de pommes de terre*: puré de patatas con mantequilla.) ¿Y qué más? (Espárragos.) ¿Cómo? (En el horno, asados.) ¿Y qué más? (Una ensalada de anchoas.) ¿Y la salsa?

—*Beurre rouge* —dije, pensando: entraña + vino tinto = combinación ganadora, etcétera.

No eran platos complicados.

Me puse manos a la obra. Corté chalotas, las poché y añadí el vino. Saqué la carne para que cogiese temperatura ambiente y la salpimenté. Las que me trastocaron el esquema fueron las patatas. A pesar del tutorial sabihondillo de patatas de Ansel y a pesar de que había estado practicando en casa, cuando me vi con cuarenta kilos de tubérculos delante, se me hizo cuesta arriba; pensé que no sería lo suficientemente rápido con el cuchillo y volví a la vieja práctica del pelador. De hecho, el pelador es muy lento, y si lo seguís utilizando, mejor que lo dejéis. Además, te cortas mucho. Cuanto más me retrasaba, más presión sentía, más corría y más me cortaba. Era un problema de ángulo: una gran hortaliza de raíz elíptica en una mano, el pelador en forma de T en la otra y, si intentas ir rápido, es imposible apartar los nudillos lo suficiente cuando la hoja baja por el hemisferio sur. Los cortecitos en los nudillos no eran nada —ni te paras para ponerte una tirita—, pero te retrasaban: la piel desgarrada y el cerebro ordenándote a gritos, difícil ignorarlo, que dejes de autolesionarte.

Al final, una vez peladas las patatas, llené de agua un recipiente de cincuenta litros para guardarlas, las puse en una estantería de la *chambre froide*, limpié mi mesa y fui a buscar un *tamis*.

Un *tamis* es un colador que parece un tambor indio, redondo y con un marco de madera. En repostería es un cedazo. En la cocina, es un pasador para hortalizas. Aprietas patatas cocidas contra la malla y por el otro lado salen unos cremosos chorros de almidón que luego mezclas con la mitad de su peso en mantequilla (es decir: veinte kilos de mantequilla). El chef Joël Robuchon hacía así su *purée de pommes de terre* en su restaurante de París de los años ochenta, el Jamin, y desde entonces ha estado sobre la mesa el tema del porcentaje de mantequilla, porque la mayoría de la gente sana considera moralmente inaceptable la idea de que la mitad del puré de patatas sea mantequilla. En este debate he de adoptar ahora el papel de la defensa y puedo atestiguar que, de hecho, sí, se puede hacer puré de patata con un cincuenta por ciento de mantequilla. Simplemente, no pienses en ello. Es un postre de hortalizas.

Sin embargo, no encontré el *tamis* por ninguna parte. Pregunté al friegaplatos, al chef de repostería, a Florian en el *garde-manger*, a Christophe. Ni idea.

—No es importante —dijo Christophe—. Hazlas *à la rustique*.

Aplastadas.

—Claro —dije, y volví a la *chambre froide*. Las patatas habían desaparecido. Volví a mirar en mi partida: allí no estaban. Volví a la cocina. Allí tampoco. Le pregunté a Florian si las había visto.

—Las he cogido yo —me dijo.

—¿Las has cogido?

—Las necesitaba.

Guau.

Pelé otra tanda. No me daba tiempo a pelar una nueva tanda, aún tenía que cocerlas, otros cuarenta kilos; ya de los nervios, me volaban pedazos de carne de los nudillos. Calenté las sartenes, muy muy muy calientes, y eché las entrañas, eché las patatas en una olla enorme, puse el fuego al máximo

(«*Boil, baby, boil*»), hice una vinagreta, corrí hacia las entrañas, les di la vuelta...

—*Vite!* —¡Rápido! Christophe estaba hecho una furia. Eran las diez y cuarenta y cinco—. *Vite! Vite!*

—*Vite!* —Mathieu se unió al coro—. Esto no es difícil. *Vite!*

Yo estaba sudando. Me brillaban los brazos. Tenía las manos húmedas. Hablaba conmigo mismo: «No te retrases».

—*Vite!*

—No te retrases, no te retrases.

—*Vite!*

¿La salsa? ¡La salsa! La miré. La reducción estaba completa. Era hermosa, de un negrirrojo de medianoche, y deliciosamente viscosa, pero no había montado la mantequilla. Ni siquiera había empezado. Miré la mantequilla. Dilema: ¿montar la salsa con mantequilla y retrasarme? ¿O descartar la mantequilla y llegar a tiempo? Fuera. Tal cual: adiós. Cuando pensé que no miraba nadie, eché las chalotas y el vino por el desagüe. (Era muy ingenuo por mi parte: siempre había alguien mirando.)

Cuando puse la comida en la mesa, dije que había hecho las entrañas «al estilo toscano», con sal, aceite de oliva y rodajas de limón.

En Francia nadie sazona la carne con limón.

Vlad cogió una. Vlad era un emigrado ruso. Había aprendido inglés con canciones de hip-hop.

—*What fuck this?* —preguntó—. *I no fucking eat no fucking lemon* —dijo, y me tiró una rodaja—. *Fuck you muttafucka!*

Pero no me retrasé. Todo el mundo se sirvió y se fue a la zona del bar a comer, y yo me quedé allí para limpiar y encontré el *tamis* perdido, en la partida de Florian, escondido debajo de una mesa.

A la semana siguiente, Viannay me mandó llamar.

—Christophe me dice que estás sirviendo *le personnel* sin salsa.

Era verdad. Me disculpé.

Viannay comprobó que supiese que se suponía que debía hacer una salsa, que era una de mis obligaciones a la hora de hacer *le personnel*.

—Mi personal necesita salsa —dijo—. A lo mejor no captas la seriedad del asunto. *Le personnel* es una parte importante de su día. —No estaba enfadado. Al contrario, fue pacientemente pedagógico. Me estaba enseñado un principio de la comida francesa—. Para mí, *le personnel* es un contrato con mi personal. Si no tienen salsa, es como si les estuviese robando dinero. *D'accord?*

—*Oui*, chef. *D'accord*.

—Siempre tiene que haber salsa.

A todo esto, Ansel el Gilipollas tenía razón: no iba a volver a usar un pelador en mi vida. Las siguientes patatas fueron *à la vapeur*. Órdenes de Christophe. Era lo que quería comer.

—¿Cuántas patatas necesitarás? —me preguntó. El concursito.

—¿Sesenta? —Contaba dos por persona.

—¡Ja! ¿Sesenta? —Más un ladrido que una risa. Resopló. Qué tremendamente ignorante—. Doscientas cincuenta. —Repitió el número despacio—: Necesitarás... dos... cientas... cincuenta.

¿Doscientas cincuenta? Eso son muchas patatas. Era una instrucción importante.

Una patata *à la vapeur* se cuece con el vapor. También las llaman patatas a la inglesa —*pommes de terre à l'anglaise*— sin que haya logrado averiguar por qué, salvo que, después de que el brillante científico de la cocina francesa Antoine Parmentier demostrase en 1772 que la patata era comestible, y que los franceses se inventasen al instante doscientas formas de cocinarla, los ingleses cogieran la patata al vapor, porque queda tremenda con rosbif, y se la adjudicaran.

Para hacerlas, se pelan las PDT y se cortan en trozos del mismo peso (cincuenta gramos) y mismo tamaño (seis centímetros) y misma forma, *bombées*, abombadas en el centro. Y hay que «tornearlas»: siete «caras», como me había enseñado Ansel el Gilipollas. Los extremos planos, no redondeados.

Era todo un riesgo –la cantidad de patatas, las once como hora límite, arréglatelas como puedas–, pero, para mí, un riesgo premeditado que quería correr. Mis patatas *à la vapeur* representaban un modesto rito de iniciación, mi graduación definitiva con el cuchillo.

Tenían, reflexioné mientras iba despachando la primera tanda, una belleza natural (una cosa salida de la naturaleza con una simetría que no se encontraba allí fuera): las caras, el cremoso color amarillo, la armonía visual de que cada una fuese igual a las otras. Estaba en el fregadero junto a la *chambre froide*, lejos de las urgencias de la cocina principal, dándoles la espalda, el agua goteando de un grifo con el confort acústico de un arroyo, y el ritmo casi musical que a veces encontramos en las tareas repetitivas: el zen.

Reflexioné sobre lo complicadas de cocinar que eran las PDT (gruesas por el centro, estrechas por los extremos), que alcanzaban el punto de cocción despacio, llegaban ahí solo un momento y entonces comenzaban a deteriorarse en una papilla, y me apunté mentalmente que debía estar atento cuando las cocinase.

Me pregunté: ¿por qué los franceses hacen tantos tipos diferentes de patatas? Se pueden hacer bastones, paja, cerilla, pelo, *parisienne*, rejilla y champiñón, así como las patatas fritas básicas (*mignonette*).

Me pregunté: ¿será porque cuando por fin se consideraron comestibles –gracias a Parmentier– no se sirvieron cocidas y en un cuenco para que las sorbiesen los campesinos, sino que se incorporaron al instante a la *cuisine* altamente desarrollada? Para entonces ya había cientos de maneras de cocinar un huevo. ¿Por qué no doscientas formas de cocinar una patata?

Me pregunté: ¿alguien más se lo habrá planteado?

Hoy me pregunto horrorizado: ¿cómo se me podía ir tanto el santo al cielo?

Llevaba mucho rato en el fregadero cuando saltaron las alarmas: ya no daba tiempo a cocer las patatas. Mathieu Kergourlay puso una cazuela con agua en el fogón. Cambio de menú: pasta (sin salsa; solo pasta, porque no había tiempo para una salsa). Empecé a limpiar frenéticamente, para salir del fregadero y volver a la cocina, mondas y trozos de patatas por todas partes, cuando Christophe empezó a pasearse por detrás de mí. Venía a cantarme las cuarenta.

–Tus patatas son mierda –dijo, y se fue hasta el final del pasillo–. Son *pommes de terre de merde* –dijo volviendo–. No comemos patatas de mierda. –Se me acercó de nuevo–. Bill debería llevarse sus patatas de mierda a casa. ¿Quién sabe qué habrá estado haciendo durante toda una hora? Estaba haciendo patatas de mierda para él solito. Debería ponerles sus patatas de mierda a sus hijos. Las patatas de mierda son para *la maison de Bill*.

No me llevé las patatas a casa. Las guardé en agua en dos recipientes muy grandes en un rincón de la cámara, detrás de la crema, con la esperanza de que Florian no las encontrase. Según las normas de las sobras de la cocina, era lícito tener las patatas sumergidas en agua durante una noche. Dos: jamás. Seguí pensando en mis patatas de mierda en el camino de vuelta a casa: ¿qué le pasaba a mi cerebro?

También, y esto parece significativo, estaba entre los últimos en ponerme la ropa de cocina por la mañana. Pero siempre era el último, no fallaba, en cambiarme por la noche.

La cosa se puso tan mal que, hacia el final del servicio, empezaba a deambular por la escalera. Limpiaba una mesa, la volvía a limpiar. La limpiaba de nuevo. No podía marcharme hasta que Christophe diese la señal. Al final gruñía. Yo salía disparado. Era el primero en subir. Pero luego, sin saber por qué, siempre era el último en irme.

Empecé a guardar la ropa en un rincón de la despensa para que estuviese lista a la hora de cambiarme y no tener que luchar por llegar a las taquillas. De nuevo el deambular, la señal, yo corriendo por las escaleras, salvo que esta vez me concentré en recoger mi hatillo, colocar mi ropa de calle en una silla, me quité la chaquetilla, los calcetines, los pantalones, la camisa y me quedé en calzoncillos mientras los demás acababan de subir las escaleras.

No entendían nada.

¿Por qué estaba desnudo en la despensa?

Entonces Frédéric comentó:

—¡Cuánto peso ha perdido!

Se me acercó y me clavó un dedo en el estómago.

—*Attention! La panse de Bill!* La panza de Bill. No es la que tenía cuando empezó.

Volvió a clavarme el dedo. Asintió con aprobación.

Sylvain vino también. Y también me tocó la barriga.

—¡Has perdido peso!

—Un montón de peso —añadió Frédéric. Me volvió a clavar el dedo, espoleado por el descubrimiento—. Sigue blanda, pero no tanto como antes.

—Al principio eras enorme. —Y Sylvain imitó a un Santa Claus cogiéndose el barrigón con dos manos. (Los demás asintieron sabiamente)—. Pues tiene razón Frédéric, se te ve bien. —Sylvain se irguió, metió el estómago, levantó la barbilla, echó los hombros atrás, despliegue militar—. Pareces un chef.

Yo intentaba frenéticamente meter una pierna en la pernera sin lograrlo.

—Son las horas, ¿no, Bill? El trabajo. El trabajo viril. —Sylvain era incapaz de disimular su orgullo—. *La rigueur.*

Entonces se apiñaron en el vestuario y se cambiaron; cuando acabé de atarme los cordones, ya se habían ido. Y yo volví a salir el último.

Mi mente, a saber por qué, parecía albergar un sinfín de micro malos hábitos infinitesimales, casi indetectables. ¿Qué pasaba exactamente cuando me quitaba la ropa? ¿Acaso mi cerebro se lanzaba por vericuetos cuando los de los demás iban en línea recta? Me imaginaba lo que revelaría un vídeo a cámara lenta: mi cabeza bamboleándose de un lado a otro mientras me fijaba en la luz de una ventana, el color rojo, recordaba un triciclo de la infancia.

Al día siguiente, a los cuarenta y cinco minutos exactos de estar cociendo mis patatas de mierda (a doscientos grados en el «dispositivo de vapor»), Christophe se asomó a la ventanilla de cristal del horno y abrió la puerta.

–Están hechas –dijo.

Pinché una patata con la punta de un cuchillito.

–No –dije.

–¿No? –Alzó las cejas. Las cejas decían: «¿Qué coño? ¿Me estás diciendo no?». Me recordó que las patatas solo están en su punto un momento y a partir de ahí se echan a perder.

Volvió diez minutos después.

–Están hechas. Sácalas.

Las pinché.

–No.

–Tengo hambre. Vas a servir puré.

–Yo no creo que estén listas.

Se me quedó mirando. Se fue a su tabla de cortar.

No pretendía enfrentarme a él, no tenía tanta confianza en mí mismo. Quería llegar a una patata que quería comer: *à la vapeur*, al vapor, sí, y por lo tanto, no dorada, pero con un punto crujiente.

La comida estuvo a su hora –¿cómo no iba a estarlo si la

mayor parte estaba cocinado el día antes?–. El ingrediente principal era pescado, bacalao, con salsa blanca, mi primera salsa en una semana, una *beurre blanc* completamente ordinaria pero sorprendentemente deliciosa (la salsa rica y grasa con aquella otra proteína limpia del pescado), pero a mí nada me importaba tanto como las patatas. Se comieron todas y cada una de las doscientas cincuenta.

Después, yo estaba en la parte de atrás, limpiando, el momento frenético justo antes del servicio del mediodía. (Sí, hacía *le personnel*, pero seguía con mi trabajo diario.) Christophe entró. Parecía que me había estado buscando.

–Las patatas estaban buenas.

Fue mi primer elogio. Me sorprendió aquello, que Christophe pudiese llamar «mierda» a mis patatas y al día siguiente «buenas».

Justo antes del servicio nocturno, Viannay vino a buscarme. A la semana siguiente, dijo, ¿qué te parece una comida norteamericana cocinada por un cocinero norteamericano? ¿Qué tal unas hamburguesas?

Hice cincuenta hamburguesas: bollos, cebolla roja, rodajas de tomate y lechuga, una mayonesa hecha a mano (sorprendentemente rica), así como un kétchup también hecho por mí (totalmente incomestible). Las patatas fritas estaban fritas dos veces: tres minutos en aceite caliente, cinco minutos en aceite muy caliente, un poco de aquella manera después de que Florian decidiese subir el fuego en la primera ronda. (Se puso como loco cuando vio que íbamos a comer patatas fritas.)

Yo tenía vista una caja de Coca-Colas en botella. Apenas se bebían, aunque se las mirasen un poco; la gente de la cocina las contemplaba como si fuesen probetas de pesticida con cara de no entender por qué alguien iba a ingerir un líquido dulce con una comida salada.

Comieron todos, incluidos muchos que normalmente no se presentaban al almuerzo de las once, Viannay incluido, y el sumiller, y la mujer de arriba, la de las fotocopias. Varios comieron de pie. Una de las muchas normas francesas es que siempre se come en la mesa. Pero es que eran hamburguesas, y las hamburguesas no son francesas, y todos sentían una emoción indisimulada por comer algo norteamericano. Fue una de las comidas más relajadas que haya preparado.

–Buen almuerzo –dijo Christophe, su segundo elogio en dos días.

A lo mejor la cosa va a funcionar, después de todo, pensé. Pero acto seguido, descarté el pensamiento. Por superstición, por temor a la mala suerte.

Llevaba las ollas, las cazuelas y los utensilios que iba a necesitar para *le personnel*, todo en equilibrio sobre una tabla de cortar, y saludé a mi colega del *garde-manger*.

–*Bonjour*, Florian.

–*Putain* –respondió.

Estaba encorvado sobre un cuchillo, el cuerpo larguirucho doblado como un signo de interrogación encogido sobre sí mismo. Levantó la mirada. Su semblante decía: «¿Cómo te atreves a interrumpirme?».

Después del almuerzo, volví a mi puesto en el *garde-manger*. Necesitaba film. Estaba en una estantería justo detrás del cortafiambres.

–Florian –le pedí–, ¿me permites?

Tuve que rodearlo.

–*Putain*.

No se movió.

Hice un gesto como de saltar por encima de sus hombros.

–*Putain*.

Se puso de lado para impedirme el paso. Encontré film en repostería.

Después, cuando volvía de pedirle un batidor al friega-platos, Florian cambió de dirección y me pegó un pisotón en un pie.

Era jueves. Los jueves, los cocineros estaban distintos. Los lunes todo el mundo estaba contento, pero muy pronto –hacia el martes por la noche, de hecho– la mayoría andaba con los ánimos por los suelos. Degeneraban los miércoles. Los jueves, cuando sucedían la mayoría de los accidentes, podían ser directamente peligrosos. Casi todo el mundo estaba distinto los jueves. Eran las horas. Pero no era habitual en Florian.

Al día siguiente, viernes, estaba a punto de ponerme a preparar espárragos para el *garde-manger* y me dirigí a la cámara para cogerlos. Los espárragos se guardaban en vertical, en manojos con gomas medio sumergidos los tallos, en una caja naranja de plástico con tapa a presión. Pesaba, porque el peso del líquido iba de un lado al otro. Florian se me puso delante.

–*Arrête!* –dijo en voz alta. ¡Stop! Me apartó a un lado con una mano. Varias personas al fondo dejaron lo que estaban haciendo.

–Hortense, *attention* –soltó con voz estentórea–. Bill las está pasando canutas. Es viejo. Los viejos son débiles. Bill es débil. Bill es incapaz de levantar cosas pesadas. Tenemos que *ayudarle*. *Attention, Hortense* –continuó casi gritando–. *Le français de Bill, c'est de la merde. Il faut speak him English. D'accord?*

Florian fue a levantar la caja, pero con aquellas prisas ostentosas la desequilibró, el agua osciló, el recipiente chocó contra una puerta y le aplastó los dedos. Luego lo vi chupándose disimuladamente los nudillos, que le sangraban.

¿Qué le había pasado al chaval que se alegraba cuando cortó bien por fin una chalota? El mismo que me había hablado con franqueza de sus pifias en la cocina y de sus dificultades para trabajar bajo presión. Veía por qué le caía bien a Christophe. A mí también me había caído bien.

En dos días, el chico de diecinueve años al que había considerado un amigo se había convertido en Darth Vader.

Al comienzo del servicio nocturno, Sylvain llamó por teléfono. No iba a venir. Su mujer estaba en el hospital dando a luz a su primer hijo. En Francia, los padres tienen derecho a dos semanas de baja por paternidad.

Yo estaba ayudando en la *mise en place*. Después de la llamada telefónica, Florian me dijo que me fuese al rincón.

No era un rincón, exactamente. Era el quicio de la puerta donde se había colocado el consultor para ver por qué no funcionaba el *garde-manger*. Estabas al margen, pero con visión. En mi caso particular, al margen y a la vista. Era el equivalente culinario a ponerme en el cepo. La puerta estaba situada de tal forma que me verían desde dos cocinas a la vez: desde el *garde-manger* y desde la cocina principal, pase incluido, donde estaba Christophe.

Miré la puerta y pensé: no me pienso quedar aquí quieto.

Florian me observaba mientras trabajaba levantando y bajando la cabeza (como si la tuviera clavada en un pivote).

–Vete a la puerta –me dijo. Aquella noche iba por su cuenta. Era una gran noche. No me moví–. Vete a la puerta.

–No, no me voy a quedar en la puerta. Estoy para ayudarte. No tienes a Michael, No tienes a Sylvain...

–*Trop de stress*. Haces que me tiemblen las manos. Da igual, No tengo por qué darte explicaciones. Vete a la puerta.

–No. A Viannay no le gustaría eso.

En la batalla mezquina de los minúsculos egos, acababa de perder. Como si hubiese dicho: «Mejor que te comportes o se lo diré a la seño». No tenía ni idea de lo que le gustaría o no a Viannay, cosa irrelevante, dado que no había aparecido aún.

–Vete a la puerta.

Florian me clavó la mirada. Le clavé la mirada a Florian. ¿Qué iba a hacer? Me fui a la puerta.

Christophe, en el pase, me vio y no lo entendía, hasta que de pronto lo pilló. Entonces igual lo pillé yo también. ¿Es que Christophe se había convertido en el maestro de Florian? («Coge las riendas, muchacho. ¡Enséñale que eres un chef!») Era una tesitura curiosa: detestado por el tipo que dirigía la cocina y arrinconado por un chaval de diecinueve años de los nervios en lo que probablemente era su primer momento de poder.

El *garde-manger* empezó a ir retrasado. Las mesas no habían recibido sus aperitivos, los entrantes no estaban emplatados. Florian se puso a cortar una ración de *pâté-en-croûte*. Aquello llevaba tanto trabajo —la pasta quebradiza, todo a punto de desmontarse pero a la vez manteniendo el equilibrio a saber cómo— y era tan caro (el *foie*, la gelatina de carne, el *poulet de Bresse*) que mejor que no te pillasen cortándolo mal. Florian lo cortó mal. Se llevó la mano al corazón. Tiró la porción fallida rápidamente antes de que la viese alguien. Lo volvió a intentar. Le salió mal. Se pegó en la mano. Lo intentó de nuevo. Se machacó la mano contra la mesa. Lo intentó de nuevo y esta vez le salió bien.

Llegó Viannay.

Me vio y dijo desde la otra punta de la cocina:

—Bill, ¿qué haces?

—Aquí, en la puerta. —Hice un gesto con la cabeza hacia Florian—. Me lo ha ordenado él.

—Por favor, lleva los aperitivos al pase. —Los camareros esperaban por allí inquietos, nerviosos. El *garde-manger* estaba hundido en la miseria.

—*Oui*, chef.

Me alejé de la puerta y puse ocho aperitivos en una bandejita.

Florian, encorvado dándome la espalda, se giró.

—No, no te vas a llevar eso al pase.

Que sí, lo que tú digas. Cogí la bandeja, la llevé a la cocina y la dejé. Los camareros fueron a coger los platos, pero Florian los detuvo («¡No, no los toquéis!»). Vino a la carrera manoteando –las manos en el aire como banderas–, me apartó de un empujón, agarró la bandeja y volvió a la cocina del *garde-manger*, donde cambió los ocho platos a otra bandeja y volvió a toda prisa al pase.

Viannay hizo un discreto gesto de ah, ya lo pillo con la cabeza. Continuó con lo suyo. No iba a intervenir. (¿No?)

¿Había un código que yo desconocía? Christophe no había hecho nada, ni siquiera cuando la partida empezó a retrasarse. Pero tampoco Viannay, que llegó cuando iba con el agua al cuello. ¿El código aquel tenía nombre? Hay peleas. La gente se da empujones. ¿Y los tíos que mandan no intervienen?

Seguía en la puerta cuando Johann, el Johann que quedaba, se paró camino de la cocina y me dijo:

–Estás en medio.

–Sí, estoy en medio.

Le propuse a Florian irme al fondo del todo, cerca del fregadero y ayudar allí.

–Eso es una idea excelente.

En el fondo, hice todo lo que podía. Era viernes noche y todo el mundo se estaba quedando sin existencias.

Chern, que trabajaba en la partida de carnes, entró de golpe.

–*Persil ciselé, s'il te plaît.* –Perejil picado–. Rápido, rápido. Gracias.

Volvió.

–*Petits pois.* Se me han acabado.

Habas, pieles de limón, *feuilles.* (Siempre *feuilles.*)

Por el interfono, Christophe vociferaba; el *garde-manger* seguía con el agua al cuello. Debería hacer algo, pero ¿cómo?

Sin darme cuenta, los gritos fueron parando. De nuevo me perdí en la ensoñación de mis deberes urgentes aunque no tanto, el zen de las tareas repetitivas, y al final me di cuenta de que llevaba un rato sin oír ni un solo berrido. La cocina seguía bajo presión. Cantaban nuevas comandas, pero Christophe ya no arengaba. Decidí asomar la cabeza por el *garde-manger*, me acerqué y descubrí a Viannay en persona preparando los entrantes, con Florian y Hortense al margen. Verlo allí me resultó tan inesperado —solo lo había visto en aquella cocina reducida y estrecha una vez— que me costó un momento ajustarme a la realidad de su presencia, el pelo, la chaquetilla de MOF, la barba incipiente. No tenía ni idea de que supiese hacer los platos de *garde-manger*. Se movía a una velocidad impresionante.

—Ahí estás —susurró. Aquella rabia contenida. Se había vuelto un lobezno—. ¿Dónde estabas? ¿Cómo es que no sabías lo que estaba pasando? Maldito... —me siseó incomprensiblemente.

Acabó de emplatar y se lo tendió a Hortense.

Me quedé allí plantado, como un estúpido, a destiempo, abochornado, tratando de dirimir qué debería haber hecho.

Viannay paró y se limpió las manos.

—Dices que quieres trabajar en los fuegos. No eres capaz. No captas de qué va la cosa. No trabajarás nunca en los fuegos. Nunca.

Jamais.

Florian tenía una expresión peculiar, no de regodeo, ni siquiera una sonrisa, sino más bien una sonrisa contenida. Estaba exageradamente tranquilo.

Johann estaba a mi lado.

—¿Lo has oído? —le pregunté.

—Sí.

—Ha dicho «nunca». ¿Lo has oído...? Nunca trabajarás en los fuegos.

—Sí.

Cuando llegué a casa, fui a darle un beso de buenas noches a Jessica y me senté en el borde de la cama. Era verdad, por lo visto no captaba de qué iba la cosa. De pronto todo se había complicado mucho. Me callé. Viannay había dicho que nunca trabajaría delante. Nunca.

–He cenado con los niños en Potager –me dijo Jessica–. Le he contado a Frank cómo lo estabas pasando. Me ha dicho: «Dile a Bill que se venga a trabajar para nosotros». Deberías plantearte su invitación.

MISTERIOS INESPERADOS EN UNA VINAGRETA

Conferencia de la Renaissance Society of America. La magnitud cultural de la vinagreta me la reveló un artículo leído por Timothy Tomasik, consumado erudito de la cocina francesa en el siglo XVI, básicamente de 1530 a 1560, durante el auge de las *foires* de Lyon y justo en la época en que los grandes regidores de la ciudad acogieron a sus homólogos suizos. El evento, celebrado una mañana lluviosa de sábado en Manhattan, lo moderaba Allen Grieco, investigador asociado en Villa y Tatti en Florencia, el Harvard Center for Renaissance Studies. (Spoiler número cinco: visitamos Nueva York, dos veces; de hecho, acabaríamos volviendo.) El artículo de Tomasik abordaba la historia de la palabra *vinaigrette*.

Desde que me vi humillado fulminantemente por tener que preguntar cómo se hacía una vinagreta, me había vuelto un estudioso de la técnica, de sus muchas variaciones y de su importancia dentro de la cocina francesa (¡ácido!, ¡vino!, ¡equilibrio!). Pero ¿la historia? Había leído a Pasteur, pero Pasteur era del siglo XIX. Tomasik, del que acabaría haciéndome amigo (nos conocimos en otra conferencia de cocina del Renacimiento), iba a profundizar en los orígenes de la palabra. Asistí pegando brincos de emoción en mi asiento y me sorprendió sinceramente ver que solo había otras seis personas entre el público en una sala con un aforo de doscientas. ¡Un sábado! Nueva York es una ciudad grande. ¿Dónde estaba todo el mundo?

La ponencia de Tomasik era un esfuerzo por resolver un puzle. El sentido moderno de la palabra *vinaigrette* se publicó por primera vez en el *Dictionnaire de l'Académie Française* en 1694, donde se describe como «un tipo de salsa fría», *une sorte de sauce froide*, que se hace «con vinagre, aceite, sal, pimienta, perejil y cebolleta». Desde entonces ha habido variaciones en la fórmula esencial, pero la de la Academia Francesa sigue siendo la mejor definición.

Pero antes de 1694 era una salsa hecha con carne. La primera aparición de la palabra data del siglo XIV, en *Le Viandier* de Taillevent, uno de los libros de cocina francesa más antiguos que se conservan. Tal vez es menos francés que medieval, ilustrado con instrucciones para hacer *«une vinaigrette»*, para lo que se empieza asando un bazo de cerdo en un espeto, se pica, se pone en una cacerola con sangre, caldo, jengibre, una especie de pimienta, azafrán, vino y vinagre (por fin), y luego se hierve. «Tiene que quedar marrón.»

Una *vinaigrette* con base de oveja requiere la cabeza, el estómago y las patas. Una *vinaigrette* de vaca exige que se usen los cuatro estómagos.

Durante el turno de preguntas, Tomasik, de una honestidad encantadora, admitió que su artículo («A Vinaigrette by Any Other Name») era un proyecto en marcha.

Había empezado, nos contó, con lo que parecía un problema de lexicografía bastante claro. En los albores de la historia francesa, *vinaigrette* significaba algo apropiado para lo que se comía por entonces –básicamente, cocina de puchero–. Hacia finales del siglo XVII, la palabra había terminado significando algo completamente distinto, pero también completamente apropiado para la comida de su época: un aliño ligero para verduras igual de ligeramente cocinadas, como judías verdes o alcachofas. Lo que no fue capaz de averiguar es cuándo cambió la palabra. Había rastreado su uso en libros publicados en 1536, 1539, 1542, 1547 y 1552. Esperaba encontrar algo en los siguientes cien años, pero aún no lo había logrado. Tenía ese deje de «mecachis» del estudiante avezado que se presenta en clase con un problema esencial de sus deberes sin resolver del todo pero que sabe que resolverá en breve.

Pensé: no tiene ninguna posibilidad.

Ese centenio representa el oscuro túnel de la cocina francesa. En un extremo se encuentra el alimento que puedes cocinar en tus fogones; en el otro, o alrededor de 1651, cuando se publicó *Le Cuisinier François*, un festival radical de ostentación y maestría. El libro lo escribió François Pierre de La Varenne. Aunque el título es probablemente un juego de palabras (es decir: *El cocinero François* o *El cocinero francés*), no hay ambigüedad en cómo se entendió y tradujo. Fue una declaración de cocina nacionalista. *Le Cuisinier François* decía: «Esta es nuestra comida. Esta es nuestra cultura». En los aproximadamente cuatrocientos años de recetas, manuscritos, traducciones y publicaciones culinarias de cualquier tipo en francés, ningún texto había proclamado con tanta franqueza su sentir francés. Después de *Le Cuisinier François* quedó establecida la cocina francesa.

Pero, a ojos de muchos, apenas hay registro de qué había sucedido para que se operase este cambio. Algo estaba sucediendo, es obvio (nada sale de la nada), pero ¿quién sabe qué fue?

Mientras tanto, yo no era capaz de quedarme quieto en mi asiento. Estaba emocionadísimo. ¡Sabía la respuesta! ¡Por lo menos la relación con la *vinaigrette*! Existía al otro lado de los Alpes, en Italia, un tratado sobre ensaladas, pero no recordaba el nombre del autor, salvo que era estrafalario, algo así como «felicidad».

Grieco, por su parte, tampoco podía estarse quieto, pero conocía el nombre y había descargado el texto en su teléfono. El autor era Costanzo Felici.

—¡Sí! —exclamé. No pude evitarlo—. ¡Felici! ¡Ese es!

Grieco continuó.

—Costanzo Felici fue un médico y naturalista en el pueblo de Piobicco. —Piobicco está al este de Florencia y casi en el Adriático—. Había publicado tratados sobre aspectos de historia natural: el olivo, el champiñón, el lobo, un calendario agrario.

Grieco, que tenía sesenta y seis años, una perilla plateada y que llevaba unas gafas redondas de erudito caídas sobre el puente de la nariz, tenía el porte de un hombre acostumbrado a hablar en voz baja en bibliotecas. Tomasik, de unos treinta y tantos, era un hombre fornido y hacía gala de una juvenil confianza en sí mismo.

Felici entabló correspondencia con uno de los grandes botanistas de la época, Ulisse Aldrovandi, en la Universidad de Boloña. Aldrovandi le pidió a Felici que le describiese las verduras que se comían en su pueblo, sobre todo las ensaladas y las hierbas, y cómo las preparaban: una especie de informe de campo. Se hacían de una sola manera, escribió Felici: *con olio, aceto, sale e pepe.* Con aceite, vinagre, sal y pimienta.

A la muerte de Felici se publicaron en un libro sus cartas con Aldrovandi. Grieco leyó unas frases en voz alta, una referencia a cómo los franceses consideraban a los italianos unos comedores de ensalada indiscriminados: «*Il cibo dell'insalate- così dette volgarmente, cibo quasi proprio (dicono gl'oltramontani) de' Italiani ghiotti quali hanno tolta la vivanda agl'animali bruti che si magnano l'herbe crude*».

Yo me había topado con el pasaje antes, en 2003, en una historia cultural de la cocina italiana de Alberto Capatti y Massimo Montanari que supondría mi introducción a la belleza y a los altos logros de la cocina italiana del Renacimiento. El texto es hoy bastante famoso, ya solo por su graciosa perspicacia, que incluía la palabra *oltramontani* para referirse a los franceses: la gente del otro lado de las montañas. ¡Esa gente se cree que nosotros somos los ordinarios –se creen que nosotros somos los glotones (*ghiotti*)– porque le quitamos la hierba cruda de la boca a los animales y nos la comemos!

Los franceses, decía Felici, no lo captan. Ellos son los *ghiotti*, exclusivamente carnívoros, que no entienden el atractivo de la ensalada y de las hortalizas, el regalo de la tierra, la expresión de sus estaciones. Felici no podía saber que solo era cuestión de tiempo.

¿Existe un rastro documentado que podamos seguir que ilustre cómo los italianos enseñaron a los franceses a hacer y aliñar una ensalada?

Tal vez no.

Pero hay un rastro de pasos, apenas mencionado por los historiadores, un rastro de montaña, y el tráfico allí, de comida, gentes e ideas, fue constante y profuso. Es prerrománico. Es más viejo que el caminar. Empieza en Susa, el municipio que los romanos llamaron Segusio, en el borde noroeste de la península italiana, atraviesa las montañas y emerge en Le Planay, un pueblo donde los franceses establecieron una de las primeras aduanas. No era el único camino entre Italia y Francia, pero a principios del siglo XVI se había vuelto lo bastante popular como para que el rey viese una oportunidad de cobrar impuestos. A cambio del pago, se prometía a los comerciantes protección ante los ladrones durante el trayecto.

¿Qué atrajo a los comerciantes italianos? Las *foires*, aquellos mercados de barrio en Lyon recuperados hace poco, y aquella ruta transalpina, a veces conocida como *le chemin du Piémont*, conducía directamente hasta ellas. Muchos de los productos que allí se vendían (especias, sedas, mortadela, el repentinamente popular *fromage de Milan* o parmesano) eran italianos; casi todos los banqueros, importadores y mayoristas (Gadagne, Capponi, Manelli, Grimaldi, Sauli, Johanno, Bonvisi y Cenami) eran descendientes de italianos. Las *foires* hicieron próspera a Lyon. También la convirtieron en un invernadero culinario; ayudaron a crear la *cuisine* que se estaba desarrollando allí.

Más tarde, viajé a Susa y supe que la ruta había sido protegida por un pacto de aduanas durante más tiempo de lo que pensaba. Lo conmemora una arcada al inicio del camino, acordado entre César Augusto y las tribus celtas de los Alpes bajo el reinado de Cotio. La ciudad ya no figura en las guías (con la construcción del túnel de Fréjus, casi siempre se pasa de largo Susa) y, desde el tratado de Maastricht de 1992, las fronteras han quedado efectivamente disueltas, pero para mí era un milagro inesperado estar allí, delante del portal a través del cual pasaron tantos, en una y otra dirección: cazadores-recolectores, soldados, sal, Aníbal con sus elefantes, pimienta negra, el apóstol Pablo, Julio César rumbo a la conquista de la Galia, Carlos VIII esperando conquistar Italia, Francisco I (dos veces), Rabelais, Montaigne, Leonardo da Vinci, manuscritos, comerciantes, papas, dieciocho siglos de monjes, peregrinos religiosos, Carlomagno, banqueros italianos, el Renacimiento, la historia de Europa y, quizá, un aliño para ensaladas.

Y de ahí esta palabra, *vinaigrette*: pienso en ella como si de la casa de un crustáceo se tratase, el cascarón. Cuando su habitante muere, otra criatura se muda ahí. O como las casas de los campesinos que se ven en *le chemin du Piémont*, construidas a partir de piedras de antiguas casas abandonadas. *Vinaigrette* iba bien para un guiso medieval. Pero es una curiosidad histórica que cuando la gente dejó de hacer el guiso existiese esta palabra genial a la que pudo mudarse el aliño de aceite y vinagre.

Las comidas siempre están cruzando el planeta. El cerdo, en el corazón de la dieta italiana y francesa, llegó de China. El pavo, las patatas, los tomates, el calabacín y los chocolates llegaron de la mano de los nativos americanos del Nuevo Mundo. La *quenelle*, famosa elaboración lionesa, vino del *Knödel* austríaco.

Pero la *vinaigrette* pertenece a otro orden. No es un ingrediente. Es una elaboración. Es una idea, una manera de comer.

Rara vez me encontraba a algún francés que creyese que los italianos tuviesen nada que ver con el desarrollo de la cocina francesa. Una frase que oía a menudo era la falta de *preuves incontestables d'Italienités*.

La evolución de la palabra *vinaigrette* no es una prueba incontestable, pero nos invita a plantearnos las limitaciones que inhiben la investigación académica. Los historiadores culinarios tienden a trabajar en el idioma de su especialización y rara vez se salen de ahí —los italianos hablan rara vez con los franceses y los franceses no van a dar el primer paso para hablar con los italianos—, nada sorprendente de no ser porque, en lo que a comida se refiere, ambas culturas están complejamente conectadas. Jacqueline Boucher, una profesora de historia del siglo XVI lionés, ha escrito el excelente *Présence Italienne à Lyon à la Renaissance*. En su (abreviada, cierto es) bibliografía, enumera cuarenta y seis obras: cuarenta y dos están en francés, dos en inglés y una en italiano, una genealogía de la familia banquera Gadagne. Yo no podía evitar preguntarme, ¿cómo se puede escribir sobre italianos sin leer de la fuente original lo que tenían que decir? Durante el tiempo que estuvimos en Francia asistí a varias conferencias sobre comida del Renacimiento, fascinado por cuánto había por aprender y todas las veces algún organizador me advirtió: «Ojo con los italianos y los franceses: no quieren tener nada que ver los unos con los otros». Esa enorme cordillera que separaba ambos países es, por lo visto, mucho más que una cuestión geológica.

Esa gran cordillera también se malinterpreta, siguiendo una visión anacrónica según la cual, en la Europa medieval y renacentista, un barco era más fiable que viajar a pie o a lomos de un animal, sobre todo si se trataba de atravesar los Alpes, que obviamente era algo demasiado trabajoso para la gente normal.

Bueno, pues no lo era ni lo es. Y, en una época sin predicciones meteorológicas fiables, era mucho menos peligroso.

Quise reproducir aquel trayecto, subir aquella ladera escarpada, con mis niños: para demostrar que si ellos podían hacerlo —en verano, es verdad, la estación más favorable para cruzar los Alpes—, también podían cocineros, artistas, poetas, arquitectos, princesas, monjes con su conocimiento en materia de panes y salchichas, pintores y toda la patulea del Renacimiento italiano. El camino, era consciente, no estaba en su mejor momento. En 1803, Napoleón cambió la ruta (encontró un pasaje más ancho, más conveniente para sus ejércitos, que comenzaba en Lanslebourg, el siguiente pueblo del valle subiendo desde Le Planay, y sobrevive como carretera pavimentada, la D1006). Doscientos años después, el sendero original apenas se mantiene. Nos alojamos en Lavis Trafford, la *chambre d'hôte* construida en las instalaciones de la antigua aduana, e intentamos hacer el camino cuando los niños tenían cinco años. Por la mañana caminaron como un kilómetro y medio hasta el inicio de la senda. Había un letrero que conmemoraba los siglos de historia de aquel ascenso. Los chicos lo leyeron y dijeron «Pasando». Ya estaban exhaustos.

Volvimos cuando tenían siete años. Animados por Marc Broyer, el propietario de Lavis Trafford que, con malicia, nos describió la caminata como un «paseíto» que no nos «llevaría más de una hora», los chicos y yo en pantalones cortos y sandalias (no creía que fuesen a llegar a la cima) completamos la excursión. Nos costó cuatro horas. No estaba tan lejos —¿seis kilómetros?–, pero era empinado, y el sendero estaba borrado y era pedregoso (George se torció un tobillo, a Frederick le picaron las abejas, a las que tenía pánico), y nos quedamos sin agua antes del último ascenso difícil. Mientras, los chicos eran coaccionados de manera encubierta por su padre, que les prometió que si completaban la caminata la registraría con sus nombres (George Ely Buford y Frederick Hawkins Buford) en el libro que estaba escribiendo. Sopesaron la oferta y concluyeron que vale, que perseverarían. Cuando llegamos a la cima había agua corriente, un restaurante y una carretera asfaltada. Pero daba igual. Cuatro años más tarde, a los once, volvieron a hacer el camino.

Viterbo, Italia. La familia al completo viajó a un pueblo medieval amurallado en el Lacio para asistir a una conferencia de una semana de duración sobre cocina, vino y aceite de oliva. Viannay lo había aprobado, pero el resto de la cocina, al enterarse dos días antes de marcharme, se escandalizaron. No se cogen vacaciones a menos que el restaurante te indique que las cojas, y el restaurante solo las permite cuando cierra –en agosto, y entre Navidad y Año Nuevo–, porque no hay refuerzos, y si no estás, otro tiene que hacer tu trabajo. Durante dos días tuve que oír diversas versiones, con variaciones en grado de sarcasmo y veneno, de «*Bonne vacances, putain*».

El evento de Viterbo era para alumnos, organizado por Jessica, para un programa llamado School Year Abroad, SYA. Estaba dirigido a estudiantes que llevasen un año en un país de habla no inglesa para aprender el idioma. (Jessica, a los dieciséis años, había vivido en Renne, en Bretaña.) Para la mayoría de los alumnos, el año en el extranjero había marcado un antes y un después. La idea del evento era que los alumnos reconectasen con esa experiencia determinante no por medio de los tótems convencionales de la alta cultura, sino por medio de la comida y la bebida, y hablando de ambas. Entre los ponentes que invitó mi mujer estaban Ruth Reichl, Harold McGee, Thomas Keller, Dan Barber y yo.

¿Yo?

Bueno, sí, me invitó. Era su marido. Pero el efecto ante la perspectiva de hablar me sorprendió. Experimenté una especie de despertar mental medio alelado. Era escritor, o había sido editor literario durante veintitrés años. Sin darme cuenta, había dejado de pensarme como alguien ni remotamente relacionado con lo literario. Era un cocinillas en plena etapa de formación.

En Nueva York, mi profesión había sido mi identidad, confirmada prácticamente cada dos por tres en la rutina cotidiana de reuniones, citas, fiestas y bla, bla, bla social. En Lyon no contaba con aquellas confirmaciones sociales. Jessica y los niños tampoco. No es que nos hubiesen «despojado» de nuestras identidades, más bien habían empezado a disolverse sin recordatorios exteriores. Los chicos seguían siendo celebridades locales en su colegio, *les newyorkais*, pero estaban perdiendo los recuerdos de su hogar estadounidense. No se acordaban de cómo era nuestro apartamento. Después de dos años, hablaban el francés mejor que el inglés.

En Viterbo nos alojamos en un hotel moderno, juntos en un dormitorio más o menos grande, y fuimos tremendamente felices. Lo que sea que hubiésemos perdido mi mujer y yo, lo ganamos en una intimidad a cuatro. Nos dormíamos con el ruido de los niños durmiendo. Aquel acuerdo –una especie de camping con servicio de habitaciones– se convertiría en el modelo de nuestros futuros viajes por Francia. Por la mañana, mi mujer se iba temprano y los niños y yo desayunábamos. Estaba reconectando con mi paternidad.

Por la tarde quedaba con Dan Barber, que se había presentado clandestinamente, robando una escapada italiana con su novia, Aria Sloss. Su cocina no sabía que estaba fuera.

No veía a Barber desde la cena de la trufa blanca en el apartamento de Dorothy.

Me preguntó qué había estado haciendo y le conté que estaba haciendo un *stage* y cocinando *le personnel*... nada más, pero algo se me debió de notar en la cara.

–Ah, lo siento mucho –dijo. La disculpa fue solícita e inesperada. Casi me echo a llorar.

Resultó que la estancia de Barber en Francia tampoco había sido un camino de rosas, después de todo.

Había trabajado en dos sitios, me contó. El primero fue donde Michel Rostang. Barber hablaba francés, así que le dieron un puesto en la parte principal de la cocina, porque a Rostang le cayó bien, pero Rostang apenas estaba en la cocina, y los demás, sobre todo los que querían trabajar en su puesto, lo hicieron sufrir.

–Ya me conozco la dinámica –dije.

–El segundo restaurante fue más duro aún. Estaba en la Provenza.

–¿Dónde?

–No puedo decírtelo.

–¿Cómo se llama?

–No puedo decírtelo.

–Venga ya, no se lo contaré a nadie.

–No. Es famoso. El chef era un zumbado –prosiguió Barber–. Si íbamos lentos, cerraba las ventanas y las puertas, apagaba el aire acondicionado y nos hacía trabajar con el calor. Era verano en el sur de Francia. Fue uno de los veranos más calurosos que se recuerdan.

–¿2003?

Fue el verano que pasamos en Italia, y cientos de personas murieron en sus apartamentos. Ya había oído lo de castigar sin aire acondicionado.

–Me pegaban.

No me imaginaba a nadie pegando a Barber.

–Mucho. Si iba lento. O sin motivo. –Se llevó una mano a la mejilla–. Siempre tenía esto hinchado.

301

Soltó una risita. Barber es de brazos desgarbados, gafotas, incapaz de disimular su intelectualismo. Los cocineros franceses suelen ser fornidos, musculosos y a veces más tontos que un zapato. La risa por aquella temporada con ellos era autocrítica y entrañable.

–Un día, al poco de empezar, el *maître d'* vino al fondo y dijo: «Huelo algo. ¿Alguien huele eso?». Nadie dijo nada. Volvió a la parte de delante. Al día siguiente volvió a pasearse por mi parte de la cocina. «Vuelvo a olerlo. ¿De verdad nadie más lo huele?». Y se marchó de nuevo. Al día siguiente volvió: «Lo tengo. Huele a judío».

–¿No me vas a decir el nombre del restaurante?

–No.

Barber me dio una lección. Dijo que la formación de la cocina francesa no tenía precio, y que siempre puedes identificar a los jóvenes cocineros que tienen la chispa. Fue un mensaje complejo.

En La Mère Brazier no habían pegado a nadie.

Cuando volví a La Mère Brazier, otra vez la matraca. («¿Has disfrutado de tus *vacances, putain?*») Pero también había una diferencia que saltaba a la vista, una animación, una nueva energía. En aquel sitio pequeño, intenso, emocionalmente exagerado que conocemos como cocina, se habían producido cambios en los deberes de los miembros de la *brigade*.

Para empezar, Florian ya no estaba en el *garde-manger*. Lo habían ascendido. Iba a estar en la partida de pescados junto con Frédéric. Christophe había hablado en su favor. Florian colocó su *mise en place* en su nuevo puesto. Estaba físicamente cambiado, más alto, ya no se encorvaba. Se pasó el día entero sonriendo.

En segundo lugar, me dijeron que también a mí me habían ascendido, aunque me costaría dos semanas darme cuenta de que así era. Continuaría haciendo *le personnel*, y me gustó enterarme de que, durante mi ausencia, se habían encargado Chern y Florian por turnos y todo el mundo se seguía quejando de lo que habían tenido que comer. Pero ahora tenía que rendir cuentas oficialmente a la partida de carnes. Nadie dijo que fuese a cocinar en esa partida, y después de que un Viannay desatado se me tirase al cuello ni siquiera lo pedí. El caso es que esa era precisamente la idea, si demostraba que estaba listo, si demostraba que podía con ello.

Sylvain también tenía un nuevo puesto: y aquella era la novedad más radical. Dirigiría el *garde-manger*. Ahora era responsabilidad suya, con un personal más reducido; una persona, de hecho: Hortense.

Sylvain me contó que cuando Christophe le comunicó el cambio, cerró los ojos y le pidió que se lo repitiese. Se estremeció. Lo estaban degradando, claramente. Había empezado en el *garde-manger*. Luego lo habían ascendido a segundo de cocina. La gente se refería a él como *le cuisinier*, el tipo que lleva la cocina. Ir del pase, delante, emplatando, al *garde-manger* atrás: ¿cómo no iba a ser una decepción? Recompuso su expresión.

–Lo aprovecharé para perfeccionar mi *pâté-en-croûte* –dijo. Abrió aquella sonrisa gigante suya–. Practicaré para la *coupe*.

La *coupe* se celebra en Tain, el pueblo vinícola entre Lyon y Valence, para homenajear lo que se considera el mejor *pâté-en-croûte* del mundo. Se reúnen creadores –oficialmente «de todo el mundo», pero en la práctica, «de toda Francia» (porque ¿de dónde si no iban a venir?), y sobre todo del valle del Ródano– y enseñaban las expresiones más estéticamente escandalosas del género *carne dentro de una masa* que veréis en vuestras vidas. Sylvain estaba decidido a competir. Estaba decidido a ganar. Sería su pasaporte para lo que fuese que le deparase el destino.

Una mañana, temprano, poco después de las ocho, Hortense irrumpió en la cocina principal. Sylvain venía persiguiéndola resuelto, a largas zancadas. Estaba fuera de sí.

Por lo visto, Hortense le había llevado a Sylvain la olla que no era. Seguramente no era solo por lo de la olla, pero la olla había sido la proverbial gota que colma el vaso. Hortense, aterrorizada, se parapetó detrás de una mesa en la que había una montaña de, precisamente, muchas ollas. Sylvain se abalanzó y tiró todo de un manotazo al suelo. Se produjo un estrépito en cascada –tapas, una sartén, cacerolas, todo de acero inoxidable, resonó muchísimo, muy brillante, el metal bajo las luces de la cocina– y todo cayó alrededor de Hortense rebotando con estruendo. Fue tan inesperado y ruidoso que por un momento pensé que se había desmoronado un edificio. Hortense se ovilló. Parecía que quisiese hacerse pequeña. Parecía –la cara, el terror puro de su semblante– que estuviesen a punto de matarla.

Sylvain, hiperventilando, tras pasarse un poco de la raya, más furioso aún, cogió una olla y se la lanzó a Hortense. Falló. Se estampó contra la puerta de un horno. Cogió otra y la lanzó. Esta tampoco le dio. Cogió una tercera, una cuarta, una quinta –rápido, rápido, rápido–, y no le dio ni una vez. No parecía querer darle a Hortense, sino solo asustarla, aunque no creo que a ella la consolase esta distinción ni siquiera en el caso de que se le hubiese ocurrido en ese momento. Por ejemplo, no creo que en medio de aquella batahola de golpetazos Hortense estuviese pensando: ah, bueno, estas cazuelas que vuelan a mi alrededor no me van a dar en la cabeza. No, no me va a pasar nada. Lo que me preocupa es el pobre Sylvain, cómo necesita hacer ruido.

Christophe, como el resto, observó hasta que Sylvain hubo acabado. Luego volvió al trabajo.

Hubo otro estallido. Este también tuvo que ver con un nuevo *stagiaire*, un chico de quince años del *lycée*, a quien yo llamaba «Little Matty», dado que era el tercer Matthieu en la cocina. Debido a su edad, su horario era limitado: no más de diez semanas y hasta las diez de la noche. Empezó con mal pie y lo trataron mal, y el maltrato lo fue volviendo agresivo. (Era como una placa de Petri de las toxinas del lugar de trabajo: llegó inocente, lo acosaron sin piedad y ahora estaba buscando un lugar desde donde maltratar a otros.) Hizo un comentario con mala baba sobre que el último que había usado el fregadero no lo había limpiado bien y lo levantaron por los aires al instante.

Sylvain agarró a Matty por el cuello, lo apuntaló contra la puerta de una nevera, los pies colgando sin tocar el suelo, echó atrás el puño –parecía del tamaño de un melón– y preparó el brazo como un muelle comprimido al máximo. Observé la cara de Matty, los ojos grandes, ahora, sus rasgos delicados, aquella naricita recta a punto de ser aplastada.

Sylvain apretó.

–Te odio. Quiero partirte la cara. Necesito con todas mis fuerzas partirte la cara.

Se quedaron los dos en aquella postura, Little Matty y Sylvain con aquel brazaco.

–¿Por qué? –le preguntó Little Matty con voz aguda, sin entender nada–. ¿Por qué quieres partirme la cara?

Era una pregunta razonable y demostraba una asombrosa lucidez por parte del chaval.

Sylvain se detuvo y, por una milésima de segundo, pareció confuso.

–No sé por qué. No me gusta tu pinta.

–Lo siento.

Je suis désolé.

Sylvain escudriñó la cara insatisfactoria de Matty, respirando fuerte, deseando darse el gusto de pegarle, y no lo hizo. Lo soltó.

Christophe, a su lado, que hablaba con el chef repostero, se había quedado quieto. Cuando Matty cayó hecho un fardo a los pies de Sylvain, Christophe reanudó la conversación.

Ahora me pregunto: ¿por qué no intervino?

305

Hacia el final de la semana, Sylvain sufrió otro estallido.

Acababan de traer las alcachofas y estaban junto a la puerta de servicio, y eran de dos tamaños, medianas y muy grandes. Las medianas eran para la sopa. Sylvain me preguntó si podría quitarles los tallos. Ahora me consideraba un miembro de la partida de carnes.

Me sentí agradecido por la cortesía.

Había tres cajas. Me puse con ellas. Entonces no sé qué pasó —me dejé llevar por el ritmo de la tarea y me perdí, o me hundí en la ensoñación de estar junto a una puerta abierta, o mi cerebro se lanzó a sus paseítos zen—, porque me dediqué a quitarles el tallo también a las alcachofas grandes. Las alcachofas grandes no eran para la sopa. Eran caras. Había que tornearlas con cuidado para que fuesen la pieza central de un entrante.

Sylvain vino a echar un vistazo. Se me quedó mirando mudo de asombro. Entonces cogió una alcachofa y la lanzó contra una pared. Yo estaba en un rincón, entre la puerta y la caja de alcachofas. Atrapado. Aquel despliegue era para mí.

Sentí que conocía lo suficiente a Sylvain como para saber lo que se le estaba pasando por la cabeza: que cada alcachofa que reventaba contra la pared no era una alcachofa. Era mi cabeza. Sylvain estaba lanzando mi cabeza contra la pared de baldosas blancas, provocando un desparramamiento de salpicaduras verdes.

En su defensa (y me cae bien y me alegra defender a Sylvain, aun cuando se viese momentáneamente invadido por el ansia de reventarme la cabeza), he de decir que tenía muchas razones para estar frustrado. Algunas de sus frustraciones eran fruto del uso no siempre del todo claro que se les daba a los *stagiaires* en el restaurante. A Viannay le gustaban porque no tenía que pagarles, o, por lo menos, no mucho. (La mayoría de los *stagiaires* cobran una paga semanal, salvo, por supuesto, servidor.) Por mi parte, estaba contento de serlo porque hoy considero ese trato —cocineros en período de formación que intercambian su mano de obra para trabajar en restaurantes célebres– la mejor manera de aprender cocina francesa. Sylvain, en cambio, no quería ver a un *stagiaire* ni en pintura: ¿No podían ponerle por lo menos a un cocinero formado con el que pudiese contar?

Luego estaba Florian. ¿Qué podía querer de un *stagiaire*, ahora que lo habían ascendido a las partidas principales? Evidentemente, un esclavo, un elfo o un animalillo al que poder soltar una patada de vez en cuando. Era, me apresuraré a decir, una necesidad perfectamente comprensible, y que tal vez haría de Florian, que desde luego había sido maltratado y humillado en su momento, un mejor cocinero y –¿quién sabe?– quizá un ser humano amable. Porque el caso es que Florian, a pesar de estar en la partida de pescados, se pasaba todo el día encima de mí.

A la mañana siguiente dejó caer un saco de patatas en mi mesa en cuanto tuve el almuerzo del personal listo.

–Pélalas.

Era para su puré: responsabilidad de la partida de pescados.

–Espárragos –dijo antes de que terminase con las patatas, arrastrando hasta mí una enorme caja de plástico naranja–. Límpialos.

Era consciente de lo que estaba haciendo Florian. Lo que no se me ocurría era cómo pararle los pies. No se metían conmigo desde cuarto, y yo había desarrollado estrategias para que no volviese a pasar: encanto, agudeza, chistes y, solo cuando todas las tácticas de buen talante fracasaban, la evasión directa. Pero no era fácil. La cocina es un espacio pequeño.

–Zanahorias. Pélalas.

Un día –y recuerdo la fecha, 14 de julio, el Día de la Bastilla (cuando, a diferencia de la mayor parte de los restaurantes de Lyon, abríamos)– vi algo en Christophe que pareció ampliar mi comprensión de su persona. No hizo que me cayese bien, pero sentí algo muy cercano al respeto.

El asunto fue una salsa. Christophe había pedido chipolatas para *le personnel*, ciento ochenta. Las chipolatas son una especie de salchichas largas y delgadas, retorcidas y grasientas, con trozos de hueso y cartílago que se te quedan entre los dientes mientras las comes y que huelen a bicho atropellado en un día caluroso. Son asquerosas. A los lioneses les encantan.

Decidí asarlas en el horno (saltearlas habría dejado la cocina hecha un asco; sueltan un pegamento negro que es difícil raspar de las sartenes). De acompañamiento: patatas hervidas, chafadas con mantequilla y sal, y cebollas rojas en juliana estofadas con vinagre de vino tinto (como una salsa de pepinillos, con un toque intenso de ácido que iría muy bien, esperaba, con tanta grasa mala).

Christophe me interrumpió. Quería saber qué salsa iba a preparar.

—¿Para las chipolatas? —pregunté.

—Hay una salsa.

Me mandó arriba a por una botella de oporto.

Seguí sus instrucciones. Chalotas, un poco de mantequilla, una botella entera de oporto, a reducir. Era morada y rica, olía a ciruelas y como a algo de otro lugar.

Me puse con el resto de la comida, vigilando de vez en cuando el oporto hasta que quedaron como dos centímetros y medio.

—*Monter* —dijo. Montar con mantequilla.

Pensé: una *beurre rouge* con Oporto. La monté batiendo, batiendo y batiendo.

Fui a mirar las salchichas. Estaban hechas (es decir: parecían unos dedos huesudos calcinados de Halloween rescatados de un incendio). Las tapé con papel de aluminio y las puse en un estante alto.

Volví con mi salsa.

—Tres lonchas de *prosciutto* —dijo Christophe. Tenía guardado en una despensa.

—¿Tres?

—Pruébalo —dijo Christophe.

Añadí sal y pimienta.

Volví a probarla.

—¿Vinagre? —dije.

Cogió un tarro de una estantería y me lo tendió.

—*Moût de raisin* —dijo.

—¿Como el de vino?

Moût es mosto de uva, las pieles que quedan después de la fermentación y que pueden destilarse en un líquido espirituoso como la grapa (en Italia) o el marc de Borgoña. O convertido, evidentemente, en mostaza. Abrí el tarro. La mostaza de *moût* era negra y arenosa; densa, como un caviar diminuto.

Añadí dos cucharadas.

—Pruébalo.

La salsa tenía ahora un punto picante. Añadí más pimienta.

Apareció Hortense con una ensalada. Fuera, en el bar, los camareros ponían las mesas. Eran las diez y treinta y cinco.

Christophe miró en un cajón y sacó un pedazo de *demi-glace* de pato, una gelatina prohibida (*trop cher!*): caldo de carne reducido hasta que se convierte en un ladrillo de gelatina y sabor. (En momentos así, todo el mundo en la cocina suelta algún *hurra*.) Una *demi-glace*, añadida a lo que sea que te traigas entre manos, intensifica al instante todo: más cuerpo, una riqueza a un tiempo afrutada y sabrosa, una cualidad cárnica que no sabe a carne.

El resultado era el equivalente a un líquido de terciopelo morado comestible: dulce gracias al oporto y levemente (pero levísimamente) sustancioso gracias, quizá, al jamón, o a la *demi-glace*, o a ambos. Las chalotas y la mostaza añadían finura. Pero la salsa también tenía una cualidad textural que no me esperaba, como una tela, y era agradable a la vista.

El fin de semana probé a hacerles chipolatas a los niños. Resulta que tenía una salsa congelada, ni idea de qué era. La olí. ¿Pollo, tal vez? La *demi-glace* que me dio Christophe era lo que tenía más a mano. ¿Por qué no? La eché en la cazuela.

A los chicos les gustó la comida. No se pusieron en pie para cantar la Marsellesa, pero sí comentaron «qué rico» y se acabaron el plato, rascando los dos con el tenedor los deliciosos restos de oporto.

Antes de irme a la cama, hojeé un ejemplar de Escoffier. Había dado por hecho que Christophe se había inventado la salsa, pero el caso es que parecía adherirse fielmente a un itinerario, un elemento detrás de otro, como si fuese algo consabido. Lo que me parecía toda una excentricidad eran las lonchas de jamón. Lo encontré, no exactamente como la habíamos hecho, pero entre varias elaboraciones dulcessaladas.

Capté un atisbo de la base de datos culinaria mental de Christophe, y de los miles de salsas que podían encontrarse en ella. Había extraído aquella de su cabeza porque sabía que algo dulce-salado iría bien con algo asqueroso-salado. Me quedé impresionado por aquel dominio. Se me antojó anticuado y bastante profundo al mismo tiempo.

Después del almuerzo, Christophe y yo nos estábamos cambiando de ropa juntos. Dijo que me había visto varias semanas atrás con mis hijos –«un padre con sus hijos», dijo–. Era el primer comentario personal que me hacía sin ironía burlona. Me pregunté: ¿qué es lo que oyen mis oídos?

Charlamos, cosa que también era una novedad. Aludí al estudiante del *lycée*, Little Matty. Había cumplido su *stage* de diez semanas. (También se había quejado a su profesor, algo impensable, y, peor aún, el profesor había telefoneado a Viannay, que entonces se llevó al chico al patio con aire muy solemne –todos los mirábamos desde la cocina– y pareció que lo sermoneaba sobre *la rigueur*, así como sobre el axioma básico de que lo que sucede en la cocina no sale de la cocina.)

Christophe puso cara de aflicción.

–Ah, el *petit* Matthieu –dijo–. Eso fue un error, meter aquí a alguien tan joven. –Hizo una pausa para reflexionar sobre el error de haberlo aceptado–. Me arrepiento.

Fue una confesión compleja. Christophe no ponía objeciones necesariamente a lo que había sucedido en la cocina, que parecía ser algo impepinable, sino a que el pequeño Matthieu fuese demasiado joven como para sufrirlo.

Los días siguientes, mis comidas de personal a las once en punto parecieron dejar de importar tanto, de alguna manera. Seguí haciéndolas, pero ya no eran un examen. Sin acabar de saber cómo, me estaba convirtiendo en un miembro de la partida.

LA MEJOR COMIDA A PIE DE CARRETERA

En verano no soy capaz de dormir, tengo la cabeza llena de voces de comensales comiendo bajo los tilos en el jardín. Menuda magia. Estamos a mediados de los años setenta: Charlie Chaplin viene a comer, igual que Serge Gainsbourg, Jean Piat, muchos otros. Los manteles, las cartas... todo es suntuoso, como en un cuento de hadas. Veo los pies descalzos de Jane Birkin plantados en mi terraza, la elegancia de los comensales, la exuberancia de los artistas. La gente se para a mirarnos porque van camino de la Costa Azul por la nacional 7. Salvador Dalí está allí a menudo. (Ahí lo tenéis, haciéndole dibujitos a mi hermano mientras su mujer lo vigila.) Cuando hay tormentas súbitas, el viento azota a todos en la terraza. Los comensales, con las servilletas en las cabezas, se protegen las faldas y los trajes y se refugian en el restaurante. Hay que volver a sentarlos, la cocina se para, todo tiene que hacerse de nuevo. Se oyen aullidos. Tremendamente estresante. Lo siento por todo el mundo, pero nadie se asusta. El servicio da ritmo a nuestras vidas. Espero a que se marchen meciéndome en el jardín entre los olores a tierra húmeda y tomillo.

ANNE-SOPHIE PIC

Daniel Boulud venía a Lyon cada dos meses o así, y cada vez parecía una persona completamente distinta de la que había conocido en Nueva York. Allí había sido tan asertivo como la propia ciudad. En Lyon era un cachorrillo: suave, empático, a veces con dudas, solícito, humilde, introspectivo y desacomplejadamente honesto. Me costaría todo un año reunir el valor para preguntarle a qué se debía este cambio. Habíamos almorzado en Potager, y después lo llevé en coche hasta Les Halles a comprar pescado para cocinárselo a sus padres por la noche, «porque son granjeros y nunca comen». Vivían en el pueblo de Saint-Pierre-de-Chandieu, treinta y pico kilómetros al sureste de Lyon, entre pastos y campos de cultivos. Cuando se estaba bajando del coche le planteé la pregunta: ¿Sabes lo distinto que eres cuando estás aquí?

–Sí –dijo.

–¿Ah, sí? –Estaba sorprendido. (No estoy seguro de por qué: ¿de que mi percepción tuviese sentido o de que él fuese consciente de aquello?)

–Sí, sí, sé que soy distinto, pero nunca he encontrado las palabras para describir en qué ni por qué.

Había en su semblante, en aquel momento, una pureza de expresión que es raro ver en un adulto. Estaba allí, en su casa, con su madre y su padre, sus hermanos, sus sobrinas y sobrinos, sus amigotes cocineros, e iba a pasar la noche en la granja donde había nacido (y donde habían nacido su padre y su abuelo) y que pertenecía a su familia por lo menos desde hacía ciento ochenta años, y nada –ningún restaurante, nin-

312

gún negocio, ningún banquete, ninguna llamada urgente, ningún asunto de Nueva York– iba a complicarle lo que le esperaba, la simple perspectiva de hacerles la comida a sus padres en la mesa de su cocina y de verlos felices. Parecía pletórico.

Boulud empezó su carrera a los catorce años; fue un adolescente difícil («una losa para mis padres»), el colegio le ponía de los nervios y la granja le aburría («Era alérgico al heno», me contó Marie, su madre, «¿cómo puedes criarte en una granja y ser alérgico al heno?»). De pronto anunció que quería ser chef, aunque no tenía claro lo que hacían los chefs. Nunca había estado en un restaurante. Nunca había ido a una tienda de alimentación. Nunca había comido nada comprado en una tienda. Todo venía de la granja: leche, vino, queso, vinagre, hortalizas, ensaladas, pan, verduras en conserva, carne en conserva, carne curada, nada congelado, más pollos, patos y el grasiento beicon que le ponían frío en el desayuno.

Sus padres intentaron ayudarlo, pero tampoco iban a restaurantes, así que llamaron a una vecina a la que los Boulud se referían como «la condesa». «La condesa Volpi», como se hacía llamar ella, le tenía cariño a Daniel. Además, comía en restaurantes y conocía a los chefs que los regentaban. Era una viuda rica que se había mudado a Lyon desde París –soltera, moderna, con una larga cabellera rubio platino, un coche estadounidense (un Mustang descapotable) y un cirujano acaudalado por amante–, e hizo suya la tentativa de Boulud. Telefoneó a todos y cada uno de los establecimientos con tres estrellas Michelin, llamando al chef por el nombre y preguntando si alguien necesitaba un *stagiaire* (Bocuse, La Mère Brazier, La Pyramide... nada). Tuvo suerte con Nandron, un establecimiento familiar, padre e hijo, en Lyon, en el Ródano, que hacía platos franceses del siglo XIX mayestáticos y elaborados en una época (1969, justo antes del advenimiento de la *nouvelle cuisine*) en que debían de ser los únicos. Boulud co-

313

nocía Lyon solo como la ciudad donde ayudaba en el puesto de su padre los sábados. Ahora iba a mudarse allí de verdad. Encontró habitación en casa de un tío suyo y desapareció en la cocina justo después de cumplir los catorce años. Emergería luego para trabajar en otras partes –Georges Blanc y Paul Bocuse– y a los dieciocho se marcharía de Lyon para siempre.

El Lyon de Boulud empezaba y acababa en una cocina. Para él la ciudad era un túnel del tiempo: los cuatro años más intensos de su juventud, la mayor parte del tiempo encerrado, y luego fuera... el sur (con Roger Vergé), el suroeste (con Michel Guérard), Dinamarca, Washington, Nueva York. A veces parecía que estaba intentando recuperar lo que se había perdido o, por lo menos, una versión de lo que podría haber sido su vida si no se hubiera marchado.

En 1989 casi lo consiguió. Decidió volver a Lyon y abrir un restaurante. Acababa de tener un hijo y quería criarlo allí, se había cansado de Nueva York, del poder, los negocios, el dinero, y echaba de menos su ciudad natal, el atractivo duradero de un lugar donde nada era más importante que lo que ibas a comer a continuación. Investigó lugares, se entrevistó con funcionarios (el «Gran Lyon», como se hace llamar la administración de la ciudad, tenía y tiene un catálogo de hermosas propiedades históricas), pero no logró reunir el dinero. La gente estaba confundida, me contó Boulud: este muchacho que dice ser lionés... pero entonces, ¿qué hacía viviendo en Nueva York?

Aún estaba intentando volver. Le había prometido a Gregory Stawowy, un antiguo chef de su restaurante en Nueva York, que abrirían un restaurante juntos. Visité con ellos sitios potencialmente interesantes. Una *brasserie* enfrente del Pont La Feuillée, la entrada al estridente Vieux Lyon. («Se parece demasiado a un pub.») Una mansión y biblioteca del siglo XVI en el Saona, una de las edificaciones del *ancien régime* que la ciudad de Lyon asumía como propiedad y que en ese momento estaba intentando explotar. («Demasiado majestuosa e imponente», y Boulud se estremeció solo de pensar en trabajar de nuevo con la gente del registro de la propiedad de la ciudad.) Pero había un *bouchon*, La Voûte Chez Léa (construida en el perímetro de un antiguo monasterio, en la bóveda o *voûte* original, y abierta por Mère Léa en 1943), que tenía buena pinta: no demasiado grande, pero histórico, con una vista parcial, como mínimo, del río, y con sus conexiones de *mère*, expresión de la buena cocina básica lionesa. Hizo una oferta por 350.000 euros y se volvió a Nueva York. Pero lo estaban utilizando. El tipo que llevaba la venta no conocía a Boulud («¿Un lionés en Nueva York?») y siempre había tenido intención de venderle la propiedad a Christian Têtedoie, una de las estrellas en alza de la ciudad; necesitaba a alguien que subiese el precio de la puja.

No era tan fácil ser un lionés en Nueva York. Luego cavilé sobre aquello de Boulud y Stawowy, y costaba no maravillarse ante la complejidad psicológica de aquella relación de socios: el joven chef tratando de completar lo que el joven Boulud añoraba haber hecho.

Boulud, cuando estaba en la ciudad, siempre me llamaba. Era un privilegio.

También era verdad que en mí tenía a alguien como nunca antes había conocido. Se había pasado más de treinta años hablándole a la gente de Lyon, el corazón gastronómico de la cocina francesa, y a nadie le interesaba. La comida tiene que ser potente, le decían. Los lioneses son famosos por su antipatía, le decían. Y es una ciudad. Sus distritos, *les banlieues*, son feas e industriales. No es la Provenza. No es la Costa Azul. Y ahora, en mí, como de la nada, tenía a alguien que parecía captarlo, o que por lo menos le echaba tiempo y que se había mudado allí con su familia y parecía dispuesto a quedarse el tiempo necesario para comprender aquel sitio.

Mantenía una distancia respetuosa, como si una intervención pudiese impugnar mi aparente intención de hacer mi camino por mi cuenta, cosa que, claro, solo en apariencia era mi intención, porque, ay, es que no me quedaba otra que hacer el camino por mi cuenta –con la ayuda de mi lingüísticamente dotada y supremamente organizada media naranja–. Boulud se convirtió en la persona que llenaba los huecos.

Boulud veía a Bocuse cada vez que venía a la ciudad –era algo que se había prometido a sí mismo–, y a menudo me llamaba a última hora. «Vente rápido, estoy en Bernachon», la *pâtisserie* y *salón de thé* que regentaban la hija de Bocuse y su yerno, en el Cours Franklin Roosevelt, distrito sexto; y yo salía disparado medio vestido, a veces con los gemelos, y llegaba o justo a tiempo para saludar o demasiado tarde. Una tarde de sábado extremadamente lluviosa, un diluvio de proporciones monzónicas, Boulud me llamó –yo no sabía que estaba en la ciudad–. «Vente rápido, tienes que conocer a Pierre Orsi.» Orsi, que había empezado en la cocina de Bocuse, era uno de los grandes de la ciudad. Aquella noche no llegué a tiempo, pero lo conocería después, de nuevo con Boulud, una larga y digresiva tarde en la parte de atrás –cotilleos de cocineros, anécdotas de Bocuse, platos–. Orsi es de las personas más amables que he conocido en el mundo de la cocina.

Boulud y yo éramos de la misma edad, pero él había estado en la ciudad de adolescente y había conocido un Lyon que pocos de nosotros habíamos tenido oportunidad de conocer.

No entendía por qué no sabía montar *écrevisses*. *Écrevisses*: «cangrejos de río», un adorno omnipresente en los platos en tiempos de Boulud, que se preparaba enganchándoles las colas bajo las mandíbulas como si estuviesen sentados en una silla.

Tuve que decirle:

–Daniel, los tiempos cambian. Nadie mete un cangrejo con un mondadientes en la comida. Eso ya no se hace.

–*C'est vrai? Non, ce n'est pas possible!*

O que no supiese tornear un champiñón, una manera bastante difícil de cortar el sombrero para que parezca una especie de parasol para pulgas con finas estrías.

—¿Qué os enseñan entonces en L'Institut Bocuse?

Yo (una vez más):

—Bueno, no te enseñan a tornear champiñones, porque ya no lo hace nadie.

Sacudió la cabeza. No me creía. A sus ojos, no me habían formado del todo.

Una vez hizo alusión a la Route National Sept. Yo no conocía la referencia.

Se quedó horrorizado.

Cuando me enteré de lo que era también me quedé horrorizado, aunque también descubrí una buena razón para no haber caído de inmediato en la cuenta, y es que ya no existía. (El túnel del tiempo, una vez más.)

Durante siglos, la carretera (pequeña, rural, raramente asfaltada, en origen una calzada romana, de cuando Lyon fue capital de la Galia y luego calzada real en el siglo XVI) era la principal para llegar al Mediterráneo desde el norte. Debe el nombre a encontrarse entre una decena de carreteras establecidas que salen de la capital y llevan a la frontera. (La Route National Cinq, por ejemplo, lleva a los Alpes.) «La Sept» lleva hasta el corredor de levante de la campiña, pasando por muchas de las principales regiones vinícolas del sureste, y ha acabado representando el núcleo de la cocina francesa, ya sea solo, hay cosas que siempre son así, porque donde hay buen vino suele haber buena comida.

Pero desde los años setenta, la RN7 —abreviatura por la que se la conoce universalmente— ha sido sustituida paulatinamente por lo que se convertiría en una autopista gigantesca, la A7: una monstruosidad de entre seis y ocho carriles que allí llaman L'Autoroute du Soleil y que, en el punto álgido del verano (*Alert rouge!*), se convierte en un desfile de campistas y caravanas con bicicletas en la baca, parachoques con parachoques, las lunas traseras obstruidas por pelotas de playa, sombrillas y demás parafernalia infantil, camino de la fantasía playera de todo el mundo. Podéis seguir la National Route 7 superponiendo un viejo mapa a uno moderno, descubriréis una carretera sencilla y antigua de dos carriles, a veces enmarcada por plátanos centenarios y con algún edificio ocasional –una cafetería, un bistró, una oficina de correos, un viticultor, una casa– construido al borde, como si datase de tiempos en los que el transporte se realizaba con animales. Muchos de los restaurantes –y me parte el corazón ver la cantidad de restaurantitos familiares que quedan (aún)– nos retrotraen al siglo XIX.

Para Anne-Sophie Pic, nacida en 1969, hija, nieta y bisnieta de un linaje de venerables chefs (incluido André Pic, celebrado en *Lyon: The Gastronomic Capital of the World*, de Curnonsky), «La Sept» tenía un aura mágica. El restaurante de su familia estaba en Valence, cien kilómetros al sur de Lyon, y está, como todos los establecimientos antiguos, construido al borde de la carretera. Para ella, «La Sept» era el fundamento de la cocina francesa, *la véritable épine dorsale*, su columna vertebral. Su padre, Jacques Pic (nacido en 1932) fue miembro de la generación de la *nouvelle cuisine*, que apareció repartida principalmente a lo largo de la Nacional 7.

–Eran mosqueteros. En las fotos siempre se ve a Pierre Troisgros, Paul Bocuse y a mi padre juntos. También a Alain Chapel y Roger Vergé.

En una de las visitas de Boulud a Lyon, le preguntó a Viannay si podía llevarnos a Jessica y a mí a comer al restaurante de Alain Chapel en los Dombes: no técnicamente en la RN7, sino un poco al margen. (Yo pensé: vas listo, Viannay no me va a dejar... y luego me sorprendió la influencia de Boulud. Se lo pidió y lo consiguió.) Fue la primera de una serie de escapadas culinarias en las que Boulud intentó compartir conmigo su Lyon frágil y al borde de la extinción.

El trayecto me descubrió los Dombes. Se dice que si no conoces los Dombes no entiendes Lyon.

Los Dombes es una llanura hundida, una peculiaridad geológica, situada entre dos cordilleras montañosas, los Alpes y las altas colinas de Beaujolais, no tanto un valle como un socavón mullido. En un mapa, los Dombes parece un *bayou* –kilómetros de estanques y arroyos–, si no fuese porque el *bayou* está en la desembocadura del río Misisipi, y los Dombes están en medio de la nada. Podría ser el patio de recreo de un dinosaurio. La tierra está ocupada a medias por agua, es totalmente silvestre y vacía. La caza que se come en Lyon viene de los Dombes: patos, gansos, jabalíes, *brochet*, ranas, liebres, cangrejos, truchas, becadas, ciervos, conejos y anguilas de agua dulce. La granja en la que se crió Mère Brazier está en los Dombes. También es donde se crió Alain Chapel –considerado por muchos como el mejor chef de su generación (nacido en 1937)–, intuitivo botanista especializado en pantanos, que observaba como un aprendiz de científico.

Chapel era tenaz, obsesivo, introvertido, voluble, turbulento, generoso y un genio. Era leído, una cualidad inusitada en un cocinero, un erudito de la cocina francesa, poseedor de una biblioteca legendaria; apenas hablaba, caminaba por los Dombes con su perro a diario, escuchaba a Schubert compulsivamente, le encantaba participar en cacerías pero jamás disparó un arma, estaba lleno de una rabia que descargaba en privado (y luego reparaba personalmente las puertas que había reventado en sus arremetidas), y dirigía una cocina que era como un monasterio cartujo en su serena y silenciosa intensidad. Escribió un libro, *La cuisine, c'est beaucoup plus que des recettes* (*La cocina es mucho más que recetas*), quinientas páginas, una polémica y un poema, y a pesar de su título, una recopilación inmoderada de elaboraciones innovadoras. Extraía pequeños hígados de una improbable criatura del pantano llamada «rape de agua dulce». Exprimía la primera lechuga de la estación y cocinaba los guisantes en este líquido. Cuando, en una excursión a la Provenza, descubrió tomillo silvestre, no se le ocurrió cocinar con él, sino criar a sus conejos con él y luego cocinarlos. Su comida era regional hasta decir basta.

–Por aquí salía yo –comentó Boulud hablando de cuando trabajaba por allí, donde Georges Blanc en 1973, y tenía coche–. De camino a casa.

Todo el mundo sabía que Chapel, en el pueblo de Mionnay (una población con menos de cuatrocientos habitantes, por entonces), estaba en el epicentro de lo que iba a suceder en la cocina francesa venidera. Boulud conocía a los cocineros y a menudo se paraba allí por la atmósfera de promesa, la sensación febril de la cocina, la comida perfecta, cuando Chapel aún no había cumplido los treinta años y todo parecía posible. Le brillaban los ojos al recordarlo. Su mirada preguntaba: ¿Sabes lo suficiente como para entender lo emocionante que fue aquella época?

Y entonces, en 1990, murió Chapel, *crise cardiaque*, a los cincuenta y dos años, la misma edad que tenía su padre cuando murió, también de *crise cardiaque*.

Daniel me presentaba a otros. Cada visita era un poco como Navidad: Régis Macon, el chef de tres estrellas Michelin, MOF y experto buscador de setas, en las montañas que presiden Condrieu; Michel Bras, un gran sacerdote de la cocina, en la ladera pelada de Laguiole, Auvernia; Michel Guérard (chef tres estrellas y MOF), en la Gascuña, que era el chef más naturalmente inventivo que conocí en Francia (abrió Le Pot-au-Feu en 1965, en un suburbio feo y poco glamuroso de París, donde retorció, tuneó e improvisó sobre los clásicos franceses hasta hacerlos mejor, más ligeros, más divertidos, y se convirtió en la encarnación del mantra de la *nouvelle cuisine*: «Renuévalo»). Después de la Gascuña, volvimos a Lyon y me hizo una propuesta.

Estaba acabando un libro de cocina que consideraba su visión de la cocina francesa, pero le faltaba algo que creía que podíamos lograr los dos juntos. Se preguntaba si podríamos cocinar en Nueva York, mano a mano, hacer una docena o así de elaboraciones que consideraba esenciales en su formación como chef. Esta docena aproximada de platos eran, de alguna manera poética e imprecisa, icónicas para él. Lo convirtieron en chef. Llevaría un tiempo organizarlo. Era una idea maravillosa, así que acepté irme con él.

Para cuando tomé el vuelo, llevaba fuera tres años. Nueva York era desconcertantemente familiar, sus ventajas, sus dejes, su esplendente invierno azul, el inglés, que se me antojaba suave y fácil. Observaba la boca de la gente al hablar. No me ubicaba en nuestro apartamentito. ¿Dónde guardábamos los platos? ¿Cómo hacíamos el café? Cogí la bolsa de los cuchillos y me presenté en la francesísima y lionesísima cocina de Daniel, donde me encontré, para mi sorpresa, a mis anchas al instante.

El listado de platos era alto y bajo, elevado y rústico, y, por lo tanto, muy lionés: cabeza de vaca (rústico) pero presentada con forma de tortuga (alto); un pollo asado (granja pura) pero completamente deshuesado y reconstruido para poder comerlo a rodajas (alto, y muy vistoso). Codillo de cerdo cocinado en heno (francamente, ¿qué puede ser más campesino?); un suflé de rodaballo. Me intrigó un *chartreuse*, un plato que según Boulud se había perdido y dejado de lado después de la revolución de la *nouvelle cuisine*. (Fue la especialidad de Carême, inspirada en los monjes de Chartreuse, que no comían carne, un plato de caza con la caza escondida dentro de lo que parece un pastel de cumpleaños de verduras.) O un *coulibiac*, importación de la Rusia del siglo XIX, cuando rusos y franceses eran primos culinarios.

Mi recuento de los platos aparece en *Daniel: My French Cuisine*, así que no los describiré. Pero hay dos que merecen atención porque vendrían a colación después, en Lyon, en una charla que sería iluminadora tanto para Boulud como para mí, aunque de maneras distintas: el «jamón en heno» y el vistoso pollo deshuesado, una *volaille à Noelle*.

Boulud comió el jamón en heno por primera vez en L'Auberge de Paul Bocuse, cuando tenía diecisiete años y acababa de terminar un breve período allí. Boulud no tenía ni idea de que se podía cocinar con heno: «Era lo que les dábamos de comer a los animales». Con la confusión y la emoción de encontrarlo en el plato de un restaurante de tres estrellas Michelin, traicionó su educación dividida: su rusticidad había sido muy rústica (salvo por la electricidad en casa y por el uso de motores a petróleo en los vehículos de la granja, bien podría haber salido del siglo XIX). Su idea de viajar era ir a una feria de campo a vender ajo. Pero su *haute* era muy *haute*. En Nandron aprendió a hacer comidas que, a ojos de su familia, podrían haber venido de Marte. La abuela de Daniel, que cocinaba en casa de los Boulud, nunca había servido comida marciana.

La receta del heno no era invención de Bocuse. Aparece en libros de cocina y en publicaciones del campo del siglo XVIII, una elaboración genuina de granja en la que se usa el heno como hierba aromática para cocinar el jamón. En la recreación de Boulud, hacía una salmuera de heno y dejaba el jamón marinándose una noche. Utilizaba un aparato para inyectar más salmuera dentro del tejido de la carne. Ataba el codillo bien fuerte con briznas de heno.

Olíamos los dos a cuadra, y tuvimos que cambiarnos de ropa después de las preparaciones matutinas. Cuando el jamón estuvo listo, arrancamos la tapa de masa que habíamos puesto y olimos el resultado. ¿Se había disipado el aroma a heno? Quizá, pero era lo que era, y estábamos contentos.

La *volaille à Noelle* se basa en conservar el porte de un ave, completamente deshuesada y rellenarla de verduras, trufas y carne acto seguido a fin de que se parezca al ave real. Se come a rodajas finas.

Esta era mi nueva habilidad: darle la vuelta a un pollo y quitarle todo excepto el pico y las patas.

La elaboración era de Joannès Nandron —o Nandron sénior, el padre del equipo padre-hijo—, y dado que jamás escribió un libro de cocina, las instrucciones eran un poco vagas. Además, por la época en que Boulud estuvo allí, a los catorce años, el viejo se había jubilado (y, según Boulud, solía estar borracho). Hicieron su aparición los espárragos, recordaba Boulud, y el relleno del pollo era una *mousse*. También hay un vídeo, la única aparición de Nandron padre, recuperado por los Musées Gadagne para una exposición gastronómica. (En él se ve un hombre rotundo e impaciente con cero carisma, carirredondo y con un bigotito como una oruga, que aburrido e imperioso, y posiblemente borracho, va echando los ingredientes de un plato que ha hecho miles de veces, rellenando un pájaro flácido con una *mousse* con pinta de bazofia, unas zanahorias, un puñado de guisantes y pegotes de mantequilla.) Con este plato, Boulud se sentía como en casa. El resultado era crujiente y dorado por fuera, y una obra de arte por dentro: como contemplar un milagro. El ave también era, ay —y esto lo digo con azoramiento, aunque sea solo porque hoy considero a Daniel Boulud como mi mentor oficioso— un poco decepcionante, más bien reseco, y una prueba, de nuevo, de cómo platos como este no son recetas sino relaciones de toda una vida. (También me pregunto si había algo en la elaboración de Nandron padre, la nata a manos llenas, que le diese al relleno la untuosa sabrosura que quizá necesitaría.)

Quenelles. No estaban en el menú de La Mère Brazier. Pero una *quenelle* era un plato fundamentalmente lionés, y la versión de Brazier había sido tan famosa que había que preguntarse: ¿por qué no hacía una Viannay?

Le pedí a un chef que me enseñase a hacerlas, uno de mis mejores amigos, Alain Vigneron, del Café Comptoir Abel, un *bouchon* al final del *quai* de casa, a un viaje de bus. Es una estructura arcana, oscura, elaboradamente cerrada, anidada en una bóveda de piedra de un monasterio del siglo XIX, y con unas salas que parecen un viejo pub inglés: techos bajos, una chimenea en cada una, pura historia colgada en cada centímetro de pared, ninguna sala igual a las otras. Como establecimiento de comidas data desde 1726, como mínimo, muy posiblemente de antes. Me pasaba allí los sábados. La receta de la *quenelle* era un robo. Era el secreto de Mère Brazier. (Brazier concedió entrevistas a Roger Moreau, un periodista culinario que en 1977 sacó un libro basado en ellas titulado *Les secrets de la Mère Brazier*. Pero la receta de la *quenelle* que allí se encuentra es un texto de relleno, porque era obvio que Moreau no podía *no* tener una entrada de la *quenelle*, pero no se parece a lo que se servía.)

La receta real la hurtaron de su cocina cuando la dirigía su hijo, Gaston.

–Todo Lyon sabe que la madre maltrataba a Gaston –me contó el chef de Abel, Alain Vigneron, como explicación cuando le pregunté cómo había dado con la receta–. Todo Lyon sabe que lo tenía machacado como un insecto. –Apretó el pie en el suelo y lo hizo girar en círculos.

(Gaston fue un hombre, según recuerda su hija Jacotte, que solo quería agradar, pero cuando trataba con su famosa madre, no conseguía más que enfurecerla. Se convirtió en su segundo chef y aun así la irritaba, su presencia atenta, su respeto, su secundonería.) Independientemente de dónde la hubiese sacado, y Viannay me confirmó más tarde que la receta era la auténtica, sí, Vigneron –cincuentón, de complexión sólida, con una cabeza poblada de pelo castaño y una cara suave y tolerante, nacido en Lyon y cocinero de Abel durante cuatro décadas– es, por lo visto, la única persona de la ciudad que sigue haciendo el plato como lo hacía la *mère* ochenta años atrás.

PARTIDAS SERIAS

En la partida de carnes se aprende a cocinar cocinando. No hay otra indicación.

–Tienes que cocinar y que te vean cocinar –me susurró Mathieu Kergourlay.

Era el tercer cocinero de la cocina. Yo estaba entre Chern y él.

–¿Me lanzo a ello y ya está?

–Sí. Lánzate. Ahora.

Y eso hice. Me lancé: con unas mollejas, *ris de veau*, ni más ni menos, que fue la primera comanda que entró.

–Recuerda. Te están vigilando.

Asentí. Viannay y Christophe estaban por allí cerca.

–Siempre te estarán vigilando. Nada que hagas pasará desapercibido.

Sazoné las mollejas, puse una sartén en la plancha y añadí mantequilla.

Viannay gritó al instante desde la otra punta de la cocina:

–*Tu le fais rissoler.* ¿Sabes lo que es *rissoler*?

–Sí.

–¿De verdad? –Parecía dudarlo–. Muchos estadounidenses no lo saben.

De hecho, sí que sabía lo que significaba *rissoler*, cocinar de tal manera que puedas saltear y regar al mismo tiempo. Había aprendido con el chef Le Cossec. (Podría decirse que lo había visto hacer, más que hacerlo. En sentido estricto, podría decirse que, siendo justos, las dudas de Viannay estaban justificadas.)

La mantequilla de mi sartén se puso marrón al instante.

–Está demasiado caliente. Mathieu, enséñale.

Kergourlay vació la sartén, la limpió, volvió a colocarla en la plancha, esta vez cerca del borde, y añadió un trozo de mantequilla.

Se necesita mucha grasa, porque es con lo que regarás la proteína a cucharadas. (Cuando acabas, no queda mantequilla.) Puedes usar mantequilla o aceite, o ambas, pero la mantequilla tiene la ventaja de avisarte de cuándo se calienta demasiado la sartén cambiando de color –es como una alarma de temperatura–. Si pasa eso, la tiras y empiezas de nuevo. No interesa que la sartén esté demasiado caliente; estropea el equilibrio de la técnica, cocinar desde abajo hacia arriba. De hecho, es la misma temperatura, más o menos, a la que cocinas una tortilla. Te interesa, como decía Le Cossec, que la mantequilla cante.

Y todo el rato cucharada, cucharada, cucharada.

Es fácil llenar la cuchara si inclinas la sartén hacia ti y dejas que se acumule la grasa contra el borde. Cucharada, cucharada, cucharada, o, en mi caso, salpicar, rociar, manchar y de vez en cuando una cucharada que, sorprendentemente, parece ser solo un poco menos eficiente que las de los demás, salvo por las tremendas cantidades de grasa que caen fuera de la sartén. Es fácil detectar cuándo he cocinado con la técnica del *rissoler* porque el suelo de la cocina brilla.

Rissoler en sí parece marcar una simple diferencia entre la cocina francesa y la italiana, donde la carne o bien se cocina a fuego fuerte o bien se guisa lentamente en un líquido. *Rissoler* es un término medio.

Una vez las mollejas están doradas e hinchadas, van al horno durante cinco minutos y se acaban en otra sartén con más mantequilla. Chern preparó la guarnición, un montículo de guisantes y habas. Kergourlay acabó la salsa, caldo de ternera reducido hasta el punto de convertirse en algo casi aromático. Tenía una intensidad espesa, negra y sabrosa. Las mollejas, en cambio, eran como aire.

Reflexioné sobre la conversación que había sostenido con

Viannay. Había visto que me miraba. Esperaba una protesta, una objeción a mi atrevimiento, que me preguntase con qué arrogancia me plantaba yo en el fuego durante el servicio. Pero sus comentarios fueron de índole práctica: la mayoría de los estadounidenses no saben saltear con una cuchara. Nadie puso en duda mi competencia.

Ahora las mañanas consistirían en preparar el servicio de mediodía y en hacer *le personnel*, me dijo Kergourlay.

–¿En serio?

Me resultaba inconcebible hacer ambas cosas.

–En serio.

Parecían dos trabajos. Cogí una bocanada de aire involuntariamente, como si estuviese a punto de zambullirme en unas aguas muy profundas.

Y entonces:

–Nabos. Prepáramelos.

–No, Florian, no quiero preparar tus nabos.

–Prepárame los nabos.

Eran nabos pequeñitos que había que tornear, ese truco francés de hacer rotar una hortaliza en la mano mientras la pelas y le das forma con diminutos cortes del cuchillo hasta transformarlas, en el caso de los nabos, en un adorno navideño. Eran redondos y blancos, con un tallo verde en lo alto. Sabía tornear nabos, pero no quería tornear los nabos de Florian.

Al día siguiente, lo mismo con los espárragos.

Florian estaba en la parte delantera de la cocina, en la partida de pescados, y yo atrás, en el *garde-manger*, preparando *le personnel*.

–¡Bill! –Tuvo que gritarme para que lo oyese, había una pared en medio–. Prepárame los espárragos.

Le oí. También le oyó el resto de la cocina, así como cualquiera que pasase por la calle.

–No puedo. Estoy deshuesando cerezas.

También yo tuve que gritar.

–¿Y después?

Après.

–Luego voy a pelar patatas. Para *le personnel.*

–*Et après?*

–Voy a cocer patatas.

–*Et après?*

–Florian, esto es ridículo. Estoy haciendo *le personnel.*

Sylvain estaba a mi lado. Había dejado lo que estaba haciendo para enterarse de la conversación. Como daba por hecho, todos los demás.

–*Et après?* –dijo Florian.

–¿Después de hacer la comida del personal?

–*Oui.*

–Bueno, entonces, igual que tú, comeré.

–*Et après?*

–Me prepararé para el servicio de mediodía.

–Vale. Prepárame primero los espárragos.

–¿Quieres que te prepare los espárragos antes de empezar a hacer el almuerzo?

–Sí. Prepárame los espárragos.

Me pregunté: ¿estaba fanfarroneando?, ¿demostrando que me tenía comiendo de su mano?

Sylvain se volvió hacia mí.

–Ve ahí y dale una hostia.

–¿A Florian?

–Sí. Tienes que darle una hostia.

–¿En serio?

Sylvain era una autoridad en la cocina. Un tipo al mando me acababa de decir que fuese a la sala contigua y le diese un puñetazo a una persona.

–Sí –me dijo Sylvain. Con firmeza–. Ahora. Ve y dale una hostia. –Estaba cabreado. Cerró el puño y se pegó en la palma–. Así. Fuerte. Túmbalo.

—¿Puedo?

—Sí.

De pronto la situación era bastante compleja.

—O sea, ¿tengo permiso... para darle una hostia?

—Sí. Por favor. Dale. Una hostia. Ya.

Había mucho que pensar, repasé a toda velocidad las consecuencias mentalmente.

Por ejemplo: ¿no era Sylvain el padrino de Florian? ¿Acaso no lo conocía desde que era un bebé?

Y: me gustaba el cabreo de Sylvain. Era como tener el respaldo de un amigo.

Y: ¿era posible que, aunque todos los de la cocina se callasen, se hubieran dado cuenta de que Florian se había convertido en un matón de tomo y lomo?

Y: ¿dónde le pego? Voy directo a la partida de pescados y entonces... ¿qué?... ¿rujo?

Yo había pegado a gente (¿dos veces?), pero de eso hacía mucho, y solo cuando había un problema, y había llegado a la conclusión de que, en general, pegar a alguien, incluidos quienes se lo merecen, no era una práctica sensata.

—Dale una hostia, por favor.

Se me pasó otro pensamiento por la cabeza. Mi libro, este libro. Tenía que escribir un libro. Me pregunté: ¿sería bueno para el libro que le diese una hostia a Florian, si acabo dándosela? Sí, sin duda. El incidente produciría lo que en el gremio llamamos «un buen manuscrito».

Vale, dije. Le daré una hostia.

No se la di.

No es que decidiese no dársela. Fue más bien que decidí dársela después. Había otra cuestión. Cuando me imaginé cómo resultaría la cosa, acercarme sacando pecho a la partida de pescados haciendo oscilar un poco los brazos, cogiéndolo por sorpresa (esperaba) y darle un puñetazo rápidamente (¿o quizá un cabezazo, ya que era tan alto?), empecé a sospechar que alguien acabaría haciéndose daño (¿yo, tal vez?). Francamente, no me gustaba estar en aquella posición.

No me gustaba que Florian me hubiese puesto ahí: que, cruzando una línea de comportamiento aceptable una y otra vez me hubiese hecho creer, y también al resto, que no me quedaba otra opción, que también yo tenía que cruzar una línea de comportamiento aceptable y darle una hostia.

No quería pegarle. No me gustaba que se esperase eso de mí. De lo que no me había dado cuenta era de que, llegados a ese momento, Florian se había vuelto chiflado. Siempre había sido inestable –parloteaba, farfullaba, hiperventilaba, se agarraba el pecho–, pero se había ido volviendo cada vez más flojo día tras día. Chern me contó que Florian y él llevaban trabajando toda la noche, saltándose *la pause*, para tener a punto todos los elementos de su *mise en place* (haciéndose, por tanto, diecisiete horas sin descansar).

–Empecé a ayudarle a acabar su *purée de pommes de terre* para que pudiésemos salir y comer algo antes del servicio, pero al poco ya no hacía otra cosa que ayudarle. Ya no le acababa el *purée de pommes de terre*. Se lo hacía.

Era la presión, dijo Chern.

–No paraba de decir *le stress, le stress*.

Normalmente, cuanto más repites una tarea, más rápido te vuelves.

–Florian se ha ido volviendo más lento –dijo Chern.

¿Es posible que la insistencia de Florian con los espárragos fuese un enrevesado grito de auxilio?

Después del servicio de mediodía, el día que me habían dicho que le pegase a Florian, me sumé a un corro que estaba pelando alcachofas, todos los cocineros, incluido Christophe, echando una mano a Sylvain, con una pila de cajas. Entonces apareció Florian justo cuando terminaba con un corazón que le enseñé a Christophe para que me diese el visto bueno y lo eché en un cuenco de agua con limón.

Florian cogió una alcachofa, la peló ostentosamente a toda velocidad, el cuchillo como un relámpago, y la tiró en el cuenco como si lanzase a canasta. Salpicó. De manera tácita, pareció que el alarde iba por mí, para ponerme en mi sitio. O por lo menos así lo había entendido yo. Yo le había pedido el visto bueno a Christophe; Florian no.

Cogió otra alcachofa.

–*Qu'est-ce que tu fais?* –le preguntó Christophe.

¿Qué haces?

–Torneando una alcachofa.

–Enséñame la que acabas de hacer.

Florian la sacó del cuenco.

–Esto es inaceptable –dijo Christophe sosteniendo en alto la alcachofa torneada a toda prisa y (para ser justos) levemente torcida. La tiró a la basura–. Repítela.

Florian soltó la alcachofa que había empezado y se largó murmurando que tenía mejores cosas que hacer. (Este comportamiento no era necesariamente inaceptable, preparar alcachofas era opcional y en la práctica un acontecimiento social, pero el episodio creó mal ambiente. Por mi parte, una voz empezó a tararear por lo bajo en mi cabeza: «Llorar y llorar».)

Christophe volvió a corregir a Florian justo antes del servicio de la noche, otra tarea realizada con prisas.

–No.

–¿No?

–No. No voy a volver a hacerlo.

–Sí, lo vas a repetir.

–Que no.

Florian se desató el delantal y lo tiró al suelo.

–*Casse-toi!* –dijo Christophe, que podríamos traducir más o menos como «Lárgate de aquí cagando leches».

331

Se largó. Y tal cual: adiós Florian.

Volvió al restaurante otra vez a recoger su paga (sin saludar a nadie, atravesando la cocina a toda prisa y subiendo al piso de arriba a grandes zancadas). Un tiempo después llamó su madre.

—¿Florian? —dijo Christophe con perplejidad fingida—. *Oh, pardon, madame.* Sí, Florian. Ahora recuerdo. No, no ha aparecido por aquí desde que se fue antes del servicio del mediodía hace dos semanas.

Para mí, la vida sin aquel diecinueveañero burlón fue liberadora. Sin saberlo, había estado andando con un trozo de cristal clavado en la planta del pie. Ahora me la habían quitado.

Era curioso, pensé reflexionando sobre el episodio, que se hubiese tolerado a Florian. Pero no era curioso. Era un rasgo de la cocina. Lo curioso era la cocina. Lo único que importaba era que las comidas estuviesen hechas a tiempo y bien. Para todo lo demás, los cocineros tenían que buscarse la vida. A Christophe no se le escapaba una. Pero no intervenía jamás.

La consecuencia, para mí, es que se consolidó mi posición. No solo había sobrevivido a las zancadillas, sino que había sobrevivido al zancadilleador.

La primera noche sin Florian, Étienne, un cocinero recién contratado que llevaba solo dos días en el restaurante, ocupó su puesto, y la cocina lo vitoreó al final del servicio.

La partida de carnes se volvió sorprendentemente tranquila —sin Florian en la cocina, no podía ser de otra manera—, pero la tranquilidad se debía sobre todo a lo que no dejaba de ser: en efecto, una cocina francesa. Podía ser rápida, desconsiderada y ruda —había adrenalina para dar y tomar—, pero también tenía un sentido del orden primordial. Era menos físico que cerebral. Exigía concentración.

Se cocinaba la mayor parte de elementos antes del servicio. Lo que hacías después, sobre todo, era montar el plato, y montarlo requería a menudo que los tres trabajásemos juntos. Emplatar un pato era como hacer un puzle: el tallo de una acelga escalfada al mediodía para que hiciese las veces de bandeja para la pechuga; o el muslo, deshuesado para que pareciese un chupachups salado, la carne remangada hasta el extremo superior y confitada por la mañana; o la salsa de cerezas, preparada el día anterior; o una plancha de patata Maxim, que lleva el nombre del legendario restaurante parisino, hecha por un servidor mientras preparaba *le personnel*.

Los resultados, modestas obras de belleza culinaria.

El alma de la cocina: las aves. Hacíamos caracoles, ancas de rana, orejas de cerdo crujientes, mollejas y carne de res. Yo dormía langostas acariciándolas detrás de la cabeza: a las cuatro caricias, dejaban caer las pinzas; dos más, se quedaban aún más traspuestas; dos más, se dormían y las metíamos, comatosas, en un horno caliente. (Figuraban en una versión de mar y montaña.) Pero estábamos en Lyon, y Lyon es ciudad de aves, sobre todo de las famosas aves de Bresse.

No las cocinábamos como se suele hacer en casa. No pensábamos en ellas como se suele pensar en casa, porque no cocinábamos un ave: cocinábamos dos. En la cocina, todas las aves son dos aves, carne blanca y carne oscura. Una se cocina rápido (la pechuga); la otra requiere tiempo y lentitud (el muslo). Una no sabe a nada si se pasa de cocción; la otra es imposible de masticar si se cocina demasiado rápido. La solución más simple: sacar las pechugas, arrancar los muslos, y cocinarlos por separado. La *sûpreme* es la pechuga estofada en caldo de pollo, calentada en una sartén y servida con un *beurre blanc* cremoso afinado con un chorro de oporto blanco (un secreto de Viannay que es transformativo y convierte la ya rica elaboración en una lujuria de regusto etéreo en la boca). Los muslos restantes: de infinitas maneras, siempre que no se hagan con prisa, como aquellas que ayudé a hacer a Sylvain en mi primer día, la «bandeja de brownie» con *foie* y glaseado de gelatina de carne.

El *poulet de Bresse demi-deuil* «asado» también son dos aves. En realidad, es un truco de presentación hacer que parezcan uno. Además, tampoco está asado.

Se guisa en fondo de pollo con trufas negras metidas bajo la piel (la viuda de luto, etcétera) hasta que las pechugas están casi cocinadas. El pollo se pone entonces en una cazuela de horno, se presenta en la mesa de los comensales y vuelve a la cocina para pasar por una apresurada operación de cirugía culinaria. Primero se quitan las pechugas: se saltean, salsean, se emplatan y se devuelven a la sala. Luego los muslos (que están casi crudos) se echan a una cazuela y se siguen cocinando con más grasa. Cuando por fin están tiernas y jugosas, se vuelven a ofrecer a los comensales como plato final, servido en ensalada.

Evidentemente, Mère Fillioux, la más grande de las *mères chefs*, no trataba diferente los muslos y las pechugas de las aves. Al igual que Viannay, los guisaba en fondo de pollo –cuantos más pollos en la olla (a una temperatura suficiente como para que emitiese un vapor fantasmal en la superficie), más sabroso el fondo–. A diferencia de Viannay, parece que ella dejaba allí los pollos hasta que ambas «carnes», pechugas y muslos, quedaban inexpresablemente tiernas. De ahí el truco de cortarlo con una cuchara en la mesa de los comensales. En efecto, Mère Fillioux, bendita sea, reconcilió una contradicción eterna fingiendo que no existía, y, con todo el respeto a los logros de la gran chef, tengo que declarar, sin embargo, que por muy deliciosos que estuviesen los muslos, las pechugas debían echarse a perder. A las pechugas no les gusta una cocción larga y lenta: les absorbe el sabor. No saben a nada.

LA *SAUCE BÉARNAISE*

Condrieu, Rhône-Alpes. Este pueblo de cuatro mil habitantes, cruzando el Ródano hasta Vienne y La Pyramide, y un poco más abajo siguiendo el curso del río, es famoso por su vino blanco, exquisitamente fragante, y la uva local viognier con la que se hace. Un sábado por la tarde, cuando Stephen, el canguro favorito de los chicos, había aceptado quedarse con ellos en el último momento, Jessica y yo nos paramos en un hotel y restaurante allí, en las márgenes del Ródano, Le Beau Rivage, sin plan, sin reserva, y encontramos lo que llevábamos viendo en todos los demás sitios desde que salimos en coche de Lyon. El sitio estaba lleno hasta la bandera. (Lo que habíamos descubierto, en realidad, era que la costumbre veraniega francesa de preguerra de seguir la vieja National Route 7 desde París hasta el sur parándose en hoteles-restaurantes por el camino estaba más viva que nunca.) Observamos el comedor –parecía haber solo una mesa disponible– cuando un *maître d'* nos dio la bienvenida y nos preguntó si nos hospedábamos en el hotel, y, a esas alturas, hambrientos y consternados, dejamos de lado todo escrúpulo y contestamos que sí, claro (y, ay, le quitamos el sitio a una pareja que llegó veinte minutos más tarde). Pedimos una botella del vino local (bueno, dos botellas, en realidad: un Condrieu, de las montañas que teníamos directamente a nuestra espalda, y un Côte Rôtie, de las escarpadas colinas unos cuatro kilómetros más arriba), y comimos una cena sorprendente de la que hay que destacar un rodaballo enorme; nos porcionaron este pescado plano que se alimenta del marisco del fondo del mar (con los dos ojos mal puestos en un lado de esa extravagante cabeza escamosa; una categoría especial de delicadeza marina, fabulosamente fea y fabulosamente deliciosa) en un carrito al lado de nuestra mesa y lo sirvieron con una bearnesa muy suave. No se la rociaron ni vertieron por encima; parecía posarse a un lado como una misteriosa niebla perfumada.

Hasta ese momento no había pensado en la salsa. La bearnesa era lo que la gente comía con rosbif. Yo no la comía con pescado. Tampoco había probado una versión tan lograda, con una acidez viva, brillante, que parecía envolver cada molécula redonda de la grasa de la salsa. También me gustó que fuese distinta de otras muchas salsas francesas, que tienen base de vino y pueden manipularse para que combine con la comida con la que se sirve. Una bearnesa no tiene por qué combinar. Simplemente está ahí. Podría formar una categoría aparte.

Ahora me pongo en evidencia muchas veces por lo mucho que me gusta, sin remilgos. Por no pensar que algún día vayan a considerar que sea buena para la salud.

Los libros de cocina franceses consideran que hacer una bearnesa es la cosa más fácil del mundo, o por lo menos esa es la sensación que dan, pero desde la comida a orillas del Ródano, prácticamente todas las salsas que pedí en un restaurante fueron una decepción: pasadas de cocción, espesadas con harina, desagradables o claramente descuidadas durante el ajetreo del servicio. Una bearnesa es una emulsión, una manera de conseguir que dos elementos incompatibles, líquido y graso, se unan (de hecho, el código secreto de la cocina francesa, su estilo, parece que consiste siempre en poner dos elementos incompatibles a convivir).

Christophe consideraba la salsa una cosa complicada. Se convirtió en una cuestión personal entre nosotros cuando, después de comentar yo durante una de nuestras catequesis sobre *le personnel* (porque estaba todavía haciendo el almuerzo) que, de salsa, iba a preparar una bearnesa y él dijo «No», rotundamente.

–Una bearnesa es difícil –dijo.

Era una posición perfectamente responsable. Christophe quería darle de comer a su personal.

–¿Has hecho bearnesa alguna vez, siquiera? –me preguntó.

–Sí.

–¿A menudo?

–No.

–Entonces, ¿para qué vas a hacer una ahora?

–Porque para eso estoy aquí.

Se quedó perplejo.

–Para aprender. Estoy aquí para aprender.

Je suis ici pour apprendre. Parecía obvio, pero era obvio que no lo era.

Christophe emitió un «ah» ligeramente audible. Lo había captado. No estaba pasando por el rito de iniciación para convertirme en un chef francés. Estaba allí solo para saber qué es lo que hacen los chefs franceses.

A la semana siguiente, la proteína era filete.

–Venga. Haz tu salsa –me dijo Christophe.

–Ah, el perfume de la *mignonette* –dijo entrando en la cocina después de empezar yo con «mi salsa» (cosa que, debo admitir, me animó).

Mignonette es la infusión de la oscura y tropical pimienta negra y la fragancia de regaliz del estragón en un potente vinagre de vino blanco hirviendo a fuego lento. La infusión es uno de los tres elementos de una bearnesa, que sobre el papel parece cosa fácil. La otras dos son yemas de huevos y mantequilla clarificada.

Saqué la infusión del fuego y la dejé enfriarse. Estaba muy concentrada.

Para veinticinco o treinta personas, necesité dos kilos de mantequilla que dejé derretirse del todo hasta que sus elementos sólidos precipitaron al fondo, poco apetecibles. Lo que queremos es el líquido brillante y amarillo de la superficie: se vierte en un recipiente, con cuidado de no echar los sólidos. (La cocina es tan calurosa que nunca hay que deshacer la mantequilla en sí; la dejas en una estantería y ya está.) Utilicé dieciocho huevos y separé las yemas mientras Christophe me vigilaba por encima del hombro para asegurarse de que no los rompiese contra el borde, sino cascándolos tras golpearlos autoritariamente contra una superficie plana. De hecho, si fueseis yo, llevaríais mucho tiempo practicando ese golpe autoritario: poco autoritario y tendrás que golpear de nuevo (con el consiguiente peligro de estropicio); si te pasas... bueno, ahí el estropicio es irremediable.

La bearnesa y la holandesa están en el corazón de la cocina francesa. La holandesa, que no se sabe seguro si viene de Holanda (lo mismo que la bearnesa podría venir de Béarn, pero quizá no), es una de las cinco «salsas madre» de Escoffier, los cimientos a partir de los que construyes muchas variaciones. Las otras son la bechamel, la *velouté*, la de tomate y la española, esa maravillosamente intensa combinación de ternera y tomate que supuestamente habría concebido un cocinero español en la boda de Luis XIII y Ana de Austria en 1615 –y, de ser así, un destello de actividad innovativa durante el largo período en que la cocina francesa estaba naciendo (quizá), aunque a nadie se le ocurrió documentar el asunto definitivamente–. La holandesa y la bearnesa son básicamente lo mismo, difieren sobre todo en su acidez particular: a la holandesa se le sube un punto levemente con limón, a la bearnesa se le da cuerpo con la reducción de vinagre. Algunos cocineros ponen partes iguales de vinagre y vino blanco. En Lyon, la bearnesa se hace solo con vinagre y solo con la versión más obvia, el vinagre blanco, que no se basa en un vino sino en la celulosa (por ejemplo, corteza de árbol) y que solemos emplear también para la limpieza doméstica. Es una salsa que se repite.

La primera vez que la hice, en L'Institut Bocuse, me quedé maravillado al ver cómo, al batirla, la salsa espumeaba, se esponjaba y se montaba en mi cazuela hasta convertirse en algo de aspecto insustancial. La diferencia entre una bearnesa y otras elaboraciones emulsionadas como, pongamos, la mayonesa, es que en una bearnesa también estás calentando los huevos mientras los bates y esperas que alcancen esa extraña temperatura natillesca que se encuentra en el punto exacto entre crudos y revueltos. ¿Qué temperatura? Bueno, según Harold McGee, deberían ser cincuenta grados Celsius. Pero según el manual de L'Institut Bocuse son sesenta. Y según Joël Robuchon, sesenta y cinco. Y todas estas cifras son inútiles, porque no vas a introducir un termómetro en la cazuela mientras bates a todo meter temiendo a cada momento que se corte. Uso el dedo, rápido y, si me quemo, sé que voy por mal camino.

Una bearnesa cortada es un desastre líquido. Hay quien lo describe como huevos revueltos. No es eso. Es una vomitona. Da pena verlo. Lo sé porque, por motivos que no he llegado a entender, siempre que la hago en casa me sale mal. Pero luego, a veces, me sale bien y no sé por qué. Por lo tanto, mi determinación era: quiero saber que puedo clavar esta salsa y entenderla.

Esta vez, mi bearnesa parecía funcionar, y después de espumear imponentemente, fui añadiendo poco a poco un hilo dorado de mantequilla clarificada, batiendo, batiendo, batiendo, mientras la salsa, como una metáfora de su hacedor, parecía desafiar a la gravedad y subir.

La probé. Añadí sal y pimienta. Volví a probarla. Añadí limón. Me daba la sensación de que olvidaba algo.

Christophe la probó.

—¿Qué necesita?

—Vinagre —respondí.

—¿Vinagre? —Me miró estupefacto—. ¿Vinagre, en serio?

Ya llevaba un montón. Era consciente. No sé ni por qué propuse añadirle más. Lo dije, simplemente. La probé y pensé: Más, por favor.

Añadí un poco de vinagre, Christophe me miraba sin verlo nada claro.

Volvimos a probarla.

—Tenías razón —dijo Christophe.

Fue un buen momento.

Y, acto seguido, un mal momento. Estábamos allí mismo y de pronto la salsa se cortó. Se fue a la porra. Era una vomitona.

–Anda mira –dijo Christophe–. Se ha cortado.

–¿Por qué se ha cortado?

–No tengo ni idea.

Le hacía mucha gracia, por lo visto.

Para arreglar la salsa cortada, pones agua fría en una cazuela, no mucha, un vaso (más otro vaso a mano por si acaso), la calientas y añades la salsa fallida a cucharadas mientras la bates como si fuese un trozo de mantequilla.

–El truco es el agua –dijo Christophe–. Quieres que salga bien el *sabayon*.

Sabayon. Exacto. Alguien había usado esa palabra en L'Institut Bocuse: «Estáis haciendo un *sabayon*». Le había dado vueltas a esto: el resto de las salsas las reduces al máximo, las concentras. Como un fondo oscuro de ternera: coges diecinueve litros y los reduces a ciento cincuenta mililitros. O salsa de frutas: coges una caja de zumo de naranja y la reduces a una probeta. Y luego la montas. Pero a lo mejor la bearnesa no era francesa.

Un *sabayon* es una salsa espumosa y una emulsión al mismo tiempo. Como señala Harold McGee: las yemas se espuman muy bien solas, pero aún más *espectacularmente* con agua. Mi salsa se cortó porque le faltaba agua. La había reducido demasiado.

Los diccionarios dicen que la palabra francesa *sabayon* aparece en el idioma en 1803, aunque es probable que la técnica se emplease mucho antes. Viene del italiano *zabaglione* (vino dulce, normalmente Marsala, el elemento acuoso, más yemas de huevo, todo batido y calentado). Aparece en dos siglos de libros, empezando por el Maestro Martino en el siglo xv. Martino fue el talentoso y extravagante cocinero que admiró a Platina, un bibliotecario vaticano que probó su comida durante una estancia en la casa de retiro veraniego de un cardenal. Platina escribió luego un libro considerado entre los primeros en tratar la cocina como obra de arte. También plagiaba alrededor de la mitad de las recetas de Martino –cuyo manuscrito se guarda en la Morgan Library de Nueva York– y creó así un bestseller nacional (por así decirlo) que sería traducido a muchos idiomas, incluido el francés. (En varios sentidos, fue el primer libro en exportar el renacimiento culinario italiano al resto de Europa.) ¿Podrían encontrarse aquí los orígenes de la bearnesa, en Platina? También hay una receta de 1570, de Bartolomeo Scappi, considerado por muchos el cocinero italiano más grande de la historia. La receta de Scappi incluye elementos salados, como caldo de pollo, y no es tan distinta de una bearnesa, francamente. ¿Podrían estar ahí los orígenes? ¿Hay alguna prueba incontestable de que los cocineros italianos introdujesen algunas de las salsas que más tarde se convertirían en los fundamentos de la cocina francesa? ¿Hay alguna prueba de que la «reverencia» por la salsa misma, su importancia en la comida, se originase en realidad en Italia? Si la hay, yo no la he encontrado... aún. Pero parece altamente probable.

El caso es que el truco para evitar que una salsa se corte es, sí, no dejar que la infusión se reduzca demasiado –se necesita el elemento acuoso–, pero también tomarte tu tiempo. Se puede alcanzar la consistencia que creemos que tiene que tener a fuerza de calentar la salsa a fuego medio y batir como un italiano fuera de sus casillas. En cinco minutos, la tendremos. Pero, por experiencia propia, creo que ahí la emulsión no está completa y la salsa se echará a perder al rato. Tendremos más probabilidades de éxito si lo abordamos como si fuesen unas natillas, aumentando la temperatura poco a poco, durante diez o quince minutos, lo que haga falta, batiendo sin parar, no a lo loco, sino sin prisa y sin pausa, como un francés.

¡Ay, si yo fuese poeta! Pondría todo este esplendor en
verso. Como solo soy un campesino, lo pongo en una
ensalada.

ALAIN CHAPEL en el mercado,
citado en FANNY DESCHAMPS,
Croque-en-bouche, 1976

Servicio nocturno, pongamos que un jueves, pero a saber.
Estábamos a punto de quedarnos sin platos. Tuve que ir a sacar unos cuantos del lavavajillas, en la parte de atrás. Era urgente. ¿La perspectiva? Poco halagüeña. ¿El camino? Lleno de
obstáculos: Christophe, Viannay, camareros, el pase, comandas cantadas, griterío, gente entrando y saliendo disparada del
garde-manger. Pegué los codos a los lados. Agaché ligeramente
la cabeza. Respiré hondo. Me imaginé que era un robot con
patines. Arranqué. No me desvié lo más mínimo: ningún la-
deo de cabeza, ni un pestañeo, nada. Agarré los platos. Volví
a toda prisa.

Era una versión exagerada de cómo se mueve la gente en
una cocina, algo a lo que yo me refería como «la carrerita de
Frankenstein». Lo hice como parodia. ¿Seguro?

Desde un rincón en la otra punta, oí mi nombre y vítores.

Era Sylvain. Parecía contento, cosa rara. De hecho, parecía muy contento. Me estaba gritando:

–¡Bravo, Bill! ¡Bravo! ¡Por fin has aprendido! –Me quedé
desconcertado y luego, poco a poco, reaccioné, porque poco
a poco, lo pillé: ¿mi pantomima no había sido una pantomima? Sylvain estaba muy emocionado–. Bill, ¡bienvenido a la
cocina! ¿Tienes idea de cómo andabas al principio?

Y ahí se puso a hacer su parodia: un muñeco de trapo de
mirada atolondrada y con la cabeza bamboleándose de aquí
para allá mirando a un lado, a otro, a lo que fuese... y soltó

una carcajada. Se reía porque estaba convencido de que nos reíamos juntos.

Y lo fingí (ja, ja, ja) mientras me maravillaba: ¿en serio? ¿Así se me veía?

Sabía que era lento. Y, de hecho, la observación de Sylvain tenía mérito: yo había estado tratando de disciplinar mi cerebro, no de cambiarlo, disciplinarlo, como al cliente de un gimnasio. Lo veía como una masa amorfa.

Durante el servicio no resultaba obvio, porque el servicio es rápido y ruidoso. Piden un plato; lo cocinas. Una mesa pide platos; los cocinas. Es como tener decenas de cosas en la cabeza a la vez, cada una en diversos estados de preparación. De hecho, ni siquiera es así. Las comandas te ordenan el cerebro.

La *mise en place* era más dura.

¿Lo peor? El día que regresamos en septiembre para la *rentrée* y volvimos a abrir.

Frédéric me clavó un dedo en la barriga cuando aparecí por el vestuario y comentó bien alto:

—*Qu'est-ce que tu as fait, Bill? Tu as mangé tout?*

¿Qué has hecho en las vacaciones, cómetelo todo? Me dijeron que hiciese *le personnel* para las once treinta, cosa que me desconcertó hasta que comprendí. Estábamos cerrados. No había servicio de mediodía. Hacía falta el personal al completo y quince horas para estar listos y abrir —había que prepararlo todo—, y sin la adrenalina del servicio, el día fue arduo. Perdí la sensación de que lo que hacía contase, y perdí el goce fundamental de hacer comida que alguien fuera a comerse. No pillaba el ritmo.

¿Cómo ser rápido? Repasé mis lecciones con determinación: el no cruzar las manos de Sylvain; el uso del cuchillo de Cros. Observé a Étienne, el chico nuevo, picando chalotas, cómo preparaba cada una, cortándola en vertical, luego en horizontal, el repicar en la tabla, y cómo las colocaba para

343

poder ir picando sin necesidad de bajar el cuchillo. Admiraba la paciencia de Étienne. Era lento pero veloz.

—*Vite*! *Vite! Vite, Billou!* —dijo Christophe.

En la cocina no puedes estar parado. (Ahora tenía un mote, Billou.)

Empecé queriendo saber siempre qué iba a tener que hacer a continuación. No sé por qué me costó tanto. No sé de dónde saqué la idea, de no ser porque es obviamente obvio. Y, para mi sorpresa, el resultado fue una concentración modestamente aumentada. Luego, una vez completada la segunda tarea, me quedé parado preguntándome: ¿y ahora qué?

—*Vite! Vite! Vite, Billou!*

(¿Era necesario que repitiese *vite* tantas veces?)

Aquel instante, allí quieto, preguntándome «ahora qué» me dio la clave.

Añadí otra tarea. Mientras trabajaba en la tarea número uno, me repetí mentalmente las dos que venían a continuación. El resultado fue sorprendente. No había duda: estaba experimentando un nuevo nivel de lucidez.

Intenté mantener cinco tareas en mente, y el efecto fue incluso más rápido porque parecía correr al encuentro de la quinta tarea solo para dejar de pensar con tanta intensidad en recordar las cinco. Cinco era una pasada. Tenía que ser rápido. Tenía un montón de cosas —cinco, de hecho— pendientes. Era como una sesión de meditación acelerada.

Cuando llegué al último elemento, me paré, espiré y me relajé un instante. Luego recopilé una nueva lista.

Le conté mis descubrimientos a Jessica como si fuesen auténticos descubrimientos, que en la cocina necesitas saber lo que vas a hacer a continuación y después, y que tienes que mantener esas tareas en mente, porque no las puedes anotar, tienes las manos ocupadas, las superficies están llenas de tu propio trabajo.

(Y ella me miraba, sin contradecirme, con amorosa pero innegable piedad como si pensase: pobrecito mío, ¿y ahora te das cuenta?)

Mi lentitud proverbial debía estar en las pausas, cosas que me había olvidado y tenía que ir a buscar, la desorganización torpe de no saber qué tocaba hacer a cada momento. Era rápido con el cuchillo. Dominaba los diversos tipos de cortes. Tenía las habilidades técnicas. Solo tenía que contener la caprichosa naturaleza de mi digresiva mente civil.

Ahora creo que fui pillando claves observando los hábitos de quienes me rodeaban. Había llegado a la conclusión de que mi carrerita de Frankenstein no había sido una pantomima: en realidad la estaba probando para ver si funcionaba. Y funcionó. Y el resultado fue este: me enamoré de la velocidad.

¿Qué es lo que más disfrutaba en la cocina? Hacer *le personnel* los viernes, cuando no tenía menú, cuando era totalmente improvisado, aquello de inventarse algo con lo que fuera que tuvieses la suerte de encontrarte al final de la semana. En su momento me mataba; ahora me activaba. Y lo que me emocionaba no eran las sobras de la *chambre froide*, eran los ingredientes que tal vez no aguantaban hasta el lunes, y había un baremo muy elástico sobre qué era un alimento a punto de caducar.

Hacia las nueve empezaban a aparecer reservas ocultas que me pasaban urgentemente como si de contrabando se tratase, descritas por lo bajini, alguna exquisitez que «aún» no se había estropeado pero que claramente estaba «a punto». Calamar, arenque, pinzas de langosta, pichones, *foie*, langostinos, un cangrejo. Hacia las diez, se habían deteriorado inesperadamente más alimentos y se consideraba que no aguantarían el fin de semana. Una vez me dieron un puñado de caviar. («*Oh là là*, esto parece que ya está caducado. Deberíamos comérnoslo ahora mismo», observó Frédéric.)

Una vez, a las diez y media, me dio cuatro muslos de pollo.

345

–¿Qué se supone que tengo que hacer con esto? –le pregunté–. ¿Y tú qué haces con pollo, para empezar, si trabajas en la partida de pescados?

–Esto es *poulet de Bresse*. –Estaban envueltos anónimamente en papel de carnicero; Frédéric, dándole la espalda a Christophe, lo apartó para enseñarme lo bonitos que eran, con aquellos famosos tendones teñidos de azul–. Si no los haces, son basura.

Poubelle. Tu comprends?

Los miré.

–No me da tiempo a cocinar unos muslos de pollo.

–¿Por qué no?

–¿Por qué no me los has dado antes?

–Antes parecían estar bien. Ahora parecen a punto de pasarse, ¿no?

Los añadí a lo que estaba haciendo en mis últimos treinta minutos de locura, seis sartenes a la vez, y tres cosas aún en el horno, eso incluye un *gratin de pâtes* que había hecho por si acaso y que empezaba a dorarse pero aún no estaba crujiente.

Mathieu Viannay me había dicho:

–Te hice cocinero de *le personnel* porque siempre ibas con retraso. Esperaba que así aprendieses a tener las cosas a tiempo.

Funcionó. La velocidad me encantaba.

Ahora los viernes había un espíritu de colaboración entre los demás y yo, de convertir el almuerzo en una *fête*. Sabían que podía cocinar. No había ni zancadillas ni burlas.

Johann preparó una tarta de arándanos silvestres. Hicieron su aparición los quesos. Múltiples ensaladas. Sobras de postres. Sylvain también hacía platos: una semana, una tortilla de patatas perfecta; otra semana, una quiche Lorraine. (También eran declaraciones de intención. No avisaba de que estuviesen en marcha ni las anunciaba; se limitaba a dejarlas como quien no quiere la cosa y se volvía al *garde-manger*. Las tartas decían: he hecho esto mientras llevaba mi partida solo. ¿No veis que estoy en el sitio equivocado?)

Los viernes me enseñaron la filosofía francesa de la sobra, codificada (como descubrí más tarde) en mi manual de L'Institut Bocuse y en libros más antiguos como el *Art d'accommoder les restes*, de 1866. Había normas: no guardar nunca una sobra en un plato de servicio ni en un cacharro de cocina; no guardar nunca un líquido caliente en un recipiente cerrado sin dejar que se enfriase antes; no reutilizar una elaboración hecha con huevo crudo; no guardar nada más de tres días; y, la más importante de todas: jamás, bajo ninguna circunstancia, usar dos veces una sobra. Las sobras tienen una sola oportunidad: ser mejoradas respecto del original.

Hice *rémoulade* de apio nabo reconvertida a partir de la mayonesa de la mañana. Hice *blanquette* de ternera reconvertida a partir de un asado de ternera.

Y una vez, pasadas las diez de la mañana, Sylvain me dejó un montón de atún crudo encima de la mesa sin mediar palabra.

–*Il y a du thon* –dijo («Hay atún»), y se fue.

Me lo quedé mirando: algo más de un kilo, no era poca cosa pero tampoco suficiente para dar de comer a todos si lo fileteaba y lo salteaba. Se me ocurrió una idea. En la despensa habría salsa de soja. En la cámara, cebollino, chalotas y limones. Le pregunté a Johann si podía quitarle unos panecillos. Iba a hacer hamburguesas de atún, las hamburguesas de atún de Michel Richard.

Hice mayonesa con limón, le añadí un chorro al final y mezclé las pieles (seis minutos).

Hice una marinada: chalotas, cebollino y soja (seis minutos).

Piqué el pescado a mano. Christophe –que estaba vigilando, porque siempre estaba vigilando– le llamaba a eso *thon au tartare*, atún hecho como un *steak tartare* (seis minutos).

Puse cuatro sartenes en la plancha.

Metí el atún picado a mano en un cuenco, añadí aceite de oliva y lo chafé con el reverso de una espátula de plástico hasta obtener una pulpa pringosa al emulsionarse el aceite con las grasas del pescado y ligarse (tres minutos). Añadí unos chorros de la marinada y con la pulpa emulsionada di forma a veinticuatro hamburguesas (seis minutos), las planché (rápido: las quería crudas) –cuarenta y cinco segundos de un lado, treinta segundos del otro–, las saqué para que se enfriasen, las inserté en los panecillos, que aliñé con mayonesa, y las coloqué en una bandeja para horno limpia. Daban ganas de trincar una. *Franchement*, estuvieron sensacionales.

Después de almorzar, Frédéric me paró. Estaba sentado encima de una mesa, comiéndose su segunda hamburguesa.

–Deliciosa –dijo–. ¿Cómo has hecho la mayonesa?

–Limón con su piel y todo.

–Ah. Las pieles. –Asintió, admirado.

–Lo aprendí de Michel Richard.

–¿Richard? Mmmm. Nunca he oído hablar de él.

Volví a la cocina.

–Excelente –dijo Christophe–. ¿Sabes que también puedes usar huevos? Para ligar el atún. Añádele huevo al atún.

Sí, dije, pero luego me pregunté: ¿por qué vas a hacer eso? Si usas huevos como ligazón ya no puedes dejar el atún crudo. A la gente no le gusta el huevo crudo.

De pronto comprendí la preparación de Richard. La práctica francesa: ligar con huevo. Pero entonces el atún necesita cocción. Entretanto, el mundo ha descubierto el atún sellado, el atún semicrudo, el atún del sushi, y a nadie le interesa un atún recocido con huevo.

–Aprendí la técnica de Michel Richard –le dije a Christophe.

–¿Richard?

También él: perplejidad.

Fue el *personnel* preferido de todo el mundo. Pero el mérito me lo llevé yo injustamente. Y yo no quería eso. El mérito era todo de Michel Richard, el reinventor infatigable.

Jessica se despertó en plena noche con una migraña. De las malas. No conseguía aplacarla y se retorcía de dolor.

Llamé a la cocina. No me lo cogieron. Dejé un mensaje. «Llegaré tarde.» Me parecía peligroso dejarla sola. «Iré en cuanto pueda.»

Llegué después de las once. Estaban acabando el almuerzo, que yo no había hecho. Le pedí disculpas a Christophe.

–Llegas muy tarde.

–Lo sé. Lo siento. Jessica tenía migraña. He dejado un mensaje.

–Lo recibí.

Ya me conocía el sermón. *La rigueur.* En la cocina no hay excusa para faltar.

–No me pareció que pudiese dejarla sola.

Christophe asintió.

–Se te ha echado de menos, Billou.

–Gracias –dije, y acto seguido reproduje su respuesta mentalmente. Se te ha echado de menos. *Tu nous as manqué.*

Estuve seis meses en La Mère Brazier, cuando el restaurante comenzaba su segundo año. No hubo una despedida oficial, porque cuando me marché fue para ocuparme de un trabajo (hice dos películas de una hora para la BBC sobre mi temporada en Lyon tituladas *Fat Man in a White Hat*). Pretendía recuperar mi puesto cuando acabase. Las películas llevaron más tiempo de lo que esperaba. Me pasaba por el restaurante de Viannay de vez en cuando para confirmarle mi intención y para ponernos al día. Una vez me dejaron un sitio en la parte de atrás para practicar un plato que le había visto hacer: *foie* con corazones de alcachofas hechas un cilindro dentro de un *poulet de Bresse* deshuesado, cortado luego a lo largo, con aquella salsa de cerezas tan sabrosa que hacíamos en la partida de carnes. En verano lo cociné para unos amigos que tenían un hijo de la edad de George y Frederick. Unos y otros, pero sobre todo los niños, lo devoraron. (El secreto, creo, era la salsa.)

En el ínterin, Hortense se marchó. Se había roto un pie y no volvió. Chern se había ido. Había conseguido el crédito que le faltaba para sacarse el título. Frédéric estaba en Japón con un puesto de chef. Y Sylvain se había ido a trabajar a la Brasserie Le Nord de Bocuse. («Monsieur Paul está allí todos los jueves a las once.») Estaba cerca, en la Presqu'île. El puesto de Sylvain era *chef de cuisine*. ¿Había descendido un peldaño? Le Nord no tenía ninguna estrella Michelin. No era *grande cuisine*. Y Sylvain no era *chef executive* ni segundo, pero tampoco, por lo menos, el tipo que lleva el *garde-manger* sin ayuda de nadie.

–Viannay no iba a proponerme para el Campeonato del Mundo de Pâté-Croûte –me contó–. Necesitaba un patrocinador. Se negó.

Sylvain se había embarcado en una carrera basada en la idea tradicional de la cocina de que el trabajo duro es recompensado: de que si eres riguroso, disciplinado, puntual y atento; si tienes un conocimiento profundo del repertorio francés –Escoffier, platos clásicos, masas, salsas– y conservas un puesto en un buen establecimiento como el restaurante de Georges Blanc de tres estrellas Michelin puedes contar con que ascenderás en la jerarquía. Serías recompensado cada vez con más responsabilidad, prestigio y un salario razonable. Podrías mantener a una familia. Era de por vida.

¿Era competente Sylvain? Sin duda. ¿Riguroso, disciplinado, de confianza? Nadie lo era más. ¿Formación clásica? Toda. Pero había un nuevo elemento para el que no se había preparado: la creatividad. ¿Era innovador? Es posible que no. Nunca había dado por hecho que fuese necesario.

Daba la sensación de que Sylvain había perdido su futuro en La Mère Brazier. Tenía la actitud de un hombre traicionado: no solo por su restaurante, sino por la cultura de la cocina, por Francia.

Le pregunté a Viannay por él.

–Sylvain no era lo suficientemente bueno –dijo. Me miró con severidad para asegurarse de que captaba el mensaje–. No era lo que necesitaba Christophe. Sylvain es un chef de bistró.

Hablé con Christophe. Iba a volver, le prometí.

–Serás bienvenido.

Pero me pasé casi un año sin verlo.

VI. Las cenas

En la mesa, los lioneses no toleran el agua con gas. Beben vino seco. Cuando por casualidad lo diluyen en un poco de agua, es solo en las buenas aguas del Ródano. Saben que es pura y de buena calidad.

A los lioneses no les gusta comer rápido. En ello demuestran su pasión, porque, al controlar los apremios de sus estómagos, son capaces de saborear las variedades y el placer de su comida...

Los lioneses no difunden sus recetas. Las protegen. Nunca les piden sus recetas a otros, porque no quieren tener que devolver el favor.

En Lyon no se come con música, por muy apasionados del arte que sean. De hecho, no les gusta mezclar sus placeres y distraerse de una de las funciones más importantes de la vida, comer.

Los lioneses tradicionales toman el café y los licores en la mesa para prolongar los placeres y el tiempo que ahí pasan...

En la política, los lioneses saben que la humanidad se gobierna con buenas comidas y que el mejor documento político está en un menú muy bien escrito.

MATHIEU VARILLE,
La cuisine lyonnaise, 1928

Lyon, Navidad. Mi madre, de setenta y siete años, viuda reciente, vino desde Florida, haciendo escala en Washington y en Frankfurt, donde su vuelo llegó tarde, perdió un avión y no sabía cómo hacer para que su móvil funcionase. Al final, con toda serenidad, se presentó en Lyon para visitar a sus nietos durante las vacaciones y ver cómo les iba a sus padres, que le habían dicho que se quedarían seis meses en Francia pero ya llevaban allí más tiempo y no parecía que tuviesen planes de marcharse. La noche de Navidad, llamé a la Brasserie Georges para confirmar que abrían. (No lo sabía; durante nuestras primeras Navidades no nos planteamos ir a ningún sitio.) El restaurante, construido en 1836, tenía techos altos, bancos de cuero rojos, camareros de esmoquin, niños de menos de cuatro años gratis, una canción de cumpleaños en el *limonaire* cada cuarto de hora, el mismo ajetreo proverbial que en la estación de trenes contigua, y espacio para doscientos cubiertos por noche –con un *steak tartare* preparado junto a la mesa, en mi opinión excepcional–. Es un establecimiento que te hace viajar al pasado –la clase de sitio sobre el que lees en los manuales de historia, pero que nunca sobrevive–, y, por supuesto, era donde toda Lyon iba en Navidad. Sí, abrían, pero la lista de espera ya era tan larga que no podían aceptar más nombres. Nunca nos habían dicho que no en ninguna de nuestras muchas visitas. Parecía una imposibilidad física. Yo había pensado que ahora Lyon era nuestro, que conocíamos sus costumbres y prácticas, pero no llevábamos tanto tiempo como para conocer sus prácticas familiares durante las vacaciones de Navidad, los rituales de la cena en la histórica ciudad cristiana.

Nos conformamos con un bistró popular, fuera de nuestro barrio, pero no muy lejos, y fuimos caminando hasta allí a paso cada vez más ligero, en plena noche, con las calles adoquinadas llenas de mucha más gente de la que esperaba encontrarme.

George empezó a cantar una canción y, después de un estribillo, se le sumó Frederick:

> *Qui a la barbe blanche*
> *Et un grand manteau?*
> *Qui a la barbe blanche*
> *Et sa hotte sur le dos?*

Era la primera vez que la oía. Cuando llegaron al estribillo, se les sumaron algunos desconocidos. Un tipo fumando un cigarrillo en una esquina. Parejas camino de algún sitio. Todos adultos, sin niños a su cargo. Se paraban, se quedaban quietos y cantaban. Mi madre no se había dado cuenta, así que le dije que escuchase: un coro dirigido por dos elfillos estadounidenses, en perfecto francés, con aquellas frágiles voces de soprano suyas:

> *Qui descend du ciel*
> *Une fois par an?*
> *Qui descend du ciel*
> *Pour tous les petits enfants?*

C'est le Père Noël
Père Noël
C'est le Père Noël
Pour mon joyeux Noël.

El eco de un aplauso rebotó por las paredes de piedra, el adoquinado y a la vuelta de la esquina.

Los niños habían adquirido con facilidad el francés, aunque no tan rápido como esperábamos. Pero cuando por fin lo hablaron con fluidez, la fluidez fue total. Jessica y yo podemos fechar el momento, un año entero después de llegar, una noche en que habíamos dejado a Stephen, su inquieto y enérgico canguro, a su cargo. Los chicos lo hicieron pasar.

–Hola, George y Frederick.

–*Bonjour*, Stephen –dijeron con un acento impecable, y Stephen, tras echarnos una mirada, respondió en francés y ellos hicieron lo propio, y desde aquel momento en apariencia arbitrario no volvieron a hablarle en inglés. Fue como si se las hubiesen arreglado para retorcer sus cerebros y (¡clic!) el francés pasó a un primer plano y el inglés al segundo. Ahora, si los despiertas por la noche, emergen en otro idioma, de sueños franceses.

Cuando volvimos caminando después de cenar, las campanas tañían para la misa de medianoche, todas muy cerca, las iglesias históricas, recordatorio de que la ciudad había sufrido asedios con frecuencia. En mitad de la Revolución Francesa, el 29 de mayo de 1793, Lyon había declarado su independencia, y Robespierre, indignado, declaró que la ciudad fuese exterminada (*Lyon n'est plus!*). Contrató a seis mil tropas mercenarias para que la rodeasen, la bombardeasen a diario hasta que sus habitantes se muriesen de hambre, y las campanas tañeron desafiantes hasta que muchas de las iglesias fueron arrasadas y, dos meses después, la ciudad capituló. Las guillotinas estaban en la Place des Terreaux, y algunos de los 1.684

cadáveres (cada uno identificado y numerado, dado que la Revolución, otra cosa no, pero puntillosa lo era un rato) se amontonaron en una morgue improvisada en la capilla más cercana a nuestra casa, junto a la panadería de Bob. Las campanas de Lyon siempre son un poco lastimeras, incluso en la víspera de la celebración de un nacimiento. Parecen reforzar la lionesidad de los lioneses.

La mañana de Navidad fue resplandeciente e intensamente azul. Cuando el pequeño Frederick vio que Papá Noel le había dejado un regalo, corrió a la ventana, con su amplia vista al Saona y a los cielos de Beaujolais y los Alpes, con la esperanza de poder verlo, como si el barbudo acabase de salir por la chimenea. Su cara de tremenda expectación es algo que me sigue viniendo a la memoria cada dos por tres como un reproche por haber manipulado la inocencia de un niño: o quizá solo es nostalgia de un momento en Francia en que todo por fin tenía visos de encajar.

Fui al local de Bob, que el día anterior nos había dicho que abriría en Navidad. Había hecho una maratón nocturna. El despliegue de panes y pasteles era vasto y sin precedentes. Había *baguettes* de todas las variaciones imaginables: *flûtes*, largas y poco manejables; *ficelles*, esas pequeñas con un cordel; *bâtards*, las gordas; «cortas» de un metro y algo (*joko court*) y largas, las *joko long* de dos metros. Había panes trenzados, y hogazas de pan rústico, más bollería y los *pains au chocolate* sin los que Georges y Frederick no podían vivir. Nunca había visto a Bob hacer tal variedad. Daba una idea de su maestría y de su sentido de la historia.

Pero la tienda no estaba atestada. De hecho, solo había un cliente: yo.

–Es cupa mía –dijo Bob–. No se me ha ocurrido abrir en Navidad hasta el último momento y nadie lo sabía.

Compré una burrada de panes, una cantidad exagerada, y emprendí el camino de vuelta a casa, solté mi carga bamboleante, que se desparramó por la mesa de la cocina y fui a buscar una mágnum de vino que llevaba reservando para la ocasión precisa –un tinto del Ródano–, bajé corriendo las escaleras y se la di a Bob como regalo.

Yo sabía que volvería a trabajar para él, y que, por mis propios intereses egoístas, necesitaba completar mi estancia allí, aunque solo fuese por tachar de la lista lo que consideraba «los imprescindibles de lo francés» –no *haute cuisine*, sino más bien los fundamentos rústicos de los platos que se habían hecho aquí durante miles de años extraídos de la tierra–: queso, *saucisson* y pan. Bob era escéptico. Desde su punto de vista, yo ahora estaba en otra cosa. Aun así, nos habíamos hecho buenos amigos. Íbamos toda la familia tan a menudo a su tienda que nos acabó pareciendo una habitación más de nuestra casa. Bob era familia.

Bob tenía un plan, y confiaba en mí lo suficiente como para saber que yo querría comprenderlo. Se crió con cierta idea de los cometidos de un panadero. Tenía un dicho: «Todo el mundo merece un buen pan». Pero no se quedaba ahí la cosa. Era como una vocación o un imperativo social: la gente que se abastece de un panadero cuenta con él. Abrir el día de Navidad era, a su manera, uno de sus deberes.

Hace poco contacté con Steven Kaplan, un historiador de la panadería. Su libro *Good Bread Is Back* me ayudó a entender la rabia que le daba a Bob que el pan industrial –del tipo que, en realidad, servía La Mère Brazier por entonces (precocido, recalentado luego, con trucos de mezcla y productos químicos para simular la esponjosidad y el aroma a levadura del pan de toda la vida)– hubiese privado a toda una generación de franceses de saber cómo debería saber el pan de verdad.

Le hablé a Kaplan de Bob, de cómo en Lyon consideraban su pan el mejor de los alrededores. Escribí: «Bob dice que el sabor está todo en la harina. Conoce a un tipo en Auvernia por cuyo trigo pone la mano en el fuego, y no sé si es el granjero mismo quien lo muele, pero la harina es fresca, sobre todo en verano, y llega no de golpe sino cada pocos días, y en la granja hay una cabra de nombre Hector, Bob tiene una foto en su ventana».

Kaplan escribió: «Caray. Tu colega Bob es todo un personaje». Ahora hay muchos buenos panaderos en Francia, pero no conocía a nadie que obtuviese la harina directamente del granjero que cultiva el trigo.

Una hogaza de pan no es gran cosa. Harina, agua, y la masa puesta a reposar el día anterior. Apenas parece que exista. Deja que suba, pésala, dale forma, pruébala, córtala, hornéala y pide noventa céntimos por cada una. A lo mejor el secreto es la harina, realmente.

COCINAR EN UNA VEJIGA DE CERDO

En el mercado, Fernand Point nos dijo: «No soy una persona difícil. Me conformo con lo mejor».

FANNY DESCHAMPS,
Croque-en-bouche, 1976

Vienne, Rhône-Alpes. En una aproximación razonable de la suntuosa receta original de Fernand Point, Henriroux hace su *poulet en vessie* comenzando por cargar tanto el ave como la vejiga con ingredientes de lujo: trufas, *foie*, un par de chorros de buen coñac, y un vaso de Condrieu, cuyas uvas doradas pueden verse crecer al otro lado del Ródano. (Point también añadía madeira y champán, por supuesto, como amante de estas bebidas.) La elaboración ilustra de nuevo esa cuestión lionesa de lo alto-bajo: la vejiga rústica, los ingredientes vistosos.

Entonces lo bridas, algo que se me antoja tremendamente innecesario.

Entiendo las ventajas de bridar el pollo, las extremidades, alas y muslos, se recogen y se evita que se cuezan más rápido que el resto del animal. También se logra una presentación más atractiva, un paquete aviar en lugar de unas alas desparramadas como un par de boomerangs torcidos. Pero nunca he tenido del todo claro el método de atado del manual, y me quedé más tranquilo cuando, en su momento, en la cocina de Boulud (bridando aves), Jean-François Bruel, el jefe de cocina de Boulud, tampoco lo acababa de entender ni le importaba. Tenía su manera de bridarlos, hasta que su jefe lo detuvo en mitad de la faena.

–*Non!* –dijo Boulud–. ¡Así no se hace! Pero ¿cómo se te ocurre?

De hecho, hay dos metodologías oficiales a la hora de bridar –en una tienes que usar una aguja de bridar, que perfora el pollo; en la otra, no clavas–, pero yo no acabo de pillarlas y sigo apuñalando a mi pollo aquí y allá, en ocasiones dos o tres veces, haciendo dobles lazos y nudos de más.

Pero ¿un pollo en una *vessie*? ¿Acaso la *vessie* no sirve para hacer lo que se supone que harían la aguja y la cuerda de bridar, mantener las extremidades prietas y el cuerpo del pájaro compacto?

La *vessie*, cuando se rehidrata (se compran secas en la carnicería, parecen frisbis), tiene el aspecto de un calcetinito de goma, demasiado pequeño a primera vista como para meter un pollo entero. También es gruesa y opaca. Se pone bajo un grifo abierto y se ensancha, primero con el puño, con un movimiento suave de rotación, con cuidado de no desgarrar la obertura. El pollo tiene que entrar por ahí. Embadurnar el pollo en mantequilla derretida ayuda. Lo coges bien con guantes de látex y acabarás logrando, no esperes un *plop*, sino un simple *uf*.

Bridas el pollo con firmeza. Un doble nudo no sirve. Hay que atarlo como si fuese un globo, directamente, aprovechando el primer lazo de manera que puedas controlar la tensión.

Para cocinarlo, se pone una olla con agua a hervir, se mete con suavidad la vejiga con pollo y se empieza a bañar con el cazo. Ese baño tiene el efecto de calentar la vejiga por encima y por debajo. También la mantiene húmeda. Si se seca, explota. Algunos cocineros usan una olla de caldo de pollo; un desperdicio, porque nada de eso penetra la vejiga. Las vejigas tienen muy buenas razones para no ser porosas.

Después de unos minutos, la vejiga se expande, al principio muy lento y luego más rápido, hasta volverse de pronto alarmantemente grande. La bañas, la bañas, la bañas mientras te empiezas a preocupar. Después de veinte minutos, la *vessie* se transforma: ya no es gruesa y opaca, tiene la apariencia hermosamente dorada, casi translúcida, de una pelota de playa que algún zumbado insista en seguir llenando de aire. Además, ¡ahora se ve el pollo!

Me quedé atónito con esa estampa. Parecía tan ajeno encontrar un globo tan grande en la cocina, y con un pájaro dentro, que comenté de improviso:

–¡Tío, imagínate cuánto pis cabe ahí!

Cinco o diez minutos después (¡bañar, bañar, bañar!), la vejiga se ha expandido al máximo. Es una prueba para la preparación. Si hiciste un nudo doble, se empezará a aflojar poco a poco y no podrás hacer nada para impedir que la obertura se abra, y el *foie* y el coñac se saldrán formando una nube de lodo marrón. De la misma manera, ay, si te olvidas de bridar el pollo, serás testigo –a través de la ahora muy espaciosa membrana dorada y transparente– de cómo se van extendiendo lentamente las extremidades hasta perforar la *vessie*. De nuevo, el coñac, el *foie* y el mejunje marrón contaminando la olla.

Así que ahora brido.

El pollo, una vez abres la vejiga al lado de la mesa de los comensales para compartir plenamente los aromas que se escapan, es de una sensualidad abrumadora –en el sentido de que todos tus sentidos se activan: el vapor, la carne, los ricos sabores del Ródano–. Los aderezos –trufas, *foie*, vino– dan como resultado un plato suavísimo y sabroso. Veo por qué Henriroux trató de disuadirme de ello. No es ligero. ¡Pero menuda celebración del placer!

Después de mi sesión, me quedé por allí.

Point murió allí en La Pyramide, a finales del invierno de 1955, a los cincuenta y ocho años. El restaurante, cosa extraordinaria, continuó como si Point no se hubiese marchado, gracias a la labor de su viuda, Mado, que dirigía las operaciones como si su marido le dictase al oído.

La cocina seguía como cuando el chef estaba en vida. Luego se ha renovado, pero yo estuve antes de que lo reformasen: paredes de baldosas agrietadas, ventanas macizas de madera de los años treinta, mesas sencillas de cuatro patas como sacadas del trastero de tus abuelos. Era un desaliño premoderno de preguerra. Yo me esperaba un lugar estrecho, atestado y oscuro, donde apenas cabrían dos personas con suerte. Pero la cocina era en realidad espaciosa e iluminada, y podía imaginarme a Point paseándose por ella. Era un establecimiento profesional, pero también como las generosas cocinas de una casa de campo familiar.

Me quedé quieto y traté de imaginarme la comida que hacían allí, tan excepcional que convenció a la gente de que Lyon y la región que la rodeaba era la capital gastronómica del mundo. Se tenía en tal estima la cocina francesa que, si la mejor cocina del país se encontraba allí, entonces aquella era la mejor comida del mundo. (Esta había sido la premisa de Curnonsky en *Lyon, capitale mondiale de la gastronomie*, de 1935.) Y quizá lo era. El joven Paul Bocuse fue allí a trabajar después de cuatro años en La Mère Brazier. El joven Alain Chapel se formó allí antes de hacerse cargo de la posada de su padre en los Dombes. Los hermanos Troisgros se formaron allí antes de ponerse al frente del restaurante familiar en Roanne, cien kilómetros al noroeste. Aquellos jóvenes cocineros eran miembros de la primera generación de chefs de la *nouvelle cuisine*. Se decía que su estilo, casi podría decirse su «ideología», había sido moldeada por Point. ¿Qué les enseñó?

Releí el libro de Point sentado en una hornacina del restaurante, un museo de artefactos de Point. Las recetas eran descaradamente lacónicas. Los estudiosos aluden a la parquedad de Point como prueba de que este escribía para profesionales y no necesitaba detallar sus explicaciones. Una receta de *tête de veau à la tortue*, cabeza de vaca con forma de tortuga, no ocupaba más que un breve párrafo. Normalmente, la preparación es tremendamente complicada. Lo que Point describía –una potente infusión de hierbas, una copa de madeira añadida a la salsa, un aderezo de olivas y riñones y crestas de gallo– eran su única decoración. Por lo demás, todo seguía la *règle*. Y esta frase –*selon les règles*– podría ser la proverbial ventana al alma culinaria de Point.

Fue una epifanía modesta. *Selon les règles*: pocas frases hay más francesas que esta. Todos los que trabajaban para Point conocían los clásicos, al igual que yo, que a aquellas alturas ya había descubierto a muchos de ellos. De hecho, la palabra «clásicos» no es precisa. Se conocían el repertorio. Sabían cómo se cocinaban los platos. Tal era su formación. Las recetas de Point solo describen las desviaciones: la forma sutil según la cual los platos recibidos, en manos de Point, se transformaban en algo distinto. De ahí su papel de padrino de la *nouvelle cuisine*: no solo perpetuó los platos antiguos; aquellos platos lo espoleaban; los mejoraba. No hacía falta gran cosa, pero nada de lo que hacía era del todo convencional. Michel Richard me dijo una vez que el secreto de Point no estaba en lo que decía. Y en este secreto estaba una definición de la *nou-*

velle cuisine: nada nuevo porque sí, sino lo antiguo –el *repertoire* francés un poco renovado–. Después de todo, desde el punto de vista ortodoxo, hasta las desviaciones más pequeñas son actos de rebeldía.

CÓMO HACER PASTA

Se dice que los lioneses suelen parecer fríos a los desconocidos, a los extranjeros, a los turistas, a ti. Les da igual si te conocen o no. No los vas a entender. No vas a digerir bien su ciudad ni su oscuridad malsana, el olor a alcantarilla, los grafitis, las calles adoquinadas con las piedras rotas, su nube pesada de melancolía. Darás por imposibles a sus gentes. «Estirados», «reservados». Es cierto, la ciudad transmite la impresión de noches en *bouchons* y restaurantes –y allí te encontrarás a los lioneses, alegres como cascabeles, los fines de semana (sin dirigirte la palabra), cenando con concentración y determinación rabelaisianas, porque consideran que ser alimentados y servidos son grandes privilegios y no se privan de nada: vino, tres platos, postre, queso, una copa de fortísimo Chartreuse–. Normalmente, los lioneses comen en casa, algo de lo que no te enterarás, porque no te van a invitar. (Henri Béraud escribió en 1944: «Lyon no invita a grandes cenas. ¿Qué digo? Nunca invita a cenar».) Los veréis volviendo de los mercados del *quai* con sus verduras y sus pollos, y oleréis sus comidas al cocinarse cuando pasáis por delante de sus apartamentos, los caldos, las salsas, y en verano, con las ventanas abiertas, oiréis sus ruidos mientras cenan. Pero no comeréis con ellos.

Este, sin darnos cuenta, también había sido nuestro Lyon.

El descubrimiento llegó mucho después. Es más, dicho descubrimiento, nuestra primera invitación lionesa, no fue una invitación convencional. Fue una invitación invertida:

nuestras amigas lionesas –y, sí, (hoy) son nuestras amigas– no nos invitaron a su casa; se invitaron a la nuestra.

Estábamos comiendo en el Bouchon des Filles una noche de jueves muy ajetreada cuando Isabelle anunció que ella y su copropietaria, Laura, vendrían a cenar a nuestro apartamento. (Pensé: no lo estoy entendiendo, pero suena complicado.)

–Laura y yo hemos quedado en que nos vais a hacer pasta –aclaró.

–¿Ah, sí?

–Sí. Es hora de que entendamos la pasta. Nos vas a enseñar. ¿Estás libre el viernes que viene?

–Ehhh... –Miré a Jessica.

Ella se encogió de hombros: ¿por qué no?

Isabelle me confirmó después que sus parejas también vendrían: Gérard (Laura) e Yves (Isabelle).

El lunes, Isabelle me telefoneó para confirmarme que también venía la gerente del *bouchon*.

–No podemos cenar pasta sin ella.

–Por supuesto –dije.

El martes, Isabelle nos dijo que venían otros dos, Sonia Ezgulian (escritora, restauradora, asesora culinaria) y su marido, Emmanuel. Llegado el momento, teníamos diez personas reunidas alrededor de nuestra mesa comprada en IKEA, contando a Stephen, que había conseguido dormir tan profundamente a los chicos (poco después de un antipasto y una pasta) que no se despertaron ni una sola vez en la que resultó ser la noche más ruidosa de nuestra estancia en el apartamento hasta entonces.

Preparé cinco platos de pasta: seca, hecha a mano, rellena (dos tipos de ravioli distintos) y horneada. Jessica alineó unas botellas de vino, incluidas (para que todo el mundo se viese imbuido del espíritu italiano) dos mágnum de un Morellino di Scansano, un Sangiovese de la costa oeste de la Toscana, y dio por hecho que todos beberían, de media, una botella cada uno, lo que parecía contradecir por completo nuestra experiencia de los lioneses. (Salvo en *mâchons*, suelen ser bebedores inflexiblemente moderados, y su moderación nos había asombrado durante mucho tiempo... ¿era porque habían crecido bebiendo tantos vinos buenos que una botella más les daba igual? ¿Era miedo a emborracharse?) Después de un *apéro* espumoso inicial seguido de un par de botellas de un blanco ligero que le iba bien a la primera pasta (unos *linguine alle vongole*), nuestros invitados empezaron con el Sangiovese y, cuando nos quisimos dar cuenta, se habían terminado las dos mágnum en el segundo plato. ¡Toma ya!

Sacamos otros vinos, la cena prosiguió y, cumpliendo con mi encargo, expliqué cómo se habían hecho los platos –el «alma» del *ragù* italiano, de los tortellini–, pero nadie pareció particularmente interesado hasta que saqué un plato de ravioli de pato. El relleno era un *ragù* consistente, casi seco, que hacía estofando poco a poco los muslos, con una salsa intensa de ternera, carcasas de pato y cerezas, otra variación de la que había aprendido en La Mère Brazier. Isabelle, escéptica ante la idea de que una comida así pudiese hacerse a mano, insistió en que la llevase a la cocina para demostrárselo (cosa que, francamente, fue un desafío delicioso).

La habitación fue calentándose, sobre todo para el cocinero, que entraba y salía con cada nuevo plato, recogía bandejas, lavaba rápidamente, volvía, y los gritones hablaban más alto –parloteo, tintineo, cháchara sobre comida, granjas, platos y quién abría el próximo local y quién estaba a punto de cerrar–, nos pasamos al salón y abrimos las puertas de nuestro balconcito –la luna llena, el río reluciente y sereno– y reconocí en todos y cada uno un entusiasmo conversacional sin visos de disminuir y que pintaba que iba a durar horas. Cuando miré el reloj vi que eran las cuatro de la madrugada. ¡Hostia! Por la mañana (ya era la mañana) teníamos que volver a Lavis Trafford, aquella antigua aduana de los Alpes. Entonces hice algo que va contra todos los códigos del anfitrión y que nunca había hecho: les dije a todos que tenían que irse y, he de decir agradecido, que eso hicieron.

¿Qué había pasado?

Parecía que habíamos hecho algo inadvertidamente significativo. Habíamos hecho de anfitriones a unas cocineras y restauradoras lionesas y les habíamos dado de comer generosamente. A lo largo de una cena de nueve horas, habíamos convertido nuestra mesa en un lugar feliz. De alguna manera fundamental, habíamos demostrado que, cuando se trata de dar de comer a unos amigos lioneses en casa, nada está de más. Tanto para ellos como para nosotros, pocos privilegios hay mejores. El esfuerzo que pones, la generosidad que derrochas, la ambición a la que aspiras para hacer de la ocasión algo único, nunca están de más. Y habíamos confirmado así ante nuestros invitados –ahora formalmente amigos– que compartíamos un compromiso, casi una ideología, con la cultura de la mesa.

No era la cena más ambiciosa que cocinaba. A fin de cuentas, la pasta no era prioritaria entre la lista de platos franceses que estaba intentando perfeccionar. Pero fue la más significativa. Se convirtió en una «cena fundacional» para lo que se convertiría en una ronda de cenas festivas en casa de cada uno, una especie de club gastronómico informal –una práctica lionesa que databa del siglo XIX–. Continúan en el presente. Esta cena cambió nuestra relación con la ciudad.

En todo esto siempre estaba el caso abrumador de las *filles*. Me gustaría decir que, durante el tiempo que vivimos en Lyon, vimos reajustarse el equilibrio del género en la cocina, y que las *filles* estaban a su manera a la vanguardia de quienes produjeron ese reajuste. Pero eso no es exactamente así. Estaban a la vanguardia de un desafío. Por retrógradas que puedan parecer las cocinas de Estados Unidos o Gran Bretaña, raramente parecían tan sacadas de la Edad de Piedra como las de Francia. Incluso la tradición de las *mères* era menos progresista de lo que pudiera creerse. Sí, la chef era una mujer, pero dando por hecho que no era una gran chef. Hacía platos locales –que había aprendido en casa– mientras el hombre a menudo estaba al frente de la casa, era quien traía el dinero y dirigía el cotarro. (Brazier fue una excepción compleja.)

Isabelle y Laura se conocieron trabajando de camareras en el Café des Fédérations, propiedad de Yves, que es hoy pareja de Isabelle. El café no era realmente un café, sino un auténtico museo (parafernalia porcina, fotos en blanco y negro comiendo, bebiendo, recogiendo uva, un lavabo auténtico de antes de la Primera Guerra Mundial junto a la cocina.) El enfoque del servicio del café, sostenido en la picardía de las camareras, era frívolo, descarado, lleno de flirteo, y siempre estaba a punto de descontrolarse, basado en el sobreentendido de que allí nadie hablaba de novios ni novias, de maridos o esposas, ni de niños, porque la filosofía fundamental era que estabas allí para pasar un buen rato y comportarte un pelín mal, y que no pasaba nada. Para las *filles*, llegó un momento en que pensaron: Esto, nosotras, podemos hacerlo mejor. El *bouchon* que abrieron era modesto pero un acto consciente de rebeldía. El Bouchon des Filles no es un mero restaurante de *mères*. Es un establecimiento regentado por las hijas avezadas de las *mères*. Su restaurante, su nombre, sus prácticas, en una ciudad culinaria con una larga tradición de mujeres en la cocina, era más que un concepto ocurrente. Era una declaración de intenciones.

En Lyon, el modelo es Anne-Sophie Pic. En L'Institut Bocuse, las alumnas de cierto estatus (competentes, ambiciosas, con talento) ansiaban trabajar para ella. Querían ser ella. Y todo el mundo conocía su historia.

Empieza en 1889, en un pueblo de las montañas Cévennes cerca de Saint-Péray (112 kilómetros al sur de Lyon, la tierra del vino blanco preferido de Bob), donde su bisabuela (Sophie) abrió un café-restaurante de *mère*, L'Auberge du Pin (del pino). Acaba más de cien años más tarde, después de estar a punto de arruinarse económicamente, una muerte trágica, la desaparición de una hermana y de defender heroicamente a una hija. Pocas historias ilustran el apuro de las cocineras en Francia con más *pathos*.

André Pic, el hijo de la bisabuela, es un chef a quien Curnonsky elogió con especial entusiasmo («¡PIN! ¡PIC! ¡Recuerden estas dos sílabas!») y premió al restaurante familiar con tres estrellas Michelin en 1935. André abandonó luego las montañas y se mudó a la ciudad de Valence, a aquel tramo aún estrecho de la Route National 7. Pero André, un encantador de serpientes, era un incompetente en materia económica y, en 1946, le quitaron una estrella Michelin, fue de las pocas veces en la historia de la *Guide* que se degradaba a un establecimiento de tres estrellas. Perseveró, negándose tercamente a ceder su puesto a nadie, especialmente a su hijo Jacques, que se fue de casa y aprendió cocina en otra parte. André se volvió obeso y no era capaz de subir las escaleras para irse a la cama (instalaron un ascensor) ni aguantar de pie en el pase (y construyeron una plataforma para que pudiese probar los platos). Perdió otra estrella y el restaurante estaba al borde de la bancarrota cuando, en 1956, volvió Jacques y poco a poco y con respeto se hizo cargo de la cocina y sacó de la deuda el negocio familiar. Le costó diecisiete años recuperar las tres estrellas y lograr la estabilidad económica.

Anne-Sophie, como es comprensible, reticente a seguir los pasos profesionales de su padre, Jacques –la cocina, en la familia Pic, era un lugar de tremendo drama–, se fue al extranjero y estudió administración de empresas, pero en 1992 –a los veintidós años– tuvo una epifanía y volvió a Valence para que su padre la enseñase a ser chef. Lo adoraba. Estaba en la cocina, tres meses después, cuando Jacques, tras un día particularmente arduo, sufrió un aneurisma y murió sobre los fogones a los cincuenta y nueve años.

La *brigade*, todos hombres, todos «formados a la francesa», llevaba diez meses trabajando en Pic. Consideraban a Anne-Sophie una niña. No empiezas a formarte a los veintidós. «Los cocineros ni se planteaban la posibilidad de que yo tuviera que estar allí —recuerda en una entrevista—. No tuve el valor de contradecirlos. Me convertí en la recepcionista.» Su hermano mayor, Alain, fue el chef. Durante dos años, ella llevó las cuentas y vio que el restaurante tenía deudas de nuevo. Entonces perdieron la tercera estrella.

Hubo un careo. Se aludió al abuelo; se invocó al padre. El hijo perdió, dimitió y se mudó a Grenoble. Desde entonces se le ha reconocido, pero no muy a menudo. Parece haber sido extirpado de las historias familiares, y de la web del restaurante (por lo menos hasta el momento). (Una entrada afirma que Jacques Pic solo tuvo una hija.) Anne-Sophie Pic, sin una formación formal, entró en la cocina y se enfrentó a la misma *brigade*. Pero ahora era más fuerte (*Je suis plus forte*.) «Soy mujer, autodidacta, hija del *patron* que ya no está. Soy propietaria y aprendiz.»

Anne-Sophie me pareció distinta de sus compañeros hombres cuando la vi por primera vez en Lyon, dos años después de ganar su tercera estrella (porque, finalmente, diez años después de hacerse cargo de la cocina, recuperó la estrella que su hermano había perdido). Era espontánea, desacomplejada, sin nada de esa armadura social del macho alfa que la mayoría de los chefs llevan en público. No cruzaba los brazos sobre el pecho. Leía. Le gustaban las palabras. Sus relatos del padre y de su vida con él y con su madre se leen como poesía. Era ingeniosa. Era sabia, aguda, moderna. Por entonces tenía treinta y nueve años, el pelo negro, liso, una chaquetilla a medida, era muy bajita y hacía gala de un talante nada solemne. Era madre. Su hijo tenía la edad de los nuestros. Charlamos de niños y de comida.

Al año siguiente, Jessica y yo pasamos un fin de semana en su establecimiento, que seguía pegado a la Route Nationale 7. Al verla en el comedor, era la misma persona que había conocido, con una patente actitud ambiciosa, urbana y autocrítica.

Pero en la cocina era distinta.

Yo me había empeñado en verla allí, crucé un patio y me paré. Gracias al diseño del lugar, la cocina era visible desde fuera, y Pic aparecía como una figura muda, enfadada, vista a través de una ventana del tamaño de una pantalla de cine de pueblo al aire libre. Tenía la cara roja y vociferaba con los músculos de la garganta tensos, la postura erecta, los brazos y las manos gesticulando con indignación y furia. Los miembros de su *brigade*, que en circunstancias normales le habrían sacado dos cabezas, se mantenían cabizbajos, dóciles. Conforme proseguía aquella paliza verbal se iban hundiendo más y más. Pic es una de las chefs más elocuentes y civilizadas que he conocido. Su personalidad en la cocina era inesperada. En el restaurante, una hora después, recuperó su identidad de anfitriona afable. Pero me alegró haber visto la personalidad de la cocina sin censuras. Me hizo reafirmarme.

Pic describe su cocina como la comida de la emoción. Comerla es excitante, por lo impecable. (También es cara, más cara que cuando comimos en L'Auberge de Paul Bocuse.) Es precisa. La composición de los platos, la temperatura de la comida, las texturas, el atractivo provocador: perfección. Las emociones que expresa son muchas: nostalgia, tristeza, ternura, pérdida. También hay rabia. Una rabia contra la mortalidad. Una rabia contra la injusticia, contra el desastre del abuelo encantador, contra el ninguneo del genio de su padre, contra su hermano y sus ínfulas. Una rabia contra la cocina y sus prejuicios instintivos. Una rabia que la ayudó a convertirse en una gran chef.

Un verano, de camino a Italia en viaje familiar, nos paramos en un establecimiento de Alain Ducasse en los Alpes provenzales, cerca de Verdon, el parque natural de la región. Teníamos hambre –era demasiado tarde para el almuerzo–, y nos recibieron con un pícnic en una mesa fuera cerca de la cocina. Mientras tanto, llegó el pedido: cajas de tomates directos del huerto, cuidadosamente colocados con el tallo hacia abajo, irregulares, rajados, deformes, un recuerdo aromático del verano del sur francés. Nos vimos rodeados de flores y abejas. Nos tomamos una copa de vino blanco. Era bucólico.

Entonces un chasquido desde la cocina:

–*Putain!* –Otro chasquido–. *Qu'est-ce que vous faites? Eh?*

Mis niños se rieron por lo bajo. Hasta aquel momento, que yo supiera, no habían oído decir *putain*.

Las vociferaciones continuaron en la cocina, rabia, furia, otro chasquido (*Mais vous faites chier.* «Me sacáis de quicio».) que culminó en una retahíla de insultos: *Vous êtes des crapauds. Vous comprenez quoi? Des crapauds. Putains.* «Sois unos miserables, ¿me oís? Unos sapos. Joder.»

En la cultura machirula de la cocina hay pocas humillaciones peores que una chef de armas tomar llamándote sapo. Era demasiado, los chicos estallaron en una risotada. La chef era Julie Chaix.

Las mujeres que hoy dirigen cocinas francesas parecen más duras que los hombres. Eres consciente de lo que han tenido que soportar para llegar hasta donde están. Si las defraudas, te cantarán las cuarenta. Te llamarán sapo. Pero no te lanzarán cazuelas ni te apuntalarán contra una pared ni te susurrarán guarradas al oído.

¿Por qué no intervine?

Podría decirse que nadie salió herido. No hubo sangre, nada roto.

Pero no podía decirse que la gente no hubiese resultado herida, sus personalidades, su percepción de sí mismos. El pequeño Mathieu. Fui testigo de cómo, día tras día, pasó de ser un niño optimista a un aspirante a matón de la peor calaña.

Hortense...

Yo soy periodista de formación, y los periodistas informamos de historias, no las cambiamos. Pero, para entonces, mis credenciales como periodista parecían ser irrelevantes. En el restaurante de Michel Richard todo el mundo sabía quién era. En La Mère Brazier me convertí en un miembro del personal. Había cruzado el umbral, pero al cruzarlo había dejado atrás mi consciencia, por lo visto. En la vida real, habría intervenido. Por lo menos habría dicho ¡Alto! *Arrête!* Una mujer apocada de complexión débil estaba esquivando cazuelas que le lanzaban a la cabeza en la cocina donde trabajaba yo, a menos de un metro de mí. Y no dije: *Arrête!* Miré a mi alrededor en busca de quien estuviese al mando, esperé una instrucción en sus caras y no encontré nada. ¿Estaba intentando aprender el camino? ¿Comprender el código? O quizá solo estaba asustado.

VAQUITAS MARRONES EN MONTAÑAS VERDES

A Bruno no le gustaba pensar en problemas prácticos. Nunca me habló de deudas, facturas, impuestos ni tipos de interés en las hipotecas. Prefería hablar de sus sueños, o de la intimidad física que experimentaba al ordeñar, o del misterio del cuajo.

–El cuajo es un trocito del estómago del ternero –me explicó–. Imagínate la parte que permite al ternero digerir la leche de la madre. La cogemos y la usamos para hacer queso. No está mal, ¿no? Y a la vez es terrible. Pero sin ese trocito de estómago no se formaría el queso.

–Me pregunto quién lo descubriría –dije.

–Debió de ser el salvaje.

–¿El salvaje?

—Un anciano que vivía en el bosque. Pelo largo, barba, cubierto de hojas. De vez en cuando aparecía en las aldeas, y aunque la gente le tenía miedo, siempre le ponían algo para comer y agradecerle que les hubiese enseñado a utilizar el cuajo.

PAOLO COGNETTI, *Le otto montagne*, 2016[1]

Pralognan-la-Vanoise, Alta Saboya. Aún no ha amanecido. Estoy invitado a un chalet en la montaña, a más de dos mil metros sobre el nivel del mar, aislado, sin árboles, al borde de un parque nacional protegido que hay que cruzar a pie para llegar a algún lugar habitado. Me he puesto unas botas blancas y chubasquero, como listo para un diluvio. Estoy en una sala impoluta y rectangular. Las paredes son blancas, el suelo rojo, y de tres cadenas negras cuelga un pesado calderón de cobre lleno de cientos de litros de leche caliente. Estoy a punto de ser testigo de uno de los pasos más antiguos y milagrosos del ya de por sí antiguo y milagroso proceso molecular conocido como fermentación: el minuto o dos que lleva convertir la leche en queso.

Bob utilizaba un trozo de masa de la noche anterior, que albergaba todas las levaduras necesarias para hacer la tanda entera de toda una noche de *baguettes*. Aquí usan la mezcla lechosa, casi aquesada (*le lait de la veille*) de la noche anterior.

—Se llama *lactoserum* —me cuenta uno de mis anfitriones, Claude Glise.

Llena un cubo y lo vierte en el calderón. El líquido blanco, los monos blancos, el cubo... podría ser un pintor de brocha gorda.

—¿*Lactoserum*?

—Suero de leche. La *présure* está en el *lactoserum*.

1. Hay traducción española: *Las ocho montañas*, trad. de César Palma, Random House, Barcelona, 2018. *(N. del T.)*

Présure, el cuajo. Es la enzima generada por el revestimiento del estómago del animal. Los franceses distinguen entre la encima y el revestimiento. Es lo que los rumiantes lactantes –terneros, niños, cervatillos, antílopes, etcétera– producen para digerir la leche de la madre. Los humanos tenemos enzimas similares, principalmente lactosa; es lo que los adultos a veces dejamos de producir, entonces pasamos a ser intolerantes a la lactosa.

Glise remueve su calderón un minuto o dos. Yo le hago preguntas y no me doy cuenta de lo que ha sucedido: que el líquido blanco ahora es más espeso. El cambio es tan rápido que me hace dudar de que haya ocurrido. Pero al instante aún se vuelve más denso. No es queso, por lo menos no lo reconozco como queso, pero ya no es leche. Es más bien yogur. Quiero pasar un dedo por la superficie, y Glise parece intuirlo. Coge una pala ancha, la llena bien y deja derramarse el líquido en lentas ondas. El sonido es como el de un jarabe chorreante.

–Esto es *fromage blanc*.

La leche empieza a cuajarse.

Es el queso más simple que se puede obtener: la primera expresión de la leche más el cuajo. Sin cocer, sin curar, apenas endurecido, sin manipular. En Lyon, lo suyo es comerlo cuando es fresco, fresco, fresco... recién salido de las montañas. Se sirve al final de una comida en el *bouchon*. A Rabelais le encantaba. Lo comía con crema. Otros le añaden azúcar o mermelada. Los niños lo comen tal cual en el colegio.

Un «chalet en la montaña» no es para nada un chalet de lujo, he de aclarar. A menudo no es más que una cabaña. No tiene wifi, y pocas veces cuenta con electricidad y gas, a menos que te lo traigas de casa. La casa de Glise –con dormitorios, una cocina, una *cueva* para guardar ruedas de queso– es anormalmente grande, y en verano es donde vive con su mujer, Caroline, y sus dos hijos. Claude y Caroline hacen beaufort,

ese queso duro, «curado», de montaña, una especie de Gru-
yère. En el extenso catálogo de escritos sobre el beaufort se lee
que sus propietarios, de familia campesina —y hoy son dieciocho— llevan haciendo el queso durante siglos, transmitiéndose
la fórmula de generación en generación. La familia Glise es
una excepción. Claude y Caroline eran profesionales con empleos en la ciudad que abandonaron para mudarse a las montañas. Pienso en ellos como en *noveaux paysans* (no de forma
peyorativa). De hecho, por suerte, parece que en Francia cada
año hay más *noveaux paysans*, fanáticos carismáticos y héroes
culinarios como Bob.

Los Glise hacen otros quesos —*reblochon* (crudo), *tomme*,
sérac (el ricotta francés, cocido dos veces)—, pero el que tienen
en más estima es el beaufort llamado Chalet d'Alpage. Es el
más raro (yo nunca lo he visto fuera de Francia), el más caro
(pero, ay, vale la pena el desembolso) y el más elegante y delicioso. Como otros quesos estivales alpinos, se elabora a partir
de leche de vacas alimentadas exclusivamente de pastos de las
altas montañas. Un Chalet d'Alpage no es solo de las altas
montañas, sino de las más altas.

Ya pillo cómo de altas. Después del ordeñado, mucho antes de que salga el sol, algunos de los animales de Glise desa-
parecieron. Él no estaba preocupado ni lo más mínimo, así
que yo tampoco me preocupé, pero soy curioso y, con las primeras luces de la mañana, empiezo a buscarlos. Cuando por
fin los diviso, son unas diminutas motitas marrones en una
amplia cuesta verde, y el tintineo amortiguado de sus cence-
rros parece un eco que se ha extraviado, y a una altura que
descubro que se acerca a los tres mil setecientos metros.

Las vacas siguen ahí en las altas montañas —allí tienen
que quedarse, es una de las reglas— durante cien días, admo-
nición de reverberaciones bíblicas. Hay reglas como para hacer pensar que la elaboración de beaufort d'Alpage es un rito
cuasipagano, entre ellas, que el queso tiene que hacerse *in*

situ –en el campo, el pasto o la cima donde las vacas hayan sido ordeñadas– y a toda prisa. Nadie corre con igual frenesí de las vacas al calderón (Claude cargaba los recipientes de la leche en una camioneta, bajaba a toda velocidad la ladera escarpada y corría literalmente hasta sus instalaciones queseras), eso se debe a la creencia de que hay que convertir la leche en queso a la misma temperatura de la vaca (cosa que, francamente, es imposible a menos que la ordeñes en el salón de tu casa), de lo contrario, se pueden perder algunos de sus delicados sabores.

Las vacas son una curiosidad en sí: solo de una leche y solo de dos razas, Tarine o Abondance. Los nombres no nos dicen nada hasta que descubrimos que ambas son casi idolatradas y únicas: pequeñas, con unos pulmones sobredimensionados y unas patas musculosas, y con una tremenda capacidad para pacer prácticamente situadas en una perpendicular al suelo (una estampa asombrosa, ver al animal así colocado, en ángulo recto, pastando). Hay que ordeñarlas dos veces al día, antes de que salga el sol por las mañanas y al atardecer. Intenté ordeñar a una y, para asombro de mis anfitriones, no logré sacar más de una gota de una ubre por más que insistí. (También aprendí que cada vaca tiene nombre y que acude al llamarla, salvo Minette, que es traviesa y siempre intenta volver a la caravana de ordeñado para que le den una segunda chuchería de premio, y a quien Claude me pidió que echase, y yo no lo logré, con el taburete de dos patas atado todavía a la cintura, y tuvo que intervenir él y dar unas palmadas amenazadoras.)

Este queso Alpage es una exquisitez, por eso fui allí. Me descubrí preguntándome: ¿cómo no amar a los franceses? En serio. Sin ironía. ¿Cómo no amar a una gente que, aislada, en un campo o en un establo o en unos viñedos, lejos de la sociedad corriente, sin que nadie los mire, por su cuenta, se obsesionan con su comida y su bebida, se preocupan, y perseveran por una expresión de pureza que no solo será desconcertante, sino incomprensible para sus colegas culturales de casi todas las partes del mundo?

Mientras tanto, el *fromage blanc* se puede convertir hoy en un beaufort mediante un simple proceso: aumentando la temperatura hasta los veinte grados, y no con un aparato y un botón. Aquí, a dos mil metros de altura, se apila leña para el fuego.

Colaboro sintiéndome fuera de lugar, un intruso en la doble y eficiente rutina diaria de alguien, y traigo palos de fuera para poner bajo el calderón. Prenden enseguida. Claude remueve y rastrilla la papilla cada vez más espesa, intentando apartarse de la trayectoria del humo. Acaba sumergiendo un gran cuadrado de lo que muy adecuadamente llaman «tela quesera» bajo los cuajarones flotantes y los saca tirando de la tela por las cuatro puntas mientras se cuela el agua, cientos de litros que lo salpican todo de mala manera. Por eso el chubasquero.

Después, Claude me tiende un cuenco de leche aún caliente.

Salgo y busco una roca plana donde sentarme. Está junto a un riachuelo y al borde de un largo prado verde. El verde es muy vivo. También el cielo tiene un azul peculiarmente oscuro, como si se transparentase el espacio exterior. ¿Es la levedad del aire? ¿El extenso campo abierto de los pastos sin puntos de referencia? Todo a mi alrededor parece aumentado, sobre todo el sol y su amenazadora luz alpina. La corriente del riachuelo suena como si el agua gritase.

Nunca he bebido leche de vaca recién ordeñada. ¿Me pondré enfermo? La observo. ¿Sabrá a verde?

Glise me dijo que allí, en un solo metro cuadrado, crecen sesenta variedades de hierba silvestre. *Là!*, dijo señalando donde estábamos en aquel precioso instante. *Les herbes sauvages.* Lleva a las vacas allí por esas hierbas, dijo.

A mis pies hay un florecimiento impresionante que me llega por las rodillas: flores amarillas apiñadas contra flores blancas, rosas, luego rojas, después un brote de altos elementos peludos oteando. ¿En serio existen sesenta variedades? Parece posible, aunque la «hierba» parece hoja y no hierba, y las hojas son todas de formas diversas. Esa podría ser rúcula silvestre. Qué ocurrencia: que el sabor del beaufort, uno de los quesos más franceses de los franceses, *le prince du fromage*, derive de una dieta de ensaladas italianas que las vacas se pasan comiendo todo el verano.

Este lugar, *là*, atestado y sin un patrón, parece una lección botánica sobre hipercrecimiento: tomemos de ejemplo un pedazo de terreno, quitémosle la luz, cubrámoslo de nieve y entonces –por fin– expongámoslo a los extremos de una temporada alta extrema. Lo he visto antes. Es un rasgo tanto de las montañas altas como de las altas latitudes, donde las plantas, cuando la tierra se inclina en dirección al sol, pasan de la germinación al florecimiento y fructifican en lo que parecen horas. Las estacionalidades extremas, como las de los trópicos, producen alimentos extremos. Pero los sabores de altitud que aquí se encuentran –en la proliferación de bayas silvestres (fresas, arándanos rojos y negros, frambuesas, moras, moras de pantano, grosellas), o las hierbas y flores, como mi favorita: la *génépi* (*genepì* en italiano), una de las principales hierbas aromáticas de Chartreuse, recolectada únicamente en agosto y solo a tres mil metros y solo durante una semana– tienen una suavidad aérea. Poseen cualidades más sutiles de lo que nuestro convencional vocabulario de sabores es capaz de describir. Por lo visto expresan, a saber cómo, «el brillo del sol» y «gratitud».

Al ritual de llevar animales a terrenos altos se le denomina «trashumancia», una palabra latina (*tras* + *humus*, «tierra»), y se remonta a una antigua práctica campesina. Los animales, adornados con collares de flores, más campanillas y mantas multicolores, desfilan por el pueblo y, acompañados de música y a bombo y platillo, enfilan montaña arriba. Después de un viaje reciente a las Montañas Rocosas de Canadá –donde los rumiantes salvajes de los bosques, como el alce, el carnero o el uapití, bajan hasta el valle a finales de invierno, pero suben a las alturas a pacer en cuanto la nieve se derrite–, he terminado sospechando que la práctica de la trashumancia precede a la sociedad, que se remonta a una era en la que los uros deambulaban por lo que hoy llamamos Francia, que los animales salvajes siempre han sabido cómo y dónde comer, y que fueron los primeros campesinos quienes aprendieron de los animales y no los animales los que necesitaron que los campesinos los guiasen.

El atractivo de un mito montañero –que el cuajo lo descubrió un hombre vestido con ramas– radica en que probablemente es cierto. Se dice que uno de los primeros vehículos para elaborar queso se dio en Sicilia: el estómago de una cría de cabra. Ahí es donde tiene lugar la coagulación. ¿Y antes? La elaboración del queso la descubrieron los cazadores-recolectores. Es el eterno principio de la caza: comerlo todo. El queso estaba en el estómago de las crías de los animales que mataban. Aprendimos el mecanismo del proceso de ellos, los cazadores-recolectores, los salvajes.

Tal vez es la altitud o la extraña claridad de la luz o simplemente que no he dormido mucho, pero se me antoja que estoy a punto de efectuar conexiones que probablemente no son del todo lógicas o sensatas, pero que dan la sensación, casi, de que deberían serlo.

Como el hecho de que haya tantos tipos de queso en Francia, más que en ningún otro lugar del mundo, ciento veinte de las doscientas veinte variedades europeas únicas, según Michel Bouvier, el anterior comisario de comida y bebida en el museo galorromano cerca de Vienne. Y ahora, con las manos oliendo aún a leche, me parece milagroso que haya tantas. El milagro no es tal porque Francia cuente con un paisaje variado, y la subsiguiente variedad de prácticas de elaboración culinaria, aunque también; está implícito en la pura antigüedad de cuánto tiempo llevan haciéndose quesos aquí, cada uno originado a partir de una especificidad de lugar probablemente anterior a la civilización, cuando el horizonte no era mucho más que los perímetros que podías alcanzar a pie en una jornada. Cada queso es necesariamente distinto a cualquier otro y podría muy bien datar de miles de años atrás, de los cazadores, recolectores y asesinos de uros. Y cada queso era esencial para la supervivencia, especialmente en invierno o durante una hambruna, un pedazo de proteína eficiente que provee las necesidades calóricas de una familia hambrienta cuando no hay nada más.

Me descubrí reflexionando: algo más complejo de dilucidar es qué es el queso francés en la actualidad, porque la mayoría de las familias cuentan con suficiente comida para pasar el invierno y, aun así, como si de un rito se tratase, continúan acabando sus comidas con queso. Están educados para acabar sus comidas con queso. Mis hijos lo hacen en el colegio. Es un imperativo cultural. ¿Por qué? ¿Acaso comer un pedazo de queso es, más que cualquier otro alimento, similar a honrar un pedazo de terreno? ¿Acaso expresan los franceses su respeto por la comida y sus relaciones con la tierra de la que viene conservando y cultivando ciento veinte quesos únicos y principalmente caseros?

Aparece Claude. Siento que también estoy viendo una especie de conexión con la estacionalidad extrema y la magia de este sol alpino, y hago un esfuerzo para compartir mis cavilaciones con él. Parece entenderlas y, quizá, aprobarlas.

Entonces le da una patada a una densa hoja verde que asoma cerca. El suelo se rompe un poco —no es tanto tierra como una red de raíces— y arranca unas plantas con la mano. Lo que quiere que mire es el suelo, su caos subterráneo. Está esponjado, enmarañado, la materia fibrosa de la descomposición.

–Humus –dice.

–Humus –repito. Es la misma palabra en francés, en inglés y en latín.

Humus: es la fertilidad del suelo. Es la capital de las naciones. Es cómo muere y renace la tierra que pisamos. Es, según Albert Howard, hoy considerado el padrino de la agricultura orgánica (murió en 1947), lo que encontramos en la naturaleza sin manipular, en el bosque, en un prado abierto, en medio de las extensiones de gran altitud del *alpage*, y en granjas rústicas donde los campesinos «distinguen de un vistazo a los cultivos si el suelo es rico o no» y donde plantar vida –en lo que es, quizá, la observación más estrafalaria y brillante de Howard– desarrolla «algo que se asemeja a la personalidad». Howard escribió principalmente entre los años veinte y treinta del siglo XX, cuando la ciencia, tras descubrir la agricultura, emprendía la tarea de hacerla más eficiente, más provechosa, y fue testigo de primera mano de las consecuencias de los pesticidas, de los fertilizantes químicos y de la desconsideración –la destrucción, de hecho– hacia el humus: un lento envenenamiento de nuestra tierra que es, según sus palabras, «una de las grandes calamidades que le han ocurrido a la agricultura y a la humanidad».

Humus. Se presentó ante Jessica y ante mí, los niños a caballito, mientras volvíamos atravesando aquel campo de trigo después de degustar el *saucisson*, nuestra primera primavera en Lyon, la tierra embarrada, llena de materia pegajosa en descomposición, mientras los insectos nos roían los tobillos.

Aparece en una película, *Natural Resistance*, de Jonathan Nossiter, en una escena en el norte de Italia donde participa un viticultor, Stefano Bellotti, en un camino de tierra que separa dos propiedades. Una pertenece a Bellotti.

–Estamos en la misma cuesta de la misma colina y estas

dos tierras —Bellotti señala su tierra y la de su vecino— son idénticas.

Los viñedos de su vecino tienen el aspecto esperable. Las hileras sin malas hierbas. Ordenadas. Es como si hubiesen barrido el suelo. Es atractivo a la vista.

El terreno de Bellotti es un desastre. Un amasijo de malas hierbas y matojos.

—Cojamos una pala —dice Bellotti.

Andiamo a prendere una vangata di terra.

Se va hacia un punto entre sus vides y clava la pala en la tierra y le da la vuelta. Es suelta, roja, marrón y amarilla. Hay mucho de todo: raíces, paja, la mayor parte descompuesta, abono, gusanos.

—Aquí hay varias generaciones de hierba. —La del verano pasado, la del año anterior a ese verano—. Es obvio que se está operando una especie de digestión —dice.

Albert Howard emplea la misma palabra: «digestión».

—Veamos la de mi vecino.

El cámara le sigue, se para y le pregunta inquieto:

—*Vado?* ¿Esto no es allanamiento?

Bellotti se encoge de hombros.

Camina entre las vides e intenta clavar la pala en la tierra. No se mueve lo más mínimo. Planta el pie en la pala, la remueve y entonces consigue romper la corteza. Le da la vuelta. Es de un color y una textura uniformes. Es gris. Compactada. Parece cemento. No se mueve.

—Huélela —le indica Bellotti al cámara—. Huele a detergente de lavadora. El vino es un producto cultural, y exige un precio atípicamente alto. —Bellotti es un pequeño productor, trabaja cincuenta acres de tierra, se gana la vida. Sus vecinos lo amenazan, lo acosan y multan por no usar pesticidas—. Este año las multas pueden llegar a los ciento cincuenta mil euros.

Se lo puede permitir gracias al valor comercial de lo que produce.

–Pero los que cultivan cereales son más vulnerables.

Me viene a la mente una imagen: conduciendo a través del «granero» de Francia, kilómetros y kilómetros de monocultivo monocolor, árido, quieto, como la muerte.

Por fin sorbo mi cuenco de leche. No sabe verde. Ni siquiera es excesivamente graso. Pero está buena. Le doy otro sorbo. El gusto permanece en la boca, la consistencia lechosa se mantiene después de tragar. ¿Es un poco afrutado? Desde luego, es dulce. Sobre todo es buena porque sabe totalmente a leche. Me sorprende. Parece saludable, viva y sabe tremendamente a lo que es.

Me levanto de la roca y doy un salto. La tierra es esponjosa. Me termino la leche e intento divisar las vacas en la montaña, y no soy capaz.

PARÍS

En una de mis fantasías recurrentes, Michel Richard vuela a Lyon. Hablamos en francés. Lo llevo a La Mère Brazier, lo siento en el bar y le hago la comida, tal vez un *caneton* con una densa lágrima de salsa de ternera y cereza, o el *poulet de Bresse*, con la trufa bajo la piel. Lo pongo no en la Villa Florentine, porque le irritaría su italianidad, sino en Le Royal, o en el Place Bellecour, donde los estudiantes de Bocuse preparan ahora el desayuno. Por la mañana, visitamos a Bob –nacido en Bretaña, como Richard– y charlamos sobre qué es lo que hace único su pan. Para almorzar vamos a Paul Bocuse. En mi fantasía, le enseño a Richard que, inspirado por él, he convertido Lyon y sus cocinas en mi hogar.

Cuando empecé en La Mère Brazier, le telefoneé. Le insistí en que viniese.

–Quizá en verano –dijo.

En agosto me llamó.

387

–Voy –dijo, pero no a Lyon. A París–. Siempre me quedo en el hotel George V –me comentó con grandilocuencia–. Y luego iremos a las Ardenas, donde crecí y empecé a trabajar en cocina.

Richard aterrizó en Orly, gracias a un servicio experimental para profesionales en el que Richard era el chef «visitante» de la temporada y donde le proporcionaron un vuelo en primera clase. Lo esperé frente a las puertas automáticas junto a los agentes de inmigración y aduanas. La última vez que lo había visto, cuando me dejó en Union Station, Francia era una idea abstracta e intimidante.

Richard apareció, con su ancha camiseta morada, una mochila por todo equipaje, los olores familiares a vino y sudor, una estampa milagrosa, su verborrea, emocionado de estar en París, explosivo y entusiasmado. Viajaba con su gerente, Carl, que me informó de que Richard había entretenido a los pasajeros con anécdotas de su primer *stage*, trabajando para monsieur Sauvage.

–Michel no ha dormido –dijo Carl–, pero tampoco los demás.

Fuimos a cenar a un bistró, Le Petit Marius, con sillas de madera tambaleantes, mesas pequeñas, el menú en una pizarra, ruidoso, caluroso y perfecto. Richard, funcionando aún a pleno rendimiento, entablaba conversación con cualquier mujer que entrase en su radio de acción: la camarera (lanzándole cumplidos en inglés), una mujer sentada cerca esperando a su novio («¿Cómo puede hacerte esperar? ¿No te das cuenta de que cualquier hombre de aquí lo dejaría todo para pasar su vida contigo?»), una mujer en otra banqueta («Lo siento, mademoiselle, pero es usted tan guapa que no puedo concentrarme en mi comida»).

Los comensales, parisinos, estaban confusos ante la extroversión de Richard, su falta de inhibiciones, su *no-francesidad* y su acento.

—¿De dónde es usted? —le preguntó un hombre. (Richard acababa de cantar un aria de debilidad y fascinación.)

—¡De aquí! ¡Como usted!

—Pero su acento. No es canadiense, pero no es...

—¡Sí! ¡Es francés, como el suyo!

Nunca había entendido el francés de Richard cuando estaba en su cocina. En un idioma que ahora era capaz de seguir, se me aparecía en todas sus facetas, como si solo hubiese conocido la mitad de su persona. Profería las frases más trilladas con irónico vigor (lo *très gentils* que era el personal de su hotel, lo *très joli* que era el restaurante y lo *très, très bon* el vino). Dije *Loire* pronunciándolo *Luah* sin la erre final y Richard me la repitió vociferando con un rotundo redoble gutural. *Feuilletée*, me corrigió cuando le conté que estaba haciendo por fin hojaldre —«No, *foy* como "foil" no»—, e hizo eso que hace mi pequeño Frederick y que transforma lo que parecía una palabra sencilla en el equivalente polisilábico auditivo de una oruga.

Pero cuando llegaron nuestros *plats principaux*, pollo asado para los dos (la prueba de aptitud de un bistró) y él pidió *le plus grand*, y yo pedí *le meilleur*, Richard estalló en una risotada aguda y alegre.

—Mañana viajaremos al pasado —me dijo.

Nos subimos a un tren local que pasaba por los viñedos de Champaña, las tejas en las casas, húmedas y relucientes por la niebla matutina, los tristes campos de batalla de la Primera Guerra Mundial, y el famoso Bosque de las Ardenas. Hacía cuarenta años que Richard no andaba por aquella vía.

—Por entonces, cuando sacaba la cabeza por la ventana, se me llenaba la cara de hollín.

Recuerdos de un motor de vapor. La línea terminaba en Charleville-Mézières, donde Richard tuvo su primer empleo como cocinero de repostería. Encontramos el sitio y Richard se presentó aparatosamente al dueño de la pastelería, pegándole un susto considerable, y luego probó sus chocolates (y los escupió cuando no miraba).

–Son muy duros. Me han entrado ganas de decirle que podría ablandarlos con aceite de nueces y darles ligereza, pero ¿qué más da?

Miró un expositor. Era un estropicio de colores turbios chorreando entre pilas de *macarons* deformes.

Alquilamos un coche y nos dirigimos al norte, con el río Meuse a nuestra derecha, rumbo a Bélgica. Nuestra primera parada, y donde se había mudado su familia al dejar Bretaña, fue Fumay, a cuarenta minutos, un pueblo junto a un precipicio rodeado de fábricas, «trece», todas a tiro de piedra. Me señaló las ventanas de un piso alto.

–Esa era nuestra casa. Una familia de seis a punto de convertirse en siete. –Porque su madre estaba embarazada de nuevo–. Ahí fue donde mi padre, al llegar a casa, se fue a la cocina y empezó a pegarle a mi madre, que estaba embarazada, la tiró al suelo y le dio una patada en el estómago. Yo rompí una botella de vino e intenté apuñalarlo. Quería matarlo. Me pregunto si se había enterado de que mi madre tenía una hija y un hijo antes de conocerla. Supongo que sí.

Un edificio cuadrado prefabricado unos kilómetros más allá era una discoteca donde Richard, con una de esas camisas Nehru sin cuello inspiradas en el *Sgt. Pepper's*, se presentó un viernes de octubre por la noche y conoció a una tal Monique; bailaron, se besaron e hicieron el «ñaca-ñaca», él se quedó a pasar la noche y al día siguiente volvieron a hacer el «ñaca-ñaca», y más «ñaca-ñaca» al siguiente, y se volvió a Charleville-Mézières porque lo esperaban para trabajar. Luego ella lo localizó y le anunció que estaba embarazada.

En Givet, Richard me pidió que me parase en la iglesia donde se habían casado el Día de la Bastilla de 1967. Entramos y encendió un cirio.

Givet es donde Richard recordaba haber crecido –tenía ocho años cuando llegaron, una ciudad fortaleza en la frontera con Bélgica–. La fábrica donde trabajaba su madre estaba en las afueras, una cadena de montaje de una planta, abandonada ahora, con aspecto de antiguo monasterio y patio. Había una hilera de casas adosadas. Nos quedamos junto a una tapia baja y observamos su hogar infantil desde atrás, el huerto repleto de hortalizas estivales, unas lechugas, calabacines, berenjenas, pimientos verdes y amarillos colosales. Por el relato original de Richard –describía gallinas, conejos, patos, peces pescados de un arroyo al otro lado de la carretera–, yo me había imaginado un lugar al borde de la naturaleza. El campo no quedaba lejos («Mi madre buscaba huellas de conejos en la nieve y colocaba trampas»), pero aquello no era campo en absoluto. Más bien era que el sistema de ahorro (conservar judías verdes, fresas, tomates, carne en tarros de cristal) de su madre consistía en prácticas campesinas que conocía y que podían llevarse a cabo en la ciudad, una familia numerosa en una desabrida comunidad fabril, para intentar llegar a final de mes.

–Había un profesor que decía que yo era creeeeativo –dijo Richard alargando la palabra, burlón, para quitarle importancia–. Vivía aquí.

Señaló una casa dos puertas más allá en la misma calle. Algo en la ventana del antiguo profesor captó su atención y se quedó absorto un momento. Era una mesa de cocina. Richard tenía la mirada clavada en ella y parecía imaginarse de chaval allí sentado.

Volvimos al coche. Nuestra siguiente parada era Monsieur Sauvage.

Le pregunté a Richard:

–¿Cuándo te diste cuenta de que tenías un talento por el que la gente estaría dispuesta a pagar?

–Ah, tampoco es que gane tanto dinero.

—Pero tienes la habilidad de sorprender, una inventiva, una creeeeatividad que significa que tienes algo que otros no tienen, y siempre te pagarán por abrir lugares de comida, alimentar a la gente en trenes o aviones. Tu pastelería en Los Ángeles, todos tus restaurantes...

—Es verdad; en dos ocasiones gané más de un millón de dólares anuales. —Reflexionó—. De cocinero no se gana mucho. Ni de chef. Tienes que ser *patron*. —Pronunció la palabra con rotundidad, a la francesa—. Cuando vine a Nueva York por Gaston Lenôtre, gané setecientos dólares al mes. Un mes después estaba en Santa Fe, dirigiendo mi propia pastelería y ganando cinco mil dólares mensuales. —Profundizó en el recuerdo—. En realidad, fue Gaston Lenôtre. Me enseñó que yo tenía algo.

Continuamos trayecto.

Según nos acercábamos a Carignan, aparecieron fábricas del tamaño de hangares, hoy abandonadas. Cuando llegamos, Richard comentó:

—¿Dónde está todo el mundo? Los sábados solía estar tan atestado que no se podía cruzar la plaza. Había festivales, ferias y bailes. ¿Dónde han ido todos?

Visitamos la *pâtisserie* original, ahora perteneciente a una cadena y dirigida por un matrimonio.

—¡Aquí hice mi primer *stage*! —les contó Richard, siempre exuberante, y ellos se encogieron alarmados, como si de un momento a otro fuese a sacar un documento que demostrase que aquel sitio era suyo y no de ellos.

Después nos sentamos en el aparcamiento, justo detrás. La familia estaba almorzando y nos observaba inquieta por la ventana trasera.

—Llegué el 29 de agosto de 1962. —Richard recordaba todos y cada uno de los días importantes de su vida con una especificidad preternatural de calendario—. Mi primer día fue el 1 de septiembre. Empezamos a las siete de la mañana y tenía que quedarme en una camita en la planta de arriba hacia la medianoche, con una jarra de agua y un cuenco, sin más días libres que medio domingo.

Léon, de dieciocho años, era el chef.

–Le gustaba pegarme. Si cometías un error, te daban un sopapo. «¡Has quemado los *croissants*!» Sopapo. «¡No has limpiado este rincón!» Sopapo. «¡Has hecho merengue en una olla de cobre!» Sopapo. «¡Has molido demasiado rápido las almendras y los rodillos se han atascado! *Imbécile! Putain de merde!* ¡Basta de fallos!» Educación mediante la humillación. Yo estaba en mi partida, de espaldas a la cocina, y me pasó volando por el lado un cuchillo que se clavó en la pared delante de mí. Al chef le pareció gracioso.

Richard le pegó con un rodillo en la cabeza y lo dejó inconsciente. Por fin estaban en la misma sintonía.

–No volví a casa en tres años. No vi una sola película. Lo aprendí todo: *apprendre, apprendre, apprendre.*

El 3 de septiembre de 1965, Richard hizo los exámenes de aptitud de repostería. El sistema francés: haces de aprendiz, haces un examen y estás titulado. Ahora era un chef formado.

–Monsieur Sauvage nunca trabajaba, salvo en Navidad, cuando empezábamos a las cuatro de la madrugada y terminábamos pasadas las diez de la noche. Pero monsieur Sauvage me quería. Nunca lo dijo, pero yo era consciente de ello. –Después de marcharse, lo llamaba a principios de año y le daba las gracias por haberlo acogido–. Me dio algo. Me transmitió todo un corpus de conocimientos.

Cuando Richard estuvo en Los Ángeles, ya completamente establecido y cosechando un gran éxito, siguió llamando –«para desearle un feliz año y agradecerle que fuese mi primer maestro de repostería»– hasta que le dijeron que monsieur Sauvage no podía ponerse al teléfono porque había muerto.

El día siguiente era el último, teníamos que volver a París.

En el tren de vuelta, fue como si me diesen cuerda.

Hablé sobre los ácidos en la comida francesa («En Estados Unidos, nadie usa vinagre; en Francia, no hay quien no lo use»), de mi nuevo amor por la mostaza, del amor de mis hijos por la mostaza muy picante, de su gusto por la mayonesa, y de cómo la hacía en casa, y de cómo Frederick, de comerla en el colegio, era capaz de oler que la estaba haciendo desde la otra punta del apartamento.

–¿La mayonesa se huele? –me preguntó. (Me entró el pánico: «¿Qué? ¿Tú no la hueles?») Y acto seguido añadió en voz baja–: Yo le añado una pizca de *crème fraîche* al final.

Un consejo al que, aún en modo verborrea, logré apostillar: «Ah, qué interesante», y seguí parloteando. Sobre que la comida francesa se basa en hacer funcionar elementos opuestos: salsas de mantequilla (montando grasa y líquido), o espumas como el *sabayon* (grasa y ácido), o la magia del hojaldre.

–Tengo una teoría sobre cómo la comida francesa se hizo francesa –le conté entonces.

–¿En serio? –dijo Richard.

–Nostradamus, en los años cincuenta del siglo XVI. Su tratado sobre la elaboración de mermelada.

–¿En serio?

–Azúcar –dije.

Describí el sabor de las cerezas del valle del Ródano, sus intensidades de confitura, y la salsa de la Mère Brazier que acompañaba al pato, y cómo luego hice una mermelada de cerezas, fascinado por el cambio molecular que sucede ante tus ojos cuando la proporción de azúcar por fin aumenta la temperatura del agua por encima de los cien grados.

Richard asintió (y yo pensé: se cree que he perdido la chaveta, ¿no?).

Hablé sobre las cosas que me irritaban.

–Hay tanta historia culinaria francesa anecdótica y sin

analizar... Por ejemplo, ¿por qué todo el mundo inserta un clavo de especia en una cebolla cuando hace caldo de pollo?

–¿Un clavo en una cebolla?

–Sí, aparece en todas y cada una de las recetas de fondos de ave de los chefs franceses. Pelas una cebolla y le clavas un clavo de especia. ¿Por qué?

–Ah. Sí, es verdad.

Asintió, un leve gesto, como un profesor que entretuviese a un alumno sobreexcitado durante una tutoría.

¿Qué trataba de demostrar? Hice una pausa.

–¿Has comido donde Alain Chapel? –me preguntó.

–¡Sí!

–¿Comiste el *foie blanc*?

¿Comí el *foie blanc*? No lo recordaba.

–¿En serio? Es un plato famoso. ¿Y el de Marc Meneau, en Vézelay?

–¡Sí! ¡L'Espérance!

Era donde Jessica, como estudiante extranjera de dieciséis años, había probado por primera vez la comida de un gran chef. Fuimos allí para nuestro aniversario.

–¿Y los bombones de *foie*?

–¡Sí! –dije como quien acierta la respuesta de un concurso.

¿Había comido en L'Auberge de Paul Bocuse?

¡Y tanto!

–¿Has comido en el *bar en croûte*?

Lubina en hojaldre con una *sauce Choron*.

–No, pero la he cocinado.

–¿En serio? ¿Y el hojaldre no quedó crudo?

–¡No!

El hojaldre no fue el problema. Fue su apariencia. Parecía un renacuajo gigante prehistórico pisoteado por un dinosaurio.

–¿Y el *filet de sole Fernand Point*?

–No.

Aún no lo había probado. Luego sí. Lo delicioso de este plato desafía toda comprensión: lenguado en el punto perfecto de cocción mezclado con tagliatelle frescos, más copiosas cantidades de mantequilla. Nadie en Italia le haría algo así a un plato de pasta, la idea horrorizaría a un italiano. Pero creedme: una genialidad.

–¿Y has comido en La Pyramide?

–¡Sí!

–Pero no es como en sus buenos tiempos, ¿no? El joven ese... ¿cómo se llama?

–Patrick Henriroux...

–Sí, Henriroux. Es bueno. Pero no es Point. Point era un *grand chef.*

Subrayó la palabra «*grand*», prestándole todo su peso natural. Richard se calló entonces, como maravillándose en silencio de la tremenda montaña de logros de Fernand Point.

–Cuando haces hojaldre –me preguntó como por curiosidad–, ¿usas agua?

–¿Para hacer el *pâton*? –El *pâton* es la masa que doblas sobre las capas de mantequilla–. Sí.

–Yo nunca uso agua. Es una norma. A veces un vino dulce de Sauternes, o zumo de manzana o de pera. La pera me encanta.

Tomé nota en mi libreta: No usar nunca agua.

–¿Lo haces con mantequilla?

–¿El hojaldre? A ver... sí.

–A veces yo lo hago con *foie*. –Una pausa–. Tienes que entender lo que está produciendo el efecto en una receta. ¿Qué clase de harina usas?

–Harina normal, al cincuenta cincuenta.

En Francia, la harina se vende según la proporción de proteína. La harina de repostería es la más ligera (treinta y cinco), la de fuerza está entre las más altas (más de ciento diez).

–Yo uso harina de fuerza.

–¿Harina de fuerza?

–Porque necesitas que el gluten se desarrolle. Quieres que la masa se ensanche y suba. –Continuó–: ¿La salsa de pescado? Es mejor si añades jugo de mejillones al final. ¿Magdalenas?

–¡Sí! Las hago con las claras que me sobran.

–Ah, yo uso las yemas. Uso las medidas uno, uno, uno y uno. Un huevo. Una taza de mantequilla. Una taza de harina. Una taza de azúcar. ¿Levadura en polvo? –me preguntó.

–No.

–Bien hecho. ¿Te quedan blanditas?

–¿Blanditas? Sí, yo creo que sí. Me quedan bastante blanditas.

–Blanditas es como tienen que ser.

–¿Te quedan blanditas por la manera como las bates?

–Yo a veces solo bato la mantequilla. A veces uso un poco de bicarbonato.

Comenté lo de hacer una bearnesa para *le personnel*.

–La mía la hago con aceite de oliva y albahaca.

–¡Hala! ¿Una bearnesa con aceite de oliva?

Manzanas: las pelaba echándolas en una freidora, luego las sumergía en hielo y la piel se sacaba con una toalla.

–Tienes una manzana perfecta, sin marcas de cuchillo. Hago lo mismo con los tomates cherry.

Le había llevado un libro. Se me había olvidado enseñárselo. Era el primero de Gaston Lenôtre, publicado en 1975.

Richard se lo quedó mirando.

–Yo trabajé en este libro. –Continuó con la mirada fija en él, como asustado de abrirlo. Apareció una lágrima en la comisura de cada ojo, que se limpió con el dorso de la mano. David Bouley me había dicho que Richard era un autor secreto–. Probé todas las recetas. Escribí muchas.

–¿Recuerdas cuáles?

Se paró a pensar.

–No.

Se metió el libro en la mochila.

Había ido a Francia, había aprendido el idioma, asistido a una escuela de cocina, trabajado en cocinas de restaurantes, y hasta ese momento no había comprendido la hazaña de Richard. En Washington lo habían considerado un mago. No lo era. Pero quizá sí era un genio.

Acompañé a Richard de vuelta al George V. El fin de semana marcó *la rentrée*, y la ciudad, tan vacía y hermosa cuando me marché, ahora estaba congestionada y ruidosa.

—¿Cómo va ahora el Citronelle? —le pregunté.

—Ah, ¿no lo sabes? —El Citronelle había cerrado. Habían declarado poco seguro el hotel, los cimientos se hundían, las paredes se inclinaban, el tejado con goteras—. Tuvimos que evacuar.

¿Cerrado el Citronelle? ¿Y yo no lo sabía? En compañía de Richard me había visto transportado a otro tiempo, a su tiempo, de tal manera que no se me ocurrió pensar en su vida en Estados Unidos.

—¿Y David?

—Está en el Central.

El bistró franco-estadounidense de Richard.

—Pero, Michel, ¿no tienes ningún restaurante?

—Es verdad. Ya encontraré algo. Siempre tengo un restaurante.

VII. Italia (obviamente)

Maneras de asar y acompañar tórtolas y perdices

Coja la tórtola en temporada, que va de junio a noviembre, y en cuanto esté muerta, desplúmela y cocínese brevemente al carbón sin eviscerar, luego póngala en un espeto sobre un buen fuego y dele vueltas rápidamente de manera que la grasa no caiga chorreando al suelo; y cuando esté casi cocida, rebócela en harina, polen de hinojo, azúcar, sal y miga de pan. Una vez en su punto, debe servirse caliente.

Para distinguir las tórtolas viejas de las jóvenes ha de saber que las jóvenes tienen la carne más oscura y las patas más blancas, y las viejas la carne más blanca y las patas rojas.

Se pueden asar perdices con este mismo método cuando está gorda y dentro de temporada, que empieza a mediados de agosto y dura hasta finales de octubre. Aunque en primavera se ven pasar un montón de bandadas camino de Roma, e incluso más cerca de Ostia y Porto, no son tan buenas como en temporada.

A veces, las perdices gordas se curan con sal y polen de hinojo; se dejan tres o cuatro días en un cuenco de madera o cerámica y se saltean en manteca derretida con cebolletas y se sirven calientes con pimienta negra. También se pueden partir en dos y marinarlas un día aproximadamente, luego se enharinan y se fríen en manteca. Sírvalas calientes con azúcar y zumo de naranja amarga o con la marinada.

BARTOLOMEO SCAPPI,
Opera dell'arte del cucinare, 1570[1]

1. Hay traducción española: *Del arte de cocinar*, trad. de Raffaello Dal Col y Juan Luis Gutiérrez, Trea, Gijón, 2004. *(N. del T.)*

Cuando Jessica y yo vivíamos en Panzano, en la Toscana, y yo trabajaba en una carnicería, acostumbraba a ir hasta allí a pie por las mañanas por una carreterita llamada Via Giovanni da Verrazzano. Verrazzano fue el explorador italiano que descubrió la ensenada que ahora conocemos como Puerto de Nueva York. Hoy, el largo puente en suspensión que conecta Staten Island con Long Island lleva su nombre y atraviesa la bahía donde el explorador probablemente echó el ancla. Verrazzano nació en un castillo fortificado que presidía el mercado de Greve, dieciséis kilómetros al norte de Panzano, y a mí me encantaba la conexión entre mi hogar italiano y mi hogar urbano estadounidense.

En Lyon, mi paseo hasta La Mère Brazier empezaba con el mural frente a la calle de casa, el *fresque* de los lioneses, una historia de la ciudad en imágenes. Una de las pinturas quedaba a la altura de nuestro apartamento, en la tercera planta, y la veía cada vez que abríamos las persianas. Representaba a un hombre barbudo con un abrigo con ribetes de armiño, una brújula en una mano y un globo terráqueo en la otra. ¿Quién era? Al final descubrí un discreto recuadro con texto al pie de la pared. Era una leyenda para las imágenes. El barbudo, decía, era «Jean Verrazane, el famoso explorador lionés que descubrió el Puerto de Nueva York».

¿Verrazane? ¿Se trata de un Verrazzano afrancesado? ¿El héroe del Puerto de Nueva York de un castillo cerca de mi Chianti o un francés de mi recientemente adoptada Lyon? Era ambos.

Casi a todos los historiadores culinarios les resulta familiar el ya mencionado mito de Catalina de Médici: la esposa florentina viajó hasta Francia, por tierra o en barco (hay distintas versiones del mito), y luego emprendió la tarea de enseñar a los humildes galos a cocinar. Hay un hombre en la luna, hay un ratoncito que recoge dientes y hay una Catalina italiana que inventó *la cuisine française*. La idea no se puede ni poner en entredicho. Ya ni justifica una nota a pie de página. Está muerta.

Dada su longevidad –hay referencias de esta idea que datan del siglo XVII–, su defunción es un acontecimiento relativamente reciente. Esto ocurrió en 1983, el año en que la bibliotecaria estadounidense Barbara Ketcham Wheaton la mató. Wheaton es la comisaria de la colección culinaria del Radcliffe Institute of Advanced Studies, en Cambridge, Massachusetts. En 1983 publicó *Savoring the Past: the French Kitchen and Table from 1300 to 1789*, una de las primeras tentativas de tratar las primeras recetas como documentos históricos, y allí aborda el absurdo de esta reina Catalina en dos páginas categóricas y enérgicas.

¿Cuántos años tenía Catalina cuando llegó a Francia?, pregunta.

Catorce.

¿Quién era? El equivalente Médici a una princesa: una niña en un matrimonio concertado con un príncipe.

Siendo serios, ¿qué podía saber sobre cocina? Y, a esa edad, viniendo de aquella familia, camino de una boda real, ¿también se suponía que tenía que cruzar los Alpes? No, dice Wheaton, basta de mitificar, no me lo creo. Además, tomó un barco rumbo a Marsella.

Era una perorata, pero con la suficiente convicción como para ser aceptada como verdad histórica y hoy se cita en libros de referencia tanto en inglés como en francés, pero sobre todo en francés. *Savoring the Past* se publicó en Francia en 1994, donde se celebra en los círculos académicos por poner fin al mito. Da forma a *Un festin en paroles*, una popular historia literaria de la gastronomía escrita por un tardío Jean-François Revel, un periodista-filósofo. El capítulo sobre los italianos lleva el título de «El fantasma de los Médici».

Ahora, después de cinco años en la ciudad, tengo una visión distinta.

Sí, de hecho, los italianos enseñaron a cocinar a los franceses. Pero no fue solo obra de la reina italiana, aunque es demostrable que le interesó la cocina y es cierto que contrató chefs italianos para las cocinas reales en Blois. No fue el agente activo. Fue su suegro francés, Francisco I, quien deseaba tanto Italia, o por lo menos sus provincias del norte, que fue a la guerra en tres ocasiones para tratar de poseerlas. Pero los territorios no era lo único que quería. Era el Renacimiento italiano. Quería su cultura, sus edificios (todos aquellos castillos ornados de construcción italiana en el Loira), su música, su sentido de la *fête*, sus especias y sus sedas (contrató a dos grandes fabricantes de seda, Turquet y Naris, del Piamonte, para que se mudasen a Lyon, y los recompensó tan generosamente que uno se compró una residencia en Vieux Lyon al fondo de una avenida que aún se llama Impasse Turquet). Invitó a pintores, poetas, escultores y arquitectos, los hospedó en su casa real y habló italiano con ellos en la mesa. Y, por supuesto, convirtió a Leonardo –Leonardo da Vinci– en su vecino y amigo.

Francisco I quiso (y consiguió) la esposa italiana más buscada para su hijo: Catalina de Médici. El matrimonio fue la culminación del Renacimiento en Francia: y su futuro.

Lyon, ya llevaba más de cien años siendo el hogar de una

colonia de italianos, según palabras de un historiador local. En 1467, algunos de ellos, principalmente residentes de Vieux Lyon, justo al otro lado del Saona desde nuestra casa, se otorgaron una constitución y se declararon nación: *la nation florentine de Lyon*. Solo después de mi descubrimiento de «Verrazane» llegué a apreciar lo poderosa que había sido la influencia de estos italianos en la ciudad. Para cuando Catalina de Médici llegó allí como reina –dieciocho años después, en 1548, tras la coronación de su marido Enrique II–, Lyon ya era extravagantemente italiana. La ciudad conmemoró la visita real con una semana de banquetes, con paseos en barco por el Saona (una gabarra adornada como un dragón que escupía fuego), publicaciones de poesía, fuegos artificiales y espectáculos de música y teatro tan estrafalarios que algunos mercaderes se fueron a la bancarrota al terminar. En efecto, la ciudad celebró la ocasión por medio de una carísima versión troquelada de un afrancesado Renacimiento italiano. (El extraordinario *The Entry of Henri II into Lyon*, de Richard Cooper, retrata Lyon tan dominado, si no absolutamente abrumado, por los italianos en su extravagancia de Alto Renacimiento que hoy en día nos resulta muy difícil dar crédito a los historiadores que descartan su influencia.) O, como podríamos decir parafraseando a un diplomático extranjero en una de sus cartas a casa después de tres días sin dormir durante una de las (últimas) visitas de Catalina: «Estos franceses italianos sí que saben divertirse».

Entre estos lioneses florentinos se contaban miembros de la familia Médici y de los rivales de los Médici, los Gadagnes. Establecieron la banca y el cambio de moneda extranjera a una escala nunca vista hasta entonces en Francia. Ampliaron la idea de venta al por mayor, en especial por medio de las *foires*, que respaldaron generosamente. Gracias a la inversión italiana, cientos de toneladas de especias (y de sedas, vinos y alimentos) entraron en Lyon o bien por barco por el Ródano o bien en animales de carga a través del paso alpino desde Turín. Porque a los italianos Lyon les parecía una especie de mini Florencia con un toque de Venecia francesa. Persiste, como un plató de rodaje cinematográfico, un laberinto de callejuelas y edificios destartalados e interminables túneles subterráneos y mansiones secretas con jardines privados y tejados de tejas rojas y altos muros de piedra que evocan una época de otro modo inalcanzable (y reconocida por la UNESCO como el mayor ejemplo de arquitectura renacentista del mundo).

La idea de capital de riesgo, otra especialidad de los Médici y los Gadagne, incluía financiar guerras. También financiaron, o contribuyeron a financiar, exploraciones por todo el Atlántico, con la esperanza de localizar un pasaje a Extremo Oriente, o de declarar un nuevo territorio. Cuando Verrazzano (que, como muchos italianos en Lyon, se había cambiado el nombre para que sonase francés) fue a visitarlos buscando financiación para navegar al Nuevo Mundo, los banqueros italianos convencieron a Francisco I.

¿Y la comida? Un análisis de la cronología antes de Catalina es iluminadora.

En 1494, veinticinco años antes de que naciese Catalina, se reestablecieron las *foires*.

En 1505, catorce años antes de que naciese Catalina, un impresor lionés sacó la primera traducción al francés de Platina, el plagiador del dotadísimo Maestro Martino. (La imprenta comenzó en Lyon en 1473, y Lyon se convirtió en la mayor imprenta cultural en Francia hasta la Revolución.)

En 1528, cuando Catalina tenía nueve años, otra imprenta lionesa publicó una «traducción» mejorada de Platina. (No había derechos de autor, y el editor, considerado a efectos prácticos como autor, podía hacer lo que le diese la gana.) Durante los siguientes veinte años, habría otras muchas ediciones. Tomasik, mi historiador culinario estadounidense, analizó las catorce traducciones distintas de Platina, «cada una mejorada». Cada sucesiva traducción, decía Tomasik, «iba distando más del original, y se iba volviendo más francesa, hasta que finalmente el libro dejó de ser italiano». Platina se convirtió, poco a poco, en uno de los primeros textos importantes de la cocina francesa. En lo que a la cuestión de la influencia italiana se refiere, es una metáfora y una prueba evidente al mismo tiempo.

En 1532, cuando Catalina tenía trece años, el médico, poeta, empresario de la narrativa y anecdotista glotonista François Rabelais llegó a la ciudad y publicó su primer libro, *Pantagruel*. Era un himno al comer –podríamos llamarlo «variaciones sobre el tema del exceso»– que documentaba el menú original lionés: cerdo, pollo, *saucisson* (incluido aquel nuevo embutido), la *rosette* y litros y litros de vino tinto.

En 1541, cuando Catalina de Médici tenía veintidós años y era ya una princesa francesa (Catherin de' Médici), se tradujo otro libro de cocina del italiano: *Bastiment de receptes, nouvellement traduict de italien en langue françoyse*. Lyon –donde el interés por la comida era, bueno, rabelaisiano– era ahora la capital de los libros sobre cocina.

En 1547, Rabelais, invitado por el cardenal francés Jean du Bellay, asistió a una celebración por el nacimiento de un príncipe en Roma y escribió sobre el banquete del que fue testigo –con múltiples platos y ostentosas presentaciones–, distinto a nada que hubiese visto en Francia.

En 1548, el banquete celebrado para dar la bienvenida a los embajadores suizos a Lyon fue lo suficientemente inusual en su ambición y alcance (los multiplatos, la ostentación, el ingenio) como para que se hiciese y publicase una crónica de la comida.

Y también fue en 1548, el 23 de septiembre (pocos meses después de que se publicase otra edición «mejorada» de Platina), cuando Enrique II y Catalina de Médici entraron por primera vez en Lyon. ¿Es posible que, en medio de todo esto,

el séquito de Catalina, flotando majestuosamente Saona abajo, contase con un bote de cocineros italianos? ¿Es probable
que, a lo largo del muelle, un par de burros marchasen en
tándem cargando con cestas de hortalizas, quesos y carnes curadas que los italianos han afirmado que ella introdujo en
Francia?

No. Porque ya estaban allí.

Blois. En otra excursión al Loira destapé una posesión
secreta de Catalina de Médici.

Estábamos en el Castillo Real de Blois por una exposición
extrañamente específica, «*Les Festins de la Renaissance*», sobre
la comida y la bebida en el siglo XVI, el período exacto en que la
cocina francesa estaba a punto de nacer. Un «*festin*» es un
banquete celebratorio o una gala, un festín. Blois era la casa
real de Catalina de Médici y sus hijos, entre otros. La exposición tuvo lugar en el castillo y reunía doscientos años de artefactos de cocina, principalmente de Italia y Francia: libros,
utensilios, platos, menús. Ilustraban cómo comían los franceses a principio del período, con una *tranche*, un pedazo de pan
usado a modo de cuchara, y luego un cuchillo para cortar (los
invitados llegaban con sus propias espadas), y al final, con
ejemplos primigenios de ornados tenedores adquiridos en Italia, incluido uno que podía llevarse en el bolsillo (te lo lleva-
bas cuando te invitaban a cenar). La exposición incluía un
largo pergamino de cocina en el que Niccolò Alamanni, el
chef de Catalina de Médici, anotaba menús familiares. Casi
podía verse como la prueba irrefutable: el chef (italiano) escribiendo instrucciones (en italiano) de platos (italianos) para
los hijos de una madre italiana, futuros reyes de Francia. To-
parse con aquel rollo era una maravilla, la rica vitela, el cuidado de la presentación, la caligrafía pomposa, aquel acto de
alimentar a Francia.

Nos reunimos con el historiador del museo del castillo

y fuimos con él a la recreación de un almuerzo renacentista (pintada a la cazuela, carpa en salsa, habas al azafrán, mazapán según una receta de Nostradamus), y nos contaron que la exposición no era más que un pretexto. La atracción auténtica era la conferencia suscitada por ella. Sería la primera vez que unos historiadores se reunían para discutir quién había inventado la cocina francesa: ¿los franceses?, ¿los italianos?, ¿o los franceses y los italianos?

–No llegarán a ninguna resolución –me prometió–. Los franceses no escuchan a los italianos. Los italianos no escuchan a los franceses.

Después de comer, bajé en coche con la familia siguiendo el curso hasta Amboise para enseñarles la casa de Leonardo da Vinci, donde los chicos corrieron por los jardines entre las recreaciones de sus inventos. Ver las dos exposiciones en la misma visita –los tesoros, en su mayoría italianos, de la cocina francesa del siglo XVI; y los tesoros, completamente italianos, de un genio renacentista– me afectó poderosamente. Había tres cuadros, reimaginaciones históricas, del rey sosteniendo la mano de un debilitado Leonardo en sus últimos días. Leonardo, la encarnación casi incomprensiblemente brillante del Renacimiento italiano, murió en una cama que Francisco I le había dado.

En la conferencia me enteré de la obsesión de los italianos del siglo XV con los limones. Me enteré, para mi sorpresa, de que Catalina de Médici, durante su ascenso, introdujo una raza de vacas italianas en Francia e implementó innovaciones en el ámbito del cuidado animal. Timothy Tomasik leyó otro artículo sobre las diversas traducciones de Platina. Marjorie Meiss-Even, una académica de la Universidad de Lille, leyó sus hallazgos en un inventario de cocina que había descubierto entre los archivos de la poderosa familia Guise, en el que, a mediados del siglo XV, iban apareciendo ingredientes italianos poco a poco, algunos adquiridos en las *foires* de Lyon, otros por medio de viajeros –espárragos, alcachofas, chalotas, cítricos, incluso parmesano, el llamado *fromage de Milan*– hasta que, finalmente, se convirtieron en elementos esenciales de la dieta francesa. Era una investigación asombrosa, y la sala permaneció en un silencio reverencial durante la lectura.

En un momento dado, me descubrí preguntándome cuántas *preuves incontestables* se necesitan para que la prueba sea efectivamente incontestable.

En muchos aspectos, la conferencia se centraba insistentemente en una figura: Scappi. Scappi era el fantasma. Estaba allí y, a la vez, no estaba.

Bartolomeo Scappi –gracias a un libro en varios tomos escrito en 1570, al final de una vida de trabajo, titulado simplemente *Opera di M. Bartolomeo Scappi, cuoco secreto di Papa Pio V*– está considerado universalmente el mayor chef del Renacimiento europeo. Consta de novecientas páginas y es meticulosamente detallado –es, de hecho, el primer libro ilustrado de cocina de la historia, una celebración evocativa del aspecto que tenía una gran cocina del siglo XVI– y se ha convertido en una referencia para saber cómo se cocinaba y con qué utensilios. Incluye menús para festines de tres días, festines de una semana, ostentosos festines sin carne los viernes de pescado, y un festín de más de dos meses que comenzó el 29 de noviembre de 1549, el día de la muerte de Pablo III, y terminó el 7 de febrero con el anuncio de un nuevo papa. La oferta de Scappi incluye ubres de vaca en sus diversas variaciones, testículos (rellenos y asados) y pavos reales (deshuesados, reconstruidos, re-emplumados y servidos en rodajas, adelantándose a la hoy más modesta, en apariencia, *volaille à Noelle* lionesa que Daniel Boulud me enseñaría). Muchas de las salsas que hoy son fundamentales en la cocina francesa (como la bearnesa y la holandesa) y muchas de las técnicas (como la *pâte feuilletée*) aparecieron impresas, primero, escritas por Scappi. Lo que Scappi representaba, más vivamente que ningún otro chef de la época, era la comida como espectáculo, y el yantar como expresión de alta cultura.

Pero nunca lo tradujeron al francés. No hay pruebas de que el libro llegase siquiera a Francia, y para Florent Quellier, que copresidía la conferencia, la falta de pruebas era bastante significativa.

Quellier expuso las premisas de la conferencia. No dio un discurso. Soltó una diatriba. Fue como empezar la sesión de un grupo de oración prendiendo fuego a un barril de pólvora. Fue emocionante. Entre varios temas, se iba repitiendo el estribillo: ¿dónde está Scappi? El supuesto: si Italia influyó de verdad en la cocina de Francia, entonces sin duda su libro más famoso debió ser una influencia obvia. De hecho, el argumento le concede demasiada importancia a un libro que estaba muy a la cola de textos que ya habían hecho aparición en francés. Pero resultaba curioso.

Quellier, de la Universidad de Tours, tenía unos cincuenta años pero aparentaba unos treinta, llevaba el pelo corto y unas gafas de montura negra, camisas blancas de algodón de manga corta y una corbata negra estrecha firmemente anudada, y su mirada era de implacable arrogancia. Durante la conferencia, Quellier no habló con nadie. Tomaba notas. (No charla, me dijo un colega; enuncia estados de la cuestión.) Por su apariencia y sus formas, podría haber sido un ingeniero o un matemático. No era una persona que te hiciese pensar: eh, ¿por qué no nos vamos a cenar y nos tomamos un par de botellas? Más bien pensabas: ¡guau! ¡Qué mala leche!

Barbara Ketcham Wheaton había tratado el tema de Catalina de Médici riéndose. Pero no tenía acceso a la versión de tebeo, un elemento de la presentación de Quellier, una tira cómica de los años cincuenta del Pato Donald haciendo las veces de gordo pizzero italiano, con el gorro que se le caía, la barriga sobresaliendo por encima del cinturón, dando órdenes a diversos perros Goofys apabullados, rígido y atento a la francesa manera, sobre cómo cocinar.

Quellier era miembro de la facción antiitaliana. No sé si llegaré a conocer jamás a alguien tan decidida y agresivamente profrancés. Su postura básica es, sí, hasta la llegada del libro de La Varenne en 1651 –*Le Cuisinier François*, el texto que lo cambió todo–, la cocina francesa seguía siendo medieval. Y, sí, estaba influida por los italianos –un poco, no se puede negar–, pero también por los españoles, en los modales en la mesa, por ejemplo, y por los belgas e incluso los alemanes. Lo que no puede encontrar, dijo, son *preuves incontestables* –su frase recurrente– de que la influencia italiana importase más que ninguna otra.

La prueba, evidentemente, no es que haya muchos libros de cocina traducidos del italiano, ni el hecho de que el Renacimiento italiano precediese al francés, ni en que el protocolo de presentación de la comida –manteles, el tenedor– de los italianos fuese imitado por los franceses, ni en los textos de Rabelais y las traducciones de Platina, ni en los chefs italianos tanto en las cocinas de Catalina de Médici como en las de Enrique IV, ni en la popularización de los ingredientes italianos en las *foires* de Lyon, ni en los castillos de construcción italiana en el mismo río en que nos encontrábamos, ni en el hecho de que Leonardo viviese cerca ni de que en la mesa de Francisco I se hablase italiano. La prueba faltante e incontrovertible estaba en el único texto que nunca se había traducido al francés: la *Opera* de Scappi, el mayor libro de cocina italiana.

La Varenne, el padre de la cocina francesa, no es italiano, dijo Quellier. ¿Alguien se ha encontrado con algún pasaje que conmemore a Scappi? ¿Una receta de Scappi, quizá? ¿Alguna expresión de gratitud a mi querido amigo monsieur Scappi?

Un académico belga objetó, lo que me pareció valiente y bastante arriesgado.

—¡Está *Ouverture de Cuisine*, de Lancelot de Casteau! ¡El texto está lleno de recetas de Scappi!

Quellier lo ignoró.

(El académico belga tiene razón. El texto, publicado en 1604 en Bruselas, se encuentra entre las primeras tentativas extensas de codificar una nueva cocina francesa e incluye la primera descripción, en francés, de *pâte feuilletée*. Y, sí, hay un montón de recetas de Scappi. De hecho, también hay versiones antiguas de elaboraciones francesas con nombres italianos: como *pâte Poupelin*, por el chef repostero italiano Popelini, o *feves de Roma* para las judías verdes, la *tourte genoise* para lo que se llamaría «tarta de espinacas».)

Quellier prosiguió.

—¿Hay alguna traducción de Scappi? ¿Alguien tiene algún ejemplar en el siglo XVI o incluso en el siglo XVII? ¿Dónde está el Scappi? ¿Dónde está el Scappi? *Où est le Scappi?*

De hecho, había un libro muy pertinente en la exposición —en una sala que Quellier, por lo visto, aún no había visitado— forrado con elegancia en cuero blanco, un ejemplar único, hecho a mano. Estaba dedicado a Catalina de Médici. Venía de su biblioteca privada. El título era *Il cuoco segreto di Papa Pio V*, y el autor era Bartolomeo Scappi.

Hasta yo me quedé estupefacto, porque había llegado a creer (incorrectamente) que Catalina de Médici era, en efecto, una metáfora del Renacimiento italiano, y que el acervo de la cocina italiana se había extendido a Francia de la misma manera que cualquier movimiento culinario cruzaba las fronteras, no por la traducción, sino por el boca-oreja de los cocineros, y por los platos que aprendían, poco a poco, conversando con gente que hace comida. Pero, luego, ver aquel tomo: guau. Parecía una especie de mensaje.

Para ser justos con Quellier, es curioso que Scappi no se tradujese al francés cuando tantos otros textos menores sí fueron traducidos. Pero Scappi también se tradujo muy poco a otros idiomas. Ahora parece que en 1570 su famoso libro se publicó cuando una época tocaba a su fin: lo mismo que el Renacimiento italiano. A menudo, los historiadores marcan el final del Renacimiento culinario italiano con la publicación, cien años después, de Antonio Latini (que convenció a sus lectores de que el tomate no era venenoso), pero en el siglo XVII aparecieron pocos textos destacables. Cuando Scappi se sentó a escribir su libro estaba describiendo una cocina que ya no existía. El libro era una retrospectiva.

De hecho, el dominio italiano de la cocina declinaba justo cuando la cocina francesa estaba naciendo.

VIII. Francia (por fin)

Los jóvenes de hoy ya no padecen siquiera de gota, pero andan siempre con cara mustia por culpa de sus dietas: fideos sin mantequilla, mantequilla sin pan, pan sin salsa, salsa sin carne, carne sin trufas, trufas sin aroma, aroma sin buqué, buqué sin vino, vino sin borrachera, borrachera sin alegría... ¡La madre de Dios! Prefiero tener gota que privarme de todos los placeres de la vida.

ÉDOUARD DE POMIANE,
Vingt plats qui donnent la goutte, 1938

Compré una edición facsímil de La Varenne y me senté a leerla –una prosa de principios de siglo XVII, de oscura elocución– y no pasé de la segunda página. Leía en francés –y un libro de principios del siglo XIX (como el de Carême) me resultaba tan accesible como un libro impreso hoy–, pero la página del XVII era demasiado enigmática. También había tantas palabras que ya no existen, como los diez términos para decir «pato» –no el mismo tipo de pato, por supuesto, sino diez patos distintos–. Era valiosa una traducción al inglés moderno de Terence Scully por sus notas y su estudio, pero se antojaba extrañamente plana, como si el áspero original hubiese sufrido durante el trance una distorsión hasta la inteligibilidad. (Lo que tendría que haber leído, ahora lo sé, era la traducción que apareció en Londres dos años después de que *Le Cuisinier François* se publicase en Francia, una tarea heroica que captura el empeño y el ingenio del original.)

Me topé con una referencia a un texto de La Varenne que no conocía, *L'École des ragoûts*, publicado en Lyon en 1668. Necesitaba un ejemplar. Ya solo el título parecía aunar en una sola palabra dos culturas que me interesaban, la italiana y la francesa. En italiano, la palabra se escribe *ragù*, y hay pocas palabras que transmitan con más profundidad *la cucina ita-*

liana. La boloñesa de tus espagueti: un *ragù*. Cualquier carne estofada hasta que se convierta en una salsa con la que aderezar la pasta: un *ragù*. ¿El fundador de la cocina francesa promoviendo una escuela de *ragù*? A pesar de que el título no tuviese nada que ver con el contenido del libro, por lo menos era un testamento cultural: era lo que el impresor creía que iba a vender.

Pero no lo encontraba. Ni siquiera Gallica, la colección digital de la Bibliothèque Nationale, tenía un ejemplar. (Ahora lo tiene.)

Luego lo encontré en eBay.fr a un precio no prohibitivo y lo compré. Cuando llegó mi ejemplar me tenía emocionadísimo, aquel milagro dentro de un sobre normal y corriente, entregado de la manera habitual en el buzón de nuestro apartamento. Era pequeño, siete por doce centímetros, pero grueso, 425 páginas, forrado de cuero agrietado con cenefas, desgastado por los bordes, con algunos túneles abiertos por gusanos. Era la decimocuarta edición. ¿Era posible? ¿O solo un eslogan para vender más?

En la solapa, uno de los dueños del libro había escrito, con esa caligrafía impecable de bolígrafo que mis hijos habían aprendido en el colegio, una lista de la compra con un montante de 6 francos y 60 céntimos por unas pasas sultanas, bacalao, un pollo, judías verdes, salchicha, manteca y ensalada. El bacalao eran 1,20 francos, el pollo 2,78 francos, más o menos lo que la gente pagaba en París hacia 1890 (eso lo sabía porque tenía como una década de números de la publicación quincenal *Pot au Feu*, una revista de recetas francesas para el ama de casa francesa, bien adaptada a cada temporada, donde se informaba de los precios que podían encontrarse en el mercado).

La primera receta que abrí tenía tres páginas y era la mar de fácil de leer: un *pâté* estilo italiano recubierto de hojaldre, relleno de ternera, tres perdices e ingredientes del Renacimiento italiano (uvas, castañas, piñones, canela, azúcar y un pedazo de limón encurtido). Sostuve el libro en una mano, aquel espécimen primero de una primeriza imprenta, un tesoro por entonces, un tesoro ahora, producido más de cinco décadas antes de la Declaración de Independencia de Estados Unidos, y cerré los ojos y simplemente me imaginé... bueno, todo.

Hasta mucho después no descubrí que era un fraude. El texto ni siquiera era de La Varenne. Nadie sabe quién lo escribió. (Un buen escritor, eso sí.)

Ahora estaba intrigadísimo. Noté el comienzo de lo que probablemente iba a convertirse en mi obsesión. ¿Quién fue La Varenne y por qué no sabemos más sobre él? Era el equivalente a Shakespeare en francés y cocinero. Todo empezó con él.

Era chef de una gran figura, un militar, un marqués, Louis Chalon du Blé.

Du Blé era gobernador de Châlon, en el Saona, a medio camino entre Lyon y Mâcon, y residía en un gran castillo, Cormatin. Pertenecía a la familia desde que lo hizo construir su abuelo, patrocinado (pura coincidencia, por supuesto) por María de Médici. Du Blé había nacido en Cormatin, al igual que su padre, y como su primer hijo, cuyo nacimiento aparece registrado en los archivos de la iglesia local, en el invierno de 1652, el año después de la publicación de *Le Cuisinier François*. Terence Scully señala que parece probable que La Varenne cocinase en el castillo, aunque, por desgracia, su cocina se quemó y fue reconstruida. El castillo, que estaba abierto al público, estaba a menos de una hora de nuestra casa, en la misma margen del río. Parecía encajar que el padrino de la cocina francesa fuese, en efecto, lionés. Un sábado en verano, llevé a mi familia de excursión a ver qué encontrábamos (una carta, un artefacto, algún tesoro inesperado enterrado).

La Varenne era el autor de otros dos libros además de *Le Cuisinier François*: *Le Pâtissier François* y *Le Parfaict Confiturier* (de nuevo el arte de hacer mermeladas), aunque, como pasaba con *L'École des Ragoûts*, es posible que el nombre «La Varenne» fuese no tanto un nombre como una marca. La mayor parte de lo que sabemos sobre él está en el primer libro: en sus referencias internas (el capítulo sobre la cocina en el campo de batalla, fascinante por su franca practicidad: coge cinco ovejas...) y en el prefacio, que incluye alusiones a colegas cocineros y expresiones de gratitud para su jefe, Du Blé.

El castillo pertenece hoy a tres familias. A cambio de salvar un edificio histórico, se les recompensó con lo que era, en efecto, una propiedad compartida de gran lujo y alto estatus. Celebraban bailes de disfraces, mascaradas, cenas y, al acabar el día, aparcaban sus vehículos en el terreno, cerraban las puertas y disfrutaban de las instalaciones como si fuesen suyas.

Había un foso y un jardín-laberinto donde nuestros chicos desaparecían detrás de altos setos durante espacios de tiempo perturbadores. Me vi analizando la cocina, que tenía una puerta de servicio donde debían presentarse los comerciantes (sus visitas se deducen de los ingredientes de La Varenne): guardabosques, jardineros, pescadores de agua dulce, tramperos y cazadores furtivos que traían anguilas de río y mejillones, mirlos, becadas, cisnes, jabalíes y los diversos tipos de patos, como el *allebran*, no solo la variedad silvestre, sino la variedad silvestre joven.

Un propietario estaba en el patio remendando un enorme mantel blanco. Parecía inconcebible que no se hubiese conservado nada de la cocina de La Varenne. Algo debía haberse salvado del fuego... una factura o un inventario, un fajo de cartas, un diario. Era demasiado importante.

Me presenté y comenté mi interés.

–La Varenne –dijo–. Sí. He oído hablar de él.

—Era chef a las órdenes del marqués Du Blé —continué—. Muchos consideran a La Varenne el fundador de la cocina francesa.

El propietario se me quedó mirando. Era español: monsieur Olvidaros. Quizá la cocina francesa no era su fuerte.

—Se cree que cocinó aquí, pero la cocina donde trabajaba se quemó en el siglo XVIII.

—Sí, un incendio destruyó el ala sur.

Le conté lo que esperaba encontrar, algún registro, un papelote, un archivo.

—¿Cuándo fue eso?

—Entre 1630 y 1650.

—No.

—¿No?

—Por ese entonces no estaban aquí. Estaban en París.

—¿En París? ¿Durante veinte años?

—Aquí no había nadie.

Aquello no tenía sentido.

—Eso no es posible.

—El castillo estaba abandonado.

—¿Y Nicolas du Blé, el primogénito?

—No sé qué fue de él.

—Se dice que nació aquí en enero de 1652. Según los registros de la iglesia. En Charlon-sur-Saône.

—No lo sabemos.

On ne sait pas.

—Y su padre —insistí, perplejo— era militar, siempre en el campo de batalla...

—Sí.

—¿Cómo logró reunir un ejército en París?

—*On ne sait pas.* —Se me quedó mirando—. En cualquier caso, no hay nada.

—¿Nada?

—Nada.

No le creía. No pensé que estuviese mintiendo. No se me ocurrió que lo supiese. La cocina había desaparecido, los registros habían desaparecido. Incluso la casa de París había desaparecido. ¿Mi búsqueda de un tesoro enterrado? Adiós.

Todo lo que sabemos de La Varenne está en el prefacio de tres páginas y media a *Le Cuisinier François*.

Volvería.

Mientras, tenía una distracción. El MOF: la competición más dura de la cocina francesa. No, yo no competía. Y, sin embargo, en cierto modo, sí.

PASTEL DE PATO

No me había apuntado al MOF porque no me consideraba como el más formado y disciplinado de los cocineros de toda Francia y no le veía ningún mérito ni ningún valor cómico a fracasar (una vez más) espectacularmente.

El MOF lo designa ese cuello tan pintón con la bandera francesa que llevan Viannay, Bocuse, Le Cossec, Michel Guérard y prácticamente todos los grandes chefs del país. Se creó en 1913 para homenajear el trabajo bien hecho de los innumerables artesanos y obreros no reconocidos repartidos aquí y allá, *les meilleurs ouvriers de France*, los mejores trabajadores franceses; y luego, celebrados cada cuatro años, como los Juegos Olímpicos, fueron adquiriendo gradualmente para la gente de la cocina una importancia imprevista que solo Francia, con ese valor místico que le da a la comida, podría haberle conferido y después recompensado socialmente. Te nombran MOF y tienes la vida solucionada, así que todo el mundo –Christophe, el joven Mathieu, Frédéric, Ansel, dos chefs de la cocina de Boulud en Nueva York, hasta Florian– habían echado sus nombres en el proverbial sombrero, porque, a fin de cuentas, ¿qué tienes que perder?

426

Pero yo no.

Cuando anunciaron los platos, no parecían posibles. Había un pescado para empezar, y un pato a continuación, y ambos parecían eminentemente factibles (esa ilusión me hice), sobre todo el pato, que se preparaba de dos maneras: las pechugas fileteadas en finas *aiguillettes* y aderezadas con una salsa de base ácida, y los muslos convertidos en un «pastel» hojaldrado. Y así es como se llamaba, exactamente: «pastel».

Pensé: sé hacer las pechugas. Las sacas, las salteas despacio, una vuelta y fuera. Sacarlas tiene su intríngulis, y el salteado lento tiene que ser muy lento, entre quince y veinticinco minutos o más, hasta que la piel esté crujiente y la capa blanca cremosa de debajo asome.

Las pechugas: la parte fácil. El desafío: el «pastel».

Pero pensé: sé hacer un pastel. No era solo que creyese poder hacerlo, es que quería ese pastel en mi repertorio. (Viannay lo llamaba *tourte*, no pastel, de la misma raíz italiana que nos trajo la *torta* y por tanto los *tortelli* y *tortellacci*. Una *tourte* figura como pieza central en el tapiz de una comida real del siglo XVI expuesta en Blois; he acabado considerando este plato como un traspaso entre Italia y Francia.)

El sábado siguiente al anuncio de los platos, nos topamos con Christophe y Viannay en nuestro bistró Le Potager y nos sentamos a su mesa. Christophe estaba aprendiendo; Viannay era el profesor. Christophe había sido relevado temporalmente de sus deberes para practicar su técnica, velocidad, el hojaldre, la salsa. El centro examinador estaba en Marsella. Mandaban a todos los participantes lejos de casa para que no los conociesen los jueces (que eran chefs locales).

Christophe y yo nos habíamos hecho amigos. *Tu nous manques*, volvió a decirme, en voz baja pero firme. Aquello era, como acabaría comprendiendo, una transformación habitual, el inesperado sentimiento de respeto mutuo entre jefe y aprendiz, y aunque no puedo aprobar el sistema de aprendizaje francés –el matonismo y la humillación descontroladas–, tengo que reconocer que nunca he aprendido tanto. Hicieron de mí un cocinero. Y las lecciones parecían habérseme grabado en la psique de manera permanente, de una manera que no estoy seguro que se hubiese dado en caso de haber sido más amables y humanas. (Hoy aún oigo vociferar a Christophe cuando limpio: *Pas propre! Sale! Pas propre!*)

La comida de Le Potager –Viannay pidió una mágnum de buen Borgoña en mi honor– fue inesperadamente inspiradora. Leí las instrucciones del MOF. No eran recetas como tales, sino una serie de condiciones: ingredientes que podías utilizar, los que estaban prohibidos, el tamaño del plato de servir, el peso del pato. Para el pastel no podías llevar hecho el hojaldre de antemano. Pero podías presentarte con un *pâton*, esa masa húmeda que envuelves en mantequilla. Fondo: prohibido usar ternera, pero permitido aparecer con caldo de pollo. El número de setas estaba especificado (doce básicas, llamadas *champignons de Paris*, solo los sombreros), lo mismo que las ciruelas (seis, deshuesadas, de Agen), pero no los nabos. En cuanto al pato en sí: las pechugas había que sacarlas, cocinarlas por su lado y servirlas en finas rodajas aderezadas con una salsa con base de sidra; la carne de los muslos era para el pastel y podía cocinarse como quisieras (*cuisson libre*). Era un examen, y también un puzle.

Yo había seguido practicando el hojaldre y había congelado mis pruebas. En el congelador también tenía gran cantidad de caldo de pollo. Pensé: soy capaz de hacerlo. Me puse a buscar el tipo de plato que se requería, pero no encontré ninguno en la ciudad. Los participantes los habían comprado todos. (También se había arrasado con el pescado –*carrelet*, platija–, que no era de temporada, en realidad. Las noticias contaban que había aumentado el precio debido a la demanda del MOF: de entre uno y cinco euros el kilo a ciento trece euros: el coste, obviamente, de vivir en una ciudad habitada por gente con aspiraciones gastrochéficas.)

428

Busqué recetas de Escoffier, y luego de todos los demás. Los platos específicos del MOF no estaban en ningún sitio sino en todos... quizá. Encontré un montón de platos que empleaban sidra. Debía de haber doscientas recetas de pato con nabos. Me puse a cocinar los muslos para el relleno de un pastel a modo de *ragoût*, aunque siempre había pensado en ello como *ragù*, según la ortografía italiana.

Mi primer intento no fue un desastre. Empecé por deshuesar el pato. Igual que con el pollo, primero se le quitan los muslos. Para las pechugas, sacas la espoleta y las alas y con el cuchillo sacas los «filetes» –o por lo menos yo había acabado pensando en eso como filetes–. Están separadas por un largo esternón, y empiezas desde ahí y vas bajando con la hoja desprendiendo la carne de la caja torácica, tocando hueso con la parte roma. La cavidad pectoral de un pato es distinta de la de un pollo, más plana, menos ovalada, y la carne tiene más forma de solomillo.

Dejé a un lado las pechugas. Para más tarde.

Partí la carcasa, la horneé, la eché en una olla sopera, añadí un chorro de sidra reducida y lo cubrí todo con caldo de pollo. Ese sería mi *jus* básico.

El relleno del pastel saldría principalmente de los muslos, más lo que pudiese rapiñar de cualquier otra parte, incluida la «ostra», lo que los franceses llaman *sot-l'y-laisse* (lo que solo un tonto se dejaría). Tras deshuesar los muslos obtuve un decepcionante montoncito de pedazos de carne. (¿Cómo iba a rellenar un pastel con eso?) Los doré y los guisé despacio en una pequeña cantidad de *jus* de pato. Me recordaron que hay un punto en el que la carne, aunque lleve cocinándose un buen rato, mantiene su forma y textura. Luego viene un punto, justo a continuación, en que se vuelve pastoso. El mío quedó pastoso. Era más *ragù* que *ragoût*, y habría sido más apropiado para echárselo por encima a unos *pappardelle* recién hechos.

Repasé las instrucciones, incluido el comunicado de prensa, y me di cuenta de una cosa que había pasado por alto: el día del examen se permitía a los periodistas visitar un *centre d'épreuves* (un centro examinador), siempre que se presentasen después de comenzar y no molestasen a los candidatos. Miré una lista de centros. El más cercano era en Dardilly, justo a las afueras de Lyon. ¿Por qué no?

Era en un *lycée*, un instituto: adolescentes con libros, holgazaneando en el césped, con una pinta tan relajada que verlos, ver aquella pachorra juvenil, producía a un tiempo desconcierto y nostalgia. La cocina del examen no podía estar más escondida. Seguías un largo pasillo oscuro hasta el fondo, subías una escalera aún más oscura y abrías una puerta y la atmósfera te golpeaba: olor corporal, humos de cocina y una fuerte sensación de que las cosas iban fatal.

Los administradores eran un matrimonio entrado en la sesentena con esa compenetración quisquillosa de dos personas que han pasado la mayor parte de sus vidas juntas absurdamente. Estaban concentrados en unos folios. Algunos candidatos habían presentado sus platos con el número equivocado y no eran capaces de dilucidar qué números debían ser. Llevaban supervisando desde las cinco de la madrugada, estaban atontados, me miraron con expresión neutra y me preguntaron qué quería.

Yo tenía una carta de acreditación.

—Soy periodista. Estoy aquí para observar.

La mujer, con las dos manos en la mesa, dejó caer la cabeza.

—*Merde* —susurró—. Ve a buscar a Pierre —dijo, y el marido salió a buscarlo.

La cocina estaba al fondo, contaba con una sala para los jueces a un lado, detrás del «pase» donde un candidato acababa de aparecer con una bandeja de seis platos, un plato para cada juez: finas rodajas de pato colocadas en abanico, una salsa rojo-marrón brillante y un trozo de «pastel». Era la primera vez que veía el plato acabado. Tenía el aspecto de algo que servirías muy satisfecho en un restaurante. No parecía particularmente ambicioso ni difícil. Simplemente correcto. El candidato –el delantal ondeaba a su alrededor como una cometa; también tenía una mancha en la chaquetilla– había fallado, claramente. Se había excedido doce minutos del tiempo estipulado. Un candidato avanza hacia el final con una puntuación perfecta o casi, diecinueve o veinte de veinte. Debido a la tardanza, independientemente de lo elegante que le quede el pato, queda descalificado.

Entonces apareció Pierre, un personaje anciano y menudo con una chaquetilla blanca planchada y el flamante cuello de la bandera. ¡Lo conocía! ¡Era Pierre Orsi! ¡El simpatiquísimo Pierre! Todo el mundo conoce a Pierre. A aquellas alturas ya nos habíamos visto varias veces, con Boulud y en el comedor –Jessica y yo comimos allí para celebrar un aniversario y nos abrumó gratamente su solicitud–. Me reconoció como amigo y me acompañó hasta la sala de los jueces como si me ofreciese la mejor mesa de la casa (y eso era, en efecto).

Las caras de los jueces decían: esto se sale del protocolo claramente.

Pero Pierre era el MOF al mando y había tomado, gracias a sus hábitos cívicos, una decisión ejecutiva sin pararse a pensar. Es más, yo ya conocía a tres de los seis jueces: William Jacquier (uno de mis primeros profesores en L'Institut Bocuse), Christian Têtedoie (una persona temeraria y muy ambiciosa que había abierto cuatro restaurantes en cuestión de meses en asombrosa sucesión, sin contar el *bouchon* que le arrebató a Boulud), y ni más ni menos que Jean-Paul Lacombe, el chef propietario de Léon de Lyon, que, en un posible desenlace de mi aventura, podría haber sido el lugar donde comencé. Me vino a la cabeza Michel Richard, un recuerdo de nuestro último día juntos, cuando hablamos de que en Lyon conocería a todos los chefs de la ciudad y yo le creí; por entonces ni hablaba francés. Pero resultó ser cierto.

Lacombe y yo nos habíamos hecho amigos después de otra visita a Léon de Lyon, cuando le conté cómo había conocido a Michel Richard. Lacombe, como otros que lo habían tratado, lo consideraba entre la élite de las élites, de modo que, una vez más, me favoreció el resplandor de su gloria. Lacombe era el único chef sin cuello MOF y eso le daba un aspecto tremendamente poco formal.

Otro juez era Roger Jaloux, uno de los ancianos de la ciudad. No lo conocía personalmente pero sí conocía su reputación, ex-Bocuse (jefe de cocina durante cuatro décadas) y dueño de dos de los bistrós históricos de la ciudad. No me quedé con el nombre de los otros dos jueces ni les pedí que me los repitiesen. Tenía la libreta bajo la mesa. Parecía que me ardiese en la mano.

Los jueces estaban acabando con el candidato número catorce. Habían estado comentando su salsa. A Jean-Paul Lacombe, que se había sentado enfrente de Têtedoie, le gustaba. Le dio cinco puntos. Cada puntuación se evaluaba según cuatro criterios, cada uno de cinco puntos como máximo.

—¿Cómo puedes dar por «bueno» al número catorce? La salsa estaba insípida —dijo Têtedoie.

—No estaba insípida.

—Sí.

—No, para nada. Me ha gustado. Sabía a manzanas.

Por lo visto, aquel «manzanas» era una referencia a una conversación anterior y algo que los jueces esperaban encontrar en una salsa hecha con sidra. Lacombe adoptó una actitud traviesa.

—¡Manzanas! No sabía a nada. Era banal.

Lacombe sabía que el comentario irritaría a Têtedoie. Insistió:

–Cinco.

–No. Cuatro.

–Cinco.

–Cuatro.

Una larga pausa.

–Vale –transigió Lacombe–, cuatro.

La diferencia entre cuatro y cinco bastaba, probablemente, para impedir que un candidato avanzase.

–¿Y el pastel?

–Cinco –dijo Lacombe.

–Ni de broma –dijo Têtedoie–. ¿Has probado las setas?

–Por supuesto que he probado las setas.

–Me he comido una y estaba dura. –*C'était dur*–. No se había cocinado de un lado.

Los champiñones estaban laminados y salteados. Alguien, quienquiera que fuese el número catorce, debía de ir con prisa y dejó sin hacer una cara de un champiñón sin darse cuenta.

–Cuatro –dijo Têtedoie.

–Vale, vale. Cuatro.

El anónimo número catorce nunca sabrá que un champiñón echó por tierra su avance hasta el final.

El grupo continuó con el quince. Retiré unos centímetros la silla de la mesa con cuidado de no hacer ruido, abrí la libreta y empecé a escribir sobre la rodilla.

–*Le visual de la pie?* –preguntó Roger Jaloux.

La presentación del pastel, el aspecto.

–*C'est bon. Une belle présentation* –dijo Jacquier.

Estaba bien. Bonita. Cinco puntos. Cuatro jueces asintieron. Le dieron cinco.

Têtedoie fue el último, y su furia –empeñado en una cólera casi a punto de estallar constante– se dirigió contra Lacombe:

–*Non. Non, et non.*

Era irrelevante que a los demás les hubiese gustado tanto el pastel que le daban cinco puntos unánimemente.

–Uf, Christian –respondió Lacombe con un suspiro como diciendo: relájate, por favor.

–¡Cuatro! –insistió Têtedoie.

Un juez al que no conocía dejó caer la cabeza con resignación. Llevaban juzgando muchas horas.

–Vale, cuatro –dijo Jaloux–. Pero, Christian, por favor, compórtate, *s'il ta plaît*. Hay un periodista presente. Tomando notas.

Continuaron. Con el pastel, la preocupación era o bien el relleno (tenía que ser *fondant* –denso pero que se derritiese, solidez– y la mayor parte de los intentos no lo lograban) o bien el hojaldre, al que se refirieron durante la deliberación como *le feuilletage*, que a menudo no se cocía por dentro («*Pas cuit*»). Era imposible llegar a ser MOF si no hacías un hojaldre como Dios manda.

–*Le feuilletage* del número veintiuno tenía un *soufflé très beau* –dijo Lacombe, una esponjosidad muy agradable, y estiró las vocales de *beau* como en un poema.

–No –dijo Têtedoie–, era demasiado grande.

–Y la salsa –continuó Lacombe, ignorándolo intencionadamente– era *ravissante*.

Deslumbrante.

–*Ravissante?* ¿En serio, Jean-Paul? No tenía ningún tipo de personalidad.

(Y ahí estaba la cosa: ¿cómo le das personalidad a una salsa?)

Según proseguían las deliberaciones, iba resultando cada vez más obvio que la discusión entre Lacombe y Têtedoie no era sobre los platos. ¿Era porque Lacombe no era un MOF? Era blando al tacto, más bien desaliñado, daban ganas de achucharlo. (¿Era un poco vanidoso? Parecía que se había teñido el pelo de rubio.) Además, parecía un saco en la silla. Era desgarbado.

Têtedoie, doce años más joven, iba de punta en blanco, mantenía una postura infatigable, el pelo cano muy corto, rasgos finos. Era el equivalente humano a una camisa perfectamente planchada. No tenía un aspecto militar. Tenía un aspecto de acero. Su jefe de cocina acababa de tener el honor de representar a Francia en el próximo Bocuse d'Or, y el honor era tanto para Têtedoie como para el candidato. Têtedoie parecía estar preparándose para ser el futuro de la cocina lionesa, un futuro de disciplina y rigor. Era agotador. Ningún participante lograba una puntuación perfecta, aunque algunos lo habrían conseguido de no estar allí Têtedoie elevando el nivel a una altura que sus colegas encontraban incómodamente alta. Ningún candidato al MOF de Dardilly pasó a la final. ¿Y qué he de decir yo? A lo mejor era lo que tenía que ser.

–¿El veintidós? –preguntó Jaloux.

–*Absenté*.

No era ausente, sino ausente a efectos prácticos: llevaba los platos tarde.

–¿El veintitrés?

–*Absenté*.

–¿El veinticuatro?

–*Absenté*.

–¿El veinticinco?

–Catastrófico –dijo Têtedoie.

Se levantó la sesión. Me guardé la libreta, di las gracias a los jueces (Jaloux se veía avergonzado e incómodo) y me dirigí a la salida. Los administradores me vieron y cayeron en la cuenta de que había estado allí todo el rato –con los nervios, se habían olvidado de mí– y que acababa de salir de la sala de los jueces. ¡Había estado sentado entre el jurado!

–*Mon Dieu!* Pero por lo menos no ha tomado notas –exclamó la mujer.

Al día siguiente, contacté con Têtedoie y le pregunté si podíamos vernos.

Quedamos en el bar del Restaurant Christian Têtedoie, a mitad de la escarpada colina de Fourvière, una enrevesada e idiosincrática carretera vieja (muros de piedra, monasterios y edificios del Renacimiento). El restaurante era una estructura moderna, bastante atractiva en contraste con todo lo que la rodeaba, cristal y ángulos rectos, un estandarte de tres metros y medio de longitud felicitando al jefe de cocina de Têtedoie y una vista panorámica e ilimitada de la ciudad a nuestros pies.

El MOF me había picado la curiosidad, le expliqué, por su insistencia en que la comida francesa tiene que ser perfecta.

–Los platos no son necesariamente difíciles en sí, ¿verdad?

–No, no lo son. Pero es difícil hacerlos perfectos.

–También son muy franceses.

–Mucho.

Le pregunté por qué durante las sesiones de deliberación insistió en bajar la puntuación de sus colegas.

Pareció satisfecho de que lo hubiese notado.

–Mis colegas estaban siendo demasiado generosos.

¿Qué estaba pasando entre Jean-Paul Lacombe y él?

Têtedoie pareció complacido de nuevo.

–No fue nada personal. Jean-Paul es un muy buen chef de bistró. Pero un MOF cocina al más alto nivel posible. No puede ser meramente «bueno».

Le conté que había estado practicando el pato con nabos, y el pastel.

–¿Podría cocinarlo para usted? ¿Podría juzgar mi plato con la exigencia que demostró en la sesión de deliberaciones?

Y él aceptó.

Me marché, eufórico y aterrado. El plato era como una ceremonia de graduación. Entonces me enteré de que todos mis amigos habían fracasado: Christophe, Frédéric y los dos chefs de la cocina de Boulud... todos. Ninguno pasaría a las finales.

El desafío, para mí, era aquella cualidad de *fondant*.

Volví a mirar Escoffier y encontré dos recetas que me parecieron útiles. Una era un *civet de lièvre à la française*. *Civet* es una manera de cocinar la *lièvre*: marinándola en vino, guisando la carne en la marinada y luego mezclando la marinada con la sangre del animal para hacer una salsa. Es sabrosa y tremendamente francesa. La elaboración no era tan distinta de lo que ya había estado haciendo (salvo la sangre): cocinaba una carne dura en una salsa riquísima hasta que estaba tierna y el sabor aumentaba; es decir, como un *ragoût* (o *ragù*).

La segunda receta era conejo (el primo pequeño y delgado de la liebre). También le venía bien el Calvados, el brandy hecho en Normandía a partir de manzanas (manzaneidad intensificada), y se planteaba como un *ragù*: *traités en ragoût* (estofado lento, líquido sabroso, salsa, etcétera).

Pensé: ¡Tenía razón! *Ragoût!* O *ragù*. Era básicamente el mismo proceso.

También pensé: ¡Calvados, claro! En las instrucciones del MOF no lo mencionaban, eso me dio que pensar. Aunque, a ver, tampoco decía que no se pudiese usar. Pero puestos a aceptarlo, ¿para qué dejarlo ahí? Sidra → Calvados → vinagre de manzana-sidra (¿por qué no?) → membrillo, esa fruta medieval entre la manzana y la pera = manzaneidad muy muy intensificada (y, leches, mi salsa iba a tener la personalidad por las nubes).

Tenía que ponerme manos a la obra: deshuesar los muslos, hacer una marinada de Calvados con vinagre de sidra, dorar, añadir el *jus*, otro chorro de Calvados (*pourquoi pas?*), no tanto como para cubrir la carne, más un charco que un estanque, y luego ir regando con el líquido, no mucho, unos treinta minutos, lo justo para que se pongan tiernos. ¿Y el resultado?

Mucho mejor que la última vez. Una carne menos pastosa y más identificable (no la pondríais sobre unos espagueti).

Pero, para mi sorpresa, quedó decepcionantemente seco. Estaba muy seco, en realidad. De hecho, parecía cartón.

Era un ejemplo de lo que ahora conceptúo como la Paradoja Boeuf Bourguignon: cómo, cuando guisas una carne (en líquido) acaba convirtiéndose en lo opuesto a húmeda. Sabe deshidratada. En el *coq au vin* (estofado en una botella de vino tinto) puede ser un problema. Se arregla con grasa (lo mismo que decir que lo que se pierde tras un largo guiso es grasa, y su ausencia crea la sensación de sequedad). Julia Child lo comprendió: propuso, como es sabido, cocinar el *boeuf bourguignon* con *lardons* –pequeños rectángulos de *poitrine*, el equivalente francés a la panceta–, es decir: beicon.

Pero en Lyon no se usa *poitrine*, que se vende normalmente como un producto industrializado con forma de cubo en un embalaje de plástico rígido. Usan una lamina sudorosa, muy animal y ligeramente apestosa de *couenne*. Hasta para el *boeuf bourguignon*, nuestro carnicero local me dijo: «Usa *couenne*. Es como se hace». (También me recomendó no usar ternera para estofado –paletilla, muslo, culata–, sino carrilleras, que son músculos muy trabajados y que necesitan más tiempo de cocción para que se funda el colágeno, son más caras pero de un sabor más potente y duradero. ¡Y tenía razón! Ahora ya solo lo hago así.)

El *couenne* (pronunciado «cu-en») es una delgada capa de grasa justo por debajo de la piel del cerdo. Se limpia echándola unos segundos en agua hirviendo, luego se añade al fondo de la cazuela y se deja derretir en la carne mientras se cocina. El *couenne* reemplaza lo que el vino está evaporando. Crea una carne que brilla. Las recetas de mi edición de *Le Pot au feu* de 1894 requieren tan a menudo de *couenne* que, al igual que la sal y la pimienta, rara vez aparece en la lista de ingredientes: se da por hecho que tienes. En Lyon se puede conseguir en cualquier carnicería, en los mercados dominicales y en el Monoprix, la cadena de supermercados. Hace que los estofados funcionen. Un pub detrás de casa, subiendo la cuesta hacia el colegio de los niños, se llamaba La Couenne. Era una referencia tan de gourmet metido en el ajo que, al ver el cartel, me enamoré de Lyon de nuevo. (¿Os imagináis un bar del centro de vuestra ciudad que se llame Redaño de Cerdo?)

Probé otros trucos. Había tanto líquido que me arriesgué a hacer un *roux* para espesarlo. (Partes iguales de harina y mantequilla: solo unos veinte gramos de cada una, batidos enérgicamente a fuego bajo hasta que adquiere un color anogalado.) La mayoría de las recetas del siglo XIX exigen un *roux*. La mayoría de las recetas de finales del XX lo desestiman. Los editores de *Gault & Millau Nouvelle Cuisine* lo condenaban: ¿por qué usar harina para espesar una salsa cuando puedes reducirla e intensificar el sabor? Si le mencionas el *roux* a los chefs de hoy en día imitarán el sonido de una masticación chiclosa imaginándose una masa viscosa y reseca que se adhiere al cielo del paladar. Pero yo estaba haciendo un relleno, no una salsa, y tenía un montón de líquido que estaba pidiendo a gritos un espesante elástico estilo *fondant*.

Los nabos también añadían un toque *fondant* esponjoso, porque los cociné espolvoreados en harina y los terminé con un cazo de mi *jus* de pato a la sidra. Era una elaboración más de Escoffier (¿quién me iba a decir que aquel vejestorio tenía tantos buenos consejos?) y, al probar un poco directamente de la sartén, me sorprendió su tremenda dulzura. Había cocinado nabos baby en La Mère Brazier, pero siempre eran lo que esperaba que fuesen: fibrosos, aguados, de escaso sabor. El sabor era más saludable que divertido. Pero aquí la sartén había convertido los almidones. Y el resultado no era solo dulce: era el equivalente de un tubérculo a una fruta. Incluso en la actualidad, cuando se prepara pato en variaciones muy exóticamente competitivas –encabezadas por la genial tarta Griotte de cerezas que solo se come en agosto, o por los arándanos silvestres marinados en jarabe saboyardo de flores de *génépi*–, en Francia, te lo encontrarás servido con nabos. La combinación, más vieja que la grana, tiene una armonía rústica, grasa y dulce, aviar y telúrica, que funciona.

Un fin de semana en Mâcon, Jessica había compartido una foto con sus amigos candidatos de WSET donde aparecía un servidor al fondo de una comida en un *bouchon* abrazado por tres chefs afincados en Estados Unidos de visita: Daniel Boulud, Thomas Keller y Jérôme Bocuse, el hijo de monsieur Paul. Olivier, suizo francés pero residente en Londres, se quedó atónito.

—Maldita sea –le dijo–, mira con quién está tu marido. ¿Cuándo vamos a cenar?

Cuando todos aprobaron sus exámenes finales y mi mujer obtuvo su diploma, quedó dicho: les cocinaría mi plato del MOF para celebrarlo; ellos representarían mi primer juicio.

Y luego estaba Bob. Un pastel de pato no sonaba a un ejemplo de *grand cuisine*, pero era lo que los organizadores del MOF habían considerado que valdría la pena preparar, de modo que sería lo suficientemente *grand* para Bob. Él sería el siguiente.

Entretanto, hice tres ensayos del plato para preparar mi primer juicio. Y las tres veces no pude evitar admirar el simple hecho del resultado: un pastel crujiente y dorado que olía a mantequilla, pato estofado y sidra otoñal. Era una obra absurdamente hermosa. ¡Y lo había hecho yo! Caramba carambita.

Me gustaría creer que mi determinación de identificar el motor, el corazón, el punto de partida de la cocina francesa —ese momento que engendró una poderosa cultura culinaria— me hacía volver a La Varenne y a estudiar sus libros en busca de comidas que lo cambiaron todo. En realidad, lo que me hizo coger sus libros fueron las palabras *ragoût* y *ragù*. Lo que yo entendía por *ragù* no acababa de ser lo mismo que un cocinero francés pretendía decir con *ragoût*. Cuando cociné el pato como un *ragù*, quedó deliciosamente pastoso. Cuando lo cociné despacio, regándolo con mi fondo de pato, cociéndolo por abajo y por arriba, buscando no una salsa italiana (un *sugo*), sino algo así como una ternura salseada, vi que estaba haciendo algo muy distinto, que yo creía que debía de ser un *ragoût*. Mi incertidumbre se debe a que la palabra *ragoût* ha sido peculiarmente escurridiza. Hoy en día no se usa demasiado, pero durante casi tres siglos, desde 1651 hasta alrededor de los años treinta del siglo XX, era tan común que apenas se definía, si es que llegó a definirse alguna vez. Después de una investigación bastante profunda de casi tres siglos de libros de cocina y de diccionarios culinarios, no fui capaz de encontrar a ningún autor ni a ningún chef que definiese lo que significaba *ragoût*. Siempre se daba por hecho que el lector lo sabía. (Al final encontré una definición contemporánea en mi manual de L'Institut Bocuse que de hecho describe el *ragoût* como una cocción arriba y abajo a base de regar con la salsa y un cazo. La idea es que la salsa dé sabor a la carne, y que la carne dé sabor a la salsa, o lo que mi manual describe, no muy fiablemente, como «el fenómeno de la osmosis».)

También parece probable que la primera aparición de la palabra impresa aplicada a la comida estuviese en La Varenne. Necesitaba urgentemente volver al Château Cormatin. Había estado buscando el tesoro equivocado.

El que importaba era el jefe de La Varenne, el empresario, Du Blé. Sin él, no habría habido ningún libro de cocina. (Después de todo, La Varenne estaba contratado por Du Blé; él no llamó a su agente en París y le pidió que le consiguiese un contrato de edición.)

Había un retrato de Du Blé en un mantel en una de las salas. ¿Una biblioteca? ¿Un estudio? No le había prestado mucha atención. Era un tipo con una armadura. Ahora caí en la cuenta de que él era la clave.

Volvimos y nos indicaron lo que hoy llamaríamos el salón, un amplísimo espacio para recibir invitados, y el retrato era tan prominente que me sorprendió no haberme fijado antes: un simple óvalo con una representación de un sujeto de cintura para arriba, un joven con una armadura negra, una banda roja cruzada sobre el pecho, un casco de caballería en la mano izquierda y la gorguera que yo asociaba con la Inglaterra isabelina. («Completamente pasada de moda. Los franceses iban muy por detrás del resto de Europa», comentó la erudita Jessica.)

Había entendido mal al marqués.

Sobre el papel, y en el largo saludo que La Varenne le dirige en su introducción («El excelso y poderoso señor, mi señor Louis Chalon du Blé, consejero del rey de entre los asesores reales, caballero de sus órdenes», etcétera), había adoptado en mi mente una vaga forma, un tipo, algo así como un hacendado de la campiña tal y como lo describió Henry Fielding: arrogante, pomposo, un grande que aparentaba más edad de la que tenía, tuviera la que tuviese. Pero Du Blé era un hombre-niño cuando pintaron el retrato. Aparece joven, la piel clara, media melena roja, suaves labios rosados –«apuesto» con el uso cliché de la palabra–, de no más de veinticinco años, y quizá menos, tal vez adolescente, porque (por fin me di cuenta) era muy joven. Claramente, era más joven que La Varenne.

Du Blé nació el día de Navidad de 1619. Entró en batalla en cuanto lo hicieron comandante de su primer regimiento a la edad de diecinueve años. Por las referencias internas de la introducción, debía rondar los veinte cuando contrató a La Varenne. Tenía treinta cuando La Varenne acabó *Le Cuisinier François*. Du Blé, como descubriría, muy cercano al poder, era el juvenil futuro de Francia en una época en que Francia estaba pensando constantemente en qué significaba ser francés. Y la comida le interesaba, esto lo sabemos porque nos lo cuenta La Varenne. Du Blé le enseñó una técnica que habría de convertirse en el centro de la cocina de La Varenne. Es lo primero que dice en la introducción una vez despachado el rutinario carraspeo del discurso de gratitud, «su humilde servidor»:

J'ay trouué dans vostre Maison par un employ de dix ans entiers le Secret d'aprester delicatement les Viandes.

En los diez años que trabajé para usted descubrí en su casa el secreto de preparar comida meticulosamente.

Hasta aquel momento, antes de La Varenne, la carne, para decirlo sin rodeos, se cocinaba de una o dos maneras: guisada o directa al fuego (a la parrilla o asada), cosa que contrae el tejido y lo endurece. Lo mismo sucede en Italia: *brasato* o *alla griglia*. Una es estofar; la otra, varios estadios de calcinación.

A lo que La Varenne parece referirse es a cocinar la carne como un *ragoût*. (El francés del siglo XVII es distinto del idioma moderno, y *Viandes* no necesariamente significa «carne», y *delicatement* era más bien «meticulosamente» o «cuidadosamente». Pero *Viandes* en *Le Cuisinier François* tiene claramente el sentido que tiene hoy, y hasta *delicatement* parece estar muy cerca de nuestro «delicadamente».)

Un *ragoût*, estaba descubriendo con mi propia implementación *ad hoc*, es un proceso a caballo entre el *brasato* y *alla griglia*; la carne se cocina poco a poco, con cuidado, de arriba y de abajo.

Ragoût es una palabra de principios del siglo XVII. Aparece por primera vez impresa para describir una obra de teatro exuberante, o un cuadro emocionante, o un texto llamativo: con un extra de calidad que despierta al miembro del público, al aficionado al arte o al lector. *Ragoût* es *goût* exagerado (el prefijo *ra-* es un aumentativo), y *goût* es una palabra esencial tanto en el idioma francés como en la cocina francesa. Significa «gusto» o «sabor». La Varenne es el primero en aplicar la palabra *ragoût* a la comida (impresa y con un sentido específico). Mi sospecha es que, pese a todo, no era el primero en utilizarla. ¿Por qué? Porque nunca nos dice qué significa.

En *Le Cuisinier François* abundan los *ragoûts*. Figuran, que yo haya contado, bastantes más de doscientos. Si leéis el capítulo sobre qué cocinar en el campo de batalla (sesenta y tres *ragoûts*), sabréis, si tenéis la suerte de haber guardado una vaca mientras entablabais combate, las distintas maneras de preparar cada corte. Como la paleta, que podéis asar. O prepararla como un *ragoût*. O la falda, que se puede rellenar, enrollar y asar. O cortarla y cocinarla como un fricasé. O como un *ragoût*. La lengua: podéis marinarla. O hacerla como un *ragoût*. La cabeza: muchas posibilidades. O como un *ragoût*.

¿Dónde había oído la palabra por primera vez La Varenne? A otros cocineros, sus colegas de profesión, los mismos a los que se dirige como lectores. Y, gracias a Du Blé: era *le secret* para cocinar la carne de manera que quedase tierna. Había adoptado lo que sucedía en la cocina francesa porque había sido posicionado para comer lo mejor de ella. Du Blé, en París, entre batallas, vivía en un círculo exclusivo. En su introducción, La Varenne alude a que cocina para los miembros de dicho círculo, y se atreve a decir (*J'ose dire*, en su francés medio) que desempeñó su labor con suficiente talento como para ganar una gran aprobación (*grande approbation*) de los comensales que se reunían alrededor de la mesa de su señor: princesas, grandes mariscales de Francia, y «una infinidad de personas» de alta alcurnia. Era una multitud formidable. Francia se hallaba en un período sostenido de autorreforma: de la política, del conflicto armado, de la cultura, del idioma, de las artes y de la cocina. A su manera, el período era comparable a lo que el norte de Italia había experimentado en los primeros días del Renacimiento. Y en el texto de La Varenne tenemos esta nueva palabra afortunada, *ragoût*, un atisbo quizá de lo que estaba pasando durante este período indocumentado antes de que la cocina francesa llegase a ser ella misma de una manera tan única.

La palabra se originó en Italia, entiendo y, como la mayoría de los elementos primigenios del estilo culinario francés.

Los diccionarios italianos tienden a la vaguedad en lo que a sus orígenes respecta, pero enfatizan su importancia: que un *ragù* es uno de los platos italianos más famosos del mundo (*sicuramente uno dei piatti italiani più famosi sia in Italia che nel mondo*), que es tan viejo como la antigüedad pero no apareció impreso hasta finales del siglo XVIII (*nascita alla fine del 1700*). De hecho, es posible fechar el origen de la palabra con exactitud: 1682, el año en que *Le Cuisinier François* se publicó en italiano en la ciudad de Boloña como *Il cuoco francese*.

Ragoût no viene de *ragù*. *Ragoût* es una palabra que los italianos le tomaron prestada a los franceses. Es el punto de inflexión.

En la cultura de la cocina, el momento marca un cambio monumental, como un río que empieza a fluir en la dirección opuesta. Hasta entonces, el vocabulario culinario (*zabaglione* → *sabayon*, *bécamele* → *béchamel*, *pasta* → *pâte*), los ingredientes (alcachofas, chalotas, melones, limones, judías verdes, espárragos), las elaboraciones (*mortadela* → *rosette*), los cubiertos (*forchetta* → *fourchette*) y el profundo sentido renacentista de *convivium* (*festa* → *fête*) entraron en Francia desde Italia. Con La Varenne, y, en particular, por medio de la palabra *ragoût*, los descubrimientos culinarios comenzaron a emanar desde Francia.

La elaboración del pato del examen para Jessica y sus colegas del vino: una vez más, no fue un desastre pero tampoco salió del todo según lo planeado, aunque solo fuese porque no estaba del todo planeado. En realidad, aún lo estaba revisando.

(Además, hice trampas, lo admito, y añadí un par de muslos de más al *ragoût*, de lo contrario habría sido un poco tacaño.)

Rehidraté las ciruelas con Calvados. Luego, al parecerme demasiado dulce el relleno del pastel, añadí olivas saladas para compensar: olivas con pato, casi tan viejo como pato con nabos... ¿por qué no?

Me puse a hacer los champiñones, pero decidí saltearlos con grasa de *poitrine* en lugar de con mantequilla, porque ahora también le iba a añadir *lardons*, además de la *couenne*, a mi *ragoût* (por la grasa, por la sal, porque parecía necesitarla), y luego, sintiéndome liberado, decidí echar un poco de canela (por sus asociaciones con la manzana) y vainilla (ídem), y después más vinagre de manzana para compensar, por las asociaciones con la dulzura.

Entonces, como me estaba quedando sin tiempo y quería llevar la comida a la mesa, porque cuanto más tardase en llegar más beberían todos de las botellas que habían traído para celebrar sus diplomas, salí de detrás de los fogones con la salsa en el salsero justo cuando uno de los invitados se asomaba a la cocina para ofrecer su ayuda, y aquel líquido cuidadosamente destilado dulceamargosaladoumami salió despedido de su recipiente, salpicó a Olivier y aterrizó resplandeciente en el suelo.

Me quedé mirándolo hecho polvo.

Olivier se restregó las salpicaduras, recogió la salsera y dijo alegremente:

–¡Todavía queda algo de salsa!

(Y algo quedaba, sí.)

¿Cuánto nos emborrachamos en aquella cena? En realidad, tampoco tanto, pero nadie aguantó hasta el postre, porque para entonces no quedaba nadie en la mesa. Estaban en el salón, donde apenas se veían el sofá, dos butacas y un reposapiés, cubiertos cada uno por un invitado comatoso como si de una pesada manta llena de bultos se tratase.

446

Necesitaba ponerme a prueba una vez más –con Bob–, y luego cocinaría para Têtedoie.

Poco antes, en verano, habíamos salido a comer con Bob. La invitación había tardado en llegar. Ahora entiendo que él habría preferido la comunidad de una comida en nuestra casa, que era un rito amistoso lionés, pero le alegró igualmente. Escogió el día: un martes, es decir, noche no laborable (Bob cerraba los miércoles, como los colegios, para poder estar con su hija, y se había bañado y afeitado, una estampa inusitada). También decidió el itinerario, que empezó con sus amigos en L'Harmonie des Vins, porque sabía que acababan de recibir el nuevo Saint-Péray, una pequeña producción de vino blanco hecho por Alain Voge. Bob nos enseñó que, donde vivíamos, un vino a veces tiene una fecha de estreno, como en los teatros, y que la gente anda nerviosa por ser los primeros en probarlo.

Bob parloteó sin parar. Sobre su padre, aún vivo, hijo de granjeros («Mi abuelo, mi bisabuelo, mi tatarabuelo, todos, durante generaciones, fueron *paysans*»), que se convirtió en un reputado panadero del pueblo, un patriarca al que todos sus hijos acudían en busca de consejo antes de tomar decisiones importantes, y que, por motivos que nadie comprendía, ya no se hablaba con la madre de Bob. Llevaba cinco años sin dirigirle la palabra. («Era extraño. Al resto nos hablaba.»)

Sobre su madre, de ochenta y cinco años, que fingía no importarle que el hombre con el que llevaba casada cincuenta y nueve años y padre de sus siete hijos hubiese dejado de hablarle.

Sobre su mujer, Jacqueline, madre soltera con un hijo cuando la conoció en unas vacaciones que hizo solo a Cuba, de quien se enamoró y a quien acabaría pidiendo matrimonio, que aceptó solo con la bendición de su sacerdote, por ser discípula de la Santería, la religión caribeña de la época del esclavismo.

Sobre su intento de recibir la bendición para el matrimonio volviendo a Cuba para asistir a la ceremonia, la gente bailando y cantando, muchos que caían en trance, hasta que el sacerdote lo paró todo. (Me cogió la cara entre las manos, me miró a los ojos y declaró: «Tu familia comerció con la carne de nuestros antepasados. No puedes casarte con Jacqueline. Fuera de mi vista».)

Sobre su regreso a Francia, con el corazón roto, pero cómo luego su madre le contó que la afirmación del sacerdote era cierta, por extraño que sonase, y que en la familia se había producido una terrible ruptura porque una rama comerciaba con esclavos de África Occidental y la otra consideraba la práctica inaceptable, se produjo un agrio cisma y ambas partes dejaron de hablarse para siempre.

Sobre cómo volvió a La Habana y le contó su historia al sacerdote, que bendijo su matrimonio y Bob y Jacqueline (junto con un niño del primer matrimonio) se fueron a Lyon.

Sobre sus seis hermanos –llegados a ese punto estábamos en Les Oliviers, otro restaurante, otro amigo–, Bob hablaba cada vez más rápido, incluso más atacado, porque quería contar tantas cosas: Marc, el abogado de París, que le consiguió trabajo en la biblioteca de leyes (que le encantaba); Jacques, que vivía en Ginebra haciendo esto y lo otro; un par de hermanas, no pillé los nombres porque Bob iba acelerado; otro hermano, y luego Philippe, el querido Philippe, el segundo más joven de la familia, un año mayor que él, y con el que menos hablaba porque era en el que más pensaba. Todos los miembros de su familia trabajaban en la panadería del padre en Navidad y en Pascua. Solo Philippe se hizo panadero, y de los buenos, había abierto media docena de panaderías, trabajaba para los resorts de esquí en invierno, para los caribeños durante la primavera, para cruceros si pagaban suficiente.

–Philippe es mi mejor amigo. Es la mitad de mi alma –dijo Bob.

Bob sabía mucho de nosotros. Ahora quería que supiésemos de él.

Era tarde cuando volvimos conduciendo lentamente al Quai Saint-Vincent. El corazón de la tarde, reflexioné, era la historia de la familia partida de Bob y el mensaje implícito: que, desde el punto de vista de Bob, su rama familiar llevaba en su ADN moral el imperativo de estar del lado de los justos y de los buenos. Era su mito fundacional y su manera de explicarse a sí mismo, el benjamín de la familia, el séptimo hijo, «el bebé» con una misión: no existen muchas personas con un sentido más profundo de la justicia desinteresada. Hacía pan. Era solo pan. Pero no solo pan.

Bob nos dijo que lo dejásemos en la panadería, tenía que coger algo, pero por el retrovisor vi que se iba directo al Potager a tomarse otra copa y, ¿quién sabe?, quizá otra cena. Tenía algo de sobrecogedor, visto así desde atrás, aquella necesidad de Bob de llenar cada segundo de una noche libre, sin trabajo. Había ahí soledad.

Dos semanas después murió su padre.

–No nos ha pillado por sorpresa –dijo, y se marchó para asistir al funeral en Rennes.

Ya de vuelta, rememoró:

–Fue él quien nos dijo que comprásemos la panadería.

Su hermano Jacques había estado en Lyon y se topó con la propiedad a la venta, situada frente a la pasarela del Saona y en el terreno del mismísimo edificio donde estaba pintada la historia de la ciudad, *La Fresque des Lyonnais*. Era el punto donde se cruzaban tres caminos: el *quai*, la calle de la Martinière y la calzada romana del Rin. Lleva habitada desde hace milenios, por lo menos desde los alóbrogues, la tribu indígena gala.

Jacques reunió al padre, a Bob (que vivía en París) y a Philippe. Fueron de inmediato en tren.

—Mi padre miró la propiedad desde fuera y dijo: «Sí, esta es una buena panadería». Tenía dos plantas, paredes antiguas de piedra, una escalera desgastada de madera. Dijo: «Aquí hace mucho que se hace pan». Había un horno de leña. Philippe limpió el hollín. Ponía 1805.

Roberto Bonomo, el chef propietario del restaurante italiano del barrio, describe el espacio como «espiritual». Entras. Notas que conectas con algo más grande que tú.

La familia compró la panadería por 60.000 francos, como unos 11.000 dólares de la época.

Philippe dijo:

—Bob, ven y me ayudas a abrir.

Bob entregó la notificación en la biblioteca jurídica y los dos hermanos pusieron el sitio a punto. Probablemente, no pude evitar pensarlo, fue la última vez que se limpió el suelo. (Luego me he enterado de que esa frase mía era difamatoria. Los suelos se limpiaban: una vez al año, cuando la panadería cerraba, aunque hubo tres años mientras vivimos en Lyon en que nunca cerró.)

Por insistencia de Bob, pusieron un cartel: PHILIPPE RICHARD ARTISAN BOULANGER. Parece poco probable que Philippe tuviese intención de quedarse. Tenía familia y un negocio en Rennes, a ocho horas de allí. Tenía experiencia arrancando negocios. Esta vez era distinto. Estaba formando a su hermano pequeño: *une formation*. Estaba ayudándolo a encontrar su vocación.

Philippe se quedó. ¿Cuánto? Bob no se acuerda... «¿Seis meses? ¿Un año?» Al final, Philippe anunció que tenía que volver a Rennes; su mujer insistía. Pero volvería, le dijo.

De momento no ha vuelto aún. Hace quince años. Sobre el papel, los dos hermanos son socios. En la práctica, la panadería es de Bob. Pero el cartel no ha cambiado.

—No pienso quitarlo jamás.

Una mañana resplandeciente de principios de verano,

mientras la brisa de la montaña soplaba sobre el Saona, con las ventanas abiertas, estaba asomado al balcón oliendo los aromas de la panadería, a solo unos metros. Si vivías allí no tenías opción: el pan de Bob entra en tu espacio vital y luego en tus pulmones y en tu corazón. Había muchas razones para estar a gusto en el lugar donde nos encontrábamos, pero Bob ocupaba un lugar destacado entre ellas. La panadería era el equivalente urbanita a una hoguera. Mantenía unidos los restaurantes. Unía a chefs y comensales. Convertía el barrio en un destino gastronómico.

Me pregunté: ¿habrá posibilidades de comprar este apartamento?

Luego, inesperadamente, el queridísimo hermano de Bob murió.

Fui la primera persona a quien se lo contó.

Me había asomado a la panadería a última hora de la mañana. Bob estaba en la parte de atrás. Nadie más. Esperé varios minutos hasta que salió.

–Estaba al teléfono con mi madre. Mi hermano Philippe. Ha tenido un aneurisma esta mañana. Está muerto.

Il est mort.

Bob estaba pálido, la mirada inexpresiva, nada afectado y capaz de comunicar la noticia de su llamada, repitiendo un constructo idiomático pero, por lo visto, incapaz de comprender lo que estaba diciendo.

–Tiene cuarenta y siete años. Tenía cuarenta y siete años. Un aneurisma. Esta mañana. Hablé con él la semana pasada. Philippe está muerto.

Bob se marchó para asistir al funeral. Volvió a los cuatro días. Estaba cambiado. Grave en actitud y en movimiento, en todo. Una mañana no se presentó en la panadería. Otra lo vi plantado junto a un semáforo al final de la calle de la Martinière con la mirada perdida. Se puso en verde. No cruzó. Otra, iba directo a la puerta de nuestro apartamento. A menudo aparcaba el coche en la calle de detrás. Lo esperé. No me vio. «Bob», le dije, y él pasó de largo. «Bob», repetí, y se detuvo, se giró y me miró como si acabasen de despertarlo de una bofetada.

—*Bonjour*, Bill —dijo en voz baja, y se marchó.

Sus pensamientos eran una ola negra que oscilaba adelante y atrás dentro de su cabeza. No parecía estar de duelo; parecía deprimido. Temí por él.

—Sin Philippe, yo no sería nadie —me dijo.

Compartió su angustia con Jessica.

—Estoy trabajando demasiado. Tengo que cambiar de vida. Tengo que hacer socio a Lucas. —Lucas era el primer panadero que Bob había contratado en quien confiaba, alguien que «sabía qué era aquello» y tenía el toque propio de Bob—. Tengo que compartir la carga.

En otra ocasión:

—Voy a tomarme unas vacaciones.

Parecía haber ganado peso de golpe. No era alarmante, siempre había estado robusto, pero era evidente. No estaba durmiendo bien, cosa que, teniendo en cuenta que normalmente no dormía, significaba que tenía que estar sufriendo a todas horas. Las noches, dijo Bob, eran lo peor.

—Es cuando pienso en él. Nunca había estado tan cerca de otro ser humano, aquellas noches haciendo pan.

Una mañana, Bob me contó:

—Por las noches hablo con él.

Martin un amigo nuestro de Liverpool, oyó a Bob sollozando al pasar por delante de la panadería por la noche de camino a casa.

Un sábado por la noche, un chaval lanzó una piedra contra la ventana de la parte de atrás y rompió el cristal. Los sábados por la noche todo el mundo viene a Lyon, es la única ciudad del valle del Ródano, y siempre se acumula el tráfico en el *quai* y así está hasta el amanecer. Hay algazara, borrachos y pasan cosas.

Y aquel sábado en particular Bob estaba en la parte de atrás pensando en su hermano. Se tomó lo de la ventana rota como una afrenta. Se puso a correr por el Quai Saint-Vincent.

¿De verdad creyó que iba a atrapar al vándalo? ¿Qué salto de la imaginación hizo que se considerase un corredor?

El hecho de intentarlo siquiera parecía un síntoma de la desesperación en su soledad. El *quai* estaba mal iluminado, el bordillo lleno de largos tablones irregulares apilados de una construcción sin acabar. Bob corrió unos metros, se tropezó, cayó y se rompió una pierna de mala manera, una fractura por dos lados. Tuvo que subir arrastrándose a la estrecha acera para salirse de la carretera. Bob, cuyo oficio consistía en estar de pie, tuvo que dejar la panadería durante diez largas semanas, algo inconcebible.

Necesitaba un poco de amor y afecto. Seguro que le vendría muy bien un trozo de pastel de pato.

Roberto estaba en contacto con Bob y nos iba manteniendo al corriente. Seguía guardando cama, nos contó, aunque las fracturas parecían curarse por fin. Había intentado caminar con muletas.

La panadería continuó funcionando con impresionante constancia –el pan de Lucas era impecable–, aunque con un problema persistente: se le acababa la harina. Lucas no sabía con qué frecuencia la encargaba Bob. En la mayoría de las panaderías, la harina es un pedido básico. Compras al por mayor, consigues el mejor precio, siempre tienes, no piensas en ello. Pero Bob traía su harina de aquel granjero de quien valoraba la frescura. Bob compraba un poco a principios de la semana. El viernes, pedía más. O el miércoles. Las entregas se almacenaban junto a la escalera, o cuando no había amenaza de lluvias, simplemente en la entrada de la parte de atrás. No mucha cantidad. Cuarenta sacos polvorientos, cincuenta. Lucas, de repente sin harina, tuvo que cerrar.

Roberto, mientras tanto, estaba mudándose de restaurante al barrio de la otra margen del Ródano. Ahora tendríamos que ir hasta allí en coche y encontrar un sitio para aparcar y acordarnos de no beber mucho, porque luego había que volver y encontrar otro aparcamiento. Además, era el primero del barrio en marcharse, algo que se antojaba filosóficamente incorrecto.

—Ya vendréis. La comida será igual de buena.

El domingo, cuando solía cerrar, Roberto celebró una fiesta de despedida, solo con los habituales, su mejor comida, el mejor vino.

—Bob me ha prometido que vendría. Aún camina con muletas, pero vendrá.

Era el momento de empezar a prepararme para el pato de Bob.

No iba a hacer el pato como si fuese para el MOF, mirando el reloj, todo cocinado al momento. Era para Bob; ya cocinaría contra reloj y cronometrado para Têtedoie. Decidí tener preparado todo lo que se pudiese, como el chef de cualquier restaurante, empezando por el hojaldre. Saqué el fondo de pato (tenía mucho en el congelador), lo mezclé con un litro de sidra y lo reduje hasta lo que consideraba mi «*jus* multiusos» (lo añadiría al *ragoût*, la salsa y los nabos). También hice el *ragoût* y lo congelé. Pero aparqué la guarnición –las ciruelas sumergidas en Calvados, los champiñones, los nabos Escoffier– hasta el día indicado, cuando los prepararía por separado y los añadiría al final.

Contratamos a una canguro, aunque solo íbamos al otro lado de la calle, a casa de Roberto. También nos pusimos los abrigos, aunque solo cruzamos la calle. Eran los primeros vendavales de la temporada alpina y en el restaurante hacía calor al entrar. Roberto había quitado las mesas y había alineado sillas a lo largo de la pared como en fin de año. Nos dio una brocheta de tomates con ajo y una copa de buen vino.

—Es probable que Bob no venga. No ha podido encontrar canguro.

Me arrepentí de no haber estado al tanto. Suzanne, la encantadora hija de Bob y Jacqueline, se podría haber quedado con nuestros chicos y nuestra canguro.

—¡Pero lo vi! Ayer, en Potager. Era la primera vez que salía. Con muletas, pero con movilidad. Volverá pronto.

Gracias a Lucas no nos faltó el pan de Bob. Nos faltó Bob. Su alegría, su presentísima presencia, su afecto desmedido. También echamos de menos enterarnos de lo que no nos habíamos enterado: de la persecución nocturna, las lesiones, el hermano, el padre, los detalles de aquel trance.

Las ofrendas culinarias de Roberto proseguían: porciones de cabeza de jabalí y *lardo*, platillos de pasta —*cacio e pepe*, tagliatelle caseros con trufas blancas—. Estaba en modo hospitalidad máxima.

Me las arreglé para preguntarle en italiano: «¿Dónde compras los ingredientes?» Roberto insistía en hablarnos en italiano. El de Jessica conservaba la fluidez de siempre. El mío había sido erradicado casi por completo. El cerebro de Jessica era capaz de almacenar varios idiomas a la vez. El mío solo tenía un compartimento para un idioma extranjero, el equivalente a un estrecho cuarto de las escobas. No había suficiente espacio para el italiano si también iba a embutir ahí el francés. (También está el hecho de que Jessica es mucho más lista.)

Aparecieron un plato de pulpo a la parrilla y una bandeja de carne estofada en vino tinto. La sala, ahora alegremente atestada, todas las sillas ocupadas, gente de pie, tenía un ambiente sorprendentemente lionés. La comida no, claro, pero la gente que la comía sí, sin duda. Contemplé a los invitados, todos franceses y, en principio, disfrutando del exótico absentismo de una cocina del otro lado de las montañas. Respetaban la comida casera, fuera cual fuese su origen, y comprendía lo maravilloso de traer gente a comerla, aunque no conociesen a nadie más allí. Y la mayoría no se conocía. Roberto había sido el pequeño secreto de cada uno. Ahora estábamos descubriendo cuántos lo compartíamos.

Yo estaba cómodo con aquellos desconocidos –compartíamos una filosofía de la comida, una filosofía que yo había entendido de la mano de las *filles*– y había acabado considerándolos mi gente. Cuando luego entablé conversación con un hombre que tenía al lado y le comenté que era estadounidense, otra persona, una mujer, al oírnos desde la otra punta de la sala, dijo en voz alta que era imposible:

–Usted es lionés. Esa cara. Esos ojos. Todo su aspecto. Tiene que ser lionés–. Se giró hacia el hombre que tenía al lado–. Míralo. Es lionés, ¿verdad?

Y el otro asintió, y la sensación de ser un forastero que arrastraba desde que llegué a la ciudad, como un innecesario y pesado abrigo que me ponía cada mañana antes de salir, pareció disiparse al instante.

Sopesé la observación. Eran mis pintas. Jessica no las tenía (piel clara, pelirroja, perfil definido). La gente no la paraba por la calle para pedirle indicaciones. Pero a mí sí me paraban a menudo. Los conductores perdidos se detenían en medio del tráfico al verme. «*Pardon, monsieur, je cherche...*»

Una vez, en un autobús, observé al azar las fisionomías de mis compañeros de trayecto. Las mujeres, todas, de todas las edades, iban empingorotadas a conciencia, se habían ocupado de su aspecto. Eran tan atractivas como el cliché de las mujeres francesas pueda llevarnos a esperar. Pero ¿los hombres? Voy a decirlo sin paños calientes. Eran condenadamente feos. Hasta los que parecían tener por pareja alguna mujer guapa: la disparidad entre sexos era inequívoca. Todos eran calvos o casi, rechonchos (hombros fornidos, torso rotundo o directamente gordos) y muy peludos. Y no solo peludos, sino calvos y muy peludos, como si el cuerpo fuese una planta que hubiesen podado más de la cuenta por la parte superior y hubiesen compensado dejando chorreras diseminadas pero bien negras por debajo.

César Augusto, dos mil años antes, había observado que la gente del lugar, «esos alóbrogues», no se diferenciaban tanto en aspecto de los romanos, salvo por un punto: tenían grandes cantidades de vello corporal rizado y muy oscuro por todas partes, el pecho, los brazos, las espaldas, los cuellos, las orejas. Eran como una especie no muy evolucionada de los animales... eran personas con pelaje.

Aquellos tíos del bus, aquellos tipos, aquellos primos neandertales tenían la misma pinta que yo. Nos entendíamos. Los identifiqué desde el primer día, cuando Jessica y yo llegamos al aeropuerto. De hecho, si me hubiese cruzado con alguno de ellos en cualquier momento de la historia –cincuenta mil años atrás, pongamos, todos asomando de nuestras cavernas la primera mañana cálida de primavera–, estoy seguro de que habría reconocido la afinidad, y habríamos soltado al instante nuestros garrotes y nos habríamos gruñido de esa manera balbuciente y subestimada que los hombres de este tipo consideran una señal de afecto y solidaridad.

Jessica y yo volvimos tarde a casa, achispados y alegres por el vino tinto de Roberto, sintiéndonos geniales con absolutamente todo. No cocinaría para Bob esa semana, pero lo haría pronto; tenía la elaboración congelada. Los inicios del plato ahora parecían remotos –hacer mal el hojaldre, el relleno pastoso, aprender que la salsa tenía que expresar algo, para empezar–. El plato, y mi relación con él, me hicieron pensar en Alain Chapel y en cómo cocinar es mucho más que unas recetas. Se llega a un plato no siguiendo una serie de instrucciones, sino descubriéndolo todo sobre él: cómo se comportaban sus ingredientes, su historia, y una cualidad que algunos chefs conceptúan como «alma». (El chef sueco Magnus Nilsson me describió una vez algo similar, hablando de cocinar con Michel Bras, una esencia que parece irradiar, casi espiritualmente de un plato de ciertos alimentos.) Mi pastel de pato ahora era mío. Têtedoie podría rechazarlo por desviarse demasiado de lo que se había prescrito, pero aquel plato era lo que yo quería que fuese. Era lo que le serviría a Bob.

Jessica comentó que había quedado para tomar un café con nuestra amiga estadounidense Jenny Gilbert. Quería hablar de su nueva empresa, un restaurante que quería abrir con una amiga suya músico, Tamiko: un restaurante de fideos como no se veían en Lyon, pero que ellas, como frecuentes visitantes de Tokio, creían comprender. Había encontrado una propiedad en la Place Sathonay, en el corazón de nuestro barrio.

Jessica salió por la mañana, ventosa y ahora cruelmente fría. Me senté a mi escritorio. A los veinte minutos me llamó por teléfono.

—Tengo malas noticias. Me las acaba de dar Jenny. Siéntate, por favor. —Hizo una pausa—. Bob ha muerto.

Murió mientras lo esperábamos. Mientras bebíamos nuestras copas y nos comíamos nuestras brochetas, Bob estaba en las últimas. Había pasado demasiado tiempo tumbado. Se le formó un coágulo en una pierna. Al adquirir movilidad, se soltó, corrió por una arteria y se le alojó en los pulmones. Se dio cuenta de lo que pasaba, nos contó después Roberto. Bob supo enseguida que aquello era fatal. Jacqueline llamó a una ambulancia. Antes de que llegase ya estaba inconsciente.

Corrí a la panadería. No sabía qué otra cosa hacer. Abrí la puerta y sonó la campanilla, y Ailene, una de las ayudantes de Bob, salió de la parte de atrás, porque la rutina era salir cuando oías la campanilla. Me vio y se paró con el labio inferior tembloroso, conteniéndose. Yo también me detuve. Pensé: lo sabe muy poca gente. Pensé: si Ailene hace como si no hubiera cambiado nada, si Lucas hace como si no hubiese cambiado nada y hornea el pan a las cuatro como cada día y lo vende,

¿podemos fingir todos un rato más que Bob sigue en casa recuperándose?

Sonó la campanilla y apareció uno de un restaurante del barrio, un camarero del Restaurant Albert. Siempre había sido retraído. Era calvo, callado, flaco, una de las cinco personas (incluido el dueño, el chef y el friegaplatos) que llevaban un local pintado de morado y decorado con imágenes de pollos y servía comida casera, nada llamativo, profundamente honesto. El camarero traía un enorme saco de pan vacío y necesitaba que se lo llenasen. Se lo tendió a Ailene y le dijo que lo recogería más tarde.

–*Bisous à Bob.*

–Bob ha muerto.

Bob est mort.

El camarero se paró. Se quedó allí plantado, inmóvil, digiriendo aquella sencilla noticia que parecía producir eco en la silenciosa y quieta panadería, no como un sonido sino como una idea. *Bob est mort.* Lo miré. Ailene lo miró. Seguía allí sin decir nada, aunque parecía que diría algo de un momento a otro. Estuvo tanto rato callado que nuestras miradas empezaron a parecer demasiado íntimas e invasivas, de no ser porque el asunto era la muerte, y ahí la intimidad y la privacidad no parecen tener importancia. Cuanto más se prolongaba el silencio, más admirado me descubría. No le pidió a Ailene que lo repitiese. No preguntó «cómo» ni «cuándo» ni «dónde», y había un heroísmo inesperado en no preguntarlo. Las preguntas, cualquier pregunta, habrían sido una evasión, una tentativa de rellenar su repentino vacío con ruido.

Bob est mort.

–*Putain de merde* –terminó diciendo.

Putain de merde. Una frase incongruente. Dos palabrotas en una, como si fuese lo peor que se podía decir. Igual era lo que uno dice cuando no tiene palabras.

Putain de merde.

No sabía que cuando vives junto a un río no piensas en ello. Lo ves al levantarte, lo oyes en las embarcaciones nocturnas que se deslizan por él, lo notas en la humedad del aire. Nunca es igual, crece, se acelera, decrece, se ralentiza con la niebla, se espesa en verano y siempre es igual. Es tan fácil convertirlo en metáfora que me descubro insistiendo en que yo no me lo permitiré. Es un río. Bob solía tirar ahí las *baguettes* que no vendía. Esa estampa no era una metáfora. Solo era melancólica, llana y simple. Solo ahora se me ocurre que un pan que había hecho con sus propias manos no podía tirarlo en una bolsa de basura como parecería obvio. Por lo visto, necesitaba replicar su creación en su descreación, lanzando cada *baguette*, una por una, dando volteretas en el aire, como si se las devolviese a la naturaleza para peces y pájaros. No volvería a ver esa estampa, y esta perspectiva es aún más melancólica.

Lyon, cuando va sumiéndose en el gris del invierno, tiene un humo levemente pútrido y empalagoso que proviene de algún punto del curso alto del río y que flota en el aire. Hojas ardiendo, una chimenea a lo lejos, madera húmeda y carbón, acre y pegajoso. A finales de otoño la ciudad huele a mortalidad. El río está a punto de volverse peligroso, rápido, de una frialdad alpina. Sacarán cuerpos de ahí después de fin de año (como casi siempre), después del fin de semana (más a menudo de lo que habría creído posible).

Yo estaba frente al balcón, en medio del frío.

Me pregunté qué habría oído allí plantado o en lo que hubiese sido «allí» en otro tiempo, una capilla, la celda de un monje, el almacén de un alfarero. Nunca había vivido tan cerca de tantos acontecimientos históricos. ¿Habría oído resonar el rifle de un francotirador durante la ocupación nazi? En nuestro barrio hay placas que conmemoran la caída de miembros de la Resistencia. En 1943, se llevaron a alumnos del colegio donde iban mis chicos, l'École Robert Doisneau, incluidos la niña de trece años Rita Calef y su hermano pequeño, Léon, por ser judíos. ¿Habría oído los alaridos de la madre cuando apareció para llevárselos a casa a la hora del almuerzo?

La Place des Terreaux, la plaza abierta del centro administrativo en la ciudad, está a tres minutos andando. ¿Habría oído los abucheos de la multitud que se reunió allí durante las noches calurosas de 1553? El eco de sus abucheos debió resonar entre los edificios que allí se alzan. Se habían presentado unos protestantes en Lyon haciendo proselitismo, los habían agarrado y quemado en una hoguera erigida en medio de la plaza. (¿Me habría llegado el olor de la carne derritiéndose? Habría dependido del río y del viento.) Cuando, más tarde, volvieron los protestantes, fue para apoderarse de la ciudad, arrasar las iglesias y expulsar a los italianos que llevaban tres siglos habitando Lyon. El griterío de una revuelta: sucedió justo aquí.

Lyon tiene motivos históricos para tratar con desconfianza a los forasteros.

En el 177 d. de C., los oficiales romanos arrestaron a una joven cristiana llamada Blandine por negarse a renunciar a su fe, la azotaron y la ataron a un poste en el Amphitheatre des Trois Gaules para que la devorasen los animales. No la tocaron. Intentaron otras cosas –una silla con carbones al rojo vivo, un toro de Falaris–, pero no dieron resultado tampoco, así que un oficial la degolló. No habría oído su voz, su estoico silencio, solo los berridos de la multitud amplificados en las gradas.

Un río, a veces, no es más que un río.

Nunca llegué a cocinar el plato para Christian Têtedoie. Se me olvidó por completo.

Quai Saint-Vincent, Lyon. Jacqueline, la mujer de Bob reabrió la panadería, un acto de valentía, voluntad y necesidad. Su pequeña, Suzanne, estaba sentada en un taburete en un rincón, mordisqueando un *croissant*, muda de timidez.

461

Jacqueline dijo que haría que la cosa marchase. Le había echado horas, había estado en el mostrador cada domingo, y había vivido al ritmo de Bob mucho tiempo con los ciclos ineludibles de la fermentación. Lucas accedió a echar una mano –para entonces estaba trabajando en otra panadería, pero no era el primer lionés con dos empleos–. El primer fin de semana de Jacqueline fue todo un éxito. Parecía continuar el legado de Bob. Parecía continuar a Bob. Una vez más, teníamos buen pan.

Los días laborables eran más duros, con el peso de los pedidos de restaurantes y las entregas, el destajo diario sin descanso. Un viernes, la panadería no abrió. Era incomprensible: una panadería nunca deja de abrir sin más. A lo largo del día, un reguero interminable de clientes fue apareciendo y leyendo el cartel pegado en la puerta cerrada («por motivos ajenos...»), sacudían la cabeza, confusos.

Jacqueline se trajo ayuda. Un fin de semana, tenía tres panaderos en la parte de atrás, un grupo experimentado, yo no conocía a ninguno. No sé dónde ni cómo dio con ellos, pero su competencia era manifiesta.

–¡Vamos a hacer que esto marche! –vociferó Jacqueline.

La tienda recuperó su antigua actividad, volvía a resonar el bullicio de la banda sonora de salsa de Bob, Jacqueline estaba emocionada y confiada, nunca había visto una confianza así, y el dinero entraba a raudales.

Pero no había hecho bien los cálculos. El dinero que entraba no cubría el dinero que tenía que pagar. Parecía muy poco probable que Bob le hubiese hablado a Jacqueline de la entrada de dinero, de lo ajustados que tenían que ser sus márgenes y de la cantidad de trabajo que había que poner para mantener el precio de una *baguette* por debajo de un euro. Los panaderos no cobraron y no volvieron.

Ante todo esto, lo que había hecho Bob estaba más claro que el agua. Las horas, las agallas, la determinación de hacer todo el trabajo por su cuenta. Si te desviabas del modelo autogestionado de negocio de Bob, el modelo no funcionaba. De hecho, Bob no tenía ningún modelo de negocio. La panadería de Bob era Bob.

–Odio a Jacqueline –dijo Roberto–. Ha echado a perder este espacio.

Roberto estaba siendo injusto. Echaba de menos a Bob. Todos lo echábamos de menos.

La panadería volvió a cerrar. Y luego, hacia finales de mes, volvió a abrir, pero solo unos días. A lo mejor se terminó el alquiler de Jacqueline. Después volvió a cerrar –para siempre, di por hecho–, hasta que, inesperadamente, tuvo algo que celebrar: la ciudad iba a poner una imagen de Bob en su famoso mural.

La ciudad de Lyon había encargado una pintura e iba a buscarle un sitio en el *fresque* de los lioneses ilustres, el mismo *fresque* en el que aparecían el emperador Claudio, Paul Bocuse, los hermanos Lumière, Verrazzano, Antoine de Saint-Exupéry, dos santos y otras veintitrés figuras esenciales de la visión que tienen los lioneses de sí mismos. Era un gesto magnífico, el reconocimiento que se merecía Bob, y la demostración, de nuevo, de que su pan era algo más que pan.

Colocaron un cartel que anunciaba la «*Inauguration de Yves "Bob" Richard sur la Fresque des Lyonnais*» a las siete de la tarde del jueves 29 de marzo.

Ese día se presentaron más de doscientas personas. Era primavera, hacía buen tiempo y Jacqueline colocó fuera unos altavoces y puso salsa a todo volumen: la música de Bob y la de ella, y ahora la nuestra, bailamos todos, chocando unos con otros.

–Nos oye –me dijo Jacqueline–. También está bailando.

Iba pasando pequeñas pizzas, rodajas tostadas de pan aliñadas con salsa de tomate y cervezas.

El espacio en el *fresque*, no obstante, era pequeño, a la vuelta de la esquina de la parte principal y abajo de todo, casi al nivel de la acera. Le podías dar una patada. Retiraron una cortina (diminuta, como para el escenario de un cachorrito de gato). Era... ¿cómo era? Tuve que agacharme y torcer la cabeza para verlo. El espacio, de unos veinte por veinticinco centímetros, era un libro de tapa dura en una estantería entre otros tantos. Bob aparecía en la cubierta. ¿Por qué ponerlo entre autores menores de Lyon? Leía, pero no mucho..., no tenía tiempo. De hecho, lo que leía principalmente era el periódico local. El parecido estaba logrado, los carrillos caídos, aquellos ojos con un brillo pícaro y una sonrisa muda y jocosa. Mis hijos tocaron los carrillos pintados. Y nos alegramos de que estuviese allí, por lo menos. Pero, aun así, sentimos que nos habían estafado un poquito más de la cuenta, tanto a nosotros como a Bob.

Fue la última vez que vi a Jacqueline y Suzanne.

IX. La capital gastronómica del mundo

A todo esto, anoche cenamos con Curnonsky, que tiene ochenta años, y en la fiesta fue un capullo dogmático que se considera un gourmet y no es más que un pedorro. Hablaban de la *beurre blanc* y de que se considera todo un misterio y que solo la pueden hacer muy pocas personas, que solo se puede hacer con chalotas blancas de Lorraine y en fuego de leña. Buf. Pero es que es tan puñeteramente típico, esto de hacer un misterio de cosas muy simples solo por darse aires. No dije nada, porque como soy de fuera tampoco sé nada. Este dogmatismo de Francia me saca de quicio (en realidad, esa sería mi única crítica, en lo demás la adoro).

JULIA CHILD, *As always, Julia: The Letters of Julia Child and Avis Devoto*

Bron, Rhône-Alpes. Daniel Boulud me llamó temprano. Estaba en Bruselas con Jérôme Bocuse, después de asistir a una gala para recaudar fondos para el Bocuse d'Or, y un patrocinador acaudalado les había prestado un jet para volar a Lyon a ver a sus familias. ¿Podía recogerlos en el pequeño aeródromo de Bron?

Era una petición exótica, el aeródromo era desde donde solía despegar Saint-Exupéry, así que acepté, por supuesto. Por un breve instante pensé: ¿por qué no coge un taxi? Pero descarté la pregunta –a saber por qué–, y además, me sentí halagado.

Primero dejé a Jérôme, que se quedaba en el Croix-Rousse con Raymone Carlut, su madre, y con la amante de su padre y compañera de viaje.

–La vida amorosa de Paul es complicada –dijo Boulud a modo de explicación.

Descendimos la otra ladera de la colina, una carretera interminable y escarpada que no conocía, mientras Boulud me indicaba. Y luego, como algo ensayado, se sacó el teléfono y llamó al gran hombre en persona, allí mismo, tal cual, y dijo que se veían en cinco minutos.

–¿Te importa? –me preguntó–. Cada vez que vengo a Lyon, necesito ver a Paul antes que nada.

Ahora es cuando me doy cuenta, al rememorarlo, que aquello fue otro ejemplo de las tácitas mejoras que introducía Boulud en mi vida en Lyon. Él sabía desde el principio que iba a ver a Bocuse. No necesitaba que nadie lo fuese a recoger al aeropuerto.

Debí de conducir muy lento –o igual había un atajo que no conocía–, porque al llegar a L'Auberge, Jérôme ya estaba allí, tomándose un café con su padre. Evidentemente, también Jérôme necesitaba ver a Paul «antes que nada».

Sacaron un desayuno –pasteles, principalmente, y tostadas– y pareció claro que los tres –padre, hijo y Daniel (que podría considerarse «el otro hijo adoptivo»)– se veían a menudo, hablaban más y estaban extremadamente a gusto.

Monsieur Paul se tocó el pecho, una tos breve, los dos hijos se fijaron y él explicó que había tenido problemas de respiración.

Daniel y Jérôme se volvieron solícitos al instante. («¿Has ido al médico? ¿Has probado vapores?»)

Bocuse estaba frágil, y todo el mundo se moría de miedo cuando se ponía enfermo.

–Pero no, no es una cuestión médica. –Insistió–: De verdad que no.

–Es la contaminación –dije yo levantando la voz un poco más de la cuenta, envalentonado por haber padecido lo mismo y por poder contribuir, si bien modestamente, a una conversación entre los representantes de tres generaciones de grandes chefs lioneses en la misma mesa.

Bocuse se volvió hacia mí.

–Eso es. –*C'est ça*–. Tienes razón. Tiene razón. Es la contaminación.

–Vosotros dos no vivís en Lyon –dije–. No podéis saberlo.

–Es verdad –repitió Bocuse, y me gustó que estuviésemos de acuerdo, ambos emisarios de la ciudad cada uno a su manera, y que los dos estuviésemos dispuestos a decir lo que nadie dice: que Lyon, aquella ciudad única, aquella joya nuestra llena de alma, históricamente evocativa y apenas visitada, castillo de arena entre grandes ríos, abandonada y necesitada de defensa, tiene un problema de contaminación. No es culpa de la ciudad, a menos que se la pueda culpar por los accidentes geográficos. Los contaminantes vienen de las fábricas que bordean el este de Francia, y de las emisiones de los vehículos del tráfico norte-sur en la Autoroute du Soleil. Entran a presión en el valle del Ródano y los días calurosos y sin viento parecen acumularse pesadamente como una pestilencia marrón que flota sobre el Saona adormecido por el verano y de ahí no se mueve.

Mientras se desarrollaba el desayuno, que nadie probaba salvo servidor, que no iba a dejar pasar la ocasión de comer cualquier cosa de Bocuse, parecía que Jérôme y yo estuviésemos en un seminario continuado entre monsieur Paul y monsieur Daniel. Boulud y yo habíamos terminado nuestro proyecto, las dos docenas de «platos icónicos», y, sin yo saberlo, él había estado regularmente en contacto con monsieur Paul para asegurarse de que los platos iban bien.

–El *poulet en vessie* –preguntó Bocuse–. ¿Solucionasteis lo del nudo?

El equipo de cocina de Boulud se había topado con un problema a la hora de evitar que las vejigas se desinflasen.

Boulud confirmó que lo habían solucionado.

–¿Y la *volaille à Noelle*? –preguntó aludiendo a esa pieza de milagrosa ejecución consistente en un pollo completamente deshuesado y vuelto a rellenar con varias *mousses*.

–Quedó bien –respondió Boulud.

Era bastante vistoso, la verdad.

–¿Te acordaste del espárrago? –preguntó Bocuse.

–Sí, gracias, Paul.

Una de las *mousses* era de espárragos.

–¿Blancos o verdes?

—Verdes.

—Johannès usaba los blancos —dijo Bocuse, aludiendo al viejo Nandron.

—¿Blancos? —preguntó Boulud.

—Siempre.

—Vaya —dijo Daniel. (Se volvió hacia mí y susurró: *Merde*.)

—¿Y el *jambon au foin*?

—Sí, gracias, Paul —confirmó Daniel—. El *jambon au foin* salió muy bien.

—¿Y las hierbas?

Les aromatiques?

—¿Las hierbas? —preguntó Daniel.

—Sí, porque el heno no tiene fragancia suficiente.

Daniel volvió a mirarme en pleno ataque de pánico. Ese también lo habíamos hecho juntos, con un tractor entero de alfalfa, pero los aromas a granero se habían disipado al cocinarlos. Los dos nos habíamos dado cuenta, pero no nos llevamos las manos a la cabeza porque era lo que era: heno. A lo mejor olía dulce si metías la nariz dentro, pero aquello se parecía más a un campo de fútbol embarrado a mediados de invierno que a la poesía de la hierba recién cortada en un día de verano, y nada del olor a comedero de animales que esperábamos.

—Yo siempre añado romero —dijo Bocuse.

—¿Romero?

—Sí. Muchísimo romero.

Beaucoup.

—*Merde, merde, merde* —susurró Boulud.

Nos volvimos los dos al coche.

—¿Cómo se me olvidó que eran espárragos blancos? —Parecía afligido—. Si lo sabía. Lo había visto.

Bocuse conocía a Gérard Nandron, el primer jefe de Daniel. Conocía al padre de Nandron, Johannès. Conocía a Jean-Paul Lacombe cuando empezó en Léon de Lyon porque conocía a su padre, Paul Lacombe. Conocía a Anne-Sophie Pic cuando empezó en Valence porque conocía a su padre, Jacques, y a su abuelo, André. No solo conocía al gran Alain Chapel, sino también a su padre, Roger. Bocuse había estado allí. Sabía exactamente cómo se había hecho la comida en Lyon en los últimos cien años, y mucho más, porque conocía a la gente, de generaciones atrás, que había aprendido a cocinar de la generación anterior a ellos. No conozco a nadie más que tenga esta clase de conocimientos de primera mano, que sea testigo de cómo se hacen las cosas. Bocuse, él mismo hijo y nieto de chefs que habían cocinado en el lugar exacto donde nos encontrábamos, era custodio del archivo histórico culinario de la región.

De pronto comprendí un plato de Bocuse; no la elaboración, que era pollo cocinado en vejiga, sino el nombre, *poulet à la Mère Fillioux*. Bocuse no había trabajado para la Mère Fillioux, que murió en 1925, el año antes de nacer él. Bocuse había trabajado en las cocinas de Eugénie Brazier y Fernand Point. En La Mère Brazier estaba a cargo de las operaciones aviares. Me gustó la conexión: haber estado en los mismos sitios, los dos, y haber aprendido el plato tal y como lo había hecho Bocuse (es decir: Mère Brazier → Fernand Point → Paul Bocuse → ¡yo!). Pero estaba pasando algo por alto.

En Lyon, Fillioux sigue siendo un icono culinario, aun cuando no quede nadie vivo que haya probado su comida. Sigue apareciendo en murales y fotografías, vestida igual, muy abrigada con toda esa ropa holgada y recatada, el pelo recogido y sosteniendo su pollo milagrosamente tierno. Y, por supuesto, Eugénie Brazier, antes de convertirse en la Mère Brazier, trabajó en la cocina de Fillioux. Ahí es donde Brazier aprendió el plato. Y luego lo aprendió Bocuse por boca de Brazier.

Bocuse era el traspaso.

Bocuse es conocido como el líder de la *nouvelle cuisine*, el miembro más prominente del grupo de innovadores chefs que, herederos de una cocina codificada y poco modificada a lo largo de ciento cincuenta años, los unió con un grito de guerra para renovarla. De hecho, Bocuse no era un tipo de *nouvelle cuisine*. Nunca se consideró un «chef de la *nouvelle cuisine*», sino simplemente el miembro más conocido de una generación de chefs en un momento en que la cocina francesa, en muchos sentidos, *nouvelle* y no tan *nouvelle*, disfrutó de un hermoso florecimiento de posguerra, un renacimiento que se había estado gestando durante dos o tres generaciones. En efecto, solo era el tipo más carismático del grupo.

Lo que era, por encima de todo, era un chef lionés. Su comida: lo que lleva comiendo muchísimo tiempo la gente en Lyon (renovado a veces y, otras, simplemente bien hecho).

Michel Richard era un chef de *nouvelle cuisine*: no de la primera generación sino tremendamente liberado por ella. Sus influencias: Fernand Point (por su filosofía), Michel Guérard (por su inventiva) y Gaston Lenôtre (por su credo: «que el resultado sea siempre mejor»). Bocuse abrió un restaurante con Lenôtre. Era buen amigo de Guérard. Se lo pasaba bien en su compañía, pero no era el mismo tipo de chef. La visión del mundo de Bocuse era local. Cada elemento de su menú era una arqueología: el *poulet en vessie* de la Mère Fillioux, la lubina *en croûte* de la Mère Brazier, el lenguado sobre tagliatelle caseros de Fernand Point. Luego los platos locales: el pollo de Bresse, el pollo *au vinaigre*, la *quenelle* de pescado de río, el pescado lacustre, el marisco local.

Lo que hace de la comida lionesa algo excepcional, tal y como me había dicho Bocuse cuando nos conocimos, es el acceso que tiene el chef a ingredientes muy próximos. Lyon es un accidente geográfico de buena comida y buenas prácticas culinarias. Los Dombes, con sus aves y sus anguilas y sus rapes; los ríos, con sus lucios; los lagos de las montañas (lago Bourget, lago de Annecy) y sus variedades únicas de peces que solo allí se encuentran; la cocina de granja de Vienne, Condrieu y Ampuis, con sus cerdos y cabras; los Alpes con sus quesos; y por todas partes, en cada sitio, un vino local. Todos los ingredientes son «cartografiables», la distancia, entre cincuenta y setenta y cinco kilómetros; aquella comida se transportaba antes de la era de los vehículos motorizados, a pie, en animales o en barco, básicamente el trayecto hasta el mercado de una ciudad desde la invención de la rueda, la domesticación de los animales y el descubrimiento de que la madera flota.

La comida lionesa es bastante simple. La simplicidad es lo que le da a la región su reputación. No tiene por qué tratarse de una cocina elaborada. Se trata de platos locales, buenos, servidos con vinos locales, buenos, y comidas de una calidad siempre muy buena.

X. La mayor aventura en las vidas de nuestra familia

Sus pensamientos trataban la mayor parte sobre hambre, y su conversación sobre comida. La primera vez que fui testigo de esta histeria colectiva fue en el inmensísimo campo de Petrisberg –todos los prisioneros la conocían o la habían experimentado–; consistía en una rememoración obsesiva de banquetes pasados. Se reunían en grupitos enfebrecidos con el único propósito de hablar de comida. Un campesino recitaba el menú de su banquete de bodas y las especialidades de su tierra, y los sibaritas describían al detalle los menús de La Mère Poulard, Le Restaurant Larue y Le Chapon Fin. Los cocineros aficionados intercambiaban recetas con una precisión que habría intimidado a un graduado de Le Cordon Bleu, mientras otros tomaban notas...

FRANCIS AMBRIÈRE, *Les grandes vacances*, 1946[1]

---

1. Hay traducción española: *Las grandes vacaciones*, trad. de Alberto de Agramonte, Zig-Zag, Santiago de Chile, 1948. *(N. del T.)*

En las faldas de la gran montaña de Virieu, Belley. Seis años después de leer el famoso libro de Brillat-Savarin en mi cubículo urbano de las oficinas del *New Yorker* y jurarme que un día repetiría aquella caminata hasta las altas montañas para visitar un monasterio, allí estaba: ¡por fin!, ¡en marcha!, ¡estaba en camino!, ¡estaba emprendiendo el ascenso! Y entonces me perdí.

No perdido en plan «estoy en un bosque y no sé cómo volver a casa». Ni siquiera en el sentido de «ahora no sé qué camino tomar». Básicamente solo había una dirección: arriba. Pero me había encontrado varias posibilidades a seguir camino arriba cuando mi sendero desapareció: reducido a la inexistencia por lo que parecía un enorme rebaño de elefantes que hubiera decidido de pronto echar una siesta en grupo.

Además, y eso me llamó la atención, no había nadie por allí. Desde que empecé a subir: ni un alma. La situación me pareció, bueno, raruna, la verdad. Era sábado, una mañana hermosa, el cielo de octubre azul, buen tiempo, una brisa suave. ¿Dónde estaba todo el mundo? ¿En serio era el único que visitaba aquellas ruinas? Verme tan inequívocamente solo y perdido, aunque supiese la dirección probable que debía tomar, no era del todo cómodo. Se oyeron disparos: cazadores, di por hecho, que parecían oportunos por la temporada aunque nada tranquilizadores.

Jessica me había comprado un mapa topográfico de excursionista en el que aparecían representados todos y cada uno de los bosquecillos insignificantes, cuasi prados y arboledas resecas –en mi opinión, el documento, publicado por el Instituto Geográfico Nacional de Francia, era uno de los mayores logros de la orientación desde la invención de los pies–, y después de consultarlo, vi que había confundido la hierba aplastada con el sendero (las culpables habían sido las vacas, y no los elefantes).

Había una carretera asfaltada, la D53, que Brillat-Savarin no siguió, obviamente, porque no existía, así que traté de evitarla. El camino que escogí tenía posibilidades de ser el mismísimo que había seguido él, aunque fuese solo porque no parecía haber otro mejor. Brillat-Savarin lo describe como una cuesta escarpada de mil quinientos metros. Miré hacia arriba, una cara rocosa blanca y plana (de esas que subes en un telesilla o para bajar con un paracaídas), y pensé: mierda.

Brillat-Savarin, he de aclarar, no había hecho a solas la caminata. Era miembro de un grupo de músicos de su pueblo de Belley, como a unos once kilómetros al sur, y el abad los había invitado para celebrar el día de Saint Bernard, el patrón del monasterio. Aquel elevado aislamiento no había sido penetrado por música alguna jamás, y una actuación deleitaría no solo a los monjes, sino también a los vecinos («*nos voisins*»).

En mi tentativa no pretendía seguir las huellas de Brillat-Savarin en sí, porque después de más de dos siglos, ¿qué esperaba encontrar? Mi excursión era más un acto de homenaje reflexivo. Brillat-Savarin había emprendido su visita al monasterio en una época en que las tradiciones permanecían intactas: es decir, un lugar donde se preparaba comida y bebida muy buena desde hacía más de mil años. En medio de aquel período tuvo lugar la Revolución Francesa, arrasaron los monasterios y expulsaron a los monjes. Muchos de su generación, dice, nunca han visto un monasterio ni conocido a un monje, y no tienen ni idea de cuánto contribuyeron a la cocina nacional.

Yo había planeado subir y bajar la montaña el mismo día, empezar temprano y acabar a última hora, y me hospedaba en un hotel situado no en Virieu-le-Grand, sino en el siguiente pueblo del valle, Artemare, gracias a la buena opinión de su comida: un albergue en una antigua escuela, con un roble venerable delante —destartalado, atestado de cosas (al fondo de mi pasillo había una aspiradora y un confesionario) e inadvertidamente anticuado—. La noche antes comí *féra*, uno de los pescados lacustres más preciados, con una textura de carne extrañamente firme (del lago Lemán, raramente se ve en Lyon), cocinado *à la meunière*, servido con *épinards au gratin*, y acabado con cuatro hortalizas torneadas exactamente iguales: una zanahoria, una patata, un calabacín y un nabo. La comida confirmó una expectativa francesa bien arraigada: cuando te quedas en un hotel, a lo mejor no te ponen una exquisitez estilo Michelin, pero puedes dar por seguro que vas a comer bien.

Igual que el hotel, la zona —conocida como el macizo de Bugey— también era deliciosamente anacrónica. Brillat-Savarin iba allí cada otoño a cazar aves, una práctica que por supuesto se sigue observando en la actualidad. Los pueblos siguen teniendo abrevaderos y hornos comunitarios para hacer pan, muy usados, renegridos, con pilas de leña al lado y una de esas palas para sacar la hogaza una vez cocida. Aquella visión revivió mi conexión con Bob y lo que había tratado de recrear en sus hornos en el Quai Saint-Vincent, un sabor preindustrial directo de la tierra con el que había crecido y que no encontraba. Jacques Pépin me contó una vez que lo mejor que había comido en toda su vida era el pan de su infancia en Lyon, recién salido del horno, con mantequilla, y lamenté que nadie hiciese pan en los hornos del pueblo.

Después de cenar, abordé al matrimonio que regentaba el albergue –estaban comiendo en bandejas, bebiendo un vino local de montaña y viendo los informativos en la tele– y les pregunté si podía pedirles que me preparasen un bocadillo para mi excursión.

–¿De pollo? –confirmó la mujer, y a la mañana siguiente me dieron casi toda la carne de un *poulet de Bresse* aplastado entre dos rodajas de pan rústico envuelto en papel de aluminio.

Me lo metí en la mochila. Olía a comida de domingo. Otras cosas que llevaba eran una botella de agua, protector solar, un mapa del lugar hecho después de una excavación arqueológica del siglo XIX, y dos libros: mi tomito de Brillat-Savarin y una colección de recetas escritas a mano. Las había comprado en eBay.fr. El autor, que no se identifica (aunque hay pistas), fue un prisionero de guerra francés en un campo en la Alemania nazi. Las recetas se recopilaron cuando Europa parecía estar cayendo ante los nazis y parecen, al igual que las de Brillat-Savarin, estar escritas con la esperanza de poder agarrarse a algo muy amenazado: la comida francesa y todo lo que había acabado representando.

En todo aquello –el monasterio, el libro de recetas, hasta mi bocadillo de pollo– veía yo una asunción muy simple que me sentía obligado a hacer explícita: que nacemos necesitando comer, pero sin saber cómo hacer comida.

Entre las funciones esenciales a nuestra supervivencia (es decir: beber, respirar, evacuar, dormir, reproducirnos, etcétera), comer, por lo menos desde la invención del fuego, es distinta. Cocinar –cómo cocinar, qué cocinar– se enseña: una serie de habilidades que transmiten los que saben a los que no saben, y de una generación a la siguiente (lo que una abuela transmite a un nieto; un padre, una tía, un tío a los niños; lo

484

que Julien Boulud aprendió de sus tíos hace ochenta años y transmitió a su hijo Daniel). Antes de la era moderna este conocimiento era diurno; era el comportamiento de tu pedazo de terreno en el planeta, la modulación de las estaciones. Esto es lo que te alimentará en invierno. Así es como se cura la carne para que tengas cuando no te quede nada. Así se hace el queso, o el vino, o el pan. Así sabe la comida. Y este es el conocimiento que los monasterios, como aquel al que me dirigía, la abadía de Saint Sulpice (fundada en el año 1033), almacenaban. Si el conocimiento no se transmitía –ya sea por guerras, hambrunas, por la industria, por revoluciones o porque un volcán colosal entierra tu civilización bajo cenizas–, la cadena se rompe y hay posibilidades de que el conocimiento se pierda.

Saint Sulpice no disfrutó del estatus de tesoro nacional hasta 1994, pero hoy es oficialmente un monumento, en el sentido recto de la palabra: marca un lugar donde algo sucedió y que ha desaparecido.

Durante la caminata me topé con otros recordatorios, monumentos que no me esperaba, un letrero amarillo que indicaba una *stèle* –un marcador en lo más alto de la nada–. Lo seguí y me encontré con una bandera francesa, una roca blanca y una inscripción en piedra que revelaba que el 15 de junio de 1944, quince soldados de la Resistencia fueron emboscados y asesinados por los alemanes. Sería gente de allí, muy posiblemente, descendientes de los *voisins* alrededor del monasterio, y debían conocerse los bosques, sus entradas y salidas, mejor que ningún forastero.

Me encontré con otro recuerdo de guerra, un kilómetro o así más adelante, un letrero con un sencillo texto: «El 15 de junio se torturó y asesinó aquí a un tal Émile Clayet».

Me planteé lo que podía haber padecido y qué información esperaban obtener los soldados alemanes de monsieur

Clayet. Pensé que ojalá no tuviese nada que ver con la emboscada.

Hice otros descubrimientos de una naturaleza más pedestre: por ejemplo, que jamás, de ninguna manera, hay que salir de excursión con unas botas sin haberlas dado de sí antes. También aprendí que nunca sobra el agua. Hacía mucho que me había acabado la botella. Al principio había visto cascadas y un arroyuelo, aunque costaba un poco alcanzarlo desde el camino, y no lo intenté. Estaba convencido de que encontraría más; eso decía el mapa. Y encontré más, pero allí, donde el macizo se aplanaba, había pastos, el agua no se movía demasiado y las vacas campaban encima, así que decidí que, bah, tampoco tenía tanta sed.

También descubrí una cosa sobre el monasterio: que no estaba.

Qué curioso.

Había una capilla, así que sabía que había llegado al sitio. (Sería la primera pregunta de Jessica cuando llegase: ¿seguro que no te has perdido otra vez?) Quizá marcaba la entrada original de la propiedad del monasterio –estaba dedicada a Saint Vital– y se había desenterrado no hacía mucho, en los años setenta (y había escapado, por lo tanto y como mínimo, a un siglo o dos de saqueos). Se veía claramente la intención de reconstruirlo: una carretilla, una rampa para empujarla por allí, una pila de piedras. Sí, por lo visto estaba en el sitio. Pero ¿dónde se escondía el monasterio?

Había un cartel de calle sin salida –única indicación de una autoridad civil– que llevaba hacia arriba. A mi izquierda: una bañera de cerámica abandonada, un fregadero, bolsas de plástico azul. A mi derecha: una valla electrificada. Entonces lo vi, al otro lado de la puerta, que no solo te prohibía pasar, sino que te prometía electrocutarte en caso de desobedecer.

O por lo menos creí que lo estaba viendo. Aquello (un pedazo de tierra levantada, como una larga colina con un tejado de tierra) no era tanto una ruina como una ruina enterrada. Era una forma, alta en una de las colinas más altas, con trozos sobresalientes bastante parecidos a túmulos y como de unos cientos de metros de longitud y unos quince de ancho. Las excavaciones arqueológicas habían confirmado la estructura. Pero lo que se hubiese desenterrado por entonces había vuelto a quedar enterrado.

La valla electrificada era desconcertante. Lo mismo que los habitantes de la propiedad: cuatro toros jóvenes. Estaban a la sombra en la cima de la colina. Parecían los guardianes del monasterio. La verdad es que no esperaba encontrarme con cuatro toros.

Se desplegaron en fila y me miraron fijamente. No pensaba dejar que me desbaratasen los planes ni la valla ni los toros, así que me negué a considerar el impedimento como el fin del mundo. Pero vaya si lo era.

Miré el móvil. Tenía batería pero no cobertura.

Continué por la carretera sin salida hasta el perímetro exterior de la propiedad siguiendo la valla electrificada. Buscaba un lugar por donde colarme.

Los toros se giraron, aún formando, y siguieron mirándome.

Me metí entre los árboles, sin dejar de seguir la valla, donde el terreno era más empinado e irregular, y encontré una abertura. Me tumbé boca abajo, me arrastré y rodé. Estaba dentro de la propiedad.

Los toros, mientras tanto, habían girado ciento ochenta grados para no perderme de vista. Estaban tremendamente atentos.

Ahora estaba a pleno sol y tenía calor. Los toros estaban más arriba, a la sombra, plantados entre las ruinas del monasterio. Estaban donde yo quería estar.

Seguían en hilera, pero se habían pegado un poco más entre ellos. Uno ahora se adelantaba. Mirándome.

Me miró. Lo miré.

Esto es ridículo, pensé. Di una palmada, fuerte, e hice un ruido fuerte, un grito. El toro dio un paso adelante. Su mirada era impresionantemente intensa.

Resopló. Sin duda: aquello era un resoplido. Luego pareció que pateaba el suelo. Lo pateó una segunda vez. Y una tercera. Estaba preparándose para embestir.

Pensé: este podría ser un buen final para mi libro.

Pensé: este podría ser un final bastante malo para mí.

Cambié de planes y despacio, desviando la mirada, bajé por el otro lado de la colina en dirección a la capilla. Di un rodeo enorme y no miré atrás. Pensándolo bien, me dije, que esos toros se queden con su monasterio.

Al final volví a acercarme desde el otro lado, hacia donde no estaban mirando los toros. Para entonces (había sido una larga caminata) estaban paciendo y habían bajado un poco la ladera, cediéndome su posición.

Encontré el lugar donde pensé que podría haberse enterrado el altar, me senté contra un tronco y, notando que llevaba mucho rato aguantando la respiración, exhalé profundamente. Cuando Brillat-Savarin llegó aquí tuvo pensamientos curiosamente refinados, describe un paseo vespertino, entre el segundo y tercer banquete del día, respirando «el aire puro de aquellos altos prados», y descubrió que aquello vivifica «el alma humana y dispone la imaginación al pensamiento silencioso y al romanticismo». Pero eso sí, a lo mejor él no tuvo que vérselas con un toro.

Me tranquilicé, abrí mi mochila y me centré en la perspectiva de mi largamente postergado almuerzo. Dadas las circunstancias, y quizá gracias al aire puro de aquellos altos prados, aquel bocadillo de pollo fue el mejor bocadillo de pollo que he comido en mi vida.

Consulté el mapa de una excavación del siglo XIX y llegué a la conclusión de que sí, estaba directamente encima del altar. También estaba cerca de un camposanto que albergaba ocho siglos de monjes. Pensé: Eso son un montón de monjes muertos. Abrí mi Brillat-Savarin.

Hay unas cuantas cosas que no captó bien. La altitud, por ejemplo, no era de mil quinientos metros, según mi mapa, sino más bien de la mitad. (Eso sí, después de mi ascenso, puedo atestiguar que parecían mil quinientos.) Por lo demás, las inmediaciones básicas no habían cambiado mucho. Brillat-Savarin describe pinos al oeste, el mismo bosque que había atravesado para encontrar un agujero en la valla electrificada, y cómo el monasterio en sí estaba situado en una planicie entre dos cumbreras montañosas con un pasto en medio. Y era precioso –aquella flamante tarde otoñal, parecía el paraíso de un mundo natural– aquel valle abierto, la hierba verde brillante, el bosque, el tremendo aislamiento. El monasterio empezó con doce monjes. Para cuando llegó la Revolución, eran más –¿veintipico?, ¿treinta y pico?– cuidando de diez mil acres, contando viñedos y un lago artificial. Todo lo que comían era producido por ellos, o recién cosechado con sus propias manos.

Según Brillat-Savarin, la variedad era abundante. Describe su primera comida («un *déjeuner* clásico en toda regla»), un banquete de proporciones tan generosas que se parecían al mismo monasterio: un paté asomando en el centro de la mesa como una iglesia, flanqueado al norte por ternera, por cerdo al sur, al oeste por alcachofas y al este por una monumental pelota de mantequilla. (Los monjes, que guardaban ayuno por su santo, habían preparado el banquete por adelantado, entregados por completo al alto principio de la hospitalidad, aun cuando no pudiesen participar.) Después de la misa –los músicos tocaron todo ese tiempo– se preparó un almuerzo inspirado por el gusto (*le goût*) del siglo XVI, incluyendo varias carnes hechas como simples *ragoûts* («*une bonne cuisine*»), hortalizas locales de la montaña con más sabor del que los habitantes del pueblo habían probado, seguidos de catorce bandejas de asado («la abundancia era la norma»). A las nueve tomaron una cena ligera. Se presentaron los vecinos para una larga noche de beber, cantar y jugar que culminó en la última comida de la noche, pan caliente con mantequilla y una cuba de *eau-de-vie* endulzada que llegó en llamas.

Los vecinos, de pueblos de los alrededores, volvieron siete años después. Thézillieu, que veía desde mi asiento contra el tronco, era el más cercano, y me imaginé que los veía llegar, *les foules*, la turba, una cálida noche de agosto de 1789, cruzando el pasto despejado, con antorchas y armas toscas. Persiguieron a los habitantes de la abadía que corrían en sandalias montaña abajo. Luego empezaron a desmontar los edificios –la demolición llevó muchos muchos años, se ve– y se llevaron en carretillas los ladrillos para construir sus casas y graneros. Y le prendieron fuego a todo: archivos, manuscritos, libros, ocho siglos de historia.

Brillat-Savarin no alude a esa noche, nada que estropee la fría y nítida claridad de la excursión que hizo para llegar al monasterio, intacta y perfectamente funcional. Aun así, lo que él pretendía enfatizar no parece ser la visita sino el hecho de que aquella visita no se repetiría. Aquel mundo ha desaparecido. Durante todo el tiempo que estuve imaginando mi visita, en ningún momento pensé que quedase nada en pie.

Dejé mi tomo de Brillat-Savarin y saqué el librito de recetas escrito a mano. En la cubierta, el autor había escrito «*Recettes*» en diagonal y subrayado. No estoy seguro de si era un título o simplemente una declaración de intenciones.

Di con él gracias a un interés que desarrollé por los libros de cocina de segunda mano, sobre todo los de la variedad «Mère». Empezó cuando Michel Richard me contó que uno de esos le había inspirado para empezar a cocinar. Cuando tenía diez años, mientras su madre trabajaba, él leía su ejemplar de *La Véritable Cuisine de famille,* de «Tante Marie», y decidió, allí y en aquel preciso instante, que a partir de ese momento haría la comida para la familia, por entonces seis personas. (¿O siete?, ¿quizá nueve? Nunca me quedó claro, porque por lo menos dos eran «no oficiales».) Encontré un ejemplar publicado en 1948, el año de nacimiento de Richard, y muy posiblemente la misma edición con la que él cocinaba, con el lomo convenientemente aniquilado, la contracubierta enganchada con un pedazo de celo amarillo, a cinco euros. El título sería «La verdadera cocina familiar», y el libro podría parecer similar, salvando su idiosincrasia francesa, a lo que terminaría siendo *Joy of Cooking* en Estados Unidos, una guía de consulta para hacer comidas y banquetes festivos que muchas familias debieron tener. Pero «Tante Marie» era mucho más informal que su contrapartida estadounidense y, ante el reto de poner al alcance de los cocineros caseros la *cuisine* francesa, se inclinó por la ligereza antes que por la pesadez: breves párrafos contundentes, tres o cuatro recetas por página, sin lista de ingredientes y poca atención a las medidas y pesos: un vaso de esto, una tacita de aquello otro. Su intención era evidente en cada página: «¡Tú puedes!».

Me hice con un montón de libros de *mères.* Codiciaba libros manchados, usados, mugrientos, y encontraba un placer casi adictivo en hojear páginas que habían sido examinadas, en algunos casos, más de un siglo antes. Eran unos de los tomos domésticos más usados y parecían revelar sus historias, de gente reunida alrededor de mesas, de celebraciones, de niños creciendo y de la intimidad que la comida parece favorecer. También tenían esa cualidad que me gusta describir como «aura». La cocina francesa, como sabía perfectamente, tenía que aprenderse, y desde luego no es hereditaria por mucho que constituya un elemento importante de la herencia francesa de uno. Esos libros tenían un propósito. Había un apremio entre los profesores y los lectores, más evidente en lo que se publicó alrededor de 1890 o así y hasta la década de los veinte, cuando las familias francesas parecían creer que el auténtico carácter francés residía en su capacidad para hacer comida francesa. También hubo un florecimiento de revistas de «Cómo hacer», gacetillas, boletines, periódicos y conferencias públicas. Históricamente fue un momento único en el que la cocina, la cocina francesa, ya no era una conversación entre chefs, sino también entre familias.

El primer libro de cocina escrito a mano que me agencié lo empezaron durante la Primera Guerra Mundial. Me sobresalté al descubrir que existiese algo así y que podías comprarlo; por poco dinero, a nadie le interesaba. El librito, medía ocho por diez centímetros, transmitía misterio y tristeza a partes iguales: el misterio de alguien, siempre una mujer, tratando de hacer funcionar su casa y de ser francesa, un artefacto relleno en sí mismo de artefactos, instrucciones para cocinar platos anotadas en trozos de papel por amigas, una postal de un general en el frente, una lista de la compra, la escasez de mantequilla, de carne, de azúcar, un menú para el día de Navidad. Jessica y yo nos sentábamos en nuestra cocina y examinábamos las páginas, y todo lo que encontrábamos entre ellas, y nos sentíamos viajando en una inesperada máquina del tiempo al espacio de cocina de otras personas que no tenían refrigeración y donde el horno a gas era una novedad.

¿Y la tristeza? El hecho de que ahora estuviese en mis manos. Había sido una herramienta de cocina durante por lo menos tres generaciones, desde aproximadamente 1915, una conversación de setenta años entre una abuela, una madre y una hija, hasta que al final arramblaron con él en una liquidación de patrimonio o algo por el estilo y acabó en eBay.

Coleccionaba estas recopilaciones de recetas caseras —debo de tener treinta y pico ahora— con la esperanza de encontrar algún día un texto inesperado que me enseñe algo nuevo de la cocina francesa, una clave, una sorpresa. A lo mejor lo encontraba en el librito manuscrito que llevaba conmigo.

El libro está claramente hecho a mano. Un trozo de cartón grueso doblado por la mitad. Folios muy finos de papel de otra época doblados y colocados dentro, numerados hasta el sesenta y ocho. Cada hoja está pautada con líneas perfectas, muy leves, hechas con lápiz por ambas caras. No hay nada revisado, ni correcciones, salvo alguna palabra tachada. Cinco, conté. No hay ninguna falta de ortografía ni de acentuación. Solo una página tiene huellas de dedos, de tres dedos, que interrumpen una explicación apelotonada de la receta de Borgoña para escalfar huevos en vino tinto (*oeufs en meurette*, uno de mis platos favoritos de invierno). La empresa es meticulosa. Está atado con un cordel bicolor enlazado en el lomo. Me lo llevé porque me pareció que estaba en sintonía con las memorias de Brillat-Savarin.

Hay pistas sobre el origen del libro, todas frustrantemente incompletas, como iniciales en la cubierta, comprimidas como si el autor estuviese experimentando con un logo. Están, además, emborronadas, como si hubiese intentado quitarlas, y cuesta leerlas. Podrían ser «MR». El reverso del cartón revela que se recortó de una caja de primeros auxilios de la Cruz Roja. («From: American Red Cross-USA. To: International Red Cross Committ». Las últimas letras cortadas para hacer la cubierta.) Hay una dirección: «Stalag IX, Ziegenhain», y un destinatario, solo las primeras cinco letras: «M O I S O».

¿Podría ser el nombre del autor? Puede que sí, puede que no. Ziegenhain fue un campo de concentración para prisioneros de guerra integrado principalmente por soldados franceses capturados cuando Alemania entró en Francia en 1940. Los presos que accedían a cuidar el huerto de los nazis recibían una caja de primeros auxilios. ¿Nuestro autor se encontraba entre estos jardineros? ¿O es solo quien se quedó con el cartón después?

No podemos saberlo. No lo sabía No sabía nada, en realidad, salvo que aquel libro manuscrito que sostenía entre mis manos se me antojaba uno de los libros de cocina más únicos que había tocado. Me pasé noches examinándolo, oliéndolo, leyéndolo, palpando la impresión del lápiz que escribió las recetas en aquellas páginas, imaginando las circunstancias, la concentración, el hambre de su autor, su agotamiento, y una vida de fantasía que consistía en recolectar platos franceses con un detalle impecablemente preciso.

Después he descubierto que había un contexto. Lo leí en unas memorias escritas por un oficial francés que, capturado cerca de la frontera después de que Alemania invadiese Francia, se pasó el resto de la guerra en varios campos de este tipo, incluido un período de seis meses, casi todos en confinamiento solitario, en Ziegenhain. El libro, *Les grandes vacances*, de Francis Ambrière, se publicó en 1946, ganó el Goncourt (pese a no ser, ni pretenderlo, ficción) y se convirtió en un bestseller instantáneo, pues satisfacía la curiosidad de una nación que anhelaba saber, y lloraba al enterarse, de lo que les había sucedido a sus padres, hijos y hermanos capturados (se estima que alrededor de un millón ochocientos mil).

Ambrière me enseñó que mi autor no estaba solo. Durante el primer año de cautiverio, escribe, los franceses, hambrientos, estaban obsesionados con los recuerdos de su cocina nacional. «Durante los primeros días de cautiverio se escribieron cientos de libros de cocina con la esperanza vengativa de volver pronto a Francia». Ambrière siempre había apreciado la cocina francesa. Pero en Alemania, en un campo de prisioneros en Petrisberg, descubrió su poesía, recitada en tonos fascinados de nostalgia y ternura: «No solo expresaba hambre, sino algo más profundo: desafío, la revuelta de la razón, alegría de vivir».

¿Mi libro manuscrito era uno entre cientos? ¿Cuántos habían sobrevivido? Hasta ahora no he encontrado más. ¿Y por qué este? (Contacté con el vendedor. No sabía de dónde había salido el libro. Estaba en una caja de recuerdos de la guerra.)

Hay similitudes entre la compilación de Brillat-Savarin y las *recettes* de mi autor anónimo: como mínimo, ambas obras podrían describirse como recuentos de luto culinario en una época de tremenda turbulencia. Más en profundidad, ambos libros parecen luchar por expresar cómo la comida en Francia se ha convertido en algo más que comida: se ha convertido, en muchos niveles, en lo que es cada uno.

Las diferencias son igual de importantes, incluida la más básica: Brillat-Savarin escribió con el estómago lleno; el chef anónimo escribió al borde de la inanición. Una hipótesis con la que soñaba, que al autor lo hubiesen hecho chef para oficiales alemanes, y que este tomo hubiese sido su libro de recetas, quedó tachado al enterarme de los auténticos hábitos de alimentación, gracias a los esfuerzos documentales de los últimos y más robustos prisioneros del campo, los estadounidenses. Nadie comía bien, ni siquiera los oficiales de la prisión, aunque estos al menos comían. Sus sobras, cuando había sobras, se transformaban en una ración de sopa por persona que, en el último año de guerra, «alimentaba» a veinte mil presos, aproximadamente. La mayoría de los presos de Ziegenhain murieron de inanición.

¿Quién era el chef anónimo?

Leo y releo en busca de más pistas. Las primeras páginas están dedicadas a platos clásicos; dos maneras de preparar liebre, por ejemplo, una asada con puré de castañas, y la otra *à la royale* (un *civet de lièvre*, guisando el animal lentamente en su sangre). Muchas de las elaboraciones son bastante digresivas. En una explicación curiosamente larga sobre cómo hacer hojaldre, el autor señala al final que, como con todas las masas, hay que empolvar la mesa de trabajo con harina para que no se te peguen los dedos. (Lo leí y pensé: ¿en serio? ¿Eso es lo que se te ocurre cuando estás muriéndote de hambre en un

495

campo de concentración alemán?) Lo mismo con un *pâté-en-croûte*, nos recuerda que no olvidemos hacer una chimenea con la corteza para que salga el vapor.

¿Un chef o solo un obseso?

¿De dónde es? Hay recetas de pollo pero no de pato, o por lo menos no logró escribir ninguna. Hay salsa de pescado, una *Normande*, la que hacían en el comedor de su colegio para los niños, con fondo de pescado, jugo de ostras y nata... pero ninguna elaboración de pescado. (¿Así que igual no era del mar?) Hay un *cassoulet* del suroeste, y unas *cervelas de Strasbourg* de Alsacia, en el noroeste. Pero hay suficientes recetas de Bretaña como para hacerme pensar: ¿igual era de allí?

Las últimas páginas son incómodamente cautivadoras.

Tienen un aspecto distinto. La caligrafía primorosa del principio (el autor tiene maña para comenzar cada párrafo con una floritura ortográfica) ha desaparecido. No es que la escritura se vuelva descuidada, pero se hace pequeña, comprimida. Quiere decir muchísimas cosas pero solo tiene sesenta y ocho páginas, y quiere meter toda la cocina francesa en ellas, dejarlo registrado, anotado. Eso es él. Su carácter francés. Pero no acaba: tres páginas vacías en la sección «Sauce», seis en una sección titulada «Cuisine», doce en «Fruit», probablemente destinada a representar todo un grupo de alimentos más adelante. Veintiuna páginas vacías.

Recettes es un libro urgente. La comida francesa está al borde de la extinción. No puede ser. Es demasiado importante. La comida, *la cuisine*, ya no es la obsesión de una frívola aristocrática, sino la de todos, campesinos y sibaritas. Hay que preservarla, como el civismo, como la dignidad, como la mesa, como un refugio que nos protege de la fealdad que espera a la puerta de casa... la tosquedad, la crueldad, el egoísmo, la injusticia incomprensible. La *cuisine*, reconoce el autor de *Recettes*, nos protege en nuestra humanidad.

En qué se ha convertido la comida francesa desde La Varenne. Qué radiante, triste y hermosa.

L'école de Robert Doisneau. George y Frederick habían entrado en lo que llamábamos «el colegio de los chicos mayores», otro edificio que ya no era «preescolar». Su primer día fue como un desfile, todo el mundo consciente del rito de iniciación que representaba el colegio, los alumnos y los padres que llegaban más o menos al mismo tiempo, con un ánimo exuberante, festivo. Los niños tenían todos mochilas nuevas, tan desproporcionadas que la parte inferior les rebotaba contra las pantorrillas. Eran pequeñas personas a punto de pasar a ser un poco menos pequeñas. Jessica sabía lo que suponía «el colegio de los chicos mayores». Yo no estaba preparado para tanto *pathos*. Los chicos ya no eran bebés. Era mágico presenciar la mañana, con más motivo porque... a ver, era Francia.

Los chicos habían aprendido a leer y escribir. Les enseñaron a conectar las letras con las palabras, caracteres elaborados y uniformes, y a seguir una línea trazada con regla. Tenían deberes. Estaban aprendiendo números, los números franceses.

Por nuestra parte, íbamos tirando, con la diferencia de que la etapa que habíamos considerado como «investigación» ahora era nuestra vida: nuestra vida en Lyon. Jessica, ahora acreditada con un diploma de la WSET, se dispuso a sacarse un Master of Wine, un proyecto de muchos años, considerado unánimemente como una de las credenciales más difíciles de obtener en un mundo donde gana el que mejores credenciales presenta. Yo seguía trabajando períodos en cocinas, aprendiendo un plato o una elaboración. Estudiaba archivos. Escribía.

Un día, los chicos estaban en el lavabo, frente al espejo, con un peine, un cepillo, un grifo abierto y gel. George, en modo cabecilla, llevaba la voz cantante y le decía a Frederick qué hacer, cómo humedecerse el pelo, alisarlo y aplicar grandes cantidades de gomina con el peine. Frederick, en modo rebelde, ignoró el peine y cogió un cepillo. Jessica se unió al público. Yo empecé a grabar en vídeo.

Están hablando en francés entre ellos, completamente absortos en sus imágenes en el espejo. Jessica les hace una pregunta, en inglés. Cambian de idioma, pero al principio vacilan y tienen que corregirse. «*La prochaine...*», dice George, y se calla. «*Next time...*» Pero entonces se le olvida lo que iba a decir y no es capaz de traducir el pensamiento. Su inglés es una traducción literal, palabra por palabra.

Los chicos llevan más tiempo fuera de Nueva York de lo que llevan vivido. Les insisto para que escriban a sus abuelas con esa caligrafía tan maravillosa suya, y lo intentaron, pero no saben escribir en inglés. Intento enseñarles palabras, pero se les hace muy cuesta arriba.

–Tenemos que volver a Estados Unidos –dice Jessica–. No queremos, pero debemos.

Sopeso la propuesta.

Sugiero las escuelas bilingües.

No son exactamente bilingües, dice Jessica. ¿Con clases de inglés impartidas por franceses? Además, son privadas. Y aunque nos las pudiésemos permitir, que no es el caso, no habría musulmanes, ni gitanos, ni negros, ni marroquíes, ni argelinos, ni croatas... todo ese batiburrillo que hace que el colegio de los niños sea como la vida, una auténtica vida lionesa.

Pero son demasiado pequeños para dejar el francés. Tienen siete años. Se dice que la edad mágica son los nueve: si los niños logran mantener dos idiomas hasta entonces, hay posibilidades de que sigan siendo bilingües hasta la edad adulta. No quiero que pierdan lo que nuestra aventura les ha brindado.

En Manhattan hay un famoso *lycée*. Jessica envía una solicitud a la directora; la hija de Daniel Boulud estudió allí, así que este le escribe una carta para apoyar la entrada de los chicos. No recibimos respuesta.

Comento la idea de iniciar una solicitud de ciudadanía francesa.

—¿En serio?

Sin yo saberlo, Jessica ya ha abordado al equipo de admisiones de un colegio bilingüe que ha abierto durante nuestra ausencia, L'École Internationale de New York (EINY), que, asombrosamente, está a solo una manzana de nuestro apartamento neoyorquino. Sin yo saberlo, de nuevo, Jessica (no «clandestinamente», pero tampoco «no clandestinamente») envía los expedientes académicos de los chicos y la informan de que con su educación francesa podrían admitirlos... en el caso de que haya plazas. Los ponen en una lista de espera.

—No pueden ir a un colegio público —dice de pronto—. No saben leer ni escribir en inglés.

Hacia mediados de agosto, tres semanas antes de que el semestre en el colegio de Lyon se reanude, contactan con Jessica y acto seguido ella me informa (desafiante, resuelta) de que nos volvemos a Estados Unidos. («¿Ah, sí? ¿Y eso?»)

Y así, en un tris, nos preparamos para volver. Es tan rápido que no nos da tiempo a despedirnos de nadie. Es tan rápido que, de repente, estamos yendo al aeropuerto el último martes de agosto para empezar el primer día de colegio dos días después (gracias a la perversidad de un colegio que respeta el calendario francés —¡era la *rentrée!*— y no el estadounidense, que comienza después del Día del Trabajo).

Les hago una última foto a los chicos en nuestro apartamento a las cinco de la madrugada, el largo pasillo con sus suelos de madera resplandecientemente encerados, la sólida puerta de entrada, Frederick pasándole el brazo por encima del hombro a su hermano, ambos en pantalón corto y sudadera; hace buen tiempo pero algo de fresco. Tienen la pinta esperanzada de la víspera de Navidad. Cuando llegamos al JFK es un agosto húmedo, sucio de cielo marrón, que es lo que tiene que ser.

El regreso es tan impremeditado y nos lo tomamos tan a la ligera que tiene algo de irreal inconsecuencia.

La primera mañana de los niños, antes de su primer día en el nuevo colegio, se paran frente a nuestro edificio de Nueva York, bajo la típica marquesina de Manhattan, con el pelo recién cortado y lavado, las corbatas anudadas y ahuecadas por su padre, el comienzo de un nuevo ritual matutino, pantalón de vestir gris, americanas azul marino con un solo botón dorado, y una nueva generación de mochilas desproporcionadas para sus libros. Son chavales franceses, delgaduchos, de cintura mínima, hombros delicados, brazos finos, buena postura y la habilidad de mirar directamente a los ojos a los adultos cuando les hablan. El primer día de su nueva vida estadounidense no se muestran ni aprensivos ni a la expectativa: están seguros de sí mismos. En l'École Robert Doisneau, los chicos eran los celebrados *newyorkais*. Ahora son neoyorquinos en Nueva York.

Los recojo. No cuentan gran cosa. Una vez en casa, y al ver a su madre, dejan caer sus mochilas y, al unísono, con las corbatas desanudadas y las camisas por fuera de los pantalones, estallan en llanto.

El colegio debería haber sido una entrada suave. Era francés, clases pequeñas, buenos profesores, cerca de casa. Pero ahora me pregunto si era demasiado parecido a donde habían estado antes. Un colegio público estadounidense, a pesar de sus diferencias radicales, habría sido más fácil porque los chicos se habrían presentado allí sin esperar que aquello fuese como nada que conocieran de antemano.

Tenían problemas con la comida. En el colegio, los «chefs»

no llevaban gorro, se quejó George en la cena. Además, no cocinan, dijo.

—Usan el microondas —explicó Frederick.

Las expresiones de ambos transmitían el tremendo pasmo ante el hecho de que alguien que usara un microondas tuviera el atrevimiento de hacerse llamar chef.

¿La comida era francesa? ¿Estadounidense?

No lo sabían. Solo sabían que no se parecía en absoluto a lo que comían en Lyon. (Tampoco sabían que lo que comían en Lyon era una de las experiencias más únicas del planeta.)

En Nueva York descubrieron la pizza en porciones, las hamburguesas con queso de Shake Shack, y las galletas con trocitos de chocolate, pero se quedaron perplejos al ver cómo se comían.

La primera noche de viernes desde su vuelta, George y Frederick quedaron con unos gemelos de su edad para ver películas juntos, una cita de juegos con nuevos amigos. Sus padres se habían parado una vez en Lyon a vernos de vuelta de unas vacaciones provenzales. Pero cuando nuestros chicos se presentaron en su casa del West Village, los anfitriones gemelos, bajo la supervisión de una canguro indiferente, ya habían comido. En la encimera había unos trozos sobrantes de pizza, la grasa traspasaba el cartón. George y Frederick miraron perplejos, se encaramaron como buenamente pudieron a los taburetes de la cocina y comieron solos.

—¡Eso no es cenar! —me dijo Frederick cuando los recogí.

Disfruté perversamente de la pureza de visión de aquella sorpresa inicial y pensé que era afortunado de haberla presenciado, a pesar de que hubiesen pasado mala tarde.

Sus compañeros neoyorquinos eran principalmente parisinos. George y Frederick nunca habían conocido a ningún parisino. No les cayeron bien. Pronunciaban distinto, empleaban palabras de jerga.

—Son todos blancos —comentó George.

Eran ricos, o lo parecían. A uno lo traían en Uber al colegio; la familia de otro tenía aviones. Lyon, su población variada e improvisada, el penetrante olor de la comida cocinándose en las casas, los sonidos de las familias acabando de cenar por la ventana abierta, parecían exóticos y remotos.

Un profesor experimentado evaluó el dominio del inglés de los chicos. Me invitaron a participar. Les pidieron que leyesen una página en voz alta cada uno, el profesor estaba convencido de que los elocuentes niños de unos padres estadounidenses elocuentes no tendrían problemas. Los chicos levantaron la mirada con cara de bobos. No entendían nada. Ver aquella mirada fue un mal trago. El reproche era inminente: ¿había perjudicado la educación de mis hijos a fuerza de insistir en que se volviesen tan nativos como fuese posible y mantuviesen intacto su francés durante suficiente tiempo para retenerlo el resto de sus vidas?

Les asignaron una clase de inglés como segunda lengua y para asistir faltaban cada día a la asignatura de las diez, «Humanidades» en inglés. George recuperó el inglés rápidamente y tras diez semanas volvió a «Humanidades». Frederick se había metido a fondo en el francés. Un sábado de finales de primavera, estaba ayudándolo con sus deberes, un sencillo libro infantil en inglés que tenía que leer en voz alta. El esfuerzo lo hizo llorar. Después de dos párrafos estaba exhausto.

Yo tenía un nuevo miedo: no que Frederick necesitase más tiempo para aprender inglés, sino que no lo llegase a aprender bien. Se daba golpes con el libro en la cabeza.

Hace poco, en una cena familiar, Frederick nos contó que le dieron tantas clases mientras la asignatura «Humanidades» avanzaba que se perdió fragmentos de conocimiento básico que todavía hoy le faltaban, como ciertas tablas de multiplicar o incluso el calendario. No sabía qué mes venía después de agosto.

George, escéptico, le preguntó en francés:

—*Donc, qu'est-ce que c'est que le mois après août?*
—*Septembre* —respondió Frederick tras pensárselo.

Una vez, George, mientras estaba con sus cosas, sacó una foto de su clase en la Robert Doisneau. Se la había traído en su mochila. La observó intensamente y tocó la imagen de cada uno de sus compañeros con un dedo. Se le humedecieron los ojos; no pude resistirme a intentar hacerle una foto, una primera experiencia de pérdida y añoranza, así que disparé furtivamente desde lo que juzgué una distancia discreta.

George me vio. Le dio vergüenza. Me preguntó por qué hacía aquello, por qué le tomaba una foto así, cuando estaba triste. Se enfadó, y con toda la razón. No tenía justificación.

Pero no rechazó la foto, y cuando la volvió a mirar captó al instante toda su atención y se quedó mirándola abiertamente, sin inhibirse, ignorándome, y yo, admito, le hice unas cuantas fotos más.

Lago de Bourget. Volví solo a Francia por una semana. No había hecho pescados. No me había hecho el lago. Quería pasar unos días en Bourget, el lago más grande de Francia, y el lugar de donde proviene la mayoría del pescado que comemos en Lyon.

Tenía un contacto, un pescador, y un chef que había prometido presentármelo. Jessica me buscó hospedaje. Se llamaba La Source, una granja convertida en restaurante con habitaciones dirigida por un matrimonio en lo alto del valle de un río rodeado de bosques que desembocaba en el lago. El marido era miembro de los Maîtres Restaurateurs, un colectivo de chefs que respeta un código de autosuficiencia y de producción de toda la comida posible «dentro de casa». Lo descubrimos por casualidad, en un viaje por carretera en el valle del Loira, con los niños hambrientos después de una larga visita por las viñas. Nos habíamos parado en el primer sitio que vimos, un restaurante en la Île Brochard, donde batían la mantequilla a mano, hacían su propio pan y su propio helado a diario. Los Maîtres de Cuisine son expertos en alimentos que la mayoría de las cocinas compran ya hechos. Para nosotros eran mucho más que restaurantes. Eran escuelas culinarias «de las de antes», justo lo que buscábamos.

Cuando me senté en el comedor de La Source, donde era el único comensal, la tarde era flamante y otoñal. Para cuando me retiré a mi habitación, seguía siendo el único huésped del hotel. Abrí las ventanas y no vi nada. Entre el final de la cena y el ascenso por las escaleras, una niebla venida del lago se había extendido por el valle y había rodeado el hotel; era tan densa que no veía el suelo. El aislamiento fue tonificante; el hotel estaba situado al final de una carretera de cinco kilómetros, sin vecinos, sin nada.

Me levanté a las seis. El marido, Éric Jacquet, ya estaba en la cocina preparándome el desayuno. Me resultaba de lo más familiar: cincuentón, corte de pelo militar, parco en sonrisas, cauto. No era hostil, después de todo, llevaba despierto desde antes del amanecer para ocuparse de mí, pero tampoco era un embajador de la claramente desatendida práctica de la hospitalidad francesa.

Colocó cosas en la mesa, se retiró a la otra punta de la sala y, apoyándose contra el marco de una puerta, me contó lo que había preparado: pan (hecho por él), mantequilla (batida por él), mermelada (*groseille et framboise sauvage*, «que puse en conserva en agosto»), un zumo de peras («las he exprimido esta mañana») y un huevo.

Le pregunté (no pude evitarlo):

–¿El huevo lo puso usted?

Cruzó los brazos sobre el pecho.

–No –dijo.

–No. Claro.

Empecé a comer. Me miraba. (En la sala silenciosa, solos

504

monsieur Jacquet y yo, los ruidos de mi masticación parecían producir un eco tremendo en la caverna de mi cráneo.)

–¿De dónde es usted? –me preguntó Jacquet.

Tragué.

–De Estados Unidos.

–Sí, lo sé. Pero ese francés...

–Ah. Lyon. Llevamos cinco años viviendo en Lyon.

–Eso he pensado. Tiene acento.

–Gracias.

–Odio a los lioneses.

Lyon es la capital administrativa de una región a la que los saboyardos pagan impuestos. El orgullo de los saboyardos es célebre.

–¿Por qué he de pagar impuestos a Lyon? ¿Qué sabe Lyon de Saboya? –me preguntó.

–No puedo estar más de acuerdo –dije.

He de admitir que jamás había pensado por qué los saboyardos deben pagar impuestos a Lyon.

Saboya, reino alpino desde principios del siglo XI, fue anexado a Francia en 1860 –que, en términos históricos relativos, podría parecer ayer–, así que los buenos saboyardos siguen enfurruñados con la situación. Se ven carteles pidiendo la independencia, y los árboles y las piedras pintados con la bandera saboyarda, una cruz blanca sobre fondo rojo. Me gustó lo de las banderas, su beligerancia ideológica, y era verdad: Saboya no parecía Francia. Tampoco Italia. Tenía una premodernidad carismática.

–Mi mujer piensa que soy saboyardo –le dije, optimista, positivo.

Jacquet no dijo nada.

–Y, según mi abuelo, hay una posibilidad entre cinco billones de que nuestra familia provenga de Saboya.

Jacquet, aún con los brazos cruzados, aún apoyado contra la puerta, tenía, ahora lo veo, esa actitud polémica de alguien embarcado en una misión. Eso era lo que estaba captando. Una cualidad resuelta, inflexible.

—¿Por qué está aquí? —me preguntó.

Le expliqué que llevaba mucho tiempo intrigado con el lago y especialmente con sus peces, que nadie fuera de esta parte de Europa tiene la posibilidad de probar y que figura entre los elementos fundamentales del menú lionés.

Se me quedó mirando.

—Y —continué— me encantaría salir con un pescador. Tengo un nombre.

—¿Quién?

—Olivier Parpillon, el amigo de un amigo.

—Conozco a Olivier. Todo el mundo lo conoce. No le llevará con él.

—Ah.

—Está perdiendo el tiempo.

—¿No hay ninguna posibilidad?

—Ninguna.

Le di un sorbo al zumo. Me sorprendió. Era la expresión líquida de una pera perfecta. Me acabé el vaso.

—Es de nuestros árboles —dijo Jacquet.

—¡Me lo imaginaba!

Cogí un poco de mantequilla con la punta del cuchillo y la probé. Era grasa y hermosamente bovina. El pan era curioso. Lo habían cortado de una hogaza rectangular y, a mi ojo prejuicioso, parecía comprado e industrial. Le di un bocado. No era de tienda. Guau, pensé. Esto es pan del bueno.

—A los estadounidenses no les gusta el pan a rebanadas —dijo Jacquet. Había tenido quejas en Yelp—. Se piensan que no lo he hecho yo de verdad si está cortado. Se creen que no es fresco si no está recién horneado. Algunos panes valen para el día. Otros aguantan más. Este pan aguanta una semana.

—Los estadounidenses pueden ser tan ignorantes... —dije

506

mientras pensaba: «¿Qué? ¿Pan de una semana? No he venido hasta aquí para comer pan de una semana».

Probé un poco de mermelada. Intensa, afrutada, no demasiado dulce.

—Odio a los lioneses —dijo Jacquet.

—Lo entiendo.

—Odio Lyon.

—Perfectamente razonable.

Me acabé el pan.

—¿Me daría otra rebanada?

Después del desayuno, y antes de ponerme a perder más tiempo, llamé por teléfono a Olivier Parpillon. Llevaba un tiempo llamándolo cada día. No lo cogía. Había dejado un mensaje cada vez. Esa vez tampoco lo cogió, y le dejé otro mensaje. Así que pensé en aventurarme fuera con la esperanza de encontrarlo con su bote.

El lugar de pesca de Parpillon estaba al final de un afluente sin salida en la parte de levante del lago. No estaba allí, cosa que no encajaba en absoluto, así que me presenté a los miembros de su equipo. Eran el equivalente a carniceros pero en pescadores, tres hombres y dos mujeres con impermeables blancos que hablaban entre ellos en el dialecto local, menos italiano o francés que algunas variedades saboyardas de montaña, y limpiaban la pesca de la jornada (descamar, pinchar, cortar, eviscerar), una captura de *lavaret*, un pescado que solo se encuentra allí: de casi cuarenta centímetros de largo, con una carne blanca sutil, citada en textos que se remontan al siglo XV y con una delicadeza que elogió el voraz Rabelais.

—No *féra*? —pregunté.

Intentaba entablar conversación. *Féra* era el pescado que me había gustado en particular. Ese tampoco se encuentra en ninguna otra parte del mundo. Lo había comido en el hotel de Artemare, durante mi caminata Brillat-Savarin.

En este lago no hay *féra*, me dijeron. Eso es en el lago Lemán (el lago de Ginebra se llama Lemán en Francia), y no les gustaba.

–La *féra* come otros peces, crece rápido y es más grande que el *lavaret*, el sabor es distinto. –*Goût*–. Más fuerte, más carnoso.

–Aquí hay *lavaret*, y yo lo prefiero –dijo un miembro del equipo–. El *lavaret* no come otros pescados. Viven con la salubridad del lago. El *goût* es muy delicado.

Asentí, aunque me siento obligado a señalar que aquellos habitantes de los lagos, con su dialecto y sus altos prejuicios locales, eran obviamente chovinistas culinarios con los paladares echados a perder por una dieta excesiva del delicado (léase: menos sabroso) ecopescado, y que, aunque quería trabar amistad con ellos y hacer que me llevasen al lago con ellos, sus puntos de vista sobre el sabor de la *féra* eran ridículos y equivocados, es más, aunque viniese de un lago a menudo considerado suizo (lago de Ginebra), y si bien quizá queda fuera del ámbito de este libro, el pescado tiene un *goût* o como queráis llamarlo, un buen sabor, que probablemente viene de todas las criaturas que se zampa, y es excelente y distinto a cualquier otro pescado de agua dulce que yo recuerde, y si alguna vez tenéis oportunidad de comerlo, no dudéis: abalanzaos. Pero es solo mi opinión.

Continué observándolos.

Preparaban un pescado en diez segundos. Lo hacían sin pensar. Sin mirarse las manos. Mientras estábamos allí plantados, prepararon quinientos *lavarets*. La atmósfera parecía la orilla del mar –un lago tan grande como un océano, los impermeables blancos, el volumen de la pesca–, pero el pescado no era de fácil conservación. Se olía su fragilidad. (El pescado del mar parece aguantar, el lacustre no, porque el pescado marino está preservado en su salinidad; los lacustres es mejor comerlos en el lago.)

Apareció Parpillon y se bajó de su vehículo con cautela. ¿Qué hacía yo confraternizando con su gente?

Intenté camelármelo, que si el resto del mundo no podía comer el pescado que se encontraba aquí, que quería describirlo y que aquella era mi última parada. En dos días me iría a Nueva York.

—¿Qué quieres? —me preguntó.

Parpillon era un hombre robusto de unos treinta y tantos años, pelo oscuro, hechuras de foca, más de nadador que de jugador de rugby, perilla, pelo muy corto y una actitud pragmática.

—Quiero salir con vosotros en el barco —le dije.

—No puedo llevarte. —No había vuelta de hoja—. Mira el tamaño de nuestra pesca. Necesito otros tres trabajando conmigo. No hay espacio. Volcaríamos.

Hice lo que me decía y contemplé el tamaño del botín.

—Claro —dije.

Le pregunté si podía mirar y me lo permitieron. A la hora del almuerzo todo el mundo se fue a casa con sus familias y yo me comí una crêpe en el pueblo. Volví por la tarde y seguí observando.

Parpillon apareció después y parecía, no estoy seguro de por qué, un poco más amistoso.

—He estado pensando en tu idea. A lo mejor podemos ir a por pescados más pequeños, como la perca. ¿Por qué no vuelves mañana por la tarde? Saldremos juntos.

Me desperté temprano en La Source y bajé las escaleras. Éric Jacquet me esperaba, nadie más en la sala de desayunos, nadie más en la cocina, nadie más en el hotel, cruzado de brazos, apoyado contra el marco de la puerta, tras dejarme su ofrenda habitual.

Le di las gracias y me senté, mi sitio dispuesto de tal manera que quedaba frente a él directamente, como la otra vez.

–¿Ahora qué? –me preguntó.

–¿Hoy?

Hizo un gesto invisible (¿lo llegué a ver?) con la cabeza.

Quería contarle lo de mi visita a los pescadores, pero estaba hambriento, y el despliegue de manjares locales era particularmente atractivo, sobre todo la mermelada, que ese día era de membrillo, pera y manzana, todos los sabores del huerto y de la estación en un solo tarro. La unté en un pedazo de pan con la mantequilla casera de Jacquet, le di un mordisco y al momento me descubrí observando el color de mi rebanada: clara pero no blanca, más blanca que marrón, y no parecía ni de trigo integral ni de otro cereal. Aun así, era saciante, ligera en el paladar y dulce. Me comí el huevo, pero no me hacía falta. El pan por sí solo era una comida.

Pensé: ¿cuándo fue la última vez que describí un pan como una comida completa? He comido este pan antes.

–¿De dónde viene su harina? –le pregunté a Jacquet.

Casi esperaba oírle decir: «De Auvernia». Quería que lo dijese, una excéntrica confirmación: «De hecho, mi trigo viene de Auvernia, igual que el de su amigo Bob».

Pero Jacquet no entendió la pregunta. Es posible que yo fuese el primer estadounidense que se lo preguntaba. Es posible que fuese la primera persona que se lo preguntaba. Repetí la pregunta.

–De aquí cerca.

–¿De dónde exactamente?

–De Le Bourget-du-Lac.

Conocía el pueblo. Estaba al otro lado del lago, no muy lejos de la autopista de Ginebra.

–¿El trigo se muele aquí?

–Por supuesto. Todo lo que tiene en el plato es de aquí.

Me dijo el nombre del molinero, Philippe Degrange. Lo apunté. No me cuadraba. «Grange» es donde se almacena el grano. ¿Degrange? ¿En serio?

—¿Y el trigo? –insistí–. ¿Qué es?

—Sesenta y cinco gramos.

Se refería al contenido de proteína.

—No, no me refiero a la harina. ¿De dónde viene el trigo? Antes de molerlo.

Le blé.

Me miró suspicaz. ¿Qué le estaba preguntando?

—Es de aquí –dijo.

—¿De verdad?

No pretendía parecer escéptico. Solo intentaba recordar si había visto algún campo de trigo cerca.

—El trigo crece aquí. –*Ici!*–. El trigo se muele aquí. La harina es de aquí. Es local. Todo es local. Todo es de aquí. –*Ici!*–. Es saboyardo.

Acabado mi desayuno, me puse en pie y entonces recordé que, con la emoción del pan, me había olvidado de darle las noticias.

—Ah, y Parpillon ha accedido a llevarme con él.

—Lo sé –respondió Jacquet.

—¿Lo sabe? –Me lo quedé mirando y estoy convencido de que le vi temblar levemente el borde del labio superior. Fue casi el comienzo de una intención de sonrisa–. Lo ha llamado usted, ¿verdad?

Aquel gesto casi imperceptible de la cabeza.

—Gracias.

—Le dije que lo llevase.

Estos saboyardos: qué gente más complicadita.

Tenía que comprar una cosa en la farmacia. Recordé que había una al otro lado del lago. Después del recado me paré en un café de la plaza.

Jacquet había dicho que el molinero estaba allí, en Le Bourget-du-Lac. ¿Acaso los molinos de ahora eran tan compactos e informatizados que podían coexistir con vecinos burgueses? Le Bourget-du-Lac tiene casas modernas, plazas hermosas, césped cuidado y un carril bici. Es un pueblo próspero.

Pensé: ¿Degrange? ¿En serio? Eso es como si un lechero se apellidase Lácteo. Si Degrange estaba allí podría googlearlo. Y allí estaba. Minoterie Degrange. ¿Qué era *minoterie*? Lo busqué. Un «molino de harina». ¿Un molino de harina justo allí donde estaba tomándome el café? Por lo visto estaba a dos pasos.

Me puse en marcha.

La harina recién molida era una de las razones por las que el pan de Bob era distinto. El pensamiento *paysan* (y casi todo el pensamiento de Bob era *paysan*) era moler solo lo necesario. Se podía saborear la frescura de la harina.

Después de media hora de camino me volvieron las dudas. Las indicaciones eran erráticas y la calle –jardines florales, setos recortados, garajes para aparcar el coche familiar– era de lo más residencial. ¿Seguro que había un negocio allí dedicado a moler solo cereales del lugar? Pero entonces, justo cuando decidí dar media vuelta, *voilà!* A la sombra de unos árboles altos, medio oscurecida por el follaje espeso, la ranura de un buzoncito, sin número, pero con un nombre, Minoterie Degrange, y una sociedad limitada llamada Le Moulin du Prieuré. El Molino del Priorato. Me paré un momento y le di vueltas al nombre.

Los árboles y una alta puerta de metal, llena de grafitis, escondían lo que quiera que hubiese detrás. Junto a la ranura del buzón había un interfono. Pulsé el botón.

–*Oui?* –dijo el interfono, una voz de mujer.

–*Bonjour* –le respondí al interfono–. He comido un pan hecho con su harina y me gustaría conocer al dueño, ¿monsieur Degrange?

Nada.

–Pero es la hora del almuerzo –dijo al poco el interfono.

–Claro. Perdón. Esperaré.

Otro largo silencio. Entonces la puerta se abrió y reveló un patio industrial que no guardaba homogeneidad alguna con los de sus vecinos. Había varios camiones, dos con cisterna y uno con un remolque hondo que estaba inclinado con un sistema hidráulico para vaciar el contenido en un muelle de carga. La estampa era como encontrarte una fábrica de automóviles dentro del armario. Era inquietante. Había una serie de edificios, incluido el molino, que no se veían desde fuera con los árboles, a pesar de contar con tres o cuatro plantas. Salió un hombre de detrás de una puerta de cristal, calvo, fornido y robusto, con esa actitud expeditiva propia del capataz de una fábrica, emanando una interrogación autoritaria mientras se limpiaba la boca con una servilleta. Me miró con severidad. Su mirada decía: «Está interrumpiendo mi momento supremo del día».

–¿Monsieur Degrange? –confirmé–. Por favor, le pido disculpas. He probado una rebanada de pan hecho, creo, con su harina, y me recuerda al pan que hacía mi amigo Bob.

Me señaló un vehículo.

–Suba al coche.

Me subí.

–La harina lo es todo. Le llevaré a la Boulangerie Vincent. Habrá oído hablar de ella.

–No –dije.

–No es posible. ¿Ha estado antes aquí?

–Sí.

–¿Y no le suena la Boulangerie Vincent? La gente viene desde París solo para comer en la Boulangerie Vincent.

Estaba unos kilómetros más adelante por la carretera que había recorrido yo, justo antes de la salida a la autopista de Ginebra. La panadería era más que una panadería. También era un bar, un pub y un restaurante con manteles.

La puerta daba directamente al *four*, el horno de la panadería, y a una rejilla de enfriado en una de las paredes. Las dos estanterías superiores eran para las *boules* («bolas», la manera antigua de hacer panes), de kilo y medio, apoyadas de lado, como unas treinta. Abajo estaban las *couronnes*, de dos kilos y medio, enormes, cada una con forma de aro, como una corona. Una mujer, bien vestida, de modales burgueses, negociaba con el panadero.

–*Mais, Pierre, s'il vous plaît*. Solo una *boule*, por favor. Tengo invitados esta noche.

–Lo siento mucho, señora, pero todas las hogazas tienen dueño. Ya lo sabe. Si no la ha reservado, no puedo darle ninguna.

–¡Por favor! –Hizo el amago de arrodillarse en el suelo.

Degrange susurró:

–La gente viene por el pan.

Pierre miró su libro de pedidos.

–Hay una anulación. Tenemos una *couronne*.

–Pero, Pierre, no puedo poner una *couronne*. ¡Es demasiado grande! *Trop gros!*

Pero aceptó la *couronne* y se fue entre frustrada y aliviada por su buena suerte. Pierre volvió con su pala al horno, que resplandecía irradiando el rojo y el negro de las brasas encendidas. En una pared de ladrillo había una lista con los precios; todo estaba a 3,20 euros el kilo. Había una nota de disculpa al final: el panadero no sabía cómo de grande o pesado sería el pan, así que podían darse variaciones en los precios.

–Hace doble fermentación –dijo Degrange–, y empieza a las siete de la mañana. El pan necesita diez horas. O doce. A veces catorce.

Dentro, el bar estaba como un pub inglés, el *saloon*, y había sobre todo hombres: técnicos de reparaciones, de telecomunicaciones, electricistas, obreros metalúrgicos, pintores, tíos. La sala bullía de confraternización. También tenía la arrogancia involuntaria de un lugar consciente de que siempre había jaleo y que te obligaba a montar escándalo para que te viesen..., incluso Degrange, que evidentemente era conocido. (Me dio la sensación de que todo el mundo era asiduo y, por tanto, nadie era especial.) Degrange nos pidió *diots* y una copa de vino, un Mondeuse local. Un *diot* es una salchicha saboyarda. A través de la puerta a una cocinita vi cientos de *diots* secándose al aire colgados en ristras de una cuerda. Están hechos con cerdo, grasa y sal, y no se diferencian de las salchichas que hice una vez en una carnicería de Italia (salvo por el ajo; a pesar de que, por lo menos desde los tiempos de Shakespeare, se conozca a los franceses como «comedores de ajo», nadie come más ajo que los italianos). Los *diots* se cocinaban en una cazuela enorme y honda con cebollas, vino tinto y dos hojas de laurel, y se servían embutidas en un bollo hecho con la harina de Degrange.

Era lo que había probado en el desayuno. Pedí otro bollo, partí la corteza y metí la nariz en *la mie*, la miga, la rutina de Frederick. Olía a levadura, a aromas caramelizados por el horno, y a algo más, aquella dulzura frutal que en su momento creí exclusiva del pan de Bob. Ahí estaba. La había identificado aquella mañana, sin darle un nombre. Cerré los ojos. Bob.

–Lo reconoce –dijo Degrange–. Viene de un trigo vivo y no de un almidón industrial.

–¿De dónde lo saca?

–De pequeñas granjas. De menos de cuarenta hectáreas.

Debí hacer una mueca. Degrange la tomó por escepticismo.

–Ridículo, ¿verdad? Somos pocos. –Su hijo estaba en Israel, dijo, y acababa de telefonearle después de probar un pan igual que el que había crecido comiendo–. Le pedí que averiguase de dónde venía el trigo. Pero ya había preguntado: «De granjas pequeñas», dijo.

Cuarenta hectáreas. Un centenar de acres. Recordé mi excursión a través del granero de Francia, el «Panier de France», donde las «granjas» se medían por miles de hectáreas.

–¿Dónde están las granjas?

–Aquí en Saboya. Y en el valle del Ródano. Cultivan un trigo antiguo, un trigo de calidad. Y en Auvernia. Me encanta el trigo de Auvernia. Como a todo el mundo. El suelo volcánico, la tierra rica en hierro. Se nota en el sabor del pan.

Nos bebimos otra copa de Mondeuse, y Degrange me propuso volver.

–Quiero enseñarle la fábrica.

Al salir me paré a encargar una *boule* para la mañana siguiente, cuando volvería en un vuelo con escala en Ginebra. Me imaginé llegando a Nueva York con una *boule* para mis niños hecha allí, cerca de Le Bourget-du-Lac unas horas antes.

Un Degrange llevaba moliendo harina allí, en aquel lugar pegado al río, desde 1704, una empresa que, hasta la época moderna, funcionaba con la energía del agua y del viento. Durante más de tres siglos fue el molino del priorato. En una pared había una foto en blanco y negro del padre y el abuelo de Degrange, sentados delante de las enormes aspas de un molino tres veces más alto que ellos. Ya no hay aspas de molino. Hoy el proceso no es accesible a ojos inexpertos –escondido entre zumbidos en tuberías, generadores y pantallas de ordenador–, salvo el material de origen, trigo recién recolectado y volcado desde el remolque hidráulico. Seguí a Degrange por una escalerilla casi vertical hasta una tercera planta, donde abrió la compuerta de una tubería y sacó un cuenco lleno de un cereal brillante y dorado.

–Pruébelo.

Era como si se disolviese en la boca, cremoso, dulce y de sabor persistente.

–¿Qué es?

–Germen de trigo.

Quise llevarme un poco a casa.

–Tendrá que refrigerarlo. Es como la harina, pero llevada al extremo. Contiene grasa, y se echa a perder rápidamente.

–En Francia raramente encuentras una *baguette* en condiciones –dijo. Estábamos en su despacho. Le pidió a un ayudante que le trajese una muestra. Quería enseñarme las bolsas de aire, pequeñas y uniformes, que se forman en una miga bien hecha–. Las mejores *baguettes* francesas ahora se hacen en Argelia o Marruecos, con harina fresca del trigo de granjas pequeñas donde se cultiva de la misma manera que hace milenios.

–¿Qué tienen las granjas pequeñas? –le pregunté.

–Aquí, en Francia, a menudo son las únicas que no tienen el suelo estropeado.

Describió la producción convencional de harina como las fábricas gigantescas del granero de Francia o del Medio Oeste de Estados Unidos. Algunas usan una planta llamada «trigo enano», de raíces cortas, sed voraz, que crece rápido plantada en suelos tan manipulados que podrían haberse creado en un laboratorio químico. Luego se muele en cantidades tan colosales que el trigo, que a fin de cuentas es una planta, se vuelve almidón. No se refrigera. Su fecha de caducidad está mal calculada. No tiene valor nutritivo.

–El pan que se hace con esa harina tiene la textura y el olor del pan. Pero no el sabor, el *goût*. –Partió otro trozo de la *baguette* y la miró con gesto de aprobación–. En el campo no cambiamos tan rápido como en la ciudad. Para nosotros, la comida sigue siendo muy importante. No «picamos». Lo que aprendí de mi padre y de mi abuelo es lo que ellos aprendieron de sus padres y de sus abuelos. Es un conocimiento que se transmite de generación en generación.

La palabra que empleó fue *transmettre. Le goût et les valeurs sont transmis.* Sabor y valor: esas son las cualidades que se transmiten. Solo en Francia tendrían el mismo peso moral «sabor» y «valor».

Degrange completó mi educación francesa con un apartado muy sencillo. Había ido allí a aprender muchas cosas: a cocinar, el carácter francés, la historia, el papel de los italianos..., pero sabía que mi educación comenzaba con el sabor. Había ido allí a descubrir a qué tenía que saber la comida. Y lo había logrado. De lo que no me había dado cuenta era de que lo había descubierto muy al principio con el pan de Bob.

Degrange me dio un saco de diez kilos de su harina. De regalo. Lo añadiría a mi equipaje de mano junto con la *boule* de kilo y medio. Pero ¿qué iba a hacer cuando se me acabase? ¿Volver a por más? ¿Dejar el pan?

Me despedí con un afectuoso abrazo sintiendo una inesperada intimidad con aquel hombre al que había accedido pulsando un botón en un interfono solo unas horas antes, que supo al instante de qué le hablaba y que se dio cuenta de que pocos sacarían el tema, y que luego logró ponerle un nombre a algo que estaba descubriendo desde mi llegada. *Goût*.

Al amanecer, de camino al aeropuerto, me paré en la Boulangerie Vincent. No había luces encendidas en el interior, solo el fulgor rojo del horno. Recogí la *boule* reservada. Estaba caliente al tacto y tenía una fragancia irresistible.

En Nueva York corté unas rebanadas y las unté con mantequilla.

—He pensado que esto os gustaría —dije.

Frederick cogió una rebanada y la husmeó y la husmeó, acto seguido se la pegó a las narices inhalando profundamente.

—Es como el de Bob.

George se comió una rebanada y pidió otra, y la untó con mantequilla.

Cuando nos acabamos la hogaza hice más con el saco de diez kilos. Estaba bueno, no tan bueno como la *boule* de la Boulangerie Vincent, pero bueno, aun así. Tenía sabor, dulzura y complejidad, y una sensación nutritiva. Al mes se nos había acabado y dejé de hacer pan.

—Cogeré más la próxima vez que vayamos.

518

Hay una frase de Curnonsky: «*La cuisine, c'est quand les choses ont le goût de ce qu'elles sont*». Cocinar es cuando las cosas saben a lo que son. Me pregunto si una versión moderna podría ser: cocinar es cuando las cosas saben a algo que ya muy pocos conocemos.

Entre las muchas cosas que aprendí en Francia hay una muy sencilla, aprendí a apreciar el sabor de la comida que no han echado a perder las adulteraciones industriales, los productos químicos, los aromas manufacturados, los pesticidas, el azúcar, la cinta transportadora de la proteína o el almidón, o las dulces pringues endurecidas, tostadas y bañadas, envueltas y distribuidas, la panoplia de eficiencias que caracterizan la fabricación de los productos alimentarios comercializados en masa por todas partes, pero en ningún sitio tan amenazadoramente omnipresentes como en Estados Unidos.

Aprendimos cuál era el sabor de la buena comida. Aprendimos que viene de un sitio, como desde hace miles de años, de un suelo que es el testamento de su historia antigua. La buena comida sabe a lo que es.

Había ido a Francia a aprender lo esencial. Lo esencial de su cocina. Lo esencial del lugar, y qué crece y qué no crece allí. Quería acercarme cuanto fuese posible a mis fuentes, al lugar de donde vienen las palabras, a cómo llegamos al sabor. Quería volver a examinar mis sobreentendidos sobre la cocina, reiniciar mi educación, volverme tan elemental y primario como me fuese posible. Temperatura. Agua. Trabajo. Lugar. Y su tierra.

Epílogo:
Casi todo el mundo muere

Augusto, mi amigo brasileño de L'Institut Bocuse (el «montador» del aperitivo arduamente reconstruido de jamón y calabacín), ahora tiene un restaurante llamado, muy adecuadamente, Augusto! Está en el corazón de Lyon, ocupa las instalaciones de un antiguo *mère bouchon* (la cocina en la parte de atrás, cerca de los lavabos, como es habitual), y ahí hace comida italiana. Salió en la portada de una revista lionesa. Todas las mesas estaban ocupadas, la gente hacía cola para entrar, cuando lo descubrí al fondo, con cara de no haber dormido, irradiando adrenalina, con un solo *stagiaire* de L'Institut Bocuse por toda ayuda.

–¡Agusto! –exclamé–. ¡Este era tu sueño! ¿Cuánta gente lleva a cabo sus sueños?

(Luego, en 2019, realizó su sueño por partida doble y abrió un segundo restaurante, esta vez brasileño: Doppio Augusto.)

Mathieu Kergourlay («el joven Mathieu») ahora tiene una extensa parcela de paraíso llamada, con mucho acierto, Restaurant et Hôtel Mathieu Kergourlay, un castillo con habitaciones y un comedor despampanante de alta cocina en medio de mil acres, la mayoría de bosque protegido, cerca de la costa de Bretaña. Cuando terminó su formación en Lyon volvió a su ciudad natal, se casó, tuvo hijos, ganó una estrella Michelin y hoy es un reconocido *grand chef* en ciernes... y tiene un trofeo que lo demuestra, otorgado por Gault & Millau: «Grand de Demain».

Hwei Gan Chern (alias Jackie Chan) se mudó a Borgoña y abrió un restaurante. Lo llamó, curiosamente, Le Parapluie (El paraguas). La primera vez que oyó la palabra no sabía lo que significaba, pero le gustó el sonido («Me pareció preciosa») y se prometió que sería el nombre de su primer restaurante. En Borgoña, su estilo tuvo seguidores. Una perspectiva Oriente-Occidente inversa: no platos indonesios con técnicas francesas, sino platos franceses con supuestos asiáticos: menos sal, menos grasa, más verduras y un compromiso inflexible con la estacionalidad. Le Parapluie es agudo y anárquicamente sutil, como su propietario.

Por más que no sonría, *Christophe Hubert* tiene un restaurante exitoso, o por lo menos lo tuvo durante un tiempo. Convenció a dos personas de La Mère Brazier para que se le unieran (al mejor cocinero y al mejor camarero del restaurante), no avisó a Viannay con antelación («En todos mis años de cocina, jamás me han tratado con semejante falta de respeto») y, con diez mil euros, abrió un establecimiento de grandes ventanales con vistas despejadas a un enorme parking de hormigón. Lo compensaba la alegre y entusiasta encargada de sala, pendiente de las sillas y los vinos, omnipresente, dando la cara (Ewa, la morena sonriente que vi una vez en la terraza del pub escocés con Christophe: es decir, su esposa en la actualidad). Llamó al restaurante L'Effervescence, un nombre perfecto para cualquiera que no fuese su chef. La comida era soberbia, al nivel de La Mère Brazier, fácilmente, pero el restaurante no tenía comensales y, tras un año duro, estaba a punto de cerrar (su personal se resignó a perder un mes de sueldo; Christophe se preparó para la bancarrota), cuando Gault & Millau le otorgó dieciocho de veinte puntos, el trofeo «Jeune Talent» y le dio la bienvenida al panteón de los lioneses ilustres. A continuación, la Guía Michelin le dio una estrella. Yo estaba eufórico de orgullo.

–¡Christophe! ¡Lo has conseguido y ahora estás hasta arriba de trabajo! –le grité cuando lo visité durante la *mise en place*, y luego lo fotografié y grabé, y me burlé de su seriedad hasta que, casi a punto de sonreír, exclamó:

–Basta, Billou. No me gusta que me hagan fotos.

La pareja tuvo un hijo, alegre expresión de su éxito, y Ewa continuó dando la cara en sala. Tuvieron un segundo hijo, también motivo de alegría, pero la situación ya era más exigente y aunque Ewa intentó continuar, fue demasiado, dos niños a la vez, y se marchó. Y durante su ausencia...

Una tarde comí allí solo. La comida era tan buena como siempre. ¿La atmósfera? Quizá no demasiado efervescente. Los camareros eran hombres, y agrios, como cámaras de eco de su jefe, misioneros de solemnidad en la misma sintonía. Su actitud transmitía un mensaje: «Aquí tiene su plato, es arte». No había nadie que me distrajese del enorme parking de hormigón. Y, sin más, el restaurante cerró. Adiós. ¿Y Christophe?

–Ha desaparecido –me dijo Viannay cuando le pregunté por su anterior jefe de cocina, y sonrió.

¿Y los demás? No he podido ponerme al día de lo que hacen todos. *Fréderic* trabajó una temporada en Japón y ahora es chef del bistró de la Place Carnot de Lyon.

Le pregunté a Chern. ¿Seguía *Florian* con la cocina? ¿O *Michael*, el cocinero del *garde-manger* que desapareció después del accidente de coche con su novia? ¿O *Ansel el Gilipollas*?

–No tengo ni idea –dijo Chern–, pero en lo de Ansel tienes toda la razón. Es un gilipollas.

Sylvain Jacquenod, todo un ejemplar de estudio sobre concentración, disciplina y frustración, había aterrizado en un lugar feliz. Lo invitaron a largarse de la Brasserie du Nord, de Bocuse, y ser el chef de L'Argot, un nuevo establecimiento de Lyon, parte restaurante y parte carnicería. Una noche de sábado fenomenal comimos unos filetes que Sylvain había seleccionado y cocinado para nosotros. Por fin era chef, y cada vez que alguien se dirigía a él de esa manera parecía que se le hinchaba el pecho imperceptiblemente de orgullo. Publicaron su foto en *Le Progrès*, y sus hazañas se escribieron en las guías culinarias locales. Su sonrisa inmensa se abría de nuevo intacta y radiante. (Viannay, a su estilo, resumió sentencioso: «Sylvain ha encontrado su nivel. Por fin está satisfecho».)

¿Hortense? Acabó su formación en L'Institut Bocuse, se graduó y dejó la cocina. En la actualidad es ejecutiva en una empresa de moda, se casó y vive en París. ¿Debería haber sido cocinera? ¿Estaba desarrollando su propio estilo, como Chern? Era inteligente, valiente, tímida y ambiciosa, y habían machacado su espíritu cocineril. Había sido la única mujer en un restaurante que alcanzó la fama gracias a una de las chefs más llamativas de la historia de Francia. Estuvo allí justo cuando la cocina francesa empezaba a cambiar.

Lyon también estaba cambiando.

Un par de restauradores de Panamá compraron nuestro bistró local, Potager, por un millón de euros. Los propietarios *Franck* y *Mai Delhoum* abrieron luego dos nuevos restaurantes en la ciudad. En Lyon, su éxito fue celebrado con alegría indisimulada.

Nuestro amigo *Yves Rivoiron* (pareja de Isabelle, del Bouchon des Filles) vendió su histórico restaurante, Café des Fédérations. Compró un barco y la última vez que se le vio fue en un puerto en algún punto del Mediterráneo. Su hijo, al que acabábamos de conocer en una de nuestras celebraciones anuales, ahora era chef de un popular restaurante antiestablishment en la ciudad antiestablishment de Barcelona.

Jean-Paul Lacombe vendió Léon de Lyon –que pertenecía a su familia desde que nació– a un cómico televisivo, no se sabe por cuánto, pero por lo visto un montón de dinero. Lacombe y su mujer parecen dedicados a dar la vuelta al mundo varias veces.

Una de nuestras primeras amigas lionesas, la músico estadounidense *Jenny Gilbert*, vendió su restaurante de fideos.

Lyon siempre había sido la ciudad donde cualquiera puede abrir un local de comidas. Solo necesitas espacio, gas y (generalmente) electricidad. El alquiler era casi un elemento que podías pasar por alto, y proliferaban los sitios con idiosincrasia y creativos. No había sido una ciudad donde los restaurantes se comprasen con fines especulativos o para sacar beneficios. No se podía negar: había corrido la voz. Lyon se nos antojaba nuestro secreto: un epicentro histórico gastronómico que, desde la Segunda Guerra Mundial, parecía haber sido ignorado por el resto del mundo, pero ya no era ni privado ni tan secreto.

¡En Nueva York, *Michel Richard* se convirtió en nuestro vecino! ¡Después de más de quince años en Washington, ahora, de pronto, a los sesenta y cinco años, estaba en Manhattan! Aceptó un puesto importante y muy bien pagado como chef supervisor del restaurante, el bistró y la pastelería del Palace Hotel, quizá el lugar de mayor categoría de la ciudad.

Manhattan era donde había empezado su vida estadounidense en 1974, como jefe de la primera tentativa de Gaston Lenôtre, el Château de France, en la calle 59. Cuando, un año después, Lenôtre se vio obligado a cerrar, Richard aceptó el primer trabajo que le ofrecieron (en una lejana Santa Fe) y se marchó de Nueva York prometiendo que volvería. Pero no volvió. Y ahora: *voilà!* Estaba de vuelta. Era un momento tremendo en la carrera de Richard.

Me emocionó estar presente. Richard me había brindado el comienzo. Y ahora: ¿quizá mi final?

Fui con Richard, su ayudante Mel y su mujer, Laurence, el primer día. El entusiasmo de Laurence era inocente e ingenuo.

—Hoy voy a comprar al centro. ¡En metro! —dijo.

Mel iba a entrevistar empresas de relaciones públicas «¡de traje!».

Las cocinas iban a cerrar por renovaciones —«según mis especificaciones», dijo Richard; hizo una pausa para pensar en lo que supondrían esas renovaciones, y se echó a reír—. Su afecto era excitante.

Luego lo seguí al «labo», *le laboratoire*, el cuarto frío dedicado a pastelería y confitura, donde durante dos semanas estuve viendo cómo enseñaba las elaboraciones básicas a sus nuevos chefs reposteros estadounidenses: hojaldre, *éclairs*, *pain au chocolat, pâte sable, croissants*... cada uno modificado, si no directamente improvisado.

A mitad del primer día, tomé distancia para disfrutar de una perspectiva histórica —que todas y cada una de las recetas que Richard estaba enseñando no habían cambiado durante por lo menos doscientos años hasta ahora que él las había mejorado— y declaré:

—Michel, estas innovaciones son brillantes. —Y se me ocurrió algo que ahora me parece obvio—: No tiene sentido preparar una receta si no es cambiándola, ¿verdad?

—No.

—Para nada —continué—. Si no puedes mejorar una receta, no la tocas. Eso es aburrido. No es tu misión...

—Yo tengo que sentir que la estoy mejorando.

—Aunque sea una masa de repostería básica. Una unidad fundamental de cocina francesa. A menos que no puedas mejorarla...

—No puedo.

Nunca lo había entendido tan bien. Al ir a Lyon y ser formado allí, al aprender cómo se hacía lo que fuera que estuviésemos haciendo, ahora era capaz de reconocer que Richard no lo hacía. Hacía lo suyo.

Salimos del apacible *labo* y nos encontramos con una ominosa bienvenida por parte del resto de la cocina. Música alta, distintas melodías simultáneas y enmarañadas; alguien cantando, alguien silbando. Un tipo empujaba un carrito a toda prisa, no vio a Richard, o lo vio y esperaba que se apartase, o le daba igual; solo era otro chef (había habido tantos y tantos chefs), le golpeó por detrás y le imprecó.

–Eh, *puto*, quita de en medio.

El restaurante estaba en un hotel, con un sindicato hotelero que había sobrevivido a todos los que habían pasado por allí. El chef no mandaba. Todo el mundo sabía que terminaría siendo un visitante. Y, más importante aún: no tenía permitido tocar la comida.

El chef Alain Ducasse me contó que había intentado disuadir a Richard:

–Michel, le dije, no puedes aceptar ese trabajo. No tendrás ningún control. No podrás probar la comida. No abras en un hotel de Nueva York. Te arrepentirás toda tu vida. Recházalo.

–Pero no puedo –dice Ducasse que le replicó Richard–. Necesito el dinero.

Asistí a una cena de ensayo general, «para amigos y familiares» una semana antes de que abriese el restaurante, en la sala más lujosa de Manhattan. Conocía los platos. Los había hecho; algunos, como el pollo rebozado en miga de pan, lo había hecho en casa. Había seis platos. Estaban bien. Pero, y no había manera de pasarlo por alto, se quedaban en meramente «buenos». Los platos de Michel Richard no funcionan si están bien. Tienen que estar perfectos. Aspiran a la espectacularidad, como mínimo.

El *New York Times* califica los restaurantes de una a cuatro estrellas. Richard obtuvo cero. La comida, escribió el crítico Pete Wells, era horrenda. «¿Acaso no era el señor Richard el chef que yo pensaba? ¿Acaso eran las reseñas extáticas, los cinco premios de la Foundation James Beard y el ingreso en los Maîtres Cuisiniers de France, una ilusión colectiva?» Wells se aventuró hasta Washington para probar los platos en el Central, el bistró franco-estadounidense de Richard, donde ahora estaba al mando David. Eran «exquisitos». ¿Era aquello «un síntoma de la cultura de pactos que aqueja al negocio de los restaurantes»?

Cuatro meses después, el restaurante cerró. Richard volvió a Washington.

Estaba cambiado. Había perdido la fuerza que tiraba de él. Tenía problemas de salud; nunca se había cuidado. Un médico le diagnosticó diabetes (evidente para todos), obesidad (ídem), enfermedad cardiovascular (sus dos infartos) y demencia, cosa no evidente, que hizo pensar a todos los que lo conocíamos que la manera idiosincrática, impredecible y distraidísima en que operaba su cerebro había sido confundida con una discapacidad. Por sugerencia del médico, Laurence internó a Richard en un centro residencial asistido. Luego solicitó el divorcio. Discutieron sobre el valor de la herencia, que se había gastado casi en su totalidad. Seguían en ello tres años después cuando Richard sufrió un infarto, el tercero, un sábado de agosto por la mañana. Tenía sesenta y ocho años.

Se le recuerda por haber convertido Washington en una «capital de las cenas», por enseñar a los estadounidenses a jugar con la comida, por encontrarse entre los escasos chefs (como Carême, Point, Lenôtre y Michel Guérard) que llevaron las complicadas técnicas de la repostería al resto de la cocina. ¿Qué echábamos de menos sus amigos? La inventiva de Richard, su insólita confianza en que podía mejorar cada plato (y que lo hiciese), su carácter francés (porque en última instancia todo venía de algún elemento del repertorio clásico) y sobre todo su alegría en la cocina. Y su compañía en la mesa: no he conocido en mi vida a nadie más divertido con quien compartir una comida.

Cuatro semanas después murió *Dorothy Hamilton*.

La directora del French Culinary Institute (hoy con el nombre de International Culinary Center), en su día mi modesta antagonista, se había convertido en una buena amiga. Ahora yo era un devoto de Hamilton. Adoraba a George y a Frederick, que la llamaban tía Dorothy. Nos entretenía con anécdotas de Julia Child y nos hacía sentir conectados con ella con una vivacidad que me sorprendía y emocionaba. Hamilton tenía una confianza de sabia en la influencia que tendría Jessica en una nueva generación de mujeres estudiosas del vino. Después de volver ella de Nueva Escocia, quedaron para cenar y organizar alguna iniciativa al respecto juntas. Hamilton se había criado en un pueblo pesquero, Fourchu, y ahora hacía campaña para promover un crustáceo, la langosta Fourchu, una celebridad local. Era un empeño típico de Dorothy: un acto económicamente altruista para beneficiar a una pequeña comunidad (los pescadores no tenían ni idea de su valor) que, en última instancia, versaba sobre la pureza natural de un simple sabor del norte del Atlántico. De camino a una reunión del Fourchu City Council, se estrelló contra un camión con remolque. El conductor había acelerado con tal indiferencia, adelantando en las curvas, que los testigos se pararon más adelante para testificar sobre su temeridad. Hamilton estaba tomando una de esas curvas cuando le chocó de frente. Estas cosas suceden, morimos, pero las circunstancias —el egoísmo del conductor, el altruismo de la víctima (con tantas buenas acciones pendientes en el futuro), el hecho de que el conductor y su colega fuesen rescatados de la cabina ardiendo y sobreviviesen mientras que Hamilton, atrapada en su vehículo, estuviese muerta– fueron brutales en su caprichosa indiferencia.

Tras el funeral, de monumental tristeza, una orquesta funeraria de Nueva Orleans con una ruidosa percusión y una sección de vientos descontrolada de Dixieland, guió a la comitiva por la adoquinada Crosby Street hasta el International Culinary Center. Allí se celebró un banquete en cada una de las cinco plantas de la escuela de Hamilton, cada una en manos de la cocina de una región distinta de Francia. La ceremonia de Dorothy y la de Michel se celebraron con una semana de diferencia.

Estábamos en Lyon, en verano de 2017, los chicos tenían once años y había dos restaurantes que quería que probasen. Uno era La Mère Brazier, donde disfrutaron del almuerzo que Viannay me había dicho, en nuestro primer encuentro, que se merecían.

Figuraban en él, por fin, tanto la *quenelle* de Viannay (el suflé de esponjoso pescado lacustre parecía una exótica rebanada de *french toast*, con una costra marrón caramelizada) y su *poulet en vessie*, cocinado en su rústica bolsa, según la tradición, pero napado con una versión verde de una *sauce suprême* que no entraba en la tradición. La salsa tenía una pinta y un olor vívidos, y parecía un tributo a un exuberante jardín estival. Lo sirvieron con unos guisantes brillantes, el hollejo perfectamente pelado. Disfruté particularmente de los guisantes. Me los comí despacio, uno por uno, con el placer añadido de saber el tiempo que había pasado alguien allí al fondo estrujándolos para mí.

–Está aquí, ¿sabéis? La Mère Brazier. Todos notamos su presencia en la cocina, su espíritu, sea lo que sea. Siempre estará aquí. Estaba aquí antes que yo y estará aquí después.

–Por supuesto –dije.

Un camarero nos dio las cartas. Solían ser plateadas y grises, y transmitían una sofisticación urbana (y más bien masculina). Ahora eran de un rojo explosivo. Eran descaradas. En el dorso se relataba la historia del restaurante (también en rojo... o mejor dicho: ¡¡¡¡ROJO!!!!) y un breve artículo de la nieta Jacotte y una fotografía de Viannay besando en la mejilla a una figura de Brazier a tamaño natural. Su imagen, en fotos y dibujos, parecía estar en todas partes. La sensación era exagerada, tal vez un poco tosca, rayana en la caricatura. Era como si Viannay hubiese conectado con un espíritu que, sí, todos habíamos percibido, de hecho, en el edificio, y el edificio lo había recompensado con un éxito rotundo.

Y la comida: ya no era suya. Era su visión de la de Brazier. Viannay era alegre, autocrítico, sociable y cercano. Por la noche volaba a Dubái para firmar un contrato y abrir un restaurante allí, y además tenía la actitud de quien está a punto de tomarse unas vacaciones de lujo y que le pagasen toneladas de dinero por ello. Ni siquiera le molestaron los chicos golpeteando con sus cucharas en los platos de Limoges, o, para no faltar a la verdad, solo le molestaron en un momento dado cuando, de pronto, se calló y les lanzó una mirada severa.

–*C'est bien, garçons?* –les preguntó.

(George, en un momento de espontánea desfachatez, replicó: «*Très bien, et vous?*»)

–Este mes los llevaré a comer por primera vez donde Paul Bocuse –le dije, y Viannay asintió–. Siempre me he preguntado... ¿cómo lo conociste?

–Aquí. Cuando llegué a Lyon, fui en coche a L'Auberge y le pedí a Bocuse si podíamos vernos.

–¿Cuando hacías sándwiches?

–Sí, cuando hacía sándwiches. Le expliqué que consideraba Lyon como mi hogar culinario espiritual.

El tío de Viannay, el hermano de su padre, era de allí, tenía una casa en los acuosos Dombes, y Mathieu había pasado veranos allí con sus primos.

A Bocuse le cayó bien Viannay.

—Siempre serás bienvenido a L'Auberge. Siempre podrás encontrarme en mi celda.

Cuando Viannay abrió su primer restaurante, Les Oliviers, recibió a un comensal bien conocido el primer día: Paul Bocuse. Cuando abrió M, Bocuse estaba de nuevo en el comedor. Cuando Viannay estaba preparándose para abrir La Mère Brazier, Bocuse le preguntó si podría comer allí antes que nadie. Para Bocuse, La Mère Brazier estaba en el corazón de lo que Lyon representaba.

Comió allí con Jacotte Brazier, la nieta.

—Abajo había obreros —me contó Viannay—. Al salir, Bocuse tuvo que andar sobre tablones de madera, pero ya estaba hablando por teléfono con François Simon.

Simon, que luego escribió para *Le Figaro*, era el crítico de restaurantes más temido e influyente. Simon telefoneó a Viannay al día siguiente, el día antes de la inauguración del restaurante. Estaría allí a las seis de la tarde, dijo, y necesitaba coger un tren para París a las ocho. Escribió la reseña durante el trayecto. Fue el titular de la edición de fin de semana: LA MÈRE BRAZIER IS BACK! (en inglés porque sí, por su gancho). Fue tremendo. Funcionó como una llamada al carácter francés. Le siguieron *Le Monde*, *L'Express*, *Libération*, los informativos locales, los informativos nacionales de la noche, los informativos nacionales del mediodía y los informativos de Francia en inglés. La Mère Brazier no solo había vuelto. Había reflotado.

—Fue todo cosa de Paul Bocuse —dije.

—Todo cosa de Paul Bocuse.

Habíamos reservado en L'Auberge a las siete el último día de nuestra visita a Lyon. Los chicos estaban excitados ante la perspectiva. Para ellos era como ir al Polo Norte.

Bocuse, ahora, rara vez se dejaba ver. El invierno anterior

no había asistido al Bocuse d'Or, ni aun cuando pareció posible que un equipo estadounidense ganase el trofeo, su sueño, porque estaba en el hospital con una neumonía. (Al final, los estadounidenses ganaron el trofeo, una hazaña incomprensible, y nuestros amigos lioneses se pasaron todo el verano refunfuñando: «Fue tongo. Lo hicieron por monsieur Bocuse».)

Después, Bocuse reanudó sus apariciones, pero con menos regularidad.

Llamé a Boulud en Nueva York.

–Los chicos no han conocido a Bocuse. ¿Me puedes echar una mano?

–Le llamaré –dijo. De hecho, acabó telefoneando a un montón de gente antes de devolverme la llamada–. Paul está cansado. Pero intentará bajar. He cambiado tu reserva para las seis. Llegad temprano.

Reflexioné sobre mis motivos para querer ver a Bocuse, hasta ahora sin analizar. Me reconocía en los actos y tenía pequeños gestos para indicarlo, pero no se puede decir que fuese un viejo amigo. Ni siquiera un nuevo amigo. La verdad, y no era del todo cómodo admitirlo, era que quería verlo antes de que no se le volviese a ver. No era el único. El encargado del restaurante y los jefes de sala no dejaban de recibir pésames antes de que hiciesen falta realmente. ¿Qué queríamos? ¿Tocar la mano del transmisor? ¿Sentir que estábamos entre los escogidos para continuar la misión?

Llegué con mi familia y nos sentaron en una mesa orientada hacia el rincón por donde aparecería. Pedimos. Los chicos, ahora bien formados en cuestiones culinarias francesas, estaban a sus anchas y hambrientos. Una vez más me quedé tremendamente admirado por lo que hacía de aquella comida algo poco usual: su meticulosidad. Podías comer prácticamente todos los platos de su carta en algún lugar de Lyon o cerca, o en el valle del Ródano. Pero nadie hacía los platos con la misma precisión. De las muchas cualidades que se supone que Bocuse había encarnado, la que pocas veces se menciona es la más obvia: hacía una comida lionesa perfecta. Yo no dejaba de levantar la mirada de mi plato. No iba a venir. Lo imaginé arriba, en su dormitorio, durmiendo.

Era un otoño triste, cuando Lyon está solitario como ningún sitio que yo conozca, y es húmedo y decadente, y el invierno llega con advertencias intermitentes, esas ráfagas de viento frío. La ciudad parecía esperar a un padre enfermo, incómodo, que no se moría, y que no querías que se muriese, ni te imaginabas una vida sin él, pero iba a morirse, de modo que, muy a tu pesar, te lo imaginabas, fugazmente, con reticencia, y entonces murió. Paul Bocuse murió el 20 de enero de 2018.

En un instante te descubres pensando no en el final de la vida, sino en toda su vida: el niño de la fotografía junto a los pies enormes de su padre; el bigote que llevaba a los treinta años; los neumáticos Michelin siempre en su vehículo; el éxito durante la turbulenta «época dorada» de Francia, finales de los sesenta y setenta (Brigitte Bardot, el Club Med, Serge Gainsbourg, Gauloises sin filtro y *la libération*). Había una foto que no dejo de mirar una y otra vez del joven Bocuse persiguiendo a una muchacha que se tapa con un parasol en un día caluroso, Raymonde, que se convertiría en su esposa. En otra aparecía enseñándole las bodegas de L'Auberge a la Mère Brazier (y la expresión horrorizada de ella ante la mugre y la porquería del sitio). Otras fotografías, muchísimas, nunca publicadas y descubiertas por Mathieu Viannay en un cajón de casa que, en su nueva prosperidad, compró en Beaujolais. Eran de una fiesta que había dado la anterior dueña, una viticultora, en su *château* para Bocuse, Georges Blanc, Michel Guérard, los hermanos Troisgros, otros, todos con más o menos ropa. Las fui pasando rápido: todo el mundo besándose, siendo besado, la comida y la bebida, probablemente la idea central de la vida de Bocuse de que en la mesa pasan cosas buenas y escandalosas.

Daniel Boulud fue uno de los amigos que se reunió en L'Auberge la noche antes del funeral; sin discursos, una cena solemne, Bocuse aún arriba en su dormitorio, con su uniforme blanco, en un ataúd. Por la mañana, en medio de una lluvia inclemente, invernal, fría, un cortejo de trescientas personas acompañaron el coche fúnebre junto al Saona, gris en ese momento, hasta la catedral Saint-Jean-Baptiste, donde fueron recibidos Enrique II y Catalina de Médici, y donde Enrique IV y María de Médici se casaron, y donde el hipócrita asqueroso Charles-Maurice de Talleyrand fue ordenado obispo, y donde Napoleón y Josefina recibieron honores, y donde un Mozart niño actuó, y donde Paul Bocuse haría su última aparición, con ciento cincuenta personas dentro y una modesta multitud fuera bajo los paraguas.

El funeral fue de estilo militar, como si hubiese fallecido un gran general, con una jerarquía estricta: los bancos centrales los ocuparon los MOF de cuello francés, los chefs no condecorados en las alas. De blanco, la familia Bocuse delante, los civiles atrás, pero no había muchos. La cocina decía adiós a su chef. El mejor discurso, el más sentido, sería el de Gérard Collomb, el alcalde de la ciudad, dotado de una retórica de político honesto, honrando el deceso del hombre que comprendió la ciudad y cómo tanto Lyon como el hombre en cuestión habían sido moldeados por la historia, por las generaciones precedentes, igual que moldeaba a todos los que allí estaban honrando su muerte. Paul Bocuse era lionés. (Dos años después, el 18 de enero de 2020, la Guía Michelin le quitó una estrella a Bocuse y, por primera vez desde 1965, su restaurante, L'Auberge, se quedó con solo dos. Aunque la práctica de Michelin de quitar una estrella cuando el chef muere es habitual, no dejó de ser chocante.)

Más adecuado y honesto con el espíritu de la ciudad fue el logro de Andrea Petrini, un italiano trasplantado a Lyon (como tantos italianos que lo precedieron) y hoy empresario culinario local y el tarado que capitanea el World's 50 Best Restaurants, que organizó un festival de comida en la ciudad dos meses después de la muerte de Bocuse. Hubo «actuaciones» culinarias en doce nuevos restaurantes, una «Cantina Nocturna» con un nuevo plato cada hora desde las diez de la noche hasta las cuatro de la madrugada, una «fiesta de la cabra», exposiciones de chefs visitantes (todos destacados) y, muy convenientemente, un homenaje a Bocuse a cargo de una docena de maestros, entre ellos Têtedoie, que reinterpretaron los *greatest hits* de monsieur Paul. La *fête* duró una semana y echó mano de prácticamente todas las cocinas disponibles. Fue una respuesta a la muerte de Bocuse. Los restaurantes de la ciudad nunca habían sido más intensamente gastronómicos. Lyon crea chefs. Y, sí, los logros nacen de donde Lyon es lo que es, entre viñedos, ríos, lagos de montaña, entre aves, cerdos y peces, pero sobre todo gracias a la creencia, compartida por todos sus habitantes, de que lo que sucede en la mesa es una de las actividades más importantes de la civilización. Se trata de intimidad, de *convivium*, de creatividad, de apetitos, de deseo, de euforia, de cultura y de las alegrías de estar vivo.

El papa de Lyon ha muerto, pero menuda cultura ha dejado aquí. Qué privilegio haber sido partícipe de ella.

AGRADECIMIENTOS

La cita al comienzo de «La mejor comida a pie de carretera» pertenece a *Mémoires de chefs* (2012), recopiladas y editadas por Nicolas Chatenier. La historia de los orígenes del queso («Vaquitas marrones en montañas verdes») bebe de las conversaciones con Michel Bouvier, historiador del vino y los alimentos de la antigüedad, y de su libro *Le fromage, c'est toute une histoire* (2008).

El texto de *Le Cuisinier François* de La Varenne es de la edición de 1615, prologada por Mary y Philip Hyman (2001). El texto del tratado de 1555 de Nostradamus sobre la elaboración de mermelada, *Traité des confitures*, lo editó Jean-François Kosta-Théfane (2010). La edición facsímil de *Ouverture de Cuisine* (1585), de Lancelot de Casteau, está editada por Léo Moulin (1983). El texto de 1555 *Livre fort excellent de Cuysine*, publicado en Lyon, es una edición bilingüe traducida y editada por Timothy J. Tomasik y Ken Albala (2014). La mayor parte de las otras fuentes principales están vía online en Gallica, los archivos digitales de la Bibliothèque nationale de France.

Entre las fuentes secundarias, vale la pena destacar las siguientes: Ali-Bab, *Gastronomique pratique* (1928); Dan Barber, *The Third Plate* (2015); Joseph Favre, *Dictionnaire universel de cuisine pratique* (1905); Henry Heller, *Anti-Italianism in Six-teenth-Century France* (2003); R. J. Knecht, *Renaissance Warrior and Patron, The Reign of Francis I* (1994); Giles MacDonogh, *Brillat-Savarin, the Judge and his Stomach* (1993); Marjorie Meiss, «L'Italie à la table des Guise (1526-81)», en *Table de la Renaissance. Le mythe Italien,* editado por Florent Quellier y Pascal Brioist (2018); Marie-Josèph Moncourgé, *Lyon 1555, capital de la culture gourmande au XVIe siècle* (2008); Prosper Montagné, *Larousse Gastronomique* (1938); William W. Weaver, *Beautiful Swimmers. Watermen, Crabs, and the Chesapeake Bay* (1994); Edward White, «Cooking for the Pope», en *The Paris Review* (3 de marzo, 2017); y Ann William, *The Cookbook Library* (2012).

Tengo el privilegio de haber podido consultar a Dan Barber, Alain Ducasse y Allen Grieco de la Villa i Tatti en Florencia (el Harvard Center for Renaissance Studies), Thomas Hauck; Jean-Pierre Jacob (chef del hoy cerrado Le Bateaux Ivre en Le Bourget-du-Lac), Steven Laurence Kaplan, Harold McGee, Magnus Nilsson, Alain Vigneron y Jean-Georges Vongerichten. Y el privilegio aún mayor de haber contado con Michel Richard, Daniel Boulud y Mathieu Viannay como profesores en la cocina.

De manera fundamental, esta aventura habría sido imposible sin la ayuda de nuestros amigos lioneses y merecen expresión de gratitud los siguientes: nuestros vecinos de abajo, la familia Azouley; Julien («Papi») y Marie («Mami») Boulud; Roberto Buonomo; Martine y Marc Broyer de Lavis Trafford; la directora de l'École Robert Doisneau (de la que sigo sabiendo solo el nombre de pila, «Brigitte») y los alumnos Ambre, Marcel, Ben Omar, Salomé, Tristan y Victor; Isabel Comerro e Yves Rivoiron (de Le Bouchon des Filles); Franck y Mai Delhoum (de Le Potager); la escritora y cocinera Sonia Ezgulian; Georgette Farkas; Jenny Gilbert; Jean-Charles Margotten;

L'Institut Paul Bocuse, incluidos los alumnos Edouard Bernier, Hwei Gan Chern y Willy Johnson; Jonathan Nossiter; Martin Porter; Christophe y Marie-Laure Reymond; Emmanuelle Sysoyev de Only Lyon; Laura Vidi y Gerald Berthet; y Victor y Sylvie Vitelli.

Entre los primeros lectores del manuscrito están Leslie Levine y Lexy Bloom (que leyó todos los borradores y es mi heroica coeditora no oficial) en Alfred A. Knopf; John Bennet, David Remnick y Nick Trautwein del *New Yorker*; mi agente literario, Andrew Wylie; y mi talentosa editora, Jessica Green. Los verificadores profesionales fueron Gillian Brassil, Clio Doyle y Michael Lo Piano. Lydia Buechler fue la coordinadora editorial.

Fat Man in a White Hat, un documental en dos partes hecho para la BBC y basado en mi llegada a Lyon, fue un encargo de Emma Willis, producido por Roy Ackerman y dirigido por James Runcie. Annie Arnold fue la ayudante de producción y Christophe Foulon el responsable de sonido.

Este libro fue encargado y supervisado por Sonny Mehta, es un privilegio contar con uno de los mejores editores del mundo y amigo durante casi cuatro décadas. Siempre estuvo disponible y a menudo sin previo aviso –para reuniones improvisadas, una llamada, almuerzos, una copa o simplemente para charlar en su despacho– y me guió con sutileza y profundidad. Vivió para ver el libro terminado, y me siento agradecido de que así fuese, pero murió el 30 de diciembre de 2019, antes de que saliera de imprenta. Soy uno de tantos que lo lloran y lo echan de menos sinceramente.

ÍNDICE